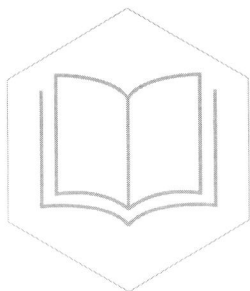

书册阅读教学现场

吴欣歆　许艳 ◎ 主编

教育科学出版社
·北 京·

序　言

　　"创新"是当前社会使用频度极高的主题词之一，有人认为"创新是一个民族进步的灵魂，一个国家兴旺发达的不竭动力；它决定着一切社会财富的形成、存在和发展的走向"。总之，从长远看，创新是关系到国家和民族命运的一件大事。而创新的第一要素是创新人才的培养和涌现。没有创新人才，创新就是一句空话。创新人才的培养是一个过程，它需要多方面条件的支持，包括社会经济的发展、科学技术的发展、教育的改革和发展、文化环境的建设等。

　　鉴于教育在培养人才方面的特殊作用，下面只谈教育，谈谈语文教育与创新人才的培养。

　　说到教育，我想起一篇文章中的一段谈话。以色列大使谈到他们如何重视教育时，举了以色列前总理的例子，说这位总理读小学的时候，每天回家，他的母亲只问两个问题，第一个是"今天你在学校有没有问出一个问题老师回答不上来"，第二个是"你今天有没有做一件事情让老师和同学们觉得印象深刻"。这两个问题颇值得深思。我们的家长在关心子女成长上，一点不比这位母亲逊色，但目标、方向却完全不一样——人家关心的是孩子的独立思考、个性发展、智慧的激发，而我们一般都希望自己的孩子是个听话的乖孩子。正因为这种价值观念上的巨大差异，孩子们的发展就完全不一样了。犹太人大约只占世界总人口数的 0.3%，但获得诺贝尔奖的却占到获奖总人数的约 22.35%。我们中国人呢，总人口占世界人口将近 1/5，却只有寥寥几位诺贝尔奖获奖者。以上是谈家庭教育的情况，其实家庭教育离不了社会文化环境的影响。

再看学校教育。我们的老师们，在新一轮课改的十几年之后，恐怕都会强调培养孩子独立思考的能力、创新的能力，提倡对问题有独特的见解。但当孩子们提出比较尖锐的问题时，我们的老师们能够坦然而愉快地面对吗？答案恐怕很难说呀。几十年来，我们的语文课堂教学是什么样的呢？我们在课堂上所做的主要的事情就是老师借助于单篇课文来上分析课，分析课文是教学的主要模式。这种教学模式是 20 世纪 50 年代 "红领巾教学法" 的基本形式。它所适应的是一种什么样的教学文化呢？是以知识传递为基本任务的传统教学文化。在这一过程中，几乎每一位教师在潜意识里都认为自己对课文的理解是正确的。每一位老师所追求的几乎都是学生与自己的认识一致，或者说，都希望学生接受自己的观点。如果个别学生提出与教师不同的见解，教师往往是难以接受的。这也说明，我们的教学改革与培养创新人才这个宏大的历史任务之间是不匹配的，语文课堂教学的习惯势力还很强大，与培养创新人才的距离还相当遥远。从这里我们可以看出语文教学改革的艰难和迫切了。

正是在这种形势下，吴欣歆、许艳老师主编的这本《书册阅读教学现场》问世了。这本以整本书阅读为内容的教学案例，涉及语文课程、教材、教学等几个主要方面的改革：它以整本书阅读代替了单篇课文的学习；教学过程不再是以教师的讲析为主，而是采用略读、精读、专题研究、读写一体、研讨交流来构建；他们摒弃了教师讲、学生听的传统教学方式，代之以学生的阅读、批注、交流、写作、研讨乃至表演、辩论等学习方式。这是在继承传统而顺应时代发展，大胆创新的全方位改革，为当今多样的语文教学改革贡献了一份她们自己独到的思考和理解。

语文教学改革是当前的一个大趋势。对于广大语文教师而言，是想改而又缺乏具体的可操作的方式和方法。这本书从编写体例和教学案例两个方面为大家提供了借鉴。

这本书的编写体例实实在在。每个案例都设有"书册名片"、"教学价值"、"学程设计"、"教学现场"和"专家视角"五个板块，内容丰富、实用，可操作性强，为广大一线教师提供了典型的学习样例——不仅推荐了不同书册的优质版本，而且厘清了整本书阅读的教学价值，探索出整本书阅读需要的方法策略，更为可贵的是呈现了不同课型的教学实录，真实再现了教学中认知冲突产生和化解的过程，再现了教师解决问题的具体做法。

书中的教学案例都立足于学习活动设计、实施。全书11个教学案例，每个都有可圈可点的学习活动，如设计苏东坡纪念馆，为水浒人物立传，给小羊圈胡同的居民建朋友圈，将小说《红岩》与电影《风声》进行对比阅读，绘制《海鸥乔纳森》的人物图谱等。在这些学习活动中，学生处于主动的学习状态，学习过程充分展开，并生成了个性化的学习成果。参与度高的学习活动，更有利于学生思维习惯的养成、认知能力的提升，能够更好地帮助学生成为语文知识的发现者和建构者。而学生也正是在发现和建构的过程中，重新发现了自己，重新认识了自己。在享受这种发现和认识的快乐的同时，也会使他们更加自信，并且进一步激发他们创新的意识，活跃他们的创新思维，发展他们的创新能力。这些案例不仅为老师们提供了可资借鉴的方法，老师们读后也会有所感悟，认识这种改革的价值。相信会有更多的老师愿意对语文教学改革做出新的尝试。

最后我想说，我要特别感谢以吴欣歆老师为首的编写团队。这其中有我熟悉的、活跃在一线教学和研究的老师、培训者，还有一些我从未见过名字的老师。读着这本书，你可以想象到这些老师们忘我的、满腔热忱的工作状态，可以感受到他们热爱语文教育、热爱自己学生的赤诚之心！这是最可宝贵的！也只有如此，他们才能质疑、学习、研究、创造，摆脱语文教学中传统的束缚，走出一条新路来。语文教学研究之路何其艰辛，几代语文人的探索何其艰难，看到后继有人，又是何其欣慰。

前面谈到的创新问题，是摆在我们面前的一个大课题。如果我们每个人都能立足于自己的岗位潜心探究，为此出一点点力，做一点点事情，那就很好了。这也是这本书出版的意义。相信这本书在推进语文课程、教材、教学改革中，会发挥积极的作用；期盼这本书的编写者能在语文教学研究的道路上越走越稳，越走越远。

是为序。

苏立康
2016 年 7 月 15 日

前　言

　　美国著名批评家乔纳森·卡勒说："故事教我们认识世界，向我们展示世界是如何运转的，通过不同的聚焦方法，让我们从别的角度观察事情，并且了解他人的动机，而我们通常是很难看清这些的。小说提供充分了解他人的可能性，弥补了我们在'真实'生活中对他人的无知。"整本书阅读在学生的生命成长中有类似的功能，而且，因为整本书内容领域的广阔，它不仅可以提供了解他人的可能性，还可以提供了解其他学科的可能性，对学生的精神成长，未来的职业规划均能起到良好的促进作用。书册阅读是将书册作为阅读对象的阅读，也就是整本书阅读。书册较之单篇文一方面增加了出版、编辑学上的意义，比如序言、目录、编排、后记等；另一方面由单篇文合成的书册在作者风格、作品时代、题材体裁等方面也有特定的意义。

　　从语文单独设科以来，我国的语文教材基本上沿用《昭明文选》模式，语文课程内容的主要载体是"课文"，单篇课文研读成为语文教学的主要形态。在教学中，尤其是在课堂教学中，单篇课文的优势显著：能够在规定时间内完成相对完整的教学内容，同类课文的组合彰显文体基本特点，学生集中一段时间学习某类文体，比较容易形成完整的概念。与单篇课文相比，整本书在提升学生阅读能力方面亦有其独特优势：记叙、说明、描写、议论、抒情等表达方式，可能都会出现在一本书中，而且是交替出现，有利于提高学生的辨识能力；学生集中一段时间专注于一本书，能够更好地建构阅读方法、养成阅读习惯。因此，早在20世纪20年代，语文教育研究者就已经看到了整本书的教学价值，并提出了用整本书推进语文教学的主张。但由于社会资源的匮乏，整本书阅读很难在当时的学校教育中落地生根。随着人民经济条件的改善，学生拥有一本书或多本书并非难事，在各种技术的辅助下，学习的时空界限已被打破，如今，整本书阅读走进学校教育恰逢其时。

目前，中考、高考都加强了"名著阅读"的考查力度，测试内容和测试形式均指向区分出"为素养提升而读"和"为应付考试而读"的学生。在课程文件和考试变革的双重影响下，大多数教师认同整本书阅读对学生学业水平提升的促进作用，但具体到教学实施，依旧困难重重：读哪些书，怎样确定这些书的教学价值，怎样组织教学才能实现学生阅读能力的进阶发展？

2007年，我自己开始做整本书阅读，努力解决的就是这些问题。2012年，我开始在不同学校做整本书阅读实践，遇到的依然是这些问题。2016年，我们将整本书阅读作为重点突破的教师培训项目，尚未破解的仍旧是这些问题。

怎么办呢？在调研中，一线教师普遍表示：需要样例！确实，样例学习的定义决定了这种学习方式在教学问题解决上的价值——学习者通过研习样例而习得专家的问题解决方法。于是，我们选择了11种近几年反复进行教学实验的书目，研讨体例、打磨呈现方式，力求清晰呈现教学过程，用"分解"动作为老师们提供实用性强的教学样例。在书目选择上，我们兼顾文学类文本和非文学类文本，文学类文本提供多个样例，便于教师根据学校情境和学生喜好选择使用，如红色经典《红岩》，章回小说《水浒传》《三国演义》，自传体小说《呼兰河传》，京味小说《四世同堂》，寓言体小说《海鸥乔纳森》，科幻小说《三体》，人物传记《苏东坡传》《渴望生活：梵高传》，散文集《孩子，你慢慢来》等；非文学类文本只有《写给大家的中国美术史》一本，尝试、分享的意味多于示范引领。

针对教师普遍存在的问题提供典型样例，样例才能真正对教师有帮助。经过大约一年的讨论、磨合，我们先完成了一个样张，抛出样张征询老师们的意见，在此基础上再次修改、研磨，最终确定了《书册阅读教学现场》的基本体例。

"书册名片"包括"推荐版本"、"内容梗概"、"作者简介"和"文学地位"四部分，需要说明的是"推荐版本"。我们在一线调研时发现，很多老师并不关注书册的版本，一位老师执教《三国演义》的现场，学生带去的版本居然有 11 种之多。版本学是专门的学问，选择好的版本阅读应该从小做起。我们不敢说推荐的是"最好"的版本，至少是我们在教学实践中认可的版本，呈现出来，可以省去老师们检索的时间。

"教学价值"是全书"含金量"最高的部分，我们试图结合书册特点，从学理上界定其适合进行的知识积累，能够承载的能力提升点，阅读过程中需要建构的相关策略，以及书册对学生精神成长和思想发育的引领作用。换言之，努力从知识积累、能力提升、策略建构、精神成长四个角度厘清每本书的教学价值，并在教学实践中检验、修改、明确。如此，使用本书的教师就有了"坐标系"，依据自身经验和学生水平对比参照、增删调换，不至于摸不到教学的方向。

"学程设计"是教学过程的"全景展示",分为"整体框架"、"通读指导"、"重点突破"和"内容统整"四部分。"整体框架"概述教学过程,根据书册的篇幅,处理方式大致分为两种,大部头的书可以边读边交流,阶段成果不断转化为新的学习资源;小部头的书可以先自主阅读,再组织集体讨论、展示等活动。"通读指导"是自主阅读指导的工具,分章节列举指导内容,每个章节均明确阅读范围、阅读任务和重点能力指向,旨在用阅读任务引领学生高质量完成自主阅读。"重点突破"选取教学过程中的重点内容,以教学设计的形式呈现。"内容统整"是学生完成整本书阅读后的综合实践活动,活动设计在内容上突出表现为"整合",即需要通读全书方能完成,活动过程"强迫"学生在整本书中多走几个来回,通过回读文本、重构内容,对书册产生新的思考和认识。

"教学现场"是全书的"精华"所在,一线教师最渴望看到的就是课,整本书阅读的课怎么上?基本课型包括推荐导读课、过程指导课和成果展示课。推荐导读课的功能是激发学生的阅读兴趣,帮助学生做好阅读计划;过程指导课的功能是解决学生在阅读过程中提出的问题,用多种策略引发学生的认知冲突,并借助师生交流化解冲突;成果展示课不仅要展示成果,还要在原有基础上有所提升,即借助成果展示实现学生阅读能力的进阶发展,成果既包括阅读过程中的感悟发现,又包括阅读策略使用上的经验积累。目前,推荐导读课可以借鉴的案例比较多,我们集中分享的是后两种课型。

"专家视角"是本书的"点睛之笔",我们这样做对整本书阅读教学有没有推进作用?一线教师能够受到启发、可以学习使用的到底是什么?具体到每本书,我们的教学是否真正体现出了书册的文学价值,是否真正挖掘出了书册的教学价值?

都值得研讨。于是，我们请来不同专业背景的专家参与讨论，提出自己的观点。

编写这本书，我们有着美好的愿景——学生具有自主选择的能力，能够选择合宜的阅读内容，并能用合理的策略高质量完成阅读；教师能够依据学生需要合理设计学习活动，在此过程中丰富学生原有的言语实践经验，提高对语言、对情感的审美品位，启发学生与其他阅读内容和自身生活体验建立联系，完成文化的传承与理解；学校营造良好的阅读氛围，能够提供平台激发和维护学生的阅读兴趣，创设情境开展阅读活动。

在本书的编写过程中，我们得到了很多一线教师、教研员、专家、学者的帮助，在此，不一一列出他们的名字，他们无私的帮助会化作我们继续探索的勇气和力量。我们共同努力推动整本书阅读以课程化的形态出现在学校教育中，以更为合理的结构进入语文课程体系，引领学生以成熟阅读者的姿态走向未来的生活。

吴欣歆

2016 年 6 月 6 日

目 录
CONTENTS

红色经典

一寸山河一寸血

——《红岩》书册阅读教学现场

中国人民大学附属中学　季雪娟

书册名片

◆ 推荐版本

	作者：罗广斌　杨益言
	出版社：中国青年出版社
	出版时间：2000 年 7 月第 3 版

◆ 内容梗概

　　1948 年，国民党的统治摇摇欲坠。甫志高接受重庆地下党工运书记许云峰的命令，建立沙坪书店，作为地下党备用联络站。他擅自扩大书店规模，销售进步书刊，吸收一名叫郑克昌的青年。许云峰发现郑克昌形迹可疑，让甫志高通知所有相关人员迅速转移。甫志高自以为是地认为许云峰出于嫉妒才要求大家转移，没有听从命令，结果被捕并背叛革命。许云峰、成岗、余新江和刘思扬等人也相继被捕。为了得到口供，敌人疯狂地折磨他们，高温炎热、蚊虫叮咬、饥饿和干渴种种磨难接连而至。难友们趁放风时在墙角挖出一眼泉水，却被发现，龙光华为保护泉水英勇牺牲。全狱难友绝食抗议，敌人不得不妥协让步。

　　叛徒甫志高带领特务到乡下逮捕了江姐，江姐被关押在渣滓洞。在狱中，敌人把竹签钉进了她的十指，她大义凛然地说："毒刑拷打是太小的考验，竹签子是竹做的，共产党员的意志是钢铁铸成的！"

到了年底，国民党在受到沉重打击后开始采取和谈的虚伪伎俩。地下党也派人与狱中战友们取得联系。敌人为了表示"诚意"，假意释放了一些政治犯，刘思扬被送回了刘公馆。第二天，一个自称姓朱的共产党员潜入刘家，说他是区委书记李敬原派来了解刘思扬狱中表现的，要刘思扬详细汇报狱中地下党的情况。正当刘思扬怀疑之时，李敬原派人送来真实情报，揭穿了郑克昌的真面目。刘思扬又被抓进另一所监狱白公馆。郑克昌又伪装成记者高邦晋打入渣滓洞。他妄图通过苦肉计刺探狱中地下党的秘密。余新江等人识破了他的伪装，借敌人之手除掉这个特务。

解放在即，解放军逼近重庆，地下党准备组织狱中暴动。在白公馆装疯多年的共产党员华子良与狱中党组织联系。关在地窖中的许云峰用手指和铁镣挖出了一条秘密通道。解放军攻入四川，重庆即将解放，徐鹏飞穷凶极恶，提前秘密杀害了许云峰、江姐、成岗等人。就在当天晚上，渣滓洞和白公馆同时举行了暴动。刘思扬、丁长发等同志牺牲，但更多的同志终于冲出魔窟，在重庆解放的隆隆炮声中，迎接曙光！

♦ 作者简介

罗广斌（1924—1967），重庆忠县人。1948 年被捕，囚禁在重庆中美合作所渣滓洞、白公馆集中营。新中国成立后，历任青年团重庆市委统战部部长、重庆市民主青年联盟副主席。

杨益言（1925—　），生于重庆，四川省广安市武胜县人，中共党员，中国作家协会会员。"一二·九"运动后，杨益言从复旦辗转回重庆。到重庆后，他不但在重庆进步刊物上发表《一二·九真相》等文章，而且与重庆大学地下党联系。国民党认定他是中共从香港派回重庆恢复《挺进报》的，逮捕了他。在狱中，杨益言受尽折磨，最后幸存。

新中国成立初期，罗广斌、杨益言和刘德彬把他们在狱中与敌人斗争的切身经历共同写出来。1950 年 7 月 1 日开始在重庆《大众文艺》上发表三人合作的报告文学《圣洁的血花》。1958 年又在《红旗飘飘》上发表了三人合作的革命回忆录《在烈火中永生》。在此基础上，罗广斌和杨益言创作了长篇小说《红岩》。

◆ **文学地位**

《红岩》一面世即引起轰动，先后被改编成电影《烈火中永生》和豫剧《江姐》等。后数十次再版，总发行量逾千万册，被译成多种文字，被中宣部、文化部、团中央命名为"百部爱国主义教科书"。

《红岩》以史实为主要题材，将重大历史事实与艺术虚构完美结合，表现了主人公的崇高精神。阅读《红岩》的过程，既是在品读艺术，又是在感悟历史。作品细致刻画了各种英雄人物，塑造了坚忍不拔、视死如归的英雄群像，表现了感天动地的英雄气概。许云峰和江姐等人物的精神魅力，已经成为一代革命者的典型形象，感染着一代又一代的中国人。

《红岩》被称为"黎明时刻的一首悲壮史诗"。重庆市文艺评论家协会主席周晓风教授评价《红岩》："几乎是创造了当代文学史上的一个奇迹，它把主流意识形态所要求的文学教化功能与大众审美趣味，把具有传奇色彩的人物故事与革命者的人格魅力成功地结合起来，其影响不仅超出了文学的革命意义，而且也早已不限于文学本身。"

教学价值

◆ **知识积累**

阅读《红岩》，学生可以积累以下知识。

（一）红色经典

红色经典多指反映中国共产党领导下的社会政治运动和普通工农兵生活的典范作品。红色经典或深或浅地被打上时代烙印，影响了一代又一代人。20世纪60年代，《红岩》精神与集体意识、团结奋斗的精神不谋而合；80—90年代末，《红岩》精神激励读者为实现国家的繁荣富强而努力；90年代，在市场化和商业化的过程中，人们怀念往昔岁月，渴求与喜爱这类文学经典；在21世纪这个全新的时代，《红岩》精神为人们不屈不挠地实现理想提供了精神支持。作为红色经典的代表，《红岩》可以帮助学生了解红色经典的知识，感受红色经典的力量。

（二）创伤叙事

创伤叙事文本往往描写阶级斗争的残酷性和革命志士英勇献身的神圣性。20 世纪是中国人民饱受战争创伤的时代，在新中国成立后"十七年"的文学叙事中，存在着大量以"战争"为题材的文学文本，《红岩》是其中非常典型的作品。书中许多地方涉及人物创伤的经历，大篇幅地描写集中营的惨烈生活，描写革命者在肉体和精神上遭受的非人折磨。阅读《红岩》，学生可以了解创伤叙事的知识，更在这样悲壮的创伤记忆中，了解那段历史，感受英雄的坚韧，汲取精神的养料。

（三）本事改写

《红岩》叙述的惊心动魄的斗争经历，和作品中各种类型的人物，都有现实原型，如江姐之于江竹筠，华子良之于韩子栋，许云峰之于许建业，成岗之于陈然等。但这并不说明《红岩》就是对烈士斗争本事的忠实记录。作者在创作过程中，对英雄本事进行了艺术的加工，或把人物身份由知识分子改变为工人阶级，或把人物年龄由青年改为中年，或剪接人物的事件。为了塑造许云峰的形象，删减人物原型在斗争中的失误，让人物以成熟、坚定的姿态全面领导渣滓洞、白公馆的斗争。当然，本事改写是对诸多英雄本事的精练、集中，并不能以此否定英雄群体对敌斗争的惨烈和坚定。了解本事改写的知识，可以让学生通过对比文本与本事，更深刻地感受人物群体的精神力量。

◆ 能力提升

阅读《红岩》，完成各种阅读活动，学生能提升以下语文能力。

（一）提取显性信息组合内容要点

要把长篇小说读薄、读透，提取和组合信息的能力至关重要。《红岩》中的人物信息属于显性信息，为了更好地分析人物，阅读过程中应对这些显性信息进行提取和组合。例如，引导学生为英雄人物制作包含人物出身、主要事迹、性格命运、经典片段等内容的档案袋，再以思维导图的形式梳理组合这些重要内容，呈现自己的理解。这些活动可以提升学生提取显性信息并组合内容要点的能力，能为整本书的阅读打下良好的基础。

（二）鉴赏凸显人物性格的细节描写

《红岩》中的人物性格鲜明突出，这些鲜明的性格通过很多生动具体的细节描写呈现出来。例如，江姐就义前梳理好头发，换上整洁的蓝旗袍，平整好衣服的皱痕，许云峰用铁链和双手挖掘地道，成岗用意志克服自己的幻觉等细节，笔触细腻地展现出人物的性格特点。在阅读过程中，可以引导学生用摘录语段、品读文本、比较分析等方式，鉴赏这些能凸显人物性格的细节描写，梳理人物性格。鉴赏细节描写能力的提升，能让学生更好地走进人物的内心，感受英雄的坚定信念和无畏品质。

◆ 策略建构

（一）外化输出

外化输出是指在阅读过程中，以口头或书面的形式，把对文本的理解外显出来。以学生内化理解为基础，用各种策略促进学生外化输出，内化、外化相结合能够促进理解的深入。例如通过为英雄人物写作对联、颁奖词等活动，学生可以外化输出对文本的理解，在一系列外化输出的过程中，在与同伴的交流中，又能进一步加深对文本的理解，实现内化、外化、深化的立体化阅读过程，促进阅读效果的最优化。

（二）借助典型环境和典型特征辨识人物

《红岩》以正义作为标准区分善恶，人物形象阵营对立、共性鲜明，为我们塑造了一组革命英雄和反面人物的群体形象。阅读中，可以引导学生借助典型环境和典型特征辨识人物。监狱关押受审的典型环境呈现出许云峰、江姐、成岗等革命者从容镇定、信念坚定的典型人物特征；而灯红酒绿的典型环境呈现的则是徐鹏飞、毛人凤等反面人物心怀诡计、作恶多端的反动本质。在阅读过程中，借助典型环境和典型特征辨识人物，学生对诸多人物进行归类对比，把英雄人物和反面人物置于相应的典型环境中，发现两种不同类型的人物所处环境和性格特点之间的必然联系，可以更鲜明地感受人物群像的共性特征。

（三）图文转换

图文转换是指由文绘图或以文叙图。生动的文字可以带给读者鲜活的画面感，让读者在栩栩如生的情境中阅读。学生阅读《红岩》时，可以使用图文转换策略，例如根据文字描述，画出狱中传递《挺进报》的路线图，或者根据文本介绍绘制小萝卜头的肖像图等。通过图文转换，可以让学生更直观地再现自己对文字的理解，更鲜明地呈现人物形象、具体情境，进而在与同学的交流分享中深化理解和感悟。

（四）跨界阅读

跨界阅读既可指突破学科边界的学科互涉阅读，亦可指突破纸质媒介的综合阅读。阅读《红岩》可以引导学生使用跨界阅读策略，通过与电影《风声》的对比阅读，发现共产党人在不同历史时期、不同形式的斗争中，表现出的相似的不屈意志和坚定信念。在阅读过程中引导学生跨界对比阅读，让学生感受不同艺术形式塑造人物形象的不同方式，感悟不同时代赋予英雄人物不同的历史使命。在感动、感怀、感念英雄群体共有品质的过程中，获得振奋精神的力量源泉。时代虽然在不断变迁，艺术表现形式多种多样，但英雄的精神品质永远留存。

◆ 精神成长

《红岩》是一曲充满浩然正气的英雄赞歌。无论是许云峰、江雪琴还是成岗、刘思扬，他们都经历了肉体与精神上的严酷考验，每一个人都能"集香木自焚，复从死灰中更生"。学生阅读《红岩》可以感受这一份浩然正气，树立坚贞不渝的理想信念，培育深厚赤诚的爱国情怀，培养百折不挠的坚韧品质。

（一）树立坚贞不渝的理想信念

《红岩》中的英雄人物能顽强地面对敌人的摧残，源自内心深处对理想和信仰的执着追求。那种共产党人信仰的力量让后人对先烈心生敬佩。品读作品，可以鼓励学生坚贞不渝地追求理想，激励学生在生活学习中持之以恒，孜孜以求，而非轻言放弃。

（二）培育深厚赤诚的爱国情怀

《红岩》中的英雄人物，无不心怀救国救民的爱国情怀，为国为民视死如归。红岩精神，不仅凝聚着中国共产党人的光荣革命传统，也展现出中华民族优良的爱国传统。阅读《红岩》，为培养学生的爱国情怀提供了充实的历史素材。学生了解新中国成立前的斗争历史，会从内心深处珍惜目前幸福和平的生活，会对祖国怀有一份深厚真挚的感情。

（三）培养百折不挠的坚韧品质

《红岩》中的英雄人物，在客观条件十分艰苦、敌人严刑拷打的恶劣环境中，表现出了不畏艰险、百折不挠、视死如归的坚强意志，表现出了自强不息、努力奋进的精神风貌。阅读《红岩》的过程，也是学生精神成长的过程，被英雄感动，受英雄感染，继而逐渐培养一种面对困难百折不挠的坚韧品质，笑对生活，乐观、积极、昂扬地谱写人生乐章。

学程设计　　　　　　　　　北京市陈经纶中学　关宇

◆ **整体框架**

《红岩》学程设计大体思路如下：教师制定"通读指导"任务，引导学生通读全书，学生在阅读任务单指导下完成整本书阅读，教师组织学生围绕阅读任务单的内容进行小组讨论、全班交流。接着围绕主要人物，在课堂上进行重点突破，并在与电影《风声》的对比中，发现共性和差异，认识中国共产党人在不同奋斗时期表现出的不屈意志和坚定信念。最后以诗歌朗诵会的形式，完成整本书的内容统整。

教学阶段	主要内容	教学资源	设计意图
通读指导	学生在阅读任务单指导下完成整本书阅读。教师组织学生围绕阅读任务单的内容进行小组讨论、全班交流。	章节阅读学程	1. 借助阅读指导初步了解文本内容。 2. 为精读文本、品析人物、领悟作品内涵奠定基础。
重点突破1	1. 评选最受欢迎的4位人物。 2. 挑选最精妙的人物描写细节、片段，选择最恰当的方式，设计一段微电影的脚本，展现人物性格。 3. 为《红岩》设计腰封、书签。	人物分析方法	1. 了解分析人物形象的具体方法。 2. 深化对人物思想的理解，表达自我感受。
重点突破2	1. 观看电影《风声》。 2. 从不同角度对比《红岩》和《风声》的不同之处。 3. 寻找"红岩英雄"和"风声英雄"的相同之处。 4. 播放视频，感受英雄人物的情感世界。	1. 电影：《风声》。 2. 从不同角度品析人物的方法。	1. 通过对比把握人物形象。 2. 进一步理解《红岩》和《风声》的主题。
内容统整	1. 召开"红岩魂"诗歌朗诵会。 2. 撰写朗诵会串词。 3. 深入思考《红岩》作为红色经典的意义和价值。	1. 先烈们撰写的诗歌。 2. 撰写朗诵会串词的方法。	1. 通过倾情朗诵，进一步加深对《红岩》作品中英雄形象的了解，感受先烈们的爱国精神。 2. 深入思考《红岩》对人生、社会的有益启示。

◆ 通读指导

　　学生在自读小说的过程中，结合通读指导中的相关阅读任务，提高提取信息、分析人物、鉴赏评价等方面的能力。

阅读范围	阅读任务	重点能力指向
第一章 至第三章	1. 本书最先出场的人物是余新江，之后又不断有人物上场。请圈画第一章到第三章出现的人物，列出他的职业，并摘录有关描写语句，填写下表。 | 人物	职业	相关描写语句 | |---|---|---| | | | | | | | | | | | | 2. 结合文本具体内容，推测人物身份。判断哪个人可能是特务，哪个人可能会成为叛徒。	借助表格梳理文本中的人物，提高提取信息的能力。借助文本语句，揣摩人物身份，提高形成解释的能力。

续表

阅读范围	阅读任务	重点能力指向
第四章至第六章	1. 承接上一阅读任务，继续圈画出场人物，完善表格。 2. 对比第四章到第六章具体语段，分别归纳江姐和徐鹏飞的特点。如： 语段一 　　"我在干什么？"一种自责的情绪，突然涌上悲痛的心头。这是什么地方？什么时候？自己负担着党委托的任务！不！没有权利在这里流露内心的痛苦；更没有权利逗留。江姐咬紧嘴唇，向旁边流动的人群扫了一眼，勉强整理了一下淋湿的头巾，低声地，但却非常有力地对华为说："走吧，不进城了。" 　　　　　　　　　　　　　　——江姐 语段二 　　"邮检组又发现了《挺进报》？……谁寄的？嗯？"徐鹏飞重复地问，突然声音一震："甚么！查不出来？"话筒里绝望的解说，使他更为烦躁，咆哮如雷："总裁手令，限你们三天之内，立即找到《挺进报》的巢穴……否则，提着狗头来见我！"徐鹏飞怒气冲天，劈手把话筒扔在桌上。 3. 查阅 1948 年的历史事件，了解当时国共两党之间的关系。	借助文本信息，分析人物特点，提高学生鉴赏评价能力。查阅时代背景，结合背景分析人物和事件。
第七章至第九章	1. 圈画描写甫志高的语段，小组内分角色朗读。 2. 联系前六章内容，分析甫志高应该做什么工作，为什么他想承担更多的工作？他为什么会叛变？ 3. 第七章到第九章，国民党逮捕了多名共产党员。哪一个人物的英勇行为给你留下了深刻印象？请完成摘抄。 | 页码	摘抄	阅读感受关键词 | |---|---|---| | | | |	有感情地朗读关键词语、重要段落，品析人物形象并鉴赏评价。关联前文，推断甫志高背叛的原因，分析人物形象，通过理解语段，进行解释或推断。通过品味关键词语、重要段落，品析人物形象，提高鉴赏评价能力。
第十章至第十二章	1. 有感情地朗读第十章到第十二章出现的诗歌，并记录你的朗读感受。 2. 渣滓洞的三个特务被作者起名为"猩猩"、"狗熊"、"猫头鹰"，充分体现出特务们凶残粗暴的性格。本书中徐鹏飞和毛人凤等特务也同为凶暴的国民党成员，请你根据他们的性格为他们起一个动物绰号，并阐述理由。	通过朗读表达自己的感受，体会革命者的斗争精神。利用起绰号的形式，概括特务们的特点，锻炼理解能力、鉴赏评价能力。
第十三章至第十五章	1. 龙光华为了保护水源而牺牲了年轻的生命，请为他写一副挽联。 示例：七尺男儿生能舍己 　　　千秋雄鬼死不还家 2. 江姐被捕后遭到了敌人疯狂的迫害，也得到了监狱同志们的敬佩和鼓舞，请你也为江姐写一封 150 字左右的短信，表达你对她的深深敬佩并鼓励她坚持战斗下去。	拟写挽联和书信，表达对革命者的哀悼和敬佩之情，借助一定的语言形式，表达内心情感。

续表

阅读范围	阅读任务	重点能力指向
第十六章 至 第十八章	1. 请给监狱里面的联欢会写一副对联。 2. 监狱中，革命者组织联欢会与敌人斗争。监狱外还有一批年轻人也积极投入战斗中。如成瑶和刘思扬，他们有怎样的性格特点？作者设计这样的人物有什么作用？	拟写对联，感受革命者的战斗激情，提高表达能力。分析人物性格，揣摩人物价值并进行评价鉴赏。
第十九章 至 第二十一章	1. 成岗一行人在狱中出版《挺进报》，传递《挺进报》，请画出传递路线图。 2. 小萝卜头短暂的一生是在敌人的监狱中度过的，但是他的光辉事迹值得我们永远铭记。请根据小萝卜头的事迹绘制他的肖像图，并写出不少于100字的图片内容介绍。 命名：＿＿＿＿＿＿＿＿＿＿ 图片内容介绍：＿＿＿＿＿＿＿＿＿	借图画梳理文章内容，提高整体把握能力。通过为图片命名的形式，梳理小萝卜头的相关事迹，并通过简要介绍，表达自己的阅读感受。
第二十二章 至 第二十四章	华子良作为小说中的一个重要人物，终于在伪装疯癫隐蔽15年后，与组织联系上并承担起越狱突围的重要任务。请你结合前面阅读的章节，想象一下他与齐晓轩、成岗见面后的心理活动。	发挥想象，拟写心理活动，提高立足文本的想象能力。
第二十五章 至 第二十七章	1. 新中国成立了，特务们走到了末路，他们采取了哪些疯狂的举动？面对敌人的疯狂，革命者又有哪些表现？请概括或摘录文章精彩段落。 〔表格：特务们的表现｜革命者的表现〕 2. 对比特务们和革命者的不同表现，你有哪些发现？	对比不同人物的表现，分析这两大群体的特点，体会革命者的崇高信仰。
第二十八章 至 第三十章	1. 请简述白公馆的越狱过程。 2. 读完《红岩》，其中哪位人物的英雄事迹最让你感动？请结合相关情节，制作该人物的档案袋。 方法指导：档案袋应包括人物出身、人物事迹、人物性格、人物命运、经典片段等。	梳理越狱过程，提高概括能力。整理人物相关材料，提取信息并个性化地表达对人物的理解和评价。

◆ **重点突破 1**

《红岩》人物分析

北京市朝阳外国语学校 孟 璟

教学目标

1. 能够借助细节描写分析人物。

2. 能够结合具体情节分析人物。

3. 能够用精练的语言评价人物。

教学过程

活动一：导入

图片呈现课前学生关于"最受欢迎的人物评选"结果，确定 4 位人物，引导学生深入分析这 4 个人物。

活动二：人物分析

展示相关人物的思维导图，介绍人物相关的故事情节。挑选其中最精妙的人物描写或场景描写，选择远景、近景或特写的拍摄方式，设计一段微电影的脚本，展现人物性格。

华子良脚本样例：

创作意图：表现华子良在接受党的任务之后，表明身份之前这段时间的心理变化。

旁白结合人物动作：（他远远地看着共产党员们）看到共产党员们鄙夷的目光，他仿佛听到他们在谈论自己的怯懦。（低下头）他内心十分痛苦。（抬起头，满眼含泪）回想这几年，有多少次，他独自黯然神伤，孤独和偏见让他几乎无法坚持下去，但他又看到了陪杀场的那天，罗世文、车耀先对他信任的目光，以及他对党的承诺，他感到自己又充满了力量。（坚定地站起来）他暗自想，我一定要坚持下去，为党做出贡献。

第一位：江姐

1. 学生展示思维导图，介绍人物相关故事情节。

2. 分小组发言，同组、他组，互相点评。

预设角度：

（1）受刑的心理活动——在剧痛面前，依然保持镇静。

（2）受刑后的虚弱——掩盖不住坚定与顽强。

（3）绣红旗——乌云遮不住太阳，冰雪锁不住春天，铁牢关住了战士的身体，关不住要解放的心愿。

（4）赴刑场前的坚毅——一朵花凋谢了，但是更多的花将要开放，因为它已变成下一代的种子。

北京市朝阳外国语学校　王清源

第二位：甫志高

1. 学生展示思维导图，介绍人物相关故事情节。

北京市朝阳外国语学校　赵浩钦

2. 分小组发言，同组、他组，互相点评。

预设角度：

（1）不听从上级让他转移的命令，有情绪——战士的天职就是服从命令，他不听从组织的领导，也就不是一个好战士。为下文埋下伏笔。

（2）在家门口被捕——一丝希望指什么？绝望与希望的对比，要突出什么？

（3）抓江姐时的怯懦——邪恶在正义面前永远站不稳脚跟。

（4）见到双枪老太婆逃跑——他知道什么样的结局在等着他，逃跑也无济于事。

第三位：成岗

1. 学生展示思维导图，介绍人物相关故事情节。

北京市朝阳外国语学校　曾琬婷

2. 分小组发言，同组、他组，互相点评。

预设角度：

（1）认真地印《挺进报》——党交给的任务，要努力完成。

（2）写自白书之前的神态描写——一个共产党员绝对不会向反动派低头。

（3）与国民党特务对峙（语言）——符合人物性格的语言描写非常准确地展现了人物情感。

（4）刚毅地面对敌人医生——成岗在白公馆的狱中对刘思扬说："有革命意志的人，不可能丧失控制自己的能力。而且，越是敌人提出危险的问题，你心里会越加警惕。"成岗被国民党特务杀害，牺牲时年仅 26 岁，他以自己的生命履行了对党的庄严誓言："只要还有一口气，就要为革命斗争到底！"

第四位：华子良

1. 学生展示思维导图，介绍人物相关故事情节。

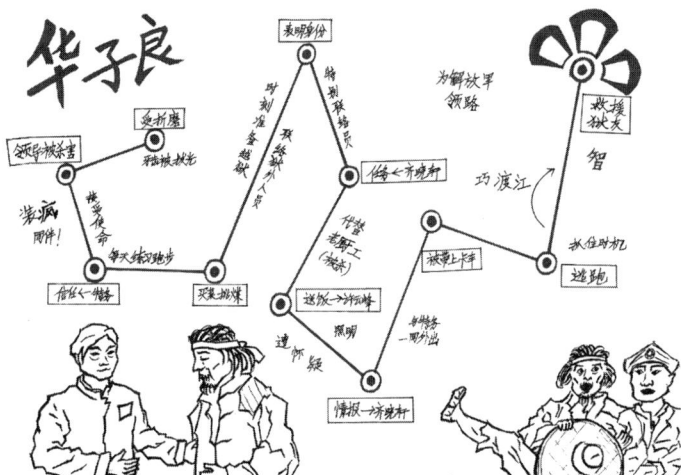

北京市朝阳外国语学校　李　昱

2. 分小组发言，同组、他组，互相点评。

预设角度：

（1）面对别人的鄙夷，心里很痛苦——肖像描写展现出内心的痛苦。

（2）面对别人的鄙夷，依然坚定——坚定的革命信念，鼓舞着他。

（3）华子良跑步——为越狱做的准备之一，即使表面疯癫，却不掩坚贞的内心。

（4）去买东西，拿到情报——作为特别联络员，尽职尽责完成任务。

（5）逃跑——巧妙设计，终于等到了机会。

（6）迎接胜利——用什么来迎接我们的胜利？用我们不屈的意志，坚贞的信念。

活动三：为《红岩》设计腰封、书签

给《红岩》写一段推荐语制成腰封，向学弟学妹们推荐这本书；或选出《红岩》中你认为最值得称赞的人物，做成书签，为英雄人物点赞。

1. 展示老师设计的腰封。

2. 以小组为单位，设计腰封、书签。

3. 实物投影展示学生作品。

活动四：小结

《红岩》是一曲充满浩然正气的英雄赞歌，无论是许云峰、江雪琴还是成岗、刘思扬，他们每一个人都能以凤凰涅槃的勇气，面对严刑拷打甚至死亡的威胁。在品读英雄人物不同的生活画面和生活经历的同时，更要感受他们共同的语言、共同的信念。红色之旅已经启程，品读英雄人物，是我们精神成长的过程。面对这些英雄，我们理当感怀于心，为他们的英勇无畏；理当心怀敬重，为他们的坚定信念；理当抬头仰望，为他们的不朽精神。愿与英雄人物为友，与红色经典同行，树立坚贞不渝的理想信念、培育深厚赤忱的爱国情怀、培养百折不挠的坚韧品质。心若红阳，志若坚岩！

◆ 内容统整

铁窗下的心歌

——《红岩》诗歌朗诵会

北京市朝阳外国语学校　陈亚琴

活动流程

1. 学生自主选择朗诵作品。

2. 结合对诗歌的理解选择配乐并解释原因。

3. 完成开场白、结束语以及自己朗诵诗歌的串联词。

4. 小组内展示，推荐优秀作品和串词。

5. 优秀节目整合编排，班内朗诵展示。

样例

开场白：

红岩，革命者的鲜血染红了脚下的土地，他们高昂着头颅，视死如归；

黑牢，刽子手的杀戮频频在这里上演，然而无法将革命者的信仰淹没。

思想如种子一般萌发，崇高的气节和不屈的斗志在弥漫着死亡气息的牢笼里顽强地生长；

烈士年轻的生命如歌，红岩不朽的英魂如歌，一篇又一篇不朽的诗歌，带给后世无穷的热爱与力量。

让我们一起用心聆听这些"铁窗下的心歌"，感受永远的红岩魂。

第一篇章　烈火永生

1. 先烈们永不泯灭的忠魂立起历史的丰碑，他们明知山有虎，"仗剑虎山行"。那是怎样一份壮怀激烈荡然浩气！让我们来听听陈然烈士自心底为生命与信仰的呐喊——《我的自白书》（配乐《查拉图斯特拉如是说》）。

2. 生来既为雄鹰，自当搏击长空，被困于笼中何足惧？双翼被折，依然能够翱翔！鲜血渗入脚下的土地，为了这片土地上千千万万的人民，我情愿——《把牢底坐穿》（配乐《英雄的黎明》）。

3. 在这样一副"活棺材"里，叶挺将军的身影挺拔如松，赤胆孤忠。他活得艰难，亦活得有尊严；他肉体虽毁，然英魂长存，在我们心中唱响永恒的《囚歌》（配乐《命运交响曲》）。

4. 在充满阴暗的黑牢里，每一位革命战士的心间都充满着阳光。他们坚定的思想碰撞出火花，顽强的意志散发出光辉，一身清白，坦坦荡荡，且看"革命凌云志，春风吹又生"——《意志在闪光》（配乐贝多芬《命运交响曲》第三乐章）。

英雄顽强的意志令无数人赞叹，铁血的柔情更令天下人动容！

第二篇章　铁血柔情

1. 最真挚的话语，因出自于一个饱经严刑对敌人缄默不言的人口中，而更加深情。我毅然离开，不为青史留名，不为流芳百世，只为火热的拳拳爱国心，我最爱的家人，《你等待着我吧》（配乐《英雄的黎明》）。

2. 这是一位年轻的父亲，带着缱绻的深情，离开家中温柔的妻子和牙牙学语的儿子，赠一首《示儿》，踏出家门，一别永恒！孩子啊，请你记住，在你们这一辈的手上，一定要将革命之火，燃成千万家庭温暖的灯光——《示儿》（配乐 The Daydream）、《献给母亲》（配乐《神秘园》）、《爱恨悔》（配乐《无法逃离的背叛》）。

不屈的斗争终将带来希望，让我们共同仰望那一抹东方的黎明！

第三篇章　天将破晓

1. 昏鸦落在荒凉的碉堡上，冰冷的枪口对着火热的心脏，触目凄惶，而那样一份希望而坚强的微笑，融入我血与泪的渴望，我将它深埋心底，在胜利的那一天送给你——《一个微笑》（配乐 *Rainy Memory*）。

2. 在生命之花盛放的岁月里，你们在铁窗里度过最灿烂的韶华，用生命绽放出最鲜红的花朵，为幸福和真理而怒放，倔强而挺拔，向着未来，向着阳光，热血葬花魂——《花》（配乐《花水月》）。

结束语：

这些诗稿承载的是烈士们的凛然正气，它们被写在墙上，用烈士的鲜血，被刻在树上，被吟诵在上刑场的路上。诗稿满怀革命者对光明的渴望，它们期待着曙光的到来，期盼着希望，期望着一个美好和平的年代。"失败膏黄土，成功济苍生"。我们面对这些伟大的诗人，理当心怀感恩，为他们无名的奉献；理当心怀敬重，为他们生与死的尊严；理当抬头仰望，为他们与日月同辉的熠熠光华。"愿烈士们的品格能够强壮着活着的人的骨骼"，他们的呐喊，是不朽的精神，将成为我们进步的强大动力，永远鼓舞我们奋斗前进！

教学现场

"一寸山河一寸血"

——《红岩》班级读书会

北京市朝阳外国语学校　孟维丽

教学目标

1. 通过分析思维导图、绘制思维导图展示自己对作品的理解。

2. 借助小说与电影的比较，深入了解革命者的精神境界。

教学过程

活动一：谈话导入

师：人民英雄纪念碑背面为毛泽东起草、周恩来书写的150字碑文。请大家一起朗读。

生（齐读）：三年以来，在人民解放战争和人民革命中牺牲的人民英雄们永垂不朽！三十年以来，在人民解放战争和人民革命中牺牲的人民英雄们永垂不朽！由此上溯到一千八百四十年，从那时起，为了反对内外敌人，争取民族独立和人民自由幸福，在历次斗争中牺牲的人民英雄们永垂不朽！

师：为争取民族独立和人民自由幸福，无数仁人志士抛头颅，洒热血，不懈地努力和斗争。在我们960万平方公里的国土上，每一寸土地都浸透着英烈们的鲜血。阅读《红岩》，观看《风声》，不同形式的艺术作品，都在讲述风云激荡的革命历程。今天，我们就来比较两部作品，借助比较，更深入地走进斗争的年代，走进革命者的精神世界。

活动二：内容回顾

师：首先，让我们回顾一下两部作品，请同学们分别介绍《红岩》和《风声》的主要内容。

生1：《红岩》这部小说主要讲述解放前夕在重庆进行的地下斗争，重点描述的是狱中斗争。主要情节集中发生在中美合作所这个关押政治犯的监狱里。那里关押着一些优秀的共产党员，如江姐、许云峰等人。他们面对敌人的酷刑，没有低下高贵的头，没有泄露党的秘密，保护了党的安全。

生2：《风声》这部电影讲述的故事发生在1942年，日伪政府统治时期。化名"老鬼"、"老枪"的两名共产党员潜伏在日伪政府的情报部门，为抗日斗争做地下工作。"老鬼"的身份受到敌人的怀疑，他们被带到封闭的裘庄，受尽酷刑。后来"老枪"成功逃离，传递出正确的情报，但"老鬼"在斗争中牺牲了。

师：两位同学的介绍言简意赅，既有背景信息又有情节概括，很好。

活动三：比较差异

师：阅读《红岩》，观看《风声》，很多同学觉得这两部作品并不一样。我们比较这两部作品，可以选择哪些角度呢？

（学生自由发言，教师用板书记录，学生发言涉及背景、人物形象、人物关系、人物命运、推进线索、关押环境、关押原因、斗争方式等）

师：我们按照故事的基本要素梳理一下，故事要有背景，要有主要人物，要有情节和环境，还要有结局。我们把刚才列举的对比角度整合一下，确定几个角度。

（师生共同讨论，确定了时代背景、人物形象、环境设置、斗争方式等几个对比角度，师生共同完成思维导图）

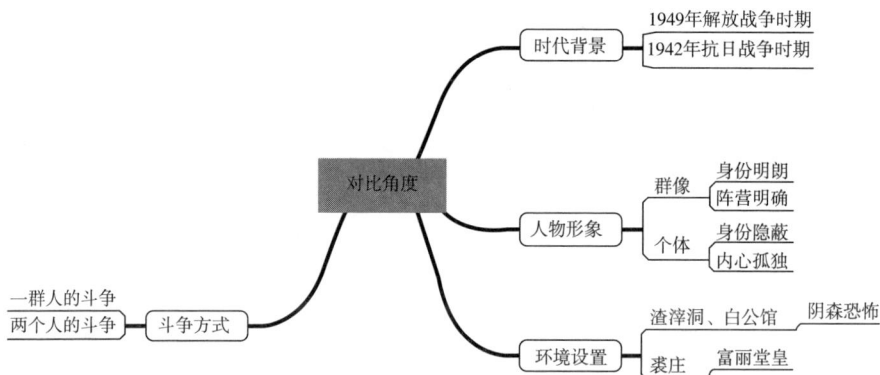

师：请大家依据这张思维导图，具体陈述两部作品的不同。

生1：《红岩》发生在1949年，内战结束前夕，国民党节节败退，企图破坏重庆这个古城，什么都不给共产党留下。在破坏物质的同时也迫害精神，把共产党的进步人士秘密杀害。《风声》的故事发生在1942年，汪精卫的日伪政府为了讨好日本人，在国内大肆屠杀抗日人士。

师：1940年，汪精卫在日本人的扶持下当上了南京国民政府的主席。虽然以"中华民国国民政府"为名，实际上是日本人的傀儡政权。南京国民政府沿用中华民国的青天白日满地红旗，另加三角布片，上书"和平、反共、建国"。由此可见，南京国民政府的首要任务是亲日，镇压共产党，然后才是建设国家。直到 1945 年 8 月 15 日，日本投降，这个傀儡政权才灰飞烟灭。日本投降后，以毛泽东为首的中国共产党代表团与国民党政府代表在重庆举行谈判，就和平建国问题进行磋商，签署了《双十协定》。但是《双十协定》公布不久，即被蒋介石公开撕毁，开始了历时三年的解放战争。两部作品的历史背景不同——《红岩》发生在解放战争时期，《风声》发生在抗日战争时期。

生 2：《红岩》中的共产党员有很多，是一群人在与国民党斗争。《风声》写了两个地下党员，可是他们还不知道有对方存在，在与敌人周旋的时候力量比较弱，也比较孤独。

师：《红岩》中的共产党员被集中关押，虽然不自由，但处在同志群体中，每个人都能感受到集体的温暖和力量。而《风声》中的共产党员因为身份保密，只能单独行动。

生 3：两部作品的环境有比较大的差异。《红岩》中的监狱是渣滓洞和白公馆，那里没有什么好吃的，"猩猩"送来的饭带着焦煳味和馊臭味。住的也不好，拥挤、脏乱，不得不盖着带血的破毯子。而《风声》中的人物是被软禁在一个富丽堂皇的大宅子里，每一顿饭都丰富无比，还有宴会。住的也不错，都有豪华舒适的房间。

师：其实这两类环境，代表了斗争所处的两类环境，一个是公开的战斗，被关押在恶劣的环境中受折磨。一个是隐蔽的战斗，在优越的物质环境中忍受内心的冲击。

生 4：《红岩》人物公然反抗国民党统治，有很多同志被抓起来，但是他们并不屈服，无论是在监狱斗争中还是在最后的越狱中，都有人牺牲，损失比较惨重。而在《风声》中，共产党员的身份是隐蔽的，敌人想弄清楚谁才是共产党采取了很多残酷的手段，最后为了传出正确的情报，避免造成更大的损失，老鬼牺牲了自己的生命，只牺牲了一个共产党员。他们都取得了胜利，但是付出的代价不同。

师：一个是星火燎原，一个是暗流涌动。无论是公开的斗争还是隐秘的战斗，都能够彰显共产党人的坚定信念。

活动四：提取共性

师：表面看两部作品有很大差异，但究其内里，不同的历史时期，在不同的斗争场合，共产党员们有哪些共同的表现？请大家自己寻找对比点，用思维导图的形式呈现自己的思考结果。

（生检索阅读，圈画思考，绘制思维导图）

师：我们来分享交流一下。

（生5展示思维导图）

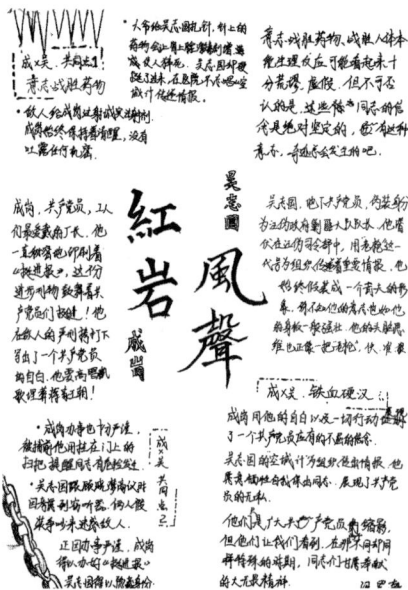

北京市朝阳外国语学校　梁墨馨

生5：我对比的是成岗和吴志国，这两个人遭受了类似的刑罚。成岗被敌人注射了诚实注射剂，但是他凭借自己顽强的意志战胜了药物的作用，让自己保持清醒，没有泄露党的机密。吴志国也被扎了针，针上也有药物，会让身体有非常强烈的反应，他也凭自己坚定的意志扛了过去，没有泄露一点机密。相似的受刑经历，共同的坚守秘密，塑造出两个铁血硬汉。

师：作品中还有哪些人受刑后没有屈服？

生5：很多啊，所以，他们两个人是典型。

（生 6 展示思维导图）

北京市朝阳外国语学校　张书荃

生 6：我对比的两个人物是江姐和顾晓梦，她们都是女性，但巾帼不让须眉，一点儿都不比那些男儿们柔弱。

她们都有温暖的家庭，江姐有丈夫有孩子，顾晓梦有富足的家庭，甚至可以送给汪精卫飞机，有疼惜她的母亲，但为了革命，她们都离开了亲人。

两个人的结局相同，都牺牲了，江姐在狱中被残忍地杀害，顾晓梦为传出情报故意求死，被王处长数枪射死了。这都体现了她们视死如归，为了任务和斗争，宁愿舍弃生命。

她们在牺牲前都受了酷刑。江姐的手指被钉入竹签子，顾晓梦受了非常残忍的绳锯之刑，而且武田还用她的家人威胁她。这些表现了敌人的惨无人道，也表现了两人的坚贞不屈。

两人都有一些遗憾。江姐无法亲眼见到五星红旗的样子，只能通过想象绣一面五星红旗，顾晓梦不知道她的情报是不是已经传出了，百草堂的活动是不是已经取消，她的同志们是不是安全，而且不能跟她亲爱的玉姐彻夜长谈，谈一谈她的理想，说一说她为什么要加入共产党。

江姐和顾晓梦的外表在书中也有体现。江姐穿着蓝色旗袍，头发一丝不乱，端庄稳重。顾晓梦十分漂亮，赭色的旗袍，打扮得时髦张扬。向往美是女人的天性，她们的外貌体现了她们鲜明的性别特征。但是她们在柔弱美丽的外表下，都有一颗强大勇敢的心。

江姐和顾晓梦都十分有情义。江姐对孙明霞等人像姐姐一样，顾晓梦也视李宁玉为长姊，体现了她们心中的一番柔情。

最后两个人在作品中都做了女红，一个是绣了五星红旗，一个是修补了旗袍，还缝制密码给李宁玉留下了遗言。

师：对比得非常全面！江姐和顾晓梦的外表、性格、情感、结局，都有相似之处。其实这两个文学形象，也是基于很多女革命者的形象塑造的，她们展现的是众多女革命者的精神气质。红旗和旗袍是表现这两个人物形象非常重要的道具。江姐绣红旗，画面充满了神圣感，端凝肃穆，体现了她作为一个成熟共产党员的沉稳大气和对共产党事业成功的强大信心。顾晓梦缝旗袍，一个飞扬跋扈的富家小姐忽然变得沉静安详，暗示她内心的深沉，表现出她斗争策略的成熟。

（生 7 展示思维导图）

生 7：我对比的也是江姐和顾晓梦，她们还有一个共同特点，就是细心谨慎。江姐在去重庆的途中遇到检查，她就把证件放到最上面，以防下面的药品被发现。顾晓梦在对李宁玉坦白的时候，用胶布把监听器都粘上了。她们不仅信仰坚定，还有斗争需要的细心谨慎。

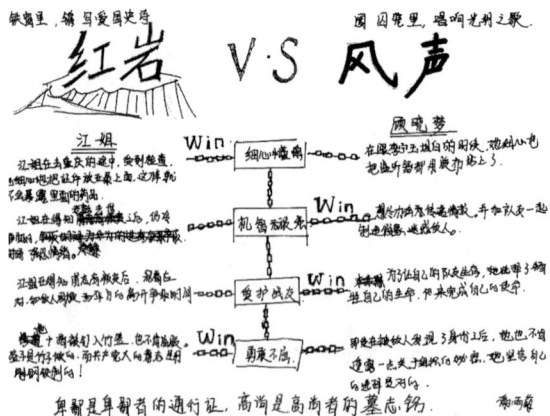

北京市朝阳外国语学校　谢雨萌

师：这个补充很重要，光有斗争的意志不够，还要有斗争的能力。

（生8展示思维导图）

北京市朝阳外国语学校　史函卿

生8：令我印象深刻并让我觉得可以联系到一起的是《红岩》中的刘思扬和《风声》中的顾晓梦。刘思扬出身大地主家庭却投身革命，明明可以锦衣玉食却偏偏散尽家财为信仰劳碌奔波，他是革命者中的一面旗帜，是知识分子中的楷模。最终，为同志们能够成功越狱，他牺牲了自己年轻的生命。顾晓梦是伪军剿匪司令部行政收发专员，她利用家世和人际关系很好地伪装自己，将她的一切献给了党，献给了祖国。

他们两个人最大的相同点是都拥有显赫的家世，却放弃了自己的家庭。这需要比常人更大的勇气和决心。在胜利的曙光即将到来之际，在革命斗争即将结束的前一刻，他们为了同志的生命牺牲了自己。他们为了革命抛弃了自己的家庭，放弃了优越的生活，在外人不解的目光中孤独却坚定地战斗，这是革命者的本质与精神，这种坚定的信念值得我们敬佩。

师：刘思扬和顾晓梦的家庭都特别富有，他们为什么要革命？不是为了自己能够享福，是为了更多的人。出身富贵家庭却想着为广大的穷苦人翻身而投身革命的人并不罕见，比如早期的优秀共产党员彭湃，他放弃了生活优裕的家庭投身革命，在革命最艰难的时候矢志不移，最终慷慨对敌，从容赴死。再比如周总理、毛主席，都出身于富裕家庭，完全可以选择安稳的生活，但他们却为了心中的理想，选择了投身革命。这种情怀确实值得我们敬仰。

（生9展示思维导图）

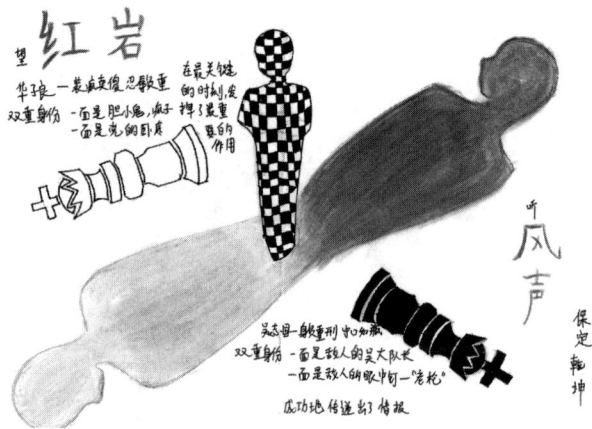

北京市朝阳外国语学校　李皆同

生9：我要对比的人物是华子良和《风声》中的吴志国。我画得很多，所以就从画说起。

一开始是画中的两个影子，这两个影子分别代表一个人的两种不同身份。这是他们两个人的共同点。比如华子良，在别人眼中他是一个疯子，是一个怕死鬼，但是到最后人们发现他其实是一个隐藏了十几年的共产党员。吴志国两种身份的矛盾更加尖锐。首先在国民党中他是吴大队长，身居高位，但是在共产党中他又是一系列行动的领袖老枪，戏剧性的是吴大队长的工作任务就是杀死老枪。为了凸显这种矛盾，我将两个影子涂成了互为对比色的红色和绿色。

影子的中心是一个人，黑白相间。看不清这个人是什么样子，也说不清这个人到底是黑色还是白色，象征他们两个人在正反之间转化。在《风声》中，吴志国经常唱《空城计》里的一句唱词"论黑白如颠倒保定乾坤"，我觉得这体现了吴志国的一种信念，无论他身处哪一个阵营，都要为最后的胜利努力奋斗。黑色和白色同时也是画面中国际象棋的颜色，他们两个就像是在一局棋中，是棋手，同时也是棋子。他们两个人的战场上没有硝烟，但是危机四伏。这就是我认为的他们两个人的共同点。

师：华子良和吴志国最大的相似点就是都隐藏了身份。生9发言的精彩之处是用艺术的形式阐释艺术作品。他的画体现了他独特的思考，用别人的艺术表现来启发自己的艺术思维，非常出色。

（生10展示思维导图）

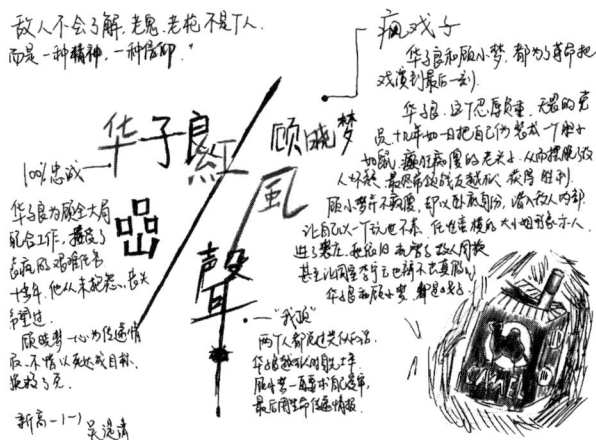

北京市朝阳外国语学校　吴湜清

生10：我比较的是《红岩》中的华子良和《风声》中的顾晓梦。这两个人乍一看相差甚远，实际上这两个人非常接近，他们都说过相同的话"我顶"。在《风声》里面，吴志国说他自己去承受酷刑，顾晓梦说出了"我顶"这句话，就是希望自己顶替吴志国受刑，不让老枪冒这个风险。华子良在被转移之前和齐晓轩谈话的时候也说过在越狱的时候让自己打头阵，而且他在被转移之后又主动找解放军，带领越狱最终胜利。这能看出这两个人都有非常强烈的责任感和对党的一片热忱。

另一个共同点是他们都是把戏演到底的"戏子"。一声枪响之后，华子良为了任务假装成胆小如鼠的怕死鬼，一装就是十多年。而且每天都在监狱里练习跑步，以备越狱之用。在狱中他遭受了战友的不解和白眼，但是他没有说一句话，直到最后才坦白了自己的身份。顾晓梦身为沉着冷静，意志坚定的老鬼，利用自己的大小姐身份装成一副玩世不恭、任性骄纵的形象，让别人都以为她是最蛮横的一个人，最不把被关押在裘庄当回事儿的人。实际上她就是老鬼，她为了演完这出戏，直到最后一刻也以这种形象示人。为了党，他们把自己隐藏得很深，是演技高明的"戏子"。

师：你为什么要画一个烟盒？

生 10：因为香烟起了重要的作用，顾晓梦把一根香烟扔在地上是为了传递情报，把香烟画在这里有装饰作用和暗示作用。

师："我顶"两个字力重千钧。说出这两个字，意味着自己要孤身涉险，独对强敌。谁知道前路有多艰辛？哪怕万中一失，难以想象的肉体折磨和精神摧残就要接踵而至。他们不是想不到，也不是不害怕，可是纵然刀山火海也不退缩，是因为心中有强大的力量。"戏子"，意味着他们要压抑内心的情感，隐藏真实的性情，忍辱负重，只为完成党交给的任务。

活动五：英雄有情

师：大家研读了《红岩》和《风声》中的多位英雄，找出了他们的很多共同点：机智、勇敢、无畏、无私。这些好像都是英雄的注脚。但是，英雄首先是普通的人，也有普通人的情感。如果我们不把他们当作高高在上的英雄，而是从他们的情感去贴近他们，品味他们，我们又会有哪些发现？请大家从最最普通的亲情、友情、爱情的视角重新阅读这些英雄，摘录一些能够表现他们作为普通人情感的文字，鉴赏品析。

（学生检索阅读，圈点勾画）

生 1：我摘抄的是"两个特务搜查了成岗全身，然后把他带出门去。这时，守在门边的白发苍苍的妈妈，突然扑上来……'妈妈，你放开手吧，不要担心我！'成岗感到口干，话说不清楚，他还是安慰着妈妈……成岗贪婪地望着母亲的背影，直到她转进房间。他在心底喊了一句：'再见了！妈妈！'"这段写的是成岗被特务带走的时候，在心底和母亲诀别。成岗"贪婪"地望着母亲的背影，从这个动作中我能感受到他对母亲的眷恋。

师：生1把"贪婪"这个词读得很动情。"贪婪"常常用来显示人失去理智的狂热，成岗的目光很"贪婪"，他用何等热烈的目光看着母亲的背影？虽是生离，但是在他心中，这很可能就是死别。《风声》中也有这样的片段，我们来看一下。（播放《风声》顾晓梦被审讯的片段）这两个情节，主人公同样面对着骨肉亲情。英雄人物心中的亲情，让你有什么样的感想？请大家看工作纸第四项，思考并补充、完善自己的答案。

生2：我对顾晓梦那段感触比较深。在接电话之前，武田问她身份的时候，她应对得非常自如，像以往那样镇定。但是当她听到她家的地址的时候，意识到父母可能有危险了，突然就特别生气，在椅子上挣扎。后来在接电话的时候，又从愤怒转为温柔，那声"妈"叫得很亲切。在跟她妈妈通电话的时候，她内心一定有很剧烈的情感活动，她在哭但是忍着不发出声音。挂了电话之后马上又恢复了平静。在不牵扯父母的时候，她是一个很稳重很镇定的卧底，但是一扯到父母，她的情绪就非常激动。可以看出，再坚强的人也有柔情的一面，她的软肋就是她的亲情，她的父母。

生3：成岗的这段话给我的感触也是很深的。因为当印刷地点被特务发现之后，成岗将要被特务带走，他的母亲满含泪水地看着他。成岗知道这一次的分别可能意味着永远的离别，但他还是对他的妈妈说："妈妈，你放开手吧，不要担心我。"他心里也是很难受的，可是他却要故作坚强，要去安慰自己的妈妈。而他的妈妈转身回到屋里，要去给他取一些换洗的衣服，陪他一起上路，这时，成岗望着母亲的背影，立即命令特务快点离开，因为他不希望特务将那双黑手伸向自己的母亲。最后，他在心里喊了一句："再见了！妈妈！"面对这样的别离，明明知道自己以后可能再也见不到妈妈，却连一句"再见"都没有真正从嘴里说出来。我觉得这是非常可惜的。

师：亲情是人类最天然、最原始、最真挚的情感，作品中的英雄们看似无情，无情到跟妈妈连一句再见都不说，无情到义无反顾把生命奉献了出去，不顾妈妈的牵挂。他们并非不顾念真情，但为了更多的人，他们宁愿舍弃。

生4：我圈画的是"江姐回来了……战友的一瞥，胜过最热切的安慰，胜过任何特效的药物，一阵热烈的振奋，使她周身一动，立刻用最大的努力和坚强的意志，积聚起最后的力量，终于站稳了脚步……女牢里的人给予江姐照顾，男牢纷纷给江姐写了慰问信和诗篇……"这段写的是江姐受刑之后，大家用各种方法安慰她，表现出同志间的真情。

生5：我圈画的文字是"刘思扬突然发现面对着自己的，竟是一双友好而信任的眼睛。这种同志式的眼光，正是他一直期待着的。成岗已经变成另外一个人了，他的脸色年轻而热情……刘思扬这时心里的兴奋和激动，简直无法形容。他终于找到了集体，找到了同志。他心里洋溢着巨大的温暖"。

师：他面对着的"友好而信任"的眼睛，是谁的？

生5：成岗。

师：对，你知道这段故事发生在什么时候吗？

生5：刘思扬被关到白公馆，在监牢中找到了组织。然后他突然发现成岗是以前跟他联络过的同志。

师：他们在白公馆相遇。成岗以前是不信任刘思扬的，直到他接到上级传来的纸条，写着"来人可靠"，他才对刘思扬非常热情，非常信任，刘思扬也感到了无比的温暖。

（教师播放老枪老鬼密室无声交流的片段）

师：这些片段都在表现同志间深厚的友情。对于这种同志友情，你又有什么感受呢？请看自己的工作纸，补充完善。

生6：友情能够让人们互相支撑。比如江姐受刑回来，女牢里的人照顾她，男牢的人给她写了动情的诗篇。他们虽然没有办法帮她免除身体的痛苦，但能给予她精神上的支撑，然后共同迎接新一波的挑战，共同勉励，同甘共苦。在《风声》里，吴志国要顾晓梦去供出自己，他们俩其实是战友关系，两个人都提出了要自己去顶，都不愿意让队友去受苦。在斗争年代，同志的友情必须建立在保证组织的基础上，互相帮助，互相支撑。

生7：我想说成岗和刘思扬的这一段。在看这一段的时候我很感动，也很替他们高兴。在之前办《挺进报》的时候他们就是战友。成岗负责刻写《挺进报》，刘思扬负责收听消息，但是他们不知道对方是战友。他们事先通过信，写的是"致以革命的敬礼"和"紧紧握住你的手"。如今再见面，在白公馆有了友好可靠的同志并肩战斗，互相帮助，精神上互相支持，两颗炽热的心火一样地温暖。友情让他们对未来充满希望。

师：同样真挚的还有他们的爱情。

生8："'……我虽生来喜欢自由……挣不断千斤锁链！'刘思扬低声独自吟咏着。就在这时候，一阵轻微的歌声传了过来，声音是那样的熟悉……孙明霞的嗓音，充满着炽热的情感，仿佛在他耳边低诉……明霞就在这里！两个人共同战斗，同生共死，使他感到一阵深深的安慰的幸福。"

师：生8读的节奏很好，情感饱满。

生9：我特别喜欢这一段。刘思扬和孙明霞在办《挺进报》的时候被捕入狱，虽然很少能见到，但是在他们对唱歌曲时，那种真挚热烈的情感，给了对方极大的鼓舞。就像最后一句写的"两个人共同战斗，同生共死，使他感到一阵深深的安慰的幸福"。他们的爱情深深地感动了我，他们的爱情使阴冷的囚房里多了一缕阳光。

生10：书中有这样一句话，"这时，他仿佛放下了身上重压的一副担子，心情立刻开朗了"。刘思扬之所以有这样的感觉是因为他感受到了孙明霞对他的情感。那炽热的感情随着歌声穿过闷热的空气，穿过牢房的铁门到达他的心里。其实以刘思扬的家境，两个人完全可以在乱世中无忧无虑地过日子，但这并不是他们想的。他们想要的是共同战斗，想要为国家解放而贡献自己的力量。正因为有这种信念，孙明霞"那双明眸"、"那清亮的声音"，他们患难与共的情感成为刘思扬在狱中坚持奋斗的另一种动力。

生11：这段给我的感触也是挺深的。从背景来看，刘思扬不愁吃不愁穿，但是他背叛了自己的家庭，背叛了自己的阶级，投入无产阶级革命，这是为什么呢？我想这是由于他深入学习，对社会进行研究和思考，最后发现共产主义是最值得信仰的。孙明霞也是这样一个人，所以他们能够并肩战斗。他们都信仰共产主义，互相支撑。刘思扬被带出牢房时，书中写道："刘思扬和着集体的声音，低吟着这熟悉的歌词，慢慢走过一间间牢房。来到女牢门口，他停下脚步，迟疑着，看见江姐用友爱而了解的目光，带给他无限信任。江姐身后，是结着红发结的她，她扶着江姐的肩头，眼睛里泪光闪烁，可是她控制着，不让它凝成泪珠滴下。她的脸微微有些苍白，还是尽力用笑意迎着他。她的嘴唇微微颤动，像要说什么，又没有说……"我觉得这一段就是生离死别的痛。我想起《自由与爱情》："生命诚可贵，爱情价更高。若为自由故，两者皆可抛。"他们舍弃了自己真挚的爱情，确实是为了自由，可是不是为了自己的自由，而是为了更多人能自由地生活。我觉得这更加难能可贵，更需要勇气。

师：非常感谢你的分享！爱情总是让人沉醉，但是刘思扬和孙明霞的爱情却没有成为自己前进的障碍。《风声》中并没有对爱情的专门描写，但顾晓梦最后的一番独白却让大家特别感动。我们一起来看一下。

（教师播放顾晓梦的遗言片段）

师：这段话让我沉吟深思。他们在奋斗的过程中舍弃了自己作为一个普通人的感情，舍弃了自己应该享受的快乐，甚至舍弃了自己作为普通人的痛苦，才能让我们安稳地坐在这里，享受我们生活中点点滴滴的喜怒哀乐。他们是普通人，但是革命信念让他们超越了普通人。

课堂小结

就像顾晓梦所说，他们不是一个人，而是一种精神，一种信仰。"一寸山河一寸血，万里长风万里魂。"历史的车轮驶过，这些故事已经都化为尘埃。曾经浴血奋斗的故事有的已经被湮灭，还有很多人，甚至连姓名都没有留下。可是我们不应该忘记他们，不应该忘记革命历史中这些撼动人心的故事。

史实与小说

北京教育学院教师教育人文学院　朱俊阳

　　读《红岩》，最大的感受是先有结局，再有情节。正如程光炜在《重建中国的叙事——〈红旗谱〉、〈红日〉和〈红岩〉的创作策略》中提到《红岩》："从'顺叙'的方式来解读《红岩》，会发现在整个故事的设计和安排中，实际有一个组织、启发和指导的具体过程。"例如江姐的被捕（第十四章），为被捕而被捕，联络站如何被发现，如何暴露，甫志高不知道，许云峰也不知道，只有李敬原知道，这是有意让江姐入狱。同时书中某些情节，反转得很厉害，如黎纪纲、郑克昌本是特务（第六章）。这样一来，我们就不得不探讨《红岩》的成书过程，具体而言，《红岩》经历了"报告会—报告文学—长篇回忆录—长篇小说"的发展过程，其问世不能不说是一种意志的磨砺。所以知识积累中的"本事改写"就具有非常重要的教学价值，如果学生不了解这段历史，不知道小说中的人物都有原型，很可能会错误地认为小说的叙事不符合逻辑。

　　叙事不好理解，人物的表现也不好理解，这就不能不谈到知识积累中的"红色经典"，"红色"叙事的完成，不仅得益于叙事性，某种程度上还得益于象征性。因为红色象征着思想和组织的纯洁，也象征着主要英雄人物性格的纯洁，他（她）不再有普通人身上那种日常性和世俗性———它虚构了一种现实中不可能有，但主观意念中却可能存在的精神现象，"红色狂欢"姿态是对"现实痛感"的超越、"理想快感"的想象而激发和升腾的一种革命浪漫主义精神图示。这样我们就能更好地理解许云峰、江姐、成岗、刘思扬这些人物视死如归的表现。与此同时，"红色"叙事作为重建中国叙事的最突出特征，它有着"革命传统教育"的功利目的。这样，它既带有选择性，同时又具有某种排斥性乃至批判性的功能。因此，精神成长强调这部小说的爱国主义精神，而能够激发出这种精神的方法，莫过于朗诵，内容统整精心地设计了"铁窗诗歌朗诵会"，这也是这部小说的一个特点：诗歌在全文到处可见，如《自白书》《烈火中永生》等。红色经典小说所承载的社会主流价值观无疑对青少年价值观的正确树立起着深远的激励作用，老师的设计很好地体现了这一点。

《红岩》有一个不争的事实，书中充满了受刑描写，书写的是革命者集体受难的仪式。它以仪式主角（受难者）的凯旋和众多的旁观者（难友）的洗礼为结果。小说借用难友的视角，来建构受难者的光辉形象。江姐被捕后敌人残酷地虐待江姐，希冀从她口中得到想要的党的秘密，他们用竹签钉她的双手："一根，两根！……竹签深深地撕裂着血肉……左手，右手，两只手钉满了粗长的竹签……"作为难友，"人们感到连心的痛苦，像竹签钉在每一个人心上……"敌人的刑讯没能得逞，奄奄一息的江姐，受到英雄凯旋式的欢迎，旁观的难友也感染到这种受难仪式带来的心灵的震撼和灵魂的洗礼，旁观者和受难者达成了共识。知识积累中的"创伤叙事"能够帮助学生更好地理解受难情节。重点突破 1 "《红岩》人物分析"也以图示方式展现了这些情节，从而得出人物的性格特征。

《红岩》的再生产——电影《烈火中永生》，直奔共产党员用怎样的精神面对死亡这一终极命题。电影和小说里许、江出场前均已经完成了个人成长任务，而主流话语在小说中给资产阶级知识分子刘思扬设定了诸多"先天不足"，比如，对其他同志设置的考验，他心存委屈；因为经验少轻信他人，险些中特务的毒计；生活有小资情调——半夜和孙明霞听完延安的广播，"抄完稿件，孙明霞就把钢精锅从电炉上拿下，倒出两杯滚烫的牛奶……两人激动而兴奋地吃着简单的夜餐，心里充满着温暖"。在监狱里看到"孙明霞头上一个鲜红的发结，这时他像放平了一副重压在肩上的担子，心情立刻开朗了"，电影中删除了刘思扬这个人物，随之消失的是残酷斗争现实里唯一有"世俗人情味"的孙刘恋爱。策略建构中的"跨界阅读"在教学现场中具体表现为小说《红岩》与电影《风声》的对比，若能加入《烈火中永生》，学生也许会有更多的发现。

综上，读《红岩》，教《红岩》，我们要时刻围绕"红色经典"，紧紧扣住"红色经典"，《一寸山河一寸血——〈红岩〉书册阅读教学现场》做出了较好的示范。

古典名著

七分史实，三分虚构

——《三国演义》书册阅读教学现场

中国人民大学附属中学   季雪娟

书册名片

◆ **推荐版本**

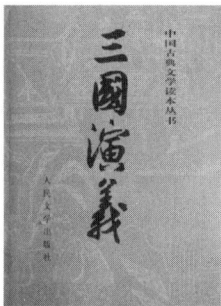

	作者：〔明〕罗贯中
	出版社：人民文学出版社
	出版时间：1973 年 12 月第 3 版

◆ **内容梗概**

东汉末年，宦官乱政，民不聊生。张角兄弟发动黄巾起义，官府招兵应敌。刘备、关羽、张飞三人萍水相逢，一见如故，对天盟誓，结拜为弟兄，一道参军报国。

汉灵帝死后，少帝继位，西凉刺史董卓趁机进兵京师、废少帝立献帝，权倾朝野。曹操刺杀董卓失败，出逃时被陈宫捉住。陈宫义释曹操，与他一道投宿吕伯奢家中。吕伯奢家人磨刀准备杀猪款待，曹操怀疑他们要杀自己，竟将吕伯奢全家杀害，并声称："宁教我负天下人，休教天下人负我！"陈宫认为曹操奸诈，离他而去。

曹操只身前往陈留，拉起一支队伍，推袁绍为盟主，联合诸侯讨伐董卓。刘关张也参与了这次讨伐。关羽温酒斩华雄，刘关张三人合战吕布，吕布大败。董卓见吕布战败，火烧洛阳，逼汉献帝迁都长安。

盟军入洛阳，各起异心。孙坚在宫井中得到传国玉玺，率军返回江东，又攻荆州，被刘表军士乱箭射死。司徒王允设下连环计，让董卓和吕布为争夺歌妓貂蝉而反目成仇。董卓被杀，其部将反叛，杀王允。军阀混战中，黄巾残部又起，曹操前往收降，择精壮编为青州军。而此时，曹操老父被投降陶谦的黄巾将领所害，曹操起兵亲讨陶谦。刘备从公孙瓒处借赵云和兵马解救陶谦，曹操因吕布、张邈夺取兖州而退兵。陶谦三让徐州，刘备终受。

建安元年，汉献帝逃往洛阳，曹操赶往保驾，迎汉献帝于许都，从此大权独揽。献帝不甘心受控制，在衣带中放入诏书，令董承除掉曹操。刘备也参与了谋划。刘备于后园种菜，韬光养晦。一日，曹操青梅煮酒，请刘备对饮，谈论天下英雄，说只有刘备和他两人可称。刘备心惊，筷子掉落，借雷声掩饰，不久，刘备寻机脱离了曹操。

刘备到青州，劝袁绍出兵攻打许都。袁绍派颜良出兵，曹操令关羽出阵，关羽斩颜良，刘备因此险些被袁绍杀掉。文丑为颜良报仇，也被关羽斩于马下。后来，关羽得知刘备在袁绍处，于是带着甘、糜二夫人去寻刘备，一路过五关斩六将，终于与张飞、刘备相会。这时，孙策在江东被人射伤致死，其弟孙权继位。

刘表染病，刘备赴荆州，得徐庶，并用其大败曹仁。曹操以徐庶之母为要挟，逼其至许都。徐庶辞别时向刘备举荐了南阳诸葛亮。刘备三顾茅庐，感动诸葛亮，他为刘备分析天下大势，最终出山辅佐。

建安十三年七月，刘表新死，曹操率军五十万南征荆州，诸葛亮前往柴桑游说孙权，舌战群儒，最终促成了孙刘联盟。曹操派蒋干劝周瑜投降。晚上，周瑜邀蒋干共寝，故意让蒋干看到伪造的曹操水军都督私通东吴的信件。蒋干回去报告曹操，曹操杀了蔡瑁和张允。随即，周瑜又派庞统去曹营献连环计。曹操在战船上置酒设乐，横槊赋诗。谋士们一再提醒防范吴军火攻，曹操都不在意。伴随大风，黄盖的火船冲来，曹操急率人马撤退，往华容道逃奔，正嘲笑诸葛亮未设伏兵时，关羽跨赤兔马拦住去路。曹操哀告，曹军将士哭拜于地，关羽于心不忍，放了曹操一条生路。至此，刘备占据荆州。

建安十四年秋，孙权派鲁肃来讨荆州。刘备答应取得西川后归还。当时，刘备的甘、糜二夫人已相继去世。周瑜便以招亲之计，欲借此囚禁刘备。赵云陪同刘备前往与孙夫人成亲，随后又依诸葛亮之计，让刘备和孙夫人借江边祭祀逃回荆州。周瑜大怒，决心要取荆州，他骗刘备，说愿代取西川以换荆州。诸葛亮将计就计，大败周瑜，周瑜终被气死。

刘备出兵攻下汉中，自立为汉中王，诸葛亮为军师，关羽、张飞、赵云、马超、黄忠为五虎大将。曹操大怒，要取汉中。司马懿劝曹操联合东吴攻取荆州。于是孙权以吕蒙为大都督，同曹军合击关羽，关羽被射伤。华佗为关羽刮骨疗毒。治伤之后，关羽水淹七军攻取樊城，不料吕蒙却乘虚白衣渡江夜袭荆州。关羽大败，退守麦城，又往西川撤退，路遇伏兵被擒。孙权斩了关羽首级，派人送与曹操。曹操厚葬关羽于洛阳，追封荆王。

曹操病死，曹丕继位。随后，曹丕逼献帝退位，自称大魏皇帝。刘备随即称帝于成都，率兵攻东吴以报关羽之仇。张飞因苛待下属被部将杀死。孙权派诸葛瑾当说客，望吴蜀重结联盟，刘备断然拒绝。孙权即任陆逊为大都督抗刘。陆逊坚守不战，伺机火烧连营，刘备大败，被赵云救入白帝城。陆逊紧追，误入诸葛亮所遗石阵，又因曹丕派兵袭击东吴，陆逊因而退兵。

刘备在白帝城染病不起，诸葛亮赶来，刘备托以后事。刘备病逝，诸葛亮立刘禅为帝，并感刘备知遇之恩全力辅佐。

曹丕病死，儿子曹睿即位，任命司马懿为骠骑大将军。诸葛亮用离间计，散布司马懿谋反的流言，司马懿被削职回乡。诸葛亮乘此机会，发兵汉中，一出祁山，直抵渭水，长安告急。曹睿见势不妙，启用司马懿。司马懿直逼汉中咽喉街亭。马谡自告奋勇往守街亭，但他不听王平劝告，执意在山上下寨。司马懿率兵围山，断其水源，街亭失守。司马懿逼近诸葛亮所驻守的西城，诸葛亮大开城门，让老军扮作老百姓洒扫街道，自己则在城楼上凭栏而坐，焚香弹琴。司马懿惧有伏兵，急令撤退。诸葛亮退回汉中，为正军法，挥泪斩马谡。此后，诸葛亮四出祁山，但都未取得进展。这期间，孙权称帝，定都建业。

建兴十二年，诸葛亮六出祁山，司马懿兵屯渭水。诸葛亮以木牛流马诱司马懿入上方谷，雷炸火烧曹军。突遇大雨，火灭雷哑，司马懿父子死里逃生。司马懿其后坚守不战，诸葛亮强支病体处理军务，积劳成疾，病逝于五丈原。姜维遵照诸葛亮遗嘱，以木雕诸葛亮像置于车中，徐徐退兵。司马懿追兵至，见诸葛亮木像，急令后退，被蜀军乘势猛攻，司马懿退兵。蜀汉全国举哀，葬诸葛亮于定军山。

诸葛亮死后，蜀后主刘禅宠信宦官，不理朝政，国势日趋衰微。魏伐蜀，蜀汉灭亡。之后，司马昭之子司马炎代魏而自称晋帝，魏灭亡。晋建国后又灭东吴，自此，三国时代结束，晋帝司马炎统一天下。

◆ 作者简介

罗贯中（约1330—约1400），汉族人，名本，字贯中，号湖海散人，元末明初小说家、戏曲家。

他所处的时代，民族矛盾和阶级矛盾尖锐复杂，元朝的残酷统治，激起了全国人民的反抗，诸如朱元璋、陈友谅、张士诚等各方义军奋起反抗。罗贯中参加了张士诚领导的起义军，并充任幕客。他的政治抱负在《三国演义》中也有显露。

他的文学成就，是中国文学乃至世界文学的财富。《三国演义》在国内家喻户晓，影响深远，在世界文学史上也有较高的地位，《大英百科全书》称他为"第一位知名的艺术大师"。他的传世著作还有《隋唐志传》《残唐五代史演义》《三遂平妖传》《粉妆楼》和杂剧《宋太祖龙虎风云会》等。很多学者把他同司马迁、关汉卿相提并论，给予极高的评价。

◆ 文学地位

《三国演义》开创了历史小说的先河，为如何写作历史小说，提供了"七分史实，三分虚构"的基本经验。《三国演义》以历史史实为基础，汉末天下大乱，群雄并起，董卓、曹操、袁绍、刘表、刘备、孙权以及关羽、张飞、诸葛亮等都是历史上的真实人物；但另一方面，《三国演义》中又有不少内容和情节是虚构、夸张的，很多人物和事件被作者依据"尊刘贬曹"的思想进行了美化、神化，或者丑化。

元代以前少有长篇巨著，多是篇幅短小的作品。而《三国演义》以近八十万字的篇幅，大规模地描写了三国时代错综复杂的矛盾斗争，中国文学进入了长篇小说兴盛的时代。此后，文人纷纷效法，选取一段历史，写成各种历史小说。明代比较有名的历史小说，就有《东周列国志》《杨家将演义》《说唐》《精忠传》等。

《三国演义》以战争为主要题材，反映了自东汉至西晋一百多年的战争生活，其中有著名的战役和许多重要的战争，艺术而真实地描写了封建时代的多种战争形式和战争艺术，生动逼真，历历如绘。它不但描绘了错综复杂、风云多变的战争，而且使战争描写高度艺术化。这里不仅有战略，更有千变万化的战术。作者的着眼点不在千军万马的拼杀，而是通过战争反映不同人物的思想、性格、意志和他们之间的尖锐冲突，这对于

《杨家将》《说岳全传》等作品有着深远的影响。

《三国演义》以情节取胜，以跌宕有致的写法取胜，以众多性格鲜明的人物形象取胜。诸葛亮、张飞、关羽、赵云、黄忠、周瑜、黄盖等形象，成为智慧、正义、勇敢等优秀品质的化身；而曹操的阴险、刘备的仁义也同样深入人心。作品中的人物性格鲜明突出，忠即忠得义薄云天，奸也奸得恶毒无比。另外，一些故事情节如三英战吕布、长坂坡张飞吼退曹军、草船借箭、诸葛亮吊孝、关公大意失荆州、白帝城托孤、马谡丢街亭等，成为戏剧、影视剧等丰富的创作素材。《三国演义》中还有诸多家喻户晓的熟语，诸如"鞠躬尽瘁，死而后已"、"既生瑜，何生亮"、"说曹操，曹操就到"、"赔了夫人又折兵"、"万事俱备，只欠东风"等，流传至今，成为中华民族的共同话语。

对于《三国演义》，历来评价众多，观点不一，下列观点可留待学生读完原著后探讨：

争相誊录，以便观览。

——〔明〕蒋大器

世人鲜有读三国史者，惟于罗贯中演义得其梗概耳。

——〔清〕魏裔介

至于写人，亦颇有失，以致欲显刘备之长厚而似伪，状诸葛之多智而近妖；惟于关羽，特多好语，义勇之概，时时如见矣。

——鲁迅

这部书现行本（毛宗岗本）虽是最后的修正本，却仍旧只可算是一部很有势力的通俗历史讲义，不能算是一部有文学价值的书……话虽如此，然而《三国演义》究竟是一部绝好的通俗历史。

——胡适

教学价值

◆ 知识积累

阅读本书，可以积累以下重点知识。

（一）历史演义小说

所谓历史演义，就是用通俗的语言，将王朝兴废、朝代更替等历史题材，组织整理成完整的故事，并以此表明作者政治思想和美学理想的小说。中国历史上的三国时代，风起云涌，从统一走向分裂，又从分裂走向统一，时代动荡，英雄辈出。《三国演义》的主要事件与《三国志》基本相同，人物性格以《三国志》形象为基础，作者对其进行了再创造，小说在史料和民间传说的基础上进行创作，鲜明地传达出作者"拥刘反曹"的思想倾向。鲁迅在《中国小说史略》中写道："罗贯中《三国演义》……皆排比陈寿《三国志》及裴松之注，间亦采小说又加推演而作之。"《三国演义》是我国历史演义小说的开山之作，以描写战争为主，大概分为黄巾之乱、董卓之乱、群雄逐鹿、三国鼎立、三国归晋五大部分。在原有历史背景上，通过艺术加工，上演了一幕幕波澜起伏、气势磅礴的战争大戏，成功刻画了曹操、刘备、孙权、诸葛亮、周瑜、关羽、张飞、赵云等诸多人物形象，对后世产生了极其深远的影响。

（二）兵法韬略

《三国演义》虚构故事中的一些妙计，如王允的"美人计"，周瑜的"假途伐虢"计，诸葛亮的"调虎离山计"等都出自《三十六计》。《三国演义》中刘备巧夺西蜀、吕蒙智袭荆州、孔明三气周瑜、诸葛七纵孟获、智算华容、摆空城计等都是《孙子兵法》"攻心"战略的具体运用。而在《三国演义》不少有名的战役中，都是孙武关于"知彼知己"论断的巧妙运用，如官渡之战、赤壁之战、彝陵之战，胜者都因其知彼知己，败者都因其不知彼、不知己。《三国演义》将兵法韬略汇融于众多波澜起伏的故事中，通过阅读原著，可以身临其境地领略这些兵法韬略的绝妙之处。

（三）熟语

熟语，指常用的固定短语，经常作为一个完整的语言单位使用，不能随意改变其成分，包括成语、谚语、歇后语、格言等，内容十分丰富。《三国演义》一书创造了很多成语，引用或自造了许多谚语，生动活泼，是丰富的熟语宝库。"三顾茅庐"、"望梅止渴"、"得陇望蜀"、"司马昭之心，路人皆知"、"周瑜打黄盖——一个愿打，一个愿挨"等熟语，几乎成为代代国人口耳相传的民族共同语言。学生可能在读书之前就已经了解和积累了部分三国熟语，在阅读过程中，更深入了解这些熟语形成的故事背景和深刻内涵，进而加深理解，丰富积累。

（四）文备众体

文备众体是指小说这种叙事性文字中穿插使用诗、词、曲、赋等其他各体文字。《三国演义》中穿插着大量的诗词歌赋，艺术水准较高。它们或叙事，或抒情，往往是一事一诗，一人一诗，有很强的概括性。因此，引导学生积累文备众体的知识、鉴赏穿插于小说之中的诗歌，对理解故事情节和把握人物形象大有裨益。如开篇词："滚滚长江东逝水，浪花淘尽英雄。是非成败转头空；青山依旧在，几度夕阳红。白发渔樵江渚上，惯看秋月春风。一壶浊酒喜相逢；古今多少事，都付笑谈中。"语言凝练，意境开阔，对三国故事做了高度的概括与深刻的议论，能引领读者在历史变迁的大背景下，以高远的眼界走进三国的风云天地。

◆ 能力提升

阅读《三国演义》，学生可以提升如下语文能力。

（一）复述情节，梳理发展脉络

《三国演义》故事情节跌宕起伏，学生在阅读中，复述"三顾茅庐"、"过五关斩六将"、"三气周瑜"等故事，厘清官渡之战、赤壁之战等重大战役的发展过程，不仅能提高梳理情节的能力，还能在情节脉络中读懂各式各样的人物。此外，学生还需要梳理原著整体脉络，分清群雄逐鹿、赤壁之战、三国鼎立、南征北战、三国归晋各个历史阶段，以此来提升梳理长篇巨著脉络的能力。

（二）多角度分析人物，全方位评价人物

《三国演义》的主要人物，如诸葛亮、曹操、刘备、关羽、张飞、赵

云、孙权、周瑜等，性格鲜明，是文学史上不朽的典型形象。作者在塑造这些形象时，虽有个人的褒贬倾向，但人物的性格还是呈现出了丰富的多面性。诸如刘备的礼贤下士与谋略不足、关羽的勇猛忠义与狂傲自负、张飞的过人胆魄与粗暴急躁等。同时作者对三顾草庐时的景色渲染，对曹操横槊赋诗的描写等都生动地表现了人物性格的某个侧面。学生在阅读时，对书中众多人物形象形成多角度、个性化的理解，进而掌握全方位品鉴和评价人物的方法。

（三）辨识语言风格，品评表达效果

《三国演义》展现了一系列大大小小的战争，描绘了一幕幕惊心动魄的场面。这些战争在作者笔下千变万化，各具特点。虽然战争总是在紧张、惊险、激烈的气氛中进行，但有周瑜火烧曹操大军和诸葛亮七擒孟获的豪壮激昂，更有诸葛亮空城弹琴和庞士元挑灯夜读的从容不迫，令读者在惊心动魄之余，惊叹于作者驾驭不同语言风格的功力。

《三国演义》的诗词歌赋数量众多，引导学生在阅读过程中，辨识诗文与小说语言的不同魅力，对理解故事情节和把握人物形象大有裨益。在激烈紧张或暗藏谋略的情节之中，在勇猛忠义或足智多谋的人物出现之后，评价情节和人物的诗词歌赋适时出现，犹如与一位共读者畅谈交流。学生或身临其境或指摘评论，品评不同的表达形式，能入乎其中又出乎其外，得到丰富多样的阅读感受。

◆ 策略建构

在《三国演义》的阅读过程中，可以使用联结、融入、重构等策略，以便更好地遨游三国世界、对话三国人物、领略三国风云、提升阅读效果。

（一）跨界阅读

跨界阅读指阅读本书过程中，学生突破学科边界、突破纸质媒介进行的综合阅读。例如根据文本，补充三国地图中重要城市名，观看京剧《捉放曹》分析曹操人物形象，为电视剧"舌战群儒"片段配音等。《三国演义》作为古

典名著，相关的戏剧、评书、连环画、影视作品非常丰富。学生在跨界阅读过程中，体会不同的艺术形式在表现人物、设置情节方面的特点，立体化地品评人物，加深对原著的理解，有助于客观地、多角度地评价分析原著。

（二）融入

融入是指运用多种策略让学生穿越时空，身临其境，进入文本的具体场景中，品读人物的内心世界。例如选择一个故事完成 6—10 幅连环画的文字脚本，交代画面中人物外貌、语言、神态以及环境背景等内容，又如补写诸葛亮吊孝时的心理活动，揣摩刘备白帝城托孤是真心还是假意等，对学生深刻把握小说人物形象有很大的帮助。而以"致××"为题，以第二人称写作读后感，仿佛在与原著人物对话，帮助学生进入情境，思考、玩味。运用融入策略阅读与生活时代相隔较远的历史演义小说，可以让学生在真实的情境中品读作品，引领学生更好地融入情节、理解人物。

（三）内容重构

内容重构是指阅读主体基于进一步的研究目的，在通读全书后，提取相关信息，按照新的形式重新组合并呈现的策略。例如在关羽、刘备、曹操、张飞、诸葛亮等人物相继离世时，需要对这些人物一生的事迹加以整合重构，写作悼词、颁奖词等。又如梳理三国中与"荆州"有关的事件，就需要整理原著中的相关事件，完成内容重构。在读完整部书以后，选择某一个人物创作多幕剧本，需要提炼出人物的重要事件，进行再创作。通过内容重构，按照新的线索整合三国中的相关人物事件，学生能够产生更深入的思考，做出更深刻的分析。

◆ 精神成长

《三国演义》是我国一部流传久远的古典名著作品，是一部洋溢着英雄主义的战争史诗，是一幅充满着智慧和底蕴的历史画卷。作品中蕴含的儒道思想、英雄谋略、善恶是非观，是培育学生思想、促进学生精神成长的宝藏。

（一）培养忧国忧民的情怀

《三国演义》中刘备、诸葛亮等人物忧国忧民的情怀令人感喟，可以说是

"先天下之忧而忧，后天下之乐而乐"。"桃园三结义"中，刘备、关羽、张飞的誓言"同心协力，救困扶危；上报国家，下安黎庶"表现出刘、关、张三人的鸿鹄之志。"受命于败军之际，奉命于危难之间"的诸葛亮，为完成统一大业，"鞠躬尽瘁，死而后已"。这样家国天下的大视野、大情怀，对于成长中的学生大有益处，正如毛泽东的词作中写到的"恰同学少年，风华正茂，书生意气，挥斥方遒"，忧国忧民的情怀与指点江山的豪情壮志融为一体。

（二）形成德高于才的观点

宽仁厚德、重情重义的刘玄德，文才和武艺都很有限，却能以仁爱取得老百姓的信任，以信义团结诸葛亮和关、张、马、黄等人，成了"仁德明君"的典范。而作品中的曹操，文韬武略兼具，却以"宁教我负天下人，休教天下人负我"为人生准则，也因猜忌贻误治疗头痛病的时机。而德才兼备的诸葛亮，是作品中的核心人物。"攘除奸凶，兴复汉室，还于旧都"，诸葛亮是忠诚的；"淡泊以明志，宁静以致远"，诸葛亮是恬淡的；草船借箭、三气周瑜、智退仲达，诸葛亮更是智慧的。读《三国演义》，树立德才兼备的理想，帮助学生形成德高于才的人生准则。

（三）培养明辨是非的能力

《三国演义》中渗透着"斥责奸凶，惩恶扬善"的道德价值取向。具有忠义之心、谋略之才的人物，如义薄云天的关羽，疾恶如仇的张飞，英勇救主的赵云，都是作品着力刻画的正面人物。而董卓、吕布等人物，因其狡诈、残忍、不义，而成为形象鲜明的反面人物。读三国，也是一个明辨是非善恶的过程。

《三国演义》蕴含的精神养分非常丰富。读三国、品英雄，能给读者带来精神的洗礼，能让读者在宏大的故事中汲取精神的养料。

学程设计

◆ 整体框架

《三国演义》的阅读过程可以按照以下几个步骤推进：首先阅读起始课，

立足学生的学情，了解学生在阅读原著之前对三国故事、三国成语、诗词的了解程度，一方面进行前测，另一方面激发学生阅读原著的兴趣。接着，按照三国各个阶段，设计通读指导，每个阶段完成相关阅读任务。然后在课堂上进行情节、人物、熟语方面的重点突破，最后以写作、表演多幕剧的形式，完成整部名著的内容统整。

教学阶段	主要内容	教学资源	设计意图
阅读起始课	以三国成语、歇后语竞猜、我所知道的三国故事、我所知道的三国人物、三国诗词赏析几个环节，引起学生阅读兴趣。	三国成语、歇后语、三国诗词	产生阅读三国的浓厚兴趣。
通读指导	初读全书，完成相关阅读任务。	章节阅读学程	借助阅读任务，阅读相关章节。
重点突破1	讲述三国故事。	无	熟悉三国重要情节。
重点突破2	评价三国人物。	无	对三国人物有自己的理解和评价。
重点突破3	积累三国成语、歇后语、诗词。	无	积累《三国演义》中的诸多熟语和与三国相关的诗文。
内容统整	写作、表演多幕剧。	剧本知识	内容重构、整体把握。

♦ 通读指导

在学生自主阅读原著的过程中，结合通读指导中的摘录、复述、梳理、改写、想象、辩论、配音等阅读任务，加深对原著的理解、引发深入的思考。

阅读范围	阅读任务	重点能力指向
第一至十四回：序幕拉开，群雄登场	1. 为《三国演义》电视剧写作下列人物简介：曹操、刘备、关羽、张飞、吕布、袁绍等，介绍人物的身份、相貌等特点。 2. 品读"桃园三结义"中的誓词，分析三人的志向抱负。 3. "人情势利古犹今，谁识英雄是白身。安得快人如翼德，尽诛世上负心人！"请结合相关情节分析这首诗。 4. 观看京剧《捉放曹》，结合原著分析曹操人物性格。	品读人物描写，梳理人物性格，聚焦经典情节和重要人物。

阅读范围	阅读任务	重点能力指向
第十五至三十三回：魏武挥鞭，曹军壮大	1. 熟悉重要情节，完成表格： |	时间	地点	人物	事件	评论
---	---	---	---	---	---
煮酒论英雄					
击鼓骂曹					
许田打围					
挂印封金					
过五关斩六将					
古城会					| 2. 理清吕布、曹操、刘备、袁绍之间的矛盾纠葛，用思维导图展示。 3. 你如何评价陈宫择吕布弃曹操的选择？ 4. 请结合原著分析袁绍官渡之战失败的原因，以"谏袁绍"为题，写一篇文章。	通过情节的概括梳理，熟悉主要人物和重要情节。以读促写，加深理解。
第三十四至五十回：赤壁之战，三国鼎立	1. 班级故事会：讲述三顾茅庐、巧借荆州、义激周瑜、定计火攻、蒋干中计、草船借箭、苦肉计、连环计等故事。 2. 从以上故事中选择一个，完成6—10幅连环画的文字脚本，交代画面中人物外貌、语言、神态以及环境背景等内容，让几个画面衔接流畅，反映故事的主要情节。 3. 选择一个故事改编成剧本，小组内表演。 4. 以小组为单位，为电视剧《舌战群儒》配音。 5. 品读《短歌行》，说说对曹操形象的理解。 6. 根据原著内容，自主完成三国鼎立的地图，标注魏、蜀、吴的位置和荆州、益州、建邺、洛阳、许昌等城市。 7. 你如何评价关云长义释曹操的举动？ 8. 请结合原著，分析曹操赤壁之战失利的原因。	小组合作表演，再现故事情节。通过配音，区分人物观点。图文转换，理清内容。
第五十一至七十四回：刘军强盛，进位汉中	1. 复述"三气周瑜"的始末，并分析周瑜失败的原因。 2. 梳理赵云忠心护主的情节，写一篇《子龙赞》。 3. 结合关羽单刀赴会、过五关斩六将等情节，写一副对联。 4. 根据原著内容，合理想象，补写诸葛亮吊孝时的心理活动。 5. 用思维导图厘清刘备"进位汉中王"的几个主要步骤。	复述情节，分析评价，以读促写，合理想象。
第七十五至八十五回：争夺荆州，白帝托孤	1. 梳理三国中与"荆州"有关的事件。 2. 复述并评价吕蒙白衣渡江、关公败走麦城。 3. 结合原著内容，分析杜甫《八阵图》"功盖三分国，名成八阵图。江流石不转，遗恨失吞吴"。 4. 模仿诸葛亮吊孝时的悼词，从关羽、曹操、张飞、刘备几个人物中选择一个，结合具体情节评价人物，完成一份悼词。 5. 辩论会：刘备白帝城托孤是真心还是假意。	围绕中心内容整合信息，结合事件、诗文分析评价人物，对原著人物和情节发表个人见解。

续表

阅读范围	阅读任务	重点能力指向
第八十六至一百四回：南征北战，鞠躬尽瘁。	1. 诸葛亮《出师表》中"五月渡泸，深入不毛"指的是哪件事？请结合原著，分析诸葛亮是否有必要亲征。 2. 请分步概述诸葛亮收姜维于麾下的经过。 3. 王平与马谡就屯军地点发生争执，请根据原著完成下表： |	观点	理由
王平		
马谡		| 4. 王平将蜀军最终下寨情况画成图本，星夜差人去禀孔明，请根据原著内容，再现图本内容。 5. "瑶琴三尺胜雄师，诸葛西城退兵时。十五万人回马处，土人指点到今疑。"请复述相关情节，并谈谈自己的读后感受。 6. 梳理诸葛亮一生重大事件，品读杜甫《蜀相》"丞相祠堂何处寻？锦官城外柏森森。映阶碧草自春色，隔叶黄鹂空好音。三顾频烦天下计，两朝开济老臣心。出师未捷身先死，长使英雄泪满襟"，写一份"感动三国"颁奖词。	在比较阅读中评价人物，图文转换，加深理解，以读促写，以写促悟。
第一百五回至一百二十回：三国归晋，天下一统。	1. 结合原著梳理与"司马昭之心，路人皆知"相关的情节。 2. 曹髦诗云"蟠居于井底，鳅鳝舞其前"，请分析其深意。你如何评价曹髦率三百余人讨伐司马昭的行为？ 3. 用思维导图梳理历代魏主更替的原因和经过。 4. 有诗赞姜维"天水夸英俊，凉州产异才。系从尚父出，术奉武侯来。大胆应无惧，雄心誓不回。成都身死日，汉将有余哀"。梳理姜维北伐的主要事件，谈谈你对这首诗的理解。 5. 畅想：如果诸葛亮取刘禅而代之，如果曹操悟到"三马同槽"的深意，结局会是怎样？	梳理脉络，合理想象。结合原著诗文理解和评价人物。

◆ **重点突破 1**

讲述三国故事

中国人民大学附属中学翠微学校　谢军梅

教学目标

1. 通过讲述和表演三国故事，回顾全书的重要情节。

2. 梳理全书情节发展的脉络。

教学过程

活动一：全书情节我来理

如果《三国演义》电视剧一共分为五部，请把原著内容划分成五个部分，并分别用四字词概括。如果每一部拍摄 10 集左右，你会选择哪些故事？请列出五个部分的内容提纲。

第一部　群雄逐鹿

1 桃园三结义　2 孟德献刀　3 三英战吕布　4 连环计　5 辕门射戟　6 白门楼　7 煮酒论英雄　8 千里走单骑　9 孙策之死　10 官渡之战

第二部　赤壁鏖战

1 三顾茅庐　2 火烧博望坡　3 舌战群儒　4 群英会　5 草船借箭　6 庞统献连环　7 横槊赋诗　8 火烧赤壁　9 三气周瑜　10 割须弃袍

第三部　三足鼎立

1 刘备入川　2 凤雏落坡　3 夺占西川　4 单刀赴会　5 定军山　6 巧取汉中　7 水淹七军　8 走麦城　9 曹操之死　10 火烧连营

第四部　南征北战

1 兵渡泸水　2 七擒孟获　3 出师北伐　4 收姜维　5 空城退敌　6 司马取印　7 祁山斗智　8 诸葛妆神　9 六出祁山　10 秋风五丈原

第五部　三国归晋

1 诈病赚曹爽　2 吴宫干戈　3 兵困铁笼山　4 司马昭弑君　5 九伐中原　6 偷渡阴平　7 三分归晋

活动二：三国故事我来讲

1. 我喜欢的三国故事推荐：学生任意选择书中一个重要情节复述并说明推荐理由，其他同学点评。

2. 教师下发重要情节的内容梗概，每个学生补充随机拿到的故事梗概后讲给组内同学听，推选出最精彩的故事，全班展示。

活动三：三国故事我来演

1. 以小组为单位，选择一个三国电视剧片段，配音展示。

2. 以小组为单位，选择一个三国故事，表演展示。

◆ **重点突破 3**

积累三国成语、歇后语、诗词

教学目标

1. 掌握《三国演义》中的成语、歇后语等。

2. 结合原著情节、人物，品读积累三国相关诗词。

教学过程

活动一：我的成语讲座

以小组为单位讲述三国成语故事：

如鱼得水（刘备与诸葛亮）：比喻得到了与自己十分投合的人或进入非常适合自己的环境。

三顾茅庐（刘备与诸葛亮）：形容求才若渴，后用来比喻多次专诚拜访。

初出茅庐（诸葛亮）：形容刚出来做事，缺乏实际经验。

集思广益（诸葛亮）：指集中众人的意见，扩大工作的效果。

鞠躬尽瘁（诸葛亮）：形容贡献自己的全部力量，至死方休。

望梅止渴（曹操）：比喻以空想安慰自己。

才占八斗（曹植）：形容学问高，文采好。

一身是胆（赵云）：形容胆量极大。

顾曲周郎（周瑜）：指精通或爱好音乐的人。

巢毁卵破（孔融的两个儿子）：比喻国家或集体遭到不幸，其人民或成员当然不能幸免。

坚壁清野（荀彧）：使敌人既攻不下营垒，又抢不到东西。

如嚼鸡肋（杨修）：比喻很乏味。

老牛舐犊（杨彪）：比喻父母疼爱子女。

吴下阿蒙（吕蒙）：形容学识浅薄的人。

兵贵神速（郭嘉）：指用兵贵在行动特别迅速。

出言不逊（张郃）：形容说话不客气，没有礼貌。

乐不思蜀（刘禅）：比喻乐而忘返。

活动二：歇后语竞猜

以小组为单位，竞猜歇后语。

曹操

曹操用人——唯才是举　　曹操杀华佗——讳疾忌医　　曹操杀吕伯奢——将错就错　　曹操吃鸡肋——食之无味，弃之可惜

张飞

张飞使计谋——粗中有细　　张飞绣花（穿针）——大眼瞪小眼

黄忠

黄忠出阵——不服老　　黄忠射箭——百发百中

刘备

刘备借荆州——有借无还　　刘备得孔明——如鱼得水　　刘备摔阿斗——收买人心　　刘备编草鞋——内行　　东吴招亲——弄假成真　　刘备请诸葛亮——三顾茅庐

关羽

关羽战败走麦城——吃亏全在大意　　关公斗李逵——大刀阔斧　　关公面前耍大刀——不自量力　　关羽降曹操——身在曹营心在汉　　关羽失荆州——骄兵必败　　关云长刮骨疗毒——若无其事　　关公赴会——单刀直入

诸葛亮

孔明大摆空城计——化险为夷　　诸葛亮挥泪斩马谡——顾全大局　　诸葛亮用兵——神出鬼没　　孔明借东风——巧用天时

周瑜

周瑜打黄盖——一个愿打一个愿挨　　周瑜讨荆州——费力不讨好　　东吴招亲——弄假成真

其他：

刘禅小阿斗——扶不起　　三个臭皮匠——顶个诸葛亮　　刘关张桃园三

结义——生死之交　　蒋干盗书——上了大当　　徐庶入曹营——一言不发

草船借箭——多多益善　　司马昭之心——路人皆知

活动三：三国诗文品一品

结合原著具体人物和情节，品读《赤壁》《蜀相》《念奴娇·赤壁怀古》《短歌行》《观沧海》《诫子书》《孙权劝学》等三国诗文。

◈ 内容统整

"三国"多幕剧排演

任务：以小组为单位，围绕一个人物编写多幕剧并表演。

1. 根据人物的主要情节，确定各幕剧的名称。

2. 写作剧本。

（1）为剧务写作演员服装、造型和场景布置的说明。

（2）每个人完成一幕剧本的写作。

（3）小组合作，把各个剧本按时间顺序排列组合。

3. 小组彩排、录制表演视频。

4. 班内展示评选。

教学现场

"煮酒论英雄"

——三国人物评析专题读书会

教学背景

（一）教学内容：《三国演义》是传统经典名著，是初中阶段的必读书目。原著中众多英雄豪杰形象鲜明，性格突出。本堂课基于学生前两个月的《三国演义》阅读，聚焦人物，学习分析评论人物的角度和方法。

（二）学生情况：用两个月的时间，基本通读了整部名著，通过每个学生在课堂上分享精彩片段、讲述三国故事，课下写作《心目中的三国英雄》《致……》《诗中的你》等读书笔记，对三国人物有一定的认识。

教学目标

1. 学习分析评论人物的方法。

2. 通过阅读原著和"联读材料"，写作相应的人物评论，总结提炼分析评论人物的方法。

3. 通过品读三国英雄豪杰，与三国人物进行心灵的对话，体会人物的精神魅力，汲取精神养分。

教学重点

通过阅读原著和"联读材料"、写作相应的人物评论，总结提炼分析评论人物的方法。

教学思路

先从杨慎《临江仙》入手导入主题"走进三国，共话英雄"，再回顾前两个月"三国"之旅完成的各种学生活动，从中摘录重点内容，引导学生结合人物描写、故事情节和作者评论分析人物形象，归纳分析原著人物形象的方法；接着回顾三国人物相关的诗词，对原著人物进行补充和拓展，引入"联读"的方法，引导学生结合文学形象和历史形象，形成独特的读者形象；最后以写作颁奖词的形式，巩固分析评论人物的方法。

教学过程

活动一：导入主题

教师领读，学生齐读《三国演义》开篇词："滚滚长江东逝水，浪花淘尽英雄。是非成败转头空；青山依旧在，几度夕阳红。白发渔樵江渚上，惯看秋月春风。一壶浊酒喜相逢；古今多少事，都付笑谈中。"

师：岁月如流水，多少英雄豪杰消逝在历史的长河中，然而，于我们读者而言，他们又如璀璨群星，闪耀在心灵的天际。今天就让我们一起再次走进"三国"，共话英雄。以此作为我们的"三国之旅"的小结。

活动二：温故知新

师：首先我们回顾一下咱们的"三国之旅"，每个同学都分享了精彩片段，讲述了三国故事，写作了人物评论，最后我们还赏析了和三国相关的诗句。那么，今天我们回顾"三国之旅"的一个个驿站，想一想同学们是否能够体会老师设计这些活动的意图，是不是学会了评论人物的方法和角度，这是我们这堂课探讨的主要问题。我也希望通过这堂课的学习为我们的"三国之旅"画上一个完美的句号。当然这是暂时的，因为三国是读不尽的，值得我们用一生去品读。

活动三：回顾原著品人物

师：下面让我们一起回顾一下同学们"精彩片段赏析"中分享的语段，通过这些人物描写是否能够体会人物的性格特点呢？我们请同学来畅所欲言。

> 1. 身长八尺，面如冠玉，头戴纶巾，身披鹤氅，飘飘然有神仙之概。
> 2. 身长九尺，髯长二尺，面如重枣，唇若涂丹，丹凤眼，卧蚕眉，相貌堂堂，威风凛凛。
> 3. 身长八尺，豹头环眼，燕颔虎须，声若巨雷，势如奔马。
> 4. 身长七尺，细眼长髯，"治世之能臣，乱世之奸雄"。

师：第一句写的是谁啊？

生（齐声）：诸葛亮身长八尺……

师：他写出了诸葛亮什么样的特点呢？咱们可以分析分析。

生1：写出了诸葛亮很机智、飘飘然有神仙之概，飘然若风。

生2：他有运筹帷幄之中，决胜千里之外的智谋，犹如神仙一般。

师：神仙之算、神仙之智。在诸葛亮出场的时候"飘飘然有神仙之概"就能表现出来。后面呢，同学们可以随便选择一个说说看，这些描写能不能看出人物的性格特点。

生3：第四句说能臣，应该是指曹操。首先他的特点是细眼和长髯，细眼就是经常有点老奸巨猾的感觉，干什么都眯着眼心里总藏着事儿，感觉谁都摸不透他。

生4：第三句话写的应该是张飞，声若巨雷，写出了张飞性格上的莽撞，以及他声音的大，性格豪放，势如奔马写出了他在长坂桥上一吼震破曹军的气势。还有他的外貌描写，豹头环眼写出了张飞的样子，表现出他是个豪放的人，也是一代英雄豪杰。

师：分析得不错，那么第二句关羽呢？

生（齐声）：相貌堂堂……

师：还有前面"面若重枣……"，这样的人物描写是不是把人威风八面的豪放的性格特点写出来了？下面我们看看通过这些语言能否看出人物的性格特点。

> 勿以善小而不为，勿以恶小而为之。
> 鞠躬尽瘁，死而后已。
> 宁教我负天下人，休教天下人负我。

生1：刘备"勿以恶小而为之，勿以善小而不为"，表现了刘备的善良仁德。

生2：诸葛亮这句"鞠躬尽瘁，死而后已"表现了他忠心护主，为了蜀国殚精竭虑。

师：这是诸葛亮的《后出师表》中的一句话，也是诸葛亮一生为蜀汉忘我付出的写照。

生3：曹操的这句"宁教我负天下人"体现他的自私、不仁。

师：好，那下面说说这些故事情节所表现的人物性格。

> 弹琴退兵　单骑救主
> 辕门射戟　火烧连营
> 煮酒论英雄

生1："弹琴退兵"是诸葛亮的"空城计"，表现了他的机智、足智多谋。

生2："辕门射戟"写出了吕布的有勇有谋。

师："火烧连营"写出了陆逊足智多谋的一面。"单骑救主"写出了赵云的——

生（齐声）：忠心护主、勇猛无比。

师：还有煮酒论英雄的曹操和刘备呢，这里面有两个人物形象，曹操——

生（齐声）：雄心壮志。

师：刘备——

生（齐声）：暂且掩饰。

师：刘备在曹操的手下暂且掩饰他的雄心壮志。

师：精彩片段分享时，有同学展示的是诗词。那我们看看这些诗词能不能表现人物的性格特点。

> 1. "功首罪魁非两人，遗臭流芳本一身。"
>
> 2. "马骑赤兔行千里，刀偃青龙出五关。"
>
> 3. "血染征袍透甲红，当阳谁敢与争锋。"
>
> 4. "赤壁遗雄烈，青年有俊声。曾谒三千斛，常驱十万兵。巴丘终命处，凭吊欲伤情。"

生1：第一句说的是曹操有治世的能力，但是性格很奸诈。

师：是的，"功首罪魁"两个方面都概括了。

生2：第二句写出了关羽的勇猛，千里走单骑、过五关斩六将，涵盖了他的性格特点，还有他一心回到刘备身边，为报桃园三结义之情，是他的义气。

师：体现了关羽的勇猛、忠义。那第三句是谁啊？

生3：赵云。体现了他的勇猛善战，忠心护主。

师：第四句写的是谁呢？

生4：好像是周瑜。

师：不太确定？哪里可以看出是周瑜？

生5："赤壁遗雄烈，青年有俊声"应该是周瑜，表现他的年少有为。他与鲁肃借三千斛的粮食，表现他的谋略，长驱十万之兵是写他的用兵之才。

师：很好，这里周瑜的分析是一个难点。总结前面这几个环节，同学们想想看，我们品读人物，解读这样大部头的小说，可以从哪些角度入手呢？

生（齐声）：情节。

生（齐声）：诗词。

师：穿插在情节中的诗词表现的是作者的议论、评价。很多的作品可能没有《三国演义》这样精美的诗词，但是它可能也暗含作者的评论。除了评论之外还有什么呢？咱们讲的"三国故事会"其实是什么？

生（齐声）：情节。

师：那我们看到的这些精彩片段其实是什么？

生（齐声）：描写。

师：有哪些描写？

生6：有外貌、语言描写。

师：其实还有一些动作描写，比如火烧博望坡等。可见我们可以从人物描写、故事情节和作者评论几个角度分析作品中的人物形象。

活动四：以手写心话人物

师：接下来，我们再来读一读我们在读三国之后的第一次练笔，先看《我心目中的英雄》。

生7（朗读）：滚滚长江东逝水，浪花淘尽英雄。读了《三国演义》后，扉页上的这句话让我回忆悠长。综观全书，在那个世事纷乱、群雄并起的时代，涌现出了许多忠义之士，我只想提起一个名字——诸葛亮。

他有着非凡之智，羽扇轻摇，初出茅庐便火烧博望坡，让曹将落魄而逃。他巧借大雾，草船借箭，轻易大挫曹军锐气，化解周瑜陷害。他六出祁山，屡战屡胜，让司马懿闻风丧胆。

他有着过人之勇，身后几近无兵无卒，而城下15万大军压境，却笑对千军万马，悠然抚琴。为了孙刘之盟，他毅然入吴，即使他深知前方有陷阱与荆棘。

他有着济世之才，《出师表》这告诫后人的肺腑篇章，至今在历史的风中不歇奏鸣，在思想的长河中久久回荡。

他还有着忠义之心。刘备死后，刘禅昏聩，国之重担几乎都落在了他一人身上。为报先帝，诸葛亮殚精竭虑，穷极一生打理国事。汗流终日，最后还是劳而成疾，那人那星，终是陨落。

我敬佩他，这位英雄，在历史的长河成为一颗永恒的星，散发着圣洁的光辉。

师：读得非常好，我们在读原著的过程中，通过这些角度来品读人物，那么我们的小练笔和写作也是另外一种品读。这篇文章是不是用到了品读人物的这些方法呢？作为一个读者，跟作者的评论共鸣——他有着非凡之智，他有着过人之勇，他有着治世之才和忠义之心。我们前面分析出来的诸葛亮的人物形象，是不是都和这些文字重合了？除了评论之外，后面的议论还要有理有据，《我心目中的英雄》有情节吗，有哪些情节？

生8：火烧博望坡，草船借箭，六出祁山，空城计，白帝托孤之后他辅佐刘禅殚精竭虑。

师：是的，通过这份作品，我们看到同学们在练笔的时候也应当通过情节、描写和议论来品读。下面咱们一起来读读《致关羽》。

生（齐读）：

致 关 羽

你身长九尺，髯二尺，

面如重枣，唇若涂脂，

好一个美髯公！

你丹凤眼，卧蚕眉，

相貌堂堂，威风凛凛，

好一副英雄样！

你武艺高强，胸怀大志，

一身傲骨，满腔豪情。

好一种大将风范！

你温酒斩华雄，

人们都钦佩你的勇武。

你华容道义释曹操，

人们都称赞你的忠义。

关羽啊，

你是真正的英雄，

真正的丹心豪杰！

（掌声）

师：其实我们第一次练笔是用议论的方式写读后评价，老师觉得好像和人物有点距离，所以我们第二次练笔，请同学们选择你喜欢的人物，以"致××"为题，以第二人称写下这样的小诗，就好像在和这个人物对话一样。在这里我们看一看用到了哪些方式啊？

生 10：人物的外貌描写。

生 11：第三段是他对于自己笔下人物的评论。

生 12：还有温酒斩华雄、败走华容道的情节。

师：最后"你是真正的英雄，真正的丹心豪杰"，还是回到了议论。所以我们在品读这些范文的时候，要思考：为什么作者写得如此动人心魄，是因为他运用了品读人物的一些方法，抓住了一些关键点。

活动五：品诗读词析人物

师：在原著品读之后，老师给大家补充了一些诗词，大家还记得吗？我们读了《蜀相》《八阵图》《诫子书》《孙权劝学》，还有《念奴娇·赤壁怀古》《南乡子·登京口北固亭》，还有曹操的《短歌行》《观沧海》和《龟虽寿》。这些诗词的品评，补充了咱们对原著中的人物形象的认识，产生了更为丰富的情感。可能跟原著中的形象重合了，也有可能是一种补充。比如咱们在读曹操诗篇的时候，同学们觉得特别受感染，因为《三国演义》本身的立场是反曹的，读他写就的这些诗篇，好多同学特别感动，对文学作品中的人物形象有了一个补充。这种方式叫"联读"，在读一部名著的时候，可以读一读跟它相关的其他作品。读完这些诗篇后，同学们写了《诗中的你》。我们一起来看看。

生 13：

诗中的你——致孟德

有人说，

你是乱世中狡猾自大的奸雄，

有人说，

你是治世中野心勃勃的能臣，

但我却说：

曹操，

你是我心中的英雄。

你叹息，

"对酒当歌，人生几何。

譬如朝露，去日苦多"。

人生苦短，被你用叹息带过。

你不屈，

"老骥伏枥，志在千里。

烈士暮年，壮心不已"。

你不屈于年华老去，

人虽暮，心不已。

你渴望，

"青青子衿，悠悠我心。

但为君故，沉吟至今"。

求贤若渴，我心沉吟。

你豪迈，

"慨当以慷，忧思难忘。

何以解忧，唯有杜康"。

借酒消愁，却意外品出你的壮志豪放，

痛饮几杯这豪迈之酒吧。

诗中的你，有伟人之胸襟，英雄之气概。

（掌声）

师：生 13 融入了她自己的情感思想。"有人说，你是治世中野心勃勃的能臣"，原著中对曹操的评论是奸雄能臣。但是她却说，你是我心中的英雄，结合她阅读曹操诗篇的感受写下了她的情感："对酒当歌，人生几何"，这是选自曹操的《短歌行》。人生苦短，曹操叹息年华流过，但是"老骥伏枥，志在千里"的鸣唱也唱出了一代豪杰的壮志。"青青子衿，悠悠我心。但为君故，沉吟至今"也是让同学们特别感动的一句诗，它表现了曹操的求贤若渴，最后一句"周公吐哺，天下归心"，同学们在朗诵背诵的时候都深受感染，感动于他伟人的胸襟，英雄之气概。通过原著的情节描写和议论，我们可以品出名著当中的文学形象。而像三国这样的历史演义小说，通过阅读和历史事实相关的材料，我们可以品出一个历史形象。借助综合性的学习，在我们心目当中，存在的是我们自己的个性化感受。

活动六：撰写对联评人物

师：最后，我们用最简练的表达方式——对联，来品评我们感兴趣的人物。学案上面，老师给大家提供了大家最感兴趣的三个主要人物，诸葛亮、关羽和曹操的人物描写、情节、相关评论。请大家回顾我们这节课提供给同学们品读人物的几个角度：情节、描写、议论和联读，也可以引用诗篇中的句子，只要把你心目中的人物形象用对联的形式表现出来就可以了。下面请按照诸葛亮组、关羽组、曹操组开始创作。我们的要求是首先独立创作初稿，然后小组合作、完善，整理到你的学案中，最后小组代表发言，分享小组的成果。先给大家五分钟时间独立完成。

（学生独立写作，教师随机指导）

师：下面我们小组合作，整理到一个学案中，书写工整，一会儿我们用投影给大家展示一下。

（学生讨论）

师：好，我们先请诸葛亮组的同学展示。

生13：报先帝，辅后主，将星陨时忠不改；擒孟获，气周瑜，羽扇扬间智永传。

"报先帝"指报答刘备三顾茅庐的恩情，一直辅佐刘备。"辅后主"指刘备去世后，尽心辅佐刘禅。"将星陨时忠不改"指诸葛亮鞠躬尽瘁，死而后已的忠心。"擒孟获"指的是"七擒孟获"，"气周瑜"指的是"三气周瑜"，"羽扇扬间"显示的是诸葛亮的智慧。请大家和我们一起读一遍。

师：诸葛亮组还有一联，请展示。

生14：观天象，借东风，赤壁一战，火烧曹操大军百万；无兵卒，守空城，古琴几声，智退仲达精兵数千。

上联主要写的是赤壁一战中诸葛亮的智谋，也是体现他的智慧。在下联中他用空城计，在城楼上非常冷静地抚琴，体现了诸葛亮在应对危险时的从容淡定，随机应变。（小组同学再次齐读）

师：感谢诸葛亮组的分享，下面有请关羽组。

生15：偃月横斩擒天下，刮骨静坐笑谈棋。义善释曹请军令，忠心寻主过五关。孤高千骑乘赤兔，大意无心失荆州。

其中"偃月"是指关羽手中的青龙偃月刀，"横斩擒天下"是指关羽用了青龙偃月刀辅佐刘备，打下了半壁江山。"刮骨静坐笑谈棋"是指关羽刮骨疗伤的时候，只是静静地坐在那里喝酒谈笑下棋。"义善"就是在华容道的时候，关羽因为曹操之前对他有恩，所以他决定放了曹操。"忠心"指关羽当初被曹操抓获之后，他要回去见刘备的心情很急迫。"孤高"就是指关羽在千里走单骑的时候乘着赤兔马的一种高傲。"大意"就是指尽管关羽是一个英雄，但他很有自己的孤高和傲骨，所以他就在大意的时候把荆州给失掉了。（小组再次齐读）

师：他们组的这三副对联，已经可以组成一首诗了，再加最后一句，就是完整的一首诗了。同学们也可以在作业当中借鉴一下，给点掌声。下面由曹操组的同学展示。

生16：官渡千军兴亡盛衰，翻覆天下势；赤壁一炬是非功过，任凭后人说。

第一句是说在官渡之战中曹操的智谋让天下有了很大的变动，他的影响是巨大的，在赤壁之战中曹操虽然败了，但是他的英雄豪气以及他一生的智谋还有他的才华比他的失败有更深层的含义。下联"是非功过，任凭后人说"，是说曹操虽然赤壁之战败了，但是他的功绩是不可否定的。"任凭后人说"，留下悬念。（齐读）

师："翻覆天下势"写得很有气势，"任凭后人说"确实耐人寻味，"官渡千军"和"赤壁一炬"对仗工整，列举了曹操两个重要事件，这则对联在结构和内容两方面水平都很高，可圈可点。我们课堂的时间有限，建议同学们晚上回家再整合一下，把你读三国的种种感受和对某个人物的评价，结合他的描写、事件、情节完善自己的对联。再选一个人物完成颁奖词。这节课就上到这里。同学们再见！

生（齐声）：老师再见！谢谢老师！

专家视角

让大演义走进小课堂

北京教育学院教师教育人文学院　张学君

《三国演义》是一部大部头的文学作品，包含着丰富的历史文化信息，把初中六册语文书加起来也没有这么重的分量。作为整本书阅读的一项工程，利用一段时间，完成对这部名著的学习，是一件非常有意义的事情。关于本书的教学价值，季老师提到了四点：了解演义化的历史、见识兵法韬略、熟悉成语典故、接触各种文体，概括得很全面。在我看来，《三国演义》可以作为一座桥，把语文学习引入一个新的境界：首先，它是文学与历史之间的一座桥，可以引发学生对历史的兴趣，将阅读小说与考证史实结合起来，这是真正的综合性学习；其次，它是白话与文言之间的一座桥，文不甚深，言不甚俗，可以打消学生对文言文的抵触心理，潜移默化中被古文熏陶。我注意到学生在课堂上的表现，他们展示的创作已经有了《三国演义》的语言风味，这是此次阅读活动最大的收获之一。事实上多年前那篇高考满分作文《赤兔马之死》，无疑也是阅读《三国演义》的产品。

《三国演义》的教学价值如此之丰富，当然值得认真对待。不过也要看到，解读这部名著有一定的难度。主要是历史容量大，时间跨度长，关系复杂，人物众多，让人眼花缭乱。有时候一个人物出场，才想记住他的名字，结果读了两三行，就被"挥刀斩于马下"。所以《三国演义》至少要读两三遍，才能对整个故事有一个清晰到位的把握。季老师在"内容梗概"部分对全书情节进行了梳理，非常不错。当然，还可以做得更到位一些。首先，把"通读指导"与"内容梗概"结合起来，这是"编年体"。其次，把魏蜀吴三国的历史以"三国志"的方式分别梳理一下，这是"国别体"。最后，把重点人物如曹操、刘备、关羽等人的生平梳理一下，以传记的形式整理出来，这便是"纪传体"。这些工作可以让学生来完成，就可以做到真正的"整体感知"。

在整体感知的基础上，再看教学设计。季老师在"学程设计"中，重点设计了以下几个活动：讲述三国故事、温习三国典故、品读三国诗文、表演三国戏剧。这些活动设计非常好，它可以"倒逼"学生去熟悉文本，趣味性也很强。由于这部书容量太大，建议用分组的方式来完成以上四项任务。所谓分组，不是说像讲述三国典故那样，分组展示，而是说全班分成四组，分别承包不同的任务，这样做起来更集中深入，展示出来也会更精彩。另外，老师也可以想一想，是否还可以安排其他的学习活动。比如书中大量的书表，全是用文言文写的，肯定会成为学生阅读的障碍，但作为一种文体又有其独特的学习价值，可以见到古人的权谋、性情以及礼节。再如书中有大量"有诗为证"，可以作为开启解读之门的钥匙，比如"吴郡甘兴霸，长江锦幔舟。酬君重知己，报友化仇雠。劫寨将轻骑，驱兵饮巨瓯。神鸦能显圣，香火永千秋"，这是对甘宁盖棺论定式的评价，不妨让学生以此为线索，回顾并评价甘宁的一生。再如书中有不少精彩的对话，像"青梅煮酒论英雄"、"舌战群儒"、"隆中对"等，都可以作为辩论会学习研究的案例。

"教学现场"部分读起来颇有生气，可圈可点。这节课有展示课的性质，这是可以理解的。而对于师生本身来说，研究课可能更有价值。如果要上研究课，建议教师将课外阅读与课内教学结合起来，比如把《出师表》放在书中诸葛亮北伐的背景之下来解读，原来比较抽象的"五月渡泸，深入不毛"、"亲小人，远贤臣"就显得形象多了。再比如把《念奴娇·赤壁怀古》《赤壁赋》《群英会蒋干中计》放在一起解读，也可以收到相得益彰之效。

另外，任何文本都是复杂的，教师不妨多看一点关于《三国演义》的研究材料，反思本书存在的一些问题。从思想性的角度看，学者刘再复对《三国演义》就有着相当负面的评价。从艺术性的角度看，本书也存在一些问题：史料消化不良、戏剧味太浓、叙述技巧生涩等。比如第一回写桃园三结义，是为了突出拥刘色彩，而曹操的出场则导致文脉断裂。再如徐庶去曹营前往见诸葛亮的情节，显系败笔——诸葛亮已经出场了，后面再卖那些关子，效果就大打折扣。至于这些如何传达给学生，就看教师自己了。

从娱乐性阅读走向文学性阅读

——《水浒传》书册阅读教学现场

北京市朝阳外国语学校　李丽娟

┌─────────────────────────────────────┐
　 书 册 名 片
└─────────────────────────────────────┘

◆ 推荐版本

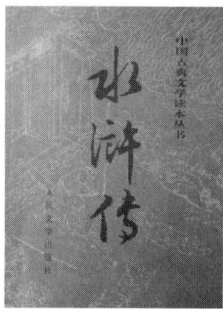

	作者：〔元末明初〕施耐庵
	〔明〕罗贯中
	出版社：人民文学出版社
	出版时间：1997 年 1 月第 2 版

◆ **内容梗概**

　　《水浒传》是无数好汉悲壮生死的故事。全书以张天师祈禳，洪太尉误掘石碑，放出三十六员天罡星和七十二座地煞星为引子，展开叙事。

　　宋哲宗时，破落子弟高俅因踢一脚好球，被端王赏识提拔为殿帅府太尉。高俅上任即挟私报复教头王进，逼得王教头携母弃家，逃经史家村时收九纹龙史进为徒。史进与少华山的三条好汉不打不相识，结为兄弟，却被小人告发，官府派兵围困，史进暂避少华山后往关西寻师父王进。

　　鲁达为救金老父女，三拳打死镇关西，亡命五台山出家避祸，法名智深。他不守清规，醉打山门后被派去东京大相国寺做职事僧。路过桃花村时，鲁智深为刘太公解逼婚之忧醉打小霸王周通。离开桃花山后，他与史进除掉匪人崔道成及邱小乙，火烧瓦罐寺。至大相国寺看守菜园时力伏众泼皮，倒拔垂杨柳，艺惊林冲，与其结兄弟。

高衙内为夺林冲之妻，陷害其误入白虎堂，刺配沧州。林冲在野猪林被下毒手，鲁智深赶来救护。林冲至沧州，高俅又派人追杀，林冲杀死陆虞候，被逼上梁山。王伦故意习难，令在三日内杀人做"投名状"，遂截杨志拼杀。王伦出面劝止，收下林冲，并劝杨志入伙。

杨志不愿入伙，为解贫困上街卖刀，杀死寻衅的泼皮牛二，被充军大名府。梁中书看重杨志的本领，提拔他为提辖，护送生辰纲。晁盖与吴用等"七星聚义"，智取生辰纲，杨志投奔二龙山落草。何清走漏截取生辰纲的消息，白胜被捕，宋江冒死送信，朱仝等捕头有意放行晁盖。晁盖到梁山入伙，被立为大头领。

宋江收阎婆的女儿婆惜为外室，婆惜与张三通奸，疏远宋江。宋江收晁盖书信和谢金，被婆惜发现并以告发为要挟，宋江忍无可忍杀掉婆惜后逃到柴进庄上躲避，并遇到了武松。

武松回清河县，景阳冈打虎后遇哥哥武大。武大妻子潘金莲被西门庆勾引，毒杀武大。武松杀了西门庆等，刺配孟州。武松遇张青，醉打蒋门神复夺快活林，蒋门神设计陷害武松，刺配恩州，欲下毒手。武松断锁开枷，杀了蒋门神等人，持张青夫妻信，往二龙山落草，路过蜈蚣岭杀歹人王道人，在白虎山再遇宋江。

宋江投奔花荣处，却被刘知寨夫人指为贼人而被捉走，闫顺等人解救宋江，并用计骗秦明入伙。宋江被家书催回家，被官兵捉住刺配江州，李俊、张横救宋江过浔阳，宋江与戴宗、李逵结识。浔阳楼醉酒后，宋江写咏怀诗，被黄文炳陷害入狱。众好汉劫法场，救宋江，杀黄文炳。

公孙胜欲归家探母，李逵亦念母，回家探望，途中杀死李鬼。背母至沂岭，老母丧虎口，李逵力杀四虎。

戴宗奉命来寻公孙胜，遇到杨雄和石秀二人。杨雄妻潘巧云与裴如海通奸，被石秀看破，杨雄、石秀杀了奸夫淫妇，与时迁同往梁山，时迁却在祝家庄被擒。

宋江一打祝家庄失利，被困盘陀路，幸亏石秀探庄识路标，众英雄才脱险。宋江二打祝家庄又失利，王英、秦明等被擒，林冲活捉扈三娘。顾大嫂等为救解珍、解宝在登州府劫牢，投奔梁山。宋江三打祝家庄获胜。

雷横打死知县相好而被押进牢里，朱仝开枷放走雷横，被刺配沧州。知府见朱仝重义，让他照看小衙内，李逵奉命杀死小衙内，朱仝怒追李逵至柴进庄上，欲杀之而投奔梁山，吴用只得让李逵暂住柴进处。

柴进探看病重的叔伯，知府妻舅欲来强占屋宇，被李逵打死，柴进受牵连入狱。宋江等人前来解救，却无法战胜高廉的法术，只得令戴宗劝公孙胜相助。公孙胜用神法大败高廉，李逵将枯井中的柴进救出。

高太尉分三路进攻梁山，宋江被连环马打败，徐宁上山，教使钩镰枪，宋江以此大败连环马。二龙山、桃花山与梁山聚义共打青州，擒获呼延灼后，宋江为他松绑，声称只待朝廷招安。

晁盖带兵打曾头市，被史文恭毒箭所伤，临死前留言凡杀史文恭者，即为山寨之主。梁山暂由宋江为头领。宋江闻卢俊义之贤，派吴用、李逵将其骗上梁山，又散布谣言陷害卢俊义。卢俊义回大名府，因其妻贾氏与李固通奸，去官府告发，刺配沙门岛。燕青救主人被追获，卢俊义难逃问斩命运。石秀跳楼劫法场，梁山兵打大名府，朝廷派关胜等兵伐梁山，被吴用计擒收降。吴用趁元宵节临近，派时迁等潜入城中放火，奇袭大名府，救出卢俊义、石秀。史文恭逃至林中，被卢俊义、燕青擒住。宋江遵晁盖遗嘱欲立卢俊义为山寨主，吴用、李逵不服，宋江与卢俊义分兵取东平、东昌府，约定谁先攻下即为山寨之主。宋江兵至东平府，计擒双枪将董平，夺下府城。卢俊义兵临东昌府，久攻不下。宋江等驰援，计擒张清，破城成功。

宋江率兵回梁山，请公孙胜主持罗天大醮。天降火块入正南地下，掘出一石碣，上写梁山一百零八将座次表。

宋江为求招安，往东京观灯，并乞妓女李师师相助。宋江听闻皇上将至，商议讨要招安赦书，李逵却火烧李师师家。朝廷派童贯、高俅多次围剿梁山，皆败，只好派太尉宿元景招安梁山众好汉。宋江等受招安后，备受高俅、蔡京等人排挤。

适值辽兵犯界，派宋江、卢俊义率梁山旧部征辽。宋江等攻蓟州，度孟津关，夺独鹿山，战幽州，围燕京，迫使辽国纳表投降。回师不久，又闻河北田虎作乱，宋江等又请命剿田虎，宋江与卢俊义分兵连夺下被田虎占领的泽州等地，公孙胜破乔道清、马灵，张青收琼英，最后胜擒田虎。

回京后，宋江封"皇城使"，卢俊义封"团练使"，众兄弟封"正将军"、"偏将军"。接着宋江等又奉诏讨方腊，待到平定方腊后，仅余宋江等三十六人。

在回师途中，鲁智深坐化。林冲、杨志、杨雄、时迁病死，燕青、李俊、童威、童猛全身隐退，梁山好汉仅剩二十七人，入京时又辞去四人。

宋江、卢俊义等人受封，因遭逼迫，戴宗等又相继归隐。不久，宋江、卢俊义等即被奸臣毒害，宋江恐李逵再叛朝廷，亦将其毒死。一场轰轰烈烈的水浒英雄事业，就此告终。

作者简介

《水浒传》作者，由于存世版本署名混乱，有三种不同看法：一种认为是施耐庵、罗贯中合著，另外两种认为是罗贯中或施耐庵著。明代嘉靖年间学者高儒所著《百川书志》，是最早谈及《水浒传》百回本的书籍。书中有一条著录：《忠义水浒传》一百卷，钱塘施耐庵的本，罗贯中编次。据此，《水浒传》作者为施耐庵，罗贯中可能做了编辑、加工、补充、续写的工作。

施耐庵（1296—1371），元末明初人，原籍苏州阊门外施家巷，是孔子七十二弟子之一施之常的后裔。19岁时考中秀才，25岁时被苏州官吏推荐为孝行信义，29岁时赴大都参加乡试途中，考察梁山泊，应试不第，40岁后归隐，开始搜集整理"水浒戏"。朱元璋攻破平江，广招天下贤士，其军师多次邀请施耐庵出来协助。为避开纠缠，完成写书夙愿，施耐庵搬到地处偏僻、交通不便的白驹场。后《水浒传》抄本传到朱元璋手中，朱元璋当即批示："此倡乱之书也。是人胸中定有谋逆，不除之必贻大患。"因此，施耐庵被抓去押在天牢。出狱后，施耐庵避居淮安，改名子安，寄托"子女平安"之意，后病逝于淮安，时年75岁。

施耐庵52岁时，收年轻的罗贯中为门徒。罗贯中"其生平经历、性格人品、思想、著述等情况究竟如何，早在明代时，人们就不是很清楚，更不用说几百年后的现代人了"[1]。这个"谜一样"的人物只在《录鬼簿》中有只言片语的描述：

罗贯中，太原人，号湖海散人。与人寡合。乐府、隐语，极为清新。与余为忘年交。遭时多故，各天一方。至正甲辰（1364年——笔者注）复会，别来又六十余年，竟不知其所终。[2]

文学地位

《水浒传》诞生数百年来，其"古典文学四大名著"的地位从未动摇，对于后代英

---

[1][2] 苗怀明. 罗贯中生平史料的发现、整理和研究［J］. 中国古代小说戏剧研究丛刊，2008（2）：126-127.

雄传奇小说产生了巨大影响。

其一，整理加工分散独立的单篇水浒故事为系统连贯的整体。《水浒传》将流传民间数代的梁山泊好汉的评书故事以章回体小说的形式系统而完整地呈现给读者，是一部经过宋、元两代数百年的酝酿、积累而最终完成的长篇历史小说，一百零八位好汉的故事由此产生了经久不衰的生命力。

其二，塑造了一大群性格鲜明、光彩夺目的传奇英雄。清代金圣叹评点："叙一百八人，人有其性情，人有其气质，人有其形状，人有其声口。"其抒写群体人物的手法对很多小说都有影响，俞平伯曾指出："《红楼》作者心目中固以《水浒传》为范本。"①

其三，忠义思想对后世有着积极的影响。水浒故事贯穿始终的"忠义"是在特殊历史环境下的"忠君报国"思想，是具有浓重平民色彩的英雄主义精神。《水浒传》原名《忠义水浒传》，"忠义"以儒家理论道德为基础，其为国尽忠、对友尽义的精神对华夏民族有着长久深远而正面的影响。

其四，语言以江浙方言为基础，极富表现力。《水浒传》是由文言体式进入近代白话体式的关键和桥梁，是古典语言艺术的总结，也是近代白话语言艺术的开端。《水浒传》后，白话文学才取得了小说史上的主导地位，之后如《西游记》《儒林外史》等高度口语化的白话长篇小说层出不穷，小说语言艺术进入了一个崭新的历史时期。

《水浒传》在世界范围内也有深远影响。日本、朝鲜、越南等国很早就有了《水浒传》译本。日本在18世纪还模拟《水浒传》撰写了一本《本朝水浒传》。法国学者在19世纪中叶将《水浒传》的节译本带到本国，名为《中国的勇士们民俗传奇小说》，主要讲述了鲁智深和林冲的故事。20世纪70年代，法国著名出版社——萵利玛七星出版社出版了《水浒传》全译本，出版规格极高，用印制圣经的纸印刷并配以烫金封面，宣传广告称之为"世界上最美的文章"、"取之不尽用之不竭的戏剧保留节目的源泉"、"卓越的文学典范"。

---

① 俞平伯. 俞平伯点评红楼梦 [M]. 北京：团结出版社，2004：337.

教学价值

◆ 知识积累

阅读《水浒传》，学生可以积累以下知识。

（一）英雄传奇小说

英雄传奇小说是古典章回体小说的一个类别，以一定历史时期为背景，改变宋元讲史和历史演义的写法，由重视历史事件叙述转向描绘英雄人物命运，从以帝王为中心转而描摹草泽英雄的传奇事迹，故事若实若虚，能够体现一定社会问题、阶级矛盾。英雄传奇小说最早可追溯至宋元之交，这一时期尖锐复杂的社会问题导致了人民群众对英雄的渴望，从而推动了英雄传奇故事的大量涌现。梁山英雄形态各异，他们的"仗义疏财"、"见义勇为"表现了那个时代善与恶的斗争。郑振铎称《水浒传》是"中国英雄传奇中最古的著作"[①]。后世的《说唐》《杨家将》《说岳》等无不受其影响，共同构成了中国小说的"英雄史诗"。

（二）链式结构

链式结构指作品的线性走向并不是从开始直接走到终点，而是在某个地方绕成一个环，到另一个地方再绕成一个环，这样依次构成一个环又一个环，就像一根链条的结构形式。每一环既是独立成篇的故事，又与下一个环相连接。连接可以是情节的进一步延续，也可以是某种具有共性的因素的组合，最后构成整个作品的间架结构。《水浒传》每数回出现一个中心人物，成为一个环。同时这一环又与下一环相连，环环相扣，各自集中描绘了人物性格的形成和发展。然后把许多人物一个个连缀起来，使他们通向共同的归宿——梁山。"《水浒传》的情节结构是以单线纵向进行的。上半部是以人为单元，下半部则以事为顺序，连环勾锁，层层推进……这样的艺术结构，前半部犹如长江的

---

① 郑振铎.郑振铎全集：4［M］.北京：花山文艺出版社，1998：89.

上游百川汇聚，形成主干；下半部则如长江的主流奔腾而下，直泻东海。"①学生在阅读过程中要注意一个个相对独立、自成整体的人物故事是整个水浒故事的有机组成部分。

（三）社会称谓词

"社会称谓词指的是除了亲属称谓词以外的所有称谓词，是表示人与人之间社会关系的称人名词。"② 包括"敬称"、"谦称"、"贬称"、"绰号称谓"等。学生不需要去研究社会称谓词的源起、流变、意义，而要关注以下几方面。

第一，称谓词所体现的不同人物身份。《水浒传》中的天罡地煞星"散作百十道金光，望四面八方去了"③，金圣叹认为"他日有称我者，有称俺者，有称小可者，有称洒家者，有称我老爷者，皆是此句化开"④。

第二，称谓词变化所展现的情感态度变化。武松对潘金莲的称谓由"嫂嫂"到"你"再到"淫妇"，便是从尊敬到气恼到愤恨的过程。李逵遇宋江时，对自己的称呼从"我"到"铁牛"，对宋江的称谓从"黑汉子"到"我那爷"，这其中的变化亦十分微妙。

第三，绰号称谓所反映的作者态度及其所代表的人物特长、性格、气质等。鲁迅曾说："中国老例，凡要排斥异己的时候，常给对手起一个诨名——或谓之'绰号'。"⑤ 而《水浒传》中的绰号称谓显然是反其道而行，作者要借这些称谓歌颂众好汉。如宋江的绰号——及时雨，这个带有比喻色彩的称谓让人联想到"好雨知时节"、"久旱逢甘霖"等语句，体现了作者对他的褒扬与崇敬，也体现出宋江仗义疏财、急人所急的特点。

◆ 能力提升

品读《水浒传》可以提升以下几种阅读能力。

---

① 袁行霈. 中国文学史：第四卷 [M]. 北京：高等教育出版社，2003：60.
② 刘岩.《水浒传》称谓词研究 [D]. 济南：山东师范大学，2009：23.
③ 施耐庵，罗贯中. 水浒传 [M]. 北京：人民文学出版社，1997：14.
④ 施耐庵，罗贯中. 水浒传 [M]. 金圣叹，李卓吾，点评. 北京：中华书局，2009：6.
⑤ 鲁迅. 鲁迅全集：第三卷 [M]. 北京：人民文学出版社，1981：79.

（一）人物形象分析的基本思路

《水浒传》齐聚三十六天罡星和七十二地煞星，这些人物的性格特点丰富多样。学生初读过程中对人物的分析往往倾向于"贴标签"，鲁智深是"疾恶如仇"，林冲是"逆来顺受"，武松是"武艺高强"，宋江是"急公好义"……为了让学生对人物形象的解释更合理，教师在指导时可以运用以下两种方法。

其一，"阐释+举例"。先用概括的语言阐释人物性格特点，再辅以具体的故事情节加以解读。这种方法有利于学生细致、立体地解读人物。以鲁智深为例：

相关回目	性格特点	情　节
《鲁提辖拳打镇关西》	侠肝义胆	闻听有人强媒硬保翠莲，虽素昧平生，却要为其讨回公道。
	仗义疏财	为金氏父女筹集十五两银子作为盘缠。
	勇而有谋	放金氏父女还乡，因怕店小二通风报信而阻在店门口。
	疾恶如仇	为救金氏父女三拳打死镇关西。

其二，"梳理+立传"。先梳理所需要的相关内容，再通过自己的理解，用立传的形式整合并加以呈现。这种方法有利于学生全面深入地解读人物。如学生在"我为林冲立传"的学习活动中，先要梳理林冲在章节中的故事，然后加以筛选，最后用人物传记的形式整合，以展现自己对人物的理解。

（二）挖掘语言的深层含义

金圣叹认为："古人著书，每每若干年布想，若干年储材，又复若干年经营点窜，而后得脱于稿，哀然成为一书也。今人不会看书，往往将书容易混帐过去，于是古人书中所有得意处，不得意处，转笔处，难转笔处，趁水生波处……悉付之于茫然不知，而仅仅粗记前后事迹……"[①]《水浒传》中深藏意味的内容比比皆是，若要避免"混账过去"、"茫然无知"，学生需要在教师的指导下，读出若干年布想、储材、经营点窜的深意。仅以书名为例，"水浒"一词源于《诗经·大雅》，"古公亶父，来朝走马。率西水浒，至于岐下"。诗

---

① 施耐庵，罗贯中. 水浒传［M］. 金圣叹，李卓吾，点评. 北京：中华书局，2009：1.

中的"水浒"是周族繁衍生息之所，之后周人向殷商政权发起挑战，最终取而代之，建立了周朝。孟子称商纣王是个"独夫民贼"，将周人反抗殷商的举动视为正义之举。小说家把宋江等人的反抗故事以"水浒"命名，正是隐喻梁山好汉为正义之师的赞语。

(三) 联系现实，正确评价人物与主题

《水浒传》塑造了一大批出身不同、性格各异的英雄侠士，"侠"虽然不免"以武犯禁"，但又与强盗之流不同，他们强调的是一种信念和精神。学生在阅读过程中，鼓励他们联系北宋社会背景，对"劫富济贫"、"仗义疏财"等有一个相对公正且包容的评价。同时要鼓励学生联系现实生活，以自己的价值观为衡量依据，批判英雄侠士的某些性格或行为"瑕疵"。

◆ 策略建构

《水浒传》是一部近百万字的著作，以下几种阅读策略有助于学生感受其丰厚的内容，领略其"侧峰横岭"的魅力。

(一) 捕捉闪回

"闪回"指学生在阅读某一情节时，突然脑中有短暂的画面插入这一场景，觉得似曾相识。这种现象缘于作者有意通过极其相似的情节展现不同人物。如武松打虎后，又写李逵杀虎。不同之处，武松是乍然遇虎，赤手独斗，李逵是为母寻虎，刀毙四虎。前者险象迭生，后者有惊无险。还有"江州城劫法场"与"大名府劫法场"，"武松发配"与"松江发配"等等。学生有意识地捕捉"闪回"，并进行回读与文段比较，就可感受到作者的锦心绣口，体悟这部"才子书"的魅力。

(二) 寻找照应

照应是文学创作中描写、叙述的一种手法，指作品下文与上文相呼应，即"回应上文"①。阅读《水浒传》的过程中，如果能够注意到语句间、篇章间的照应，读起来会更觉情节设置之妙。《水浒传》中的照应突出体现为三个

---

① 秦亢宗. 中国小说辞典 [M]. 北京：北京出版社，1990：18.

方面。

（1）人物照应。《林教头风雪山神庙》一开篇林冲便遇到了酒生李小二，而李小二在东京时就经常受到林冲帮助，久而久之便视林冲为恩人，因而将富安一行人的诡计告诉林冲，使林冲逃脱了这场灾难。

（2）心理照应。《没遮拦追赶及时雨》一回中"宋江和两个公人见天色晚了，心里越慌"，这个心理与后文"长汉道：'我兄弟两个正要捉这趁船的三个人。'"形成了照应，这样的情节设置可谓"节节生奇，层层追险"。

（3）悬念照应。照应也可以是通过设置悬念，形成前后照应。如武松刚入监牢时，不仅没有受到毒打，反而得到了优待，武松倍感困惑，读者也自然产生阅读期待。明代李贽评论这样的情节安排起初"使人疑惑，愈不可解"，最后"说破处始豁然有力"。

陈洪绶《水浒叶子》——宋江

（三）跨界阅读

水浒故事流传已有几百年，在民间有很大的影响力，表现形式多样。学生阅读《水浒传》之初，连环画版的《水浒传》，电视、电影的水浒故事，评书演绎的水浒英雄等都可以选为跨界阅读的内容，以此来调动阅读兴趣。分析人物时，可以引入陈洪绶《水浒叶子》，让学生以小组为单位选取人物，设计一套"水浒叶子"。（关于"水浒叶子"的相关知识详见"重点突破1"。）不同展现形式的交叉与互补形成了一张纵横交错的知识网，帮助学生对《水浒传》形成更为立体、更为深入的理解。

◆ 精神成长

古人云：老不读三国，少不读水浒。书中确有漠视公权、蔑视生命等思想的存在，但是作为一部传承几百年的经典名著，《水浒传》对初中生的思想发育仍有很多积极影响。

（一）理解传承侠义精神

《水浒传》故事发生在北宋末年，政治的黑暗使百姓备受压迫，"路见不平，拔刀相助"、"仗义疏财，振人不赡"就成了侠义精神的特征。鲁智深为萍水相逢的金氏父女拳打镇关西，石秀助并不相识的杨雄打翻破落户，李逵强闯法场解救即将斩首的宋江等，这些行为正是司马迁在《史记·游侠列传》中所说："其行虽不轨于正义，然其言必信，其行必果，已诺必诚，不爱其躯，赴士之厄困。"梁山好汉不贪财，不怕死，铲除不平，劫富济贫，拯救他人，牺牲自我，为那个黑暗的社会带来了一点光亮。学生如果能从传统文化的角度解读"侠义"，认同"侠义"，并让这种精神变成自己"扶弱"的精神支撑，将会增强自己的社会责任感。

（二）继承发扬中华民魂

鲁迅在《马上支日记》中这样说："从小说（《水浒传》）来看民族性，也就是一个好题目。"鲁迅习惯将文学研究纳入改造国民性的思考中，他在整理《水浒传》研究资料的过程中，反复使用"水浒精神"的概念。他所谓"水浒精神"是梁山好汉们反抗强权、仇视外寇的平民精神，这种精神对于改造"坐稳了奴才还很高兴"的国民性非常必要。因而鲁迅得出的进一步结论是："惟有民魂是值得宝贵的，惟有他发扬起来，中国才有真进步。"[1] 初中生正处在不断完善世界观、人生观、价值观的关键时期，在阅读《水浒传》的过程中，他们得到的正面指引，会对塑造其精神世界有着积极的影响。

---

[1]　鲁迅. 鲁迅杂文全集 [M]. 郑州：河南人民出版社，1994：195.

学程设计

整体框架

《水浒传》作为一部长篇巨著，具有特殊的时代意义，文法深奥，语言表达与现代汉语颇有距离，学生阅读困难重重，所以在学程设计上增加了起始课，帮助学生走进水浒故事。通读指导部分的章节划分主要遵循水浒的链式结构，先以人物为划分依据，再以情节推进为划分依据。重点突破分为三个方面：章节解读、人物（群像）解读、主题解读。

教学阶段	主要内容	教学资源	设计意图
阅读起始课	领略作品魅力，了解阅读方法，产生阅读兴趣。	1.《水浒传》连环画。2.《水浒传》新版电视剧片段。	了解阅读长篇小说的方法，带着兴趣领略名著魅力。
通读指导	自读文本，鉴赏内容。	章节阅读学程	在自读过程中独立思考相关问题。
重点突破1	细读章节，体味妙处。	《宣和遗事》节选	梳理情节内容，赏析章节妙处。
重点突破2	分析群像，制作"叶子"。	陈洪绶《水浒叶子》	在制作"叶子"过程中加深对众多人物的理解。
重点突破3（教学现场）	解读人物，品评林冲。	无	深入分析重点人物，通过立传的方式，了解、讲述、评价林冲。
重点突破4	把握思想，辨明主题。	无	通过辩论的形式，理解水浒的"忠义"思想。
内容统整	个性感悟，趣味呈现。	无	用自己擅长的方式展示心中的水浒故事。

阅读起始课

走进水浒故事

——《水浒传》阅读起始课

教学目标

1. 通过了解精彩情节，产生阅读梁山泊故事的兴趣。

2. 结合已有认知，领略名著的语言魅力。

3. 通过教师讲授，了解赏析人物形象的基本方法。

教学过程

活动一：四大名著档案卡之《水浒传》

学生通过查阅资料和调研完成下面的预习表格。

《水浒传》	
图书类别：	作者：
创作背景：	
精彩内容举隅：	
同学最熟悉的英雄故事：	
同学喜爱程度：☆ ☆ ☆ ☆ ☆	

活动二：三看武松打虎

1. 教师展示学生所完成的档案卡，并宣布最熟悉的英雄故事投票结果——武松打虎。

2. 让学生讲讲自己印象中的故事始末。

3. 展示电视剧中武松打虎的精彩片段和连环画中的相关情节。

4. 回归书本，阅读相关章节，说说为什么我们不能只是通过看电视剧或连环画等轻松的方式走进《水浒传》，而一定要阅读原著。

选段：那个大虫又饥又渴，把两只爪在地下略按一按，合身望上一扑，从半空里撺将下来。武松被那一惊，酒都做冷汗出了。说时迟，那时快，武松见大虫扑来，只一闪，闪在大虫背后。那大虫背后看人最难，便把前爪搭在地下，把腰胯一掀，掀将起来。武松只一躲，躲在一边。大虫见掀他不着，吼一声，却似半天里起个霹雳，振得那山冈也动；把这铁棒也似虎尾倒竖起来，只一剪。武松却又闪在一边。原来那大虫拿人，只是一扑，一掀，一剪，三般提不着时，气性先自没了一半。那大虫又剪不着，再吼了一声，一兜兜将回来。武松见那大虫复翻身回来，双手轮起梢棒，尽平生气力，只一棒，从半空劈将下来，只听得一声响，簌簌地将那树连枝带叶劈脸打将下来。定睛看时，一棒劈不着大虫。原来慌了，正打在枯树上，把那条梢棒折做两截，只拿得一半在手里。那大虫咆哮，性发起来，翻身又只一扑，扑将来。武松又只一跳，却退了十步远。那大虫恰好把两只前爪搭在武松面前。武松将半截棒丢在一边，两只手就势把大虫顶花皮肐眩地揪住，一按按将下来。那只大虫急要挣扎，被武松尽气力捺定，那里肯放半点儿松宽。武松把只脚望大虫面门上、眼睛里只顾乱踢。那大虫咆哮起来，把身底下扒起两堆黄泥，做了一个土坑。武松把那大虫嘴直按下黄泥坑里去，那大虫吃武松奈何得没了些气力。武松把左手紧紧地揪住顶花皮，偷出右手来，提起铁锤般大小拳头，尽平生之力，只顾打。打到五七十拳，那大虫眼里、口里、鼻子里、耳朵里都迸出鲜血来。那武松尽平昔神威，仗胸中武艺，半歇儿把大虫打做一堆，却似躺着一个锦布袋。

赏读：文字给人的想象空间更为广阔。此段描写生动传神，本可以草草几十字了事的片段，每个动作的局部展开，形成一段佳作。两声吼，两声咆哮，虎那极具穿透力的声音在山谷中回旋、冲荡，足以吓破胆，震晕脑。一扑、一掀、一剪，写尽了兽中之王的威猛："扑"，读者感受到的是膘肥体壮的大虫带来的压迫感；"掀"，读者体会到的是身形魁梧却不乏灵活的大虫带来的迅猛感；"剪"，读者感受到的是气急败坏的大虫带来的凶狠感。而武松回以的是一抡、一揪、几踢、几闪：读者脑海中浮现的是抡之气力，揪之虎胆，踢之狠辣，闪之灵敏。原来作者欲以虎之猛反衬打虎之难，以打虎之难反衬武松之智勇，妙哉！

活动三：怎么读？这样读。

1. 方言俚语怎么读？

班级建立一个方言俚语表，合力总结生僻词读音和词义。

词　语	读　音	释　义
省得	xǐng	懂得、知道。

2. 插入诗词怎么读？（以武松打虎穿插诗词为例）

第一首：

别意悠悠去路长，挺身直上景阳冈。醉来打杀山中虎，扬得声名满四方。

第二首：

前车倒了千千辆，后车过了亦如然。分明指与平川路，却把忠言当恶言。

第三首：

无形无影透人怀，四季能吹万物开。就树撮将黄叶去，入山推出白云来。

第四首：

景阳冈头风正狂，万里阴云霾日光。焰焰满川枫叶赤，纷纷遍地草芽黄。

触目晚霞挂林薮，侵人冷雾满穹苍。忽闻一声霹雳响，山腰飞出兽中王。

昂头踊跃逞牙爪，谷口麋鹿皆奔忙。山中狐兔潜踪迹，洞内獐猿惊且慌。

卞庄见后魂魄丧，存孝遇时心胆强。清河壮士酒未醒，忽在冈头偶相迎。

上下寻人虎饥渴，撞着狰狞来扑人。虎来扑人似山倒，人去迎虎如岩倾。

臂腕落时坠飞炮，爪牙爬处成泥坑。拳头脚尖如雨点，淋漓两手鲜血染。

秽污腥风满松林，散乱毛须坠山奄。近看千钧势未休，远观八面威风敛。

身横野草锦斑销，紧闭双睛光不闪。

（1）读人物正面描写

挺身直上——英勇

拳头脚尖如雨点——迅猛

两手鲜血染——狠辣

（2）品人物侧面描写

虎之饥渴、狰狞衬托武松之智勇

（3）读情感评价

声名满四方——褒奖

却把忠言当恶言——批评

（4）读寓意

"能吹万物"的狂风正如之后的武松一般，将"黄叶"撮去，将"白云"推来。

3. 人物绰号怎么读？

符合时代，结合外在，联合内在。

如"黑旋风"，旋风是宋代的一种火炮，此绰号一是说他肤色黝黑，二是说他脾气暴躁，像火炮一样"沾火就着"。

4. 人物性格怎么读？

（1）综合外貌、语言、行为等描写纵向分析。

（2）联系类似人物，横向比较。如：

人　物	相同点	不　同　点		
		出　身	遭　遇	思想意识
鲁智深	落草前都在朝廷为官，一身武艺，有勇有谋	贫农或手艺匠	为救人而伤人性命	敢作敢为
林冲		八十万禁军枪棒教头	高衙内夺妻	安分守己　逆来顺受
杨志		三代将门之后	失陷生辰纲	一心为官

◆ **通读指导**

阅读任务大体按照重点人物或重点情节划分。思考问题设置是为了提高学生的理解能力，建构学生的阅读策略。标注"留待"字样的题目需要学生结合之后的阅读内容深入思考。

阅读范围	阅读任务	重点能力指向
第一章 至 第十二章	1. 108 位好汉，开篇却写高俅，你能猜到作者的用意吗？ 2. 鲁智深是小说开篇细细描述的人物，请你结合他所经历的大事小情，站在不同人物的立场上，用一句话评价你眼中的鲁智深。 我眼中的鲁智深 <table><tr><th>人物</th><th>评价</th></tr><tr><td>史进</td><td></td></tr><tr><td>郑屠</td><td></td></tr><tr><td>店小二</td><td></td></tr><tr><td>金老</td><td></td></tr><tr><td>赵员外</td><td></td></tr><tr><td>智真长老</td><td></td></tr><tr><td>寺僧</td><td></td></tr><tr><td>刘太公</td><td></td></tr><tr><td>周通</td><td></td></tr><tr><td>众泼皮</td><td></td></tr><tr><td>林冲</td><td></td></tr></table> （留待）3. 长老赠给鲁智深的四句偈子——遇林而起，遇山而富，遇州而迁，遇江而止——有何深意？ 4. 请你用折线图或流程图展示林冲落草的全过程。图中要标明重点事件和重要他人。	1. 推测写作意图。 2. 评价人物。 3. 分析语句深意。 4. 概括人物生命轨迹。
第十三章 至 第二十二章	1. 这是《水浒传》纪念邮票中的一张，请你作为发行推广人对集邮爱好者介绍这款邮票。 2. 阅读第16回，说说你从老都管对杨志的称谓变化读出了什么，讨论是否可以如下表一般修改原文。 <table><tr><th>原文</th><th>修改后</th></tr><tr><td>提辖，端的热了走不得。</td><td>杨提辖，端的热了走不得。</td></tr><tr><td>杨提辖且住！你听我说。</td><td>提辖且住！你听我说。</td></tr><tr><td>量你是个遭死的军人。</td><td>量你是个提辖。</td></tr></table>	1. 有侧重点地讲述故事。 2. 解读称谓词变化。

续表

阅读范围	阅读任务	重点能力指向
第十三章至第二十二章	3. 请你说说杨志从"失意"到"得志"再到"幻灭"的全过程（展现形式不限）。 4. 水浒故事中的人物大都只有一个绰号，唯宋江有三个："孝义黑三郎""及时雨""呼保义"。请你仿照火极一时的"凡客体"为宋江创作一段"水浒体"绰号简介。 "凡客体"示例：（韩寒）爱网络，爱自由，爱晚起，爱夜间大排档，爱赛车，也爱59元的帆布鞋。我不是什么旗手，不是谁的代言，我是韩寒，我只代表我自己。我和你一样，我是凡客。	3. 解读人物发展变化过程。 4. 解读人物性格。
第二十三章至第三十二章	（留待）1. 金圣叹评价武松曰："武松天人者，固具有鲁达之＿＿＿，林冲之＿＿＿，杨志之＿＿＿，柴进之＿＿＿，阮七之＿＿＿，李逵之＿＿＿，吴用之＿＿＿，花荣之＿＿＿，卢俊义之＿＿＿，石秀之＿＿＿者也。"请结合武松替兄报仇的经过以及之后的一系列事件，分别在横线上填一个字。 2. 武松入狱后，金圣叹连用25个"妙"，12个"奇"。请你试着在本章相关段落上，以"奇""妙"为核心词写一段"才子点评"。 3. 请你阅读本章节，说说何谓"千载第一酒人"，何谓"千载第一酒场"，何谓"千载第一酒时"，何谓"千载第一酒令"，何谓"千载第一酒监"，何谓"千载第一酒筹"，何谓"千载第一行酒人"，何谓"千载第一下酒物"。（任选三点说明即可） 4. 张青与孙二娘在武松这一人生阶段扮演了什么样的角色？试想，如果他们在武松的"朋友圈"，武松会给二人起什么样的"备注名"呢？	1. 分析人物性格的多面性。 2. 批注相关情节。 3. 理解并提取信息。 4. 梳理人物关系。
第三十三章至第四十三章	1. 霹雳火秦明是如何在宋江等人的计谋下落草为寇的？你如何看待宋江等人断送秦明妻子一家的做法？假如你是一位记者，请为《大宋晚报》写一版头条消息报道这件事。 2. 关于花荣，清代批评家金圣叹如是说："看他写花荣，文秀之极，传武松后定少不得此人，可谓矫矫虎臣，翩翩儒将，分之两隽，合之双璧矣。"结合小说不同回目对武松与花荣的叙述描写，你是否赞同金圣叹的点评？请结合具体情节分析。 （留待）3. 世人皆称宋江"忠义"，金圣叹却评其为"权诈""单是银子出色"；世人皆评李逵为"莽撞人"，金圣叹却评其为"一片天真烂漫到底"，并用《孟子》中"富贵不能淫，贫贱不能移，威武不能屈"盛赞他。你更同意世人对他们的定位，还是更倾向于金圣叹对他们的评点？请结合相关情节谈谈你的理解。 4. 同是入牢面对一百杀威棒，宋江与＿＿＿大有不同；同是单人打虎，李逵与＿＿＿亦有区别。请你选择一处对比，谈谈异同。 5. 当你阅读众好汉"江州城劫法场"时，脑海中又浮现了《水浒传》哪一回的内容？请以小组为单位排演这两幕剧。要求：将故事的始末交代清楚。	1. 评价人物事件。 2. 对比解读人物。 3. 整合情节，评判人物。 4. 对比阅读相关情节，捕捉闪回。 5. 重构小说内容，捕捉闪回。

续表

阅读范围	阅读任务	重点能力指向
第四十四章 至 第五十一章	1. 李逵返回梁山泊诉说自己剪径一事和杀虎一事，众人闻听前者皆笑，宋江闻听后者大笑。你从这两处笑读出了什么？ 2. 作者在这些章节中刻画了一位"精细之人"、"机警之人"，他是谁？请你在书中钩画其精细和机警。 3. 请细读宋江三次攻打祝家庄的相关内容，完成下表。 {表格} 4. 作者在叙述"三打祝家庄"这般"风急火急之文"时，为何要插叙解家兄弟和孙家兄弟的故事？ 5. 水浒故事中的三位女英雄已悉数登场，她们是：_____、_____和_____，其中哪位给你留下了比较深刻的印象？如果让你给这位女英雄送一份礼物，你会送什么？请阐明理由。	1. 品读细节，分析人物。 2. 解读人物。 3. 梳理概括情节。 4. 分析写作方法。 5. 品评群像。
第五十二章 至 第六十章	1. 如果删去李逵买枣糕这一闲笔，之后的情节会发生什么变化？请你续写一小段，以体现此细节之重要。 2. 梁山好汉与呼延灼对垒，呼延灼摆出连环马，梁山好汉则采取纺车阵。仔细阅读相关内容，从重量、布阵、战法、优劣、出击（防守）方式、实战等方面对比两种战法。有绘画爱好的同学可以通过图例的形式加以分析。 3. 明代批评家叶昼在评论《水浒传》时说："《水浒传》文字，妙绝千古，全在同而不同处有辨。如鲁智深、李逵、武松等人，都是性急的，却形容刻画来，各有派头，各有光景，各有身份，一毫不差，半些不混，读去自有分辨，不必见其姓名，一睹事实，就知某人某人也。"合上书，你还能记得下面几句急言急语是出自谁之口吗？ "明日去时不打紧，今日又气我一日。" "你两个且在这里，等洒家去打死了那厮便来！" "莫要引老爷性发，一只手捻碎你这道冠儿，一只手提住腰胯，把那老贼倒直撞下山去！" "孔亮兄弟，你要救你哥哥时，快亲自去那里告请他们。" "哥哥不得造次！我和你星夜回梁山泊去报知，请宋公明领大队人马来打华州，方可救得史大官人。" "都是你这般慢性的人，以此送了俺家史兄弟！" 4. 金圣叹评《水浒传》晁盖曾头市中箭身亡一回时，写到"晁盖虽未死于史文恭之箭，而已死于厅上厅下众人之心非一日也"。请你以晁天王的口吻述说自己的"生"与"死"。	1. 细节描写的作用。 2. 对比分析相关描写。 3. 对比解读典型人物。 4. 细读文本，体会深意。

表格内容：

	战争原因	战争策略	战争结果	伤损将领	撤军原因	功臣
一打祝家庄						
二打祝家庄						
三打祝家庄						

续表

阅读范围	阅读任务	重点能力指向
第六十一章 至 第七十一章	1. 有人说："员外不知小乙，小乙自知员外。"如果你是燕青，要给卢员外写一份"陈情表"，你会说些什么？（可参考李密《陈情表》） 2. 林冲是第一个被"逼上梁山"的人，卢俊义则是最后一个，对比前后这两个情节，竟有许多相似之处。这并非作者江郎才尽，而是特意为之，你能说这其中的妙处吗？ 3. 你是否还记得林嗣环笔下的口技人？金圣叹坦言曾疑《口技》之真伪，而读"火烧翠云楼"一篇时则深信世间确实有如此之"非常之技"。你是否也有如此感受，请略作分析。 4. 请你颁发一份诏书，赞关胜的"儒雅之甚"、"豁达之甚"、"忠诚之甚"、"英灵之甚"。 5. 金圣叹"腰斩本"《水浒传》以七十回为结，这七十回首尾分别是一首诗，请你说说这两首诗蕴含的深意，以及如此章法的好处。	1. 体会人物关系。 2. 分析写作手法。 3. 比较阅读相关文本。 4. 多角度分析人物。 5. 分析诗文含义及其在文章结构上的作用。
第七十二章 至 第八十二章	1. 作者称赞燕青"虽是三十六星之末，却机巧心灵，多见广识，了身达命，都强似那三十五人"，请你从天罡星中选出五人试与燕青对比，做一份"英雄PK榜"。 2. 金圣叹评第七十五回时说："小人不识时势，坏了多少事体。"请你结合本回或之前所读内容总结一下哪些"小人"做了什么，坏了哪些大事，又是谁来补救的。 3. 宋江以十面埋伏之法而将童贯玩弄于股掌之上，最后却放走了童贯。请针对这一情节，谈谈你对宋江新的认识。 4. 《水浒传》行文中常常穿插诗词，请你也试着写三首诗或词，讲述"宋江三败高太尉"这段故事。 5. 金圣叹在点评第八十一回时说道："谈大事，必须一等极伶俐人，又须一等有主意人。"请根据该回内容，谈谈你对这句话的理解。	1. 对比分析人物。 2. 分析次要人物的关键作用。 3. 补充对人物的认识。 4. 重构故事内容。 5. 理解章回内容。
第八十三章 至 第九十章	1. 在大战玉田县时，卢俊义与燕青都表现出了其应敌过程中的高超技能与英勇绝伦，请你结合书中的故事情节对二人进行分析。 2. 宋江去见罗真人，与其谈话之时问道："我师，莫非宋江此身不得善终？"罗真人有这样一段回答堪称千载名言："非也。将军亡必正寝，尸必归家。只是所生命薄，为人好处多磨，忧中少乐。得意浓时便当退步，勿以久恋富贵。"请你结合生活谈谈你对这段话的理解。 3. 宋江为何深信罗真人？请你以李逵的口吻介绍此人。要求：请在介绍中通过李逵对罗真人称呼和行为的变化，表现出李逵对罗真人的认知过程。 4. 金圣叹在点评《水浒传》时说过："自来有心于世者，往往隐遁山林。"在水浒故事中，谁是隐遁山林的有心者？你是否认同他的决定？请你再列举几位你了解的隐遁山林者或与此有关的诗文。	1. 对比分析相似人物。 2. 联系生活谈感受。 3. 分析前后章节人物照应。 4. 判断人物行为的合理性。

续表

阅读范围	阅读任务	重点能力指向
第九十一章 至 第一百章	1. 《水浒传》中有很多"智取"章节，请你就"宋江智取润州城"和"宋江智取宁海军"两章，浅析其"智"之处。（请在备选角度中任选两个：计划之智、组织之智、用人之智、应变之智、语言之智） 2. 《水浒传》最后数回悲凉哀婉、凄切惨淡，其最后结章之诗如此写道："莫把行藏怨老天，韩彭当日亦堪怜。一心征腊摧锋日，百战擒辽破敌年。然曜罡星今已矣，谗臣贼相尚依然！早知鸩毒埋黄壤，学取鸱夷泛钓船。生当庙食死封侯，男子平生志已酬。铁马夜嘶山月暗，玄猿秋啸暮云稠。不须出处求真迹，却喜忠良作话头。千古蓼洼埋玉地，落花啼鸟总关愁。"请你联系小说内容，将这段文字扩写成一段现代文，作为对水浒英雄的祭奠。 3. 有学者认为，水浒英雄的悲剧结局是宋江经各种思想杂糅之后所承载的矛盾之必然结果。你是否认同这个观点？请你为宋江写一段辩白陈词或控诉书。 4. 《水浒传》可谓是"英雄传奇小说"的鼻祖，阅读完整部小说后，请你为"英雄传奇小说"下一个定义。	1. 对比分析相关情节。 2. 把握小说情感。 3. 深入分析文章主旨。 4. 总括小说内容。

◆ **重点突破 1**

授 之 以 渔

——以《智取生辰纲》为例谈章节阅读指导

教学目标

1. 运用思维导图梳理章节内容，初步把握情节结构、人物特点、环境作用。

2. 在助读资料的帮助下，深入分析章节写法的妙处及在全书中的作用。

3. 逐步建构章节勾连阅读和互文阅读的策略。

设计意图

《杨志押送金银担，吴用智取生辰纲》是《水浒传》第十五回的内容，教师可以在学生阅读完相关章节内容后予以指导。这一章作为章节阅读指导有以下几个原因：第一，生辰纲被劫是杨志人生的转折点，是他落草的导火索。第二，智取生辰纲是水浒英雄从单打独斗到集体反抗的首次"亮相"。第三，本章节充分展现了环境渲染、情节推进、细节描写对人物的塑造作用。本教学设计旨在帮助学生初步掌握章节阅读方法，更好地阅读之后的章节。

教学流程

活动一：设计思维导图

要求：围绕章节中的一个词，呈现"智取生辰纲"的过程。在思维导图中最好能够包含小说"三要素"。

预设：

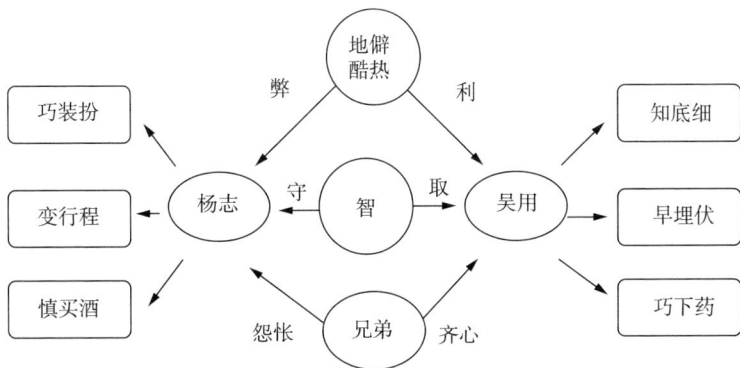

活动说明：思维导图不仅能够梳理章节内容，更能让学生对故事内容有比较全面的把握。在这张图中有对人物的解读：具体情节体现出杨志的"智"。有环境描写的作用：黄泥冈的偏僻地势和酷暑天气都是生辰纲被劫取的必要因素。有次要人物对情节的推动作用：杨志的"队友"和吴用的"兄弟"是事件发展的关键。（教师可以联系章节阅读学程中"老都管对杨志的称谓变化"一题指导学生。）有情节照应：巧装扮—知底细，变行程—早埋伏，慎买酒—巧下药。（此外，杨志一路的担忧和吴用等人的用计形成心理照应，卒章说破智取方法又是悬念照应。）

活动二：扭转乾坤

情境：如果你是杨志，时光倒流，又回到了黄泥冈，你要怎样改变历史，改变自己的命运？请你拟订一个"智护生辰纲"的计划书。

结论：杨志成功护送生辰纲是小概率事件，吴用等人占尽天时地利人和。

活动三：勾连阅读

由"生辰纲"事件又引出了哪些故事？请阅读第十七至二十一回，完成下面的几个表格。

由"生辰纲"引发的种种血案

血案一：夺取二龙山	
参加者（绰号+人名）	
被害者	
案件起因	
案件经过	
案件结果	

血案二：血染石碣村	
主谋（绰号+人名）	
参加者（绰号+人名）	
案件经过	
被害者（被害方式）	
案件结果	

血案三：火并王伦	
主谋（绰号+人名）	
参加者（绰号+人名）	
案件经过	
被害者（被害方式）	
案件结果	

血案四：怒杀阎婆惜	
主谋（绰号+人名）	
参加者（绰号+人名）	
案件经过	
被害者（被害方式）	
案件结果	

活动四：互文阅读

郑振铎称《宣和遗事》是"最初的《水浒》雏形"，请对比节选段落与

《水浒传》第十六回，谈谈"成形"后的水浒故事有哪些妙处。

分析角度	《水浒传》第十五回	《宣和遗事》（节选）
角色安排		
情节设置		
叙事技巧		
细节描写		
自选角度		

宣和遗事（节选）

是年，正是宣和二年五月，有北京留守梁师宝将十万贯金珠、珍宝、奇巧匹段，差县尉马安国一行人，担奔至京师，赶六月初一日为蔡太师上寿。其马县尉一行人，行到五花营堤上田地里，见路傍垂杨掩映，修竹萧森，未免在彼歇凉片时。撞着八个大汉，担着一对酒桶，也来堤上歇凉靠歇了。马县尉问那汉："你酒是卖的？"那汉道："我酒味清香滑辣，最能解暑荐凉。官人试置些饮。"马县尉口内饥渴瘦困，买了两瓶，令一行人都吃些个。未吃酒时，万事俱休；才吃酒时，便觉眼花头晕，看见天在下，地在上，都麻倒了，不知人事。笼内金珠、宝贝、匹段等物，尽被那八个大汉劫去了，只把一对酒桶撇下了。直至中夜，马县尉等醒来，不见了那担仗，只见酒桶撇在那一壁厢。未免令随行人挑着酒桶，奔过南洛县，见了知县尹大谅，告说上件事因。尹知县令司吏辨认酒桶是谁人家动使，便可寻觅贼踪。把酒桶下验，见上面有"酒海花家"，四字分晓。当有缉事人王平，到五花营前村，见酒旗上写着"酒海花家"四字。王平直入酒店，将那姓花名约的拿了，付吏张大年勘问因由。花约依实供吐到："三日前日午时分，有八个大汉，来我家里吃酒；道是往岳庙烧香，问我借一对酒桶，就买些个酒去烧香。"张大年问："那八个大汉，你认得姓名么？"花约道："为头的是郓城县石碣村住，姓晁名盖，人号唤他做'铁天王'；带领得吴加亮、刘唐、秦明、阮进、阮通、阮小七、燕青等。"张大年令花约供指了文字，将召保知在，行着文字下郓城县根捉。有那押司宋江接了文字看了，星夜走去石碣村，报与晁盖几个，暮夜逃走去也。宋江天晓却将文字呈押差董平，引手三十人，至石碣村根捕。不知那董平还捉得晁盖一行人么。真个是：网罗未设禽先遁，机阱才张虎已藏。

那晁盖一行人，星夜走了，不知去向。董平只得将晁家庄围了，突入庄中，把晁盖的父亲晁太公缚了，管押解官。行至中途，遇着一个大汉，身材迭料，遍体雕青，手内使柄泼镶铁大刀，自称"铁天王"，把晁太公抢去。董平领取弓手回县，离不得遭断吃棒。

且说那晁盖八个，劫了蔡太师生日礼物，不是寻常小可公事，不免邀约杨志等十二人，共有二十个，结为兄弟，前往太行山梁山泊去落草为寇。

预设：角色改变，使"生辰纲"事件成为杨志人生的转折点；情节优化，由"八大汉"到"七星聚义"凸显的是由个人英雄主义到集体反抗的转化；叙事高超，原本平铺直叙的故事因加入伏笔、蓄势、渲染变得扣人心弦，引人入胜；细节加入，一路行进所见、所感、所遇都通过细节描写让读者如身临其境般享受阅读。

活动五：阅读期待

《水浒传》的另一故事被金圣叹称为"吴学究二劫生辰纲"——有吴用好计谋相佐，有变装真英雄相助。相信你读到那一章节时会觉得它似曾相识，到底是什么故事呢？让我们一同期待。

◆ 重点突破 2

设计新版"水浒叶子"
——展现水浒个人英雄传奇

教学目标

1. 选定自己感兴趣的水浒人物，依据小说内容，用传统的线条画法勾勒人物形象，体现人物基本面貌。

2. 试为人物拟定新绰号，并结合"石碣天书"或小说内容，判定人物"价值"。

3. 为人物"叶子"写一段"雅令"，展现自己对人物的解读。

设计意图

水浒"叶子"是水浒英雄的小群像，这个教学设计可以放在"梁山泊英雄排座次"之后，到此章节为止，所有梁山好汉皆已登场，之后的篇章主要是群英共同抗战，个人形象不如前七十回鲜明。学生可根据他们的侠义行为等选定人物、判定人物。

教学流程

筹备热身：通过问卷了解学生感兴趣的水浒人物，依据兴趣不同，将学生分成五个小组，每个小组负责 8 位水浒人物。

活动一：欣赏"水浒叶子"

1. 分析陈洪绶的"水浒叶子"构成要素。

请在老师所发的复印版"水浒叶子"上标注其组成部分。

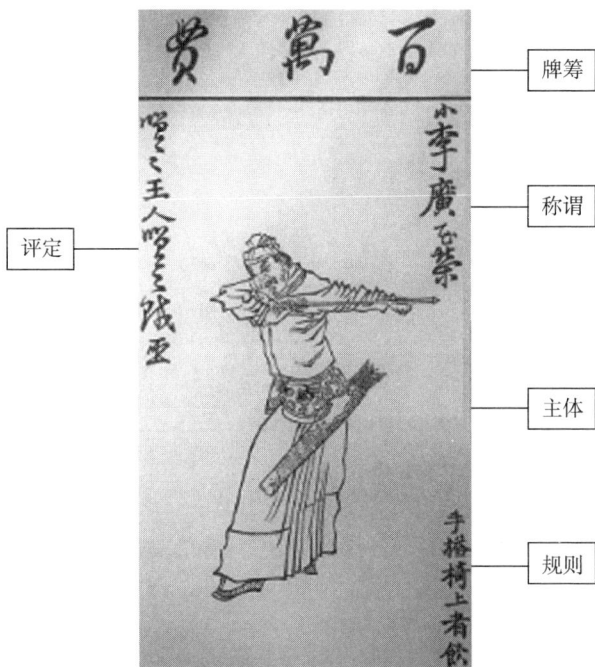

①主体：人物——利用简洁的线条，展现人物面貌。

②牌筹：钱数——对人物价值的判定。（补充阅读：程民生《宋钱的币值》）

③称谓：绰号+姓名。

④评定：简短的文字，是作者的人物品读。

⑤规则：宴饮中轮换饮酒的依据。

2. 猜测："叶子"的用途

明确："叶子"又称"叶子牌"、"叶子戏"，是古人行酒令时使用的一种类似于纸牌的卡片。"水浒叶子"源于陈洪绶，画者选取水浒中 40 位人物作为画面的主体，运用文中原有的排位座次及人物特点，赋予相应的钱数作为分值，透露出作者对水浒人物的好恶。"叶子"在游戏中与酒令文字巧妙搭配，为雅宴增添更多乐趣。

3. 讨论：可以在新版"叶子"中添加什么内容？

预设：丰富"水浒叶子"背面内容，如添加行酒"雅令"等。

活动二：制作"水浒叶子"

指导 1：人物全身像应是书中描述的速写或拼图（请在书中钩画），要能体现人物特点。(参考：水浒人物群雕)

指导 2：拟定人物新绰号。

水浒好汉的绰号雅俗共赏，这些绰号从某一方面体现了人物特点，很多时候，绰号比原本的姓名还要深入人心。

拟定新的绰号时，可以变换一个角度，展现人物其他特点。

主要绰号类型

外形特点："美髯公"朱仝、"青面兽"杨志

身手特长："神行太保"戴宗、"圣手书生"萧让

使用兵器："大刀"关胜、"双鞭"呼延灼

身份职业："花和尚"鲁智深、"神医"安道全

借用名人："小李广"花荣、"小温侯"吕方

神话传说："活阎罗"阮小七、"飞天大圣"李衮

威猛动物："豹子头"林冲、"出洞蛟"童威

指导3：多角度评价人物。

参考角度

品行赞言：宋江——刀笔小吏，尔乃好汉。

过人本领：戴宗——南走越，北走胡。

主要事迹：武松——伸大义，斩嫂头，啾啾鬼哭鸳鸯楼。

人生轨迹：张顺——生浔阳，死钱塘。

深情规劝：燕青——子何不去，惜主不虑。

大胆预测：施恩——武松不死，彼燕太子。

贬低斥责：孙二娘——杀人为市，天下趋之以为利。

指导4：雅令创作。

参考：《红楼梦》中，宝玉曾让酒宴众人写一含有"悲"、"愁"、"喜"、"乐"的酒令，且句句都要以"女儿"为题。宝玉首发新令道："女儿悲，青春已大守空闺。女儿愁，悔教夫婿觅封侯。女儿喜，对镜晨妆颜色美。女儿乐，秋千架上春衫薄。"请你试写英雄的"悲"、"愁"、"喜"、"乐"（用词、顺序、押韵等可根据需要调换）。

活动三：分享推广"水浒叶子"

我们在创作新版"水浒叶子"的过程中，感受到了叶子牌这一古老文化的艺术魅力，它几经兴衰更迭，虽在我国部分地域仍有流传，却日渐式微。请同学们将自己所设计的"水浒叶子"连同陈洪绶的老版"水浒叶子"用微信推送的方式介绍给更多的人。

◆ **重点突破 4**

"说忠解义"辩论赛

——解读《水浒传》的忠义主题

教学目标

1. 查阅相关文献资料，形成自己对问题的见解。

2. 通过辩论，全面理解"忠义"二字在水浒故事中的地位。

设计意图

本教学设计应在学生通读《水浒传》之后进行。有些学生读完整本小说后，完全意识不到"忠义"的存在；有些学生思考小说的主旨时，对所谓的"忠义"感到怀疑。辩论赛的形式目的在于引导学生在思想的碰撞中，加深对小说主旨的理解。

教学流程

活动一：公布辩题

辩论题目：隐去书名中的"忠义"二字是否得当。

活动二：学生自由结组，确定正反双方和辩手

活动三：课堂辩论赛

1. 宣布辩题和相关规则。

2. 介绍双方辩手和出席评委。

3. 辩论开始。

流程	内 容	时 间
1	正方一辩发言	3分钟
2	反方一辩发言	3分钟
3	正方二辩选择反方二辩或三辩进行一对一攻辩	1分30秒
4	反方二辩选择正方二辩或三辩进行一对一攻辩	1分30秒
5	正方三辩选择反方二辩或三辩进行一对一攻辩	1分30秒
6	反方三辩选择正方二辩或三辩进行一对一攻辩	1分30秒

续表

流程	内　　容	时　　间
7	正方一辩进行攻辩总结	1 分 30 秒
8	反方一辩进行攻辩总结	1 分 30 秒
9	自由辩论（正方先开始）	10 分钟（双方各 5 分钟）
10	反方四辩总结陈词	3 分钟
11	正方四辩总结陈词	3 分钟

4. 观众发言或提问。

5. 评委点评并宣布结果。

相关指导

（一）思考角度

1. "忠义"的本义及出处。

2. 文本语言潜藏的作者关于"忠义"的思考。

参考语段：

文段摘抄	章节出处
史进道："……也要那里讨个出身，求半世快乐。""如何肯把父母遗体来点污了。你劝我落草，再也休题。"	第三回
当时林冲扳将过来，却认得是本管高衙内，先自手软了。	第七回
"兄弟，俺自从和你买刀那日相别之后，洒家忧得你苦。自从你受官司，俺又无处去救你……放你不下，恐这厮们路上害你，俺特地跟将来。"	第九回
仗义是林冲，为人最朴忠。江湖驰闻望，慷慨聚英雄。身世悲浮梗，功名类转蓬。他年若得志，威镇泰山东！	第十一回
"他说有北京大名府梁中书，收买十万贯金珠宝贝，送上东京与他丈人蔡太师庆生辰，早晚从这里经过。此等不义之财，取之何碍！"	第十四回
"休说太师府着落，便是观察自赍公文来要，敢不捕送。"……肚里寻思道："晁盖是我心腹弟兄。他如今犯了弥天之罪，我不救他时，捕获将去，性命便休了。"	第十八回
"打鱼一世蓼儿洼，不种青苗不种麻。酷吏赃官都杀尽，忠心报答赵官家。"	第十九回
原来故宋时为官容易，做吏最难。为甚的为官容易？皆因只是那时朝廷奸臣当道，谗佞专权，非亲不用，非财不取。为甚做吏最难？那时做押司的，但犯罪责，轻则刺配远恶军州，重则抄扎家产，结果了残生性命。	第二十二回

文段摘抄	章节出处
"武松平生只要打天下硬汉,这两个公人于我分上只是小心……不可害了他性命。"	第二十八回
"楼下搠死夫人一口,在外搠死玉兰并奶娘二口,儿女三口。共计杀死男女一十五名,掳掠去金银酒器六件。"	第三十一回
"小弟舍着弃了这道官诰,和那厮理会。"	第三十三回
"因此父亲明明训教宋江,小可不争随顺了哥哥,便是上逆天理,下违父教,做了不忠不孝的人在世,虽生何益?"	第三十六回
心在山东身在吴,飘蓬江海谩嗟吁。他时若遂凌云志,敢笑黄巢不丈夫。	第三十九回
李逵跳将起来便叫道:"都去,都去!但有不去的,吃我一鸟斧,砍做两截便罢!"宋江道:"你这般粗卤说话!全在各弟兄们心肯意肯,方可同去。"	第四十一回
哥哥权且息怒,小可不才,亲领一支军马,启请几位贤弟们下山去打祝家庄。若不洗荡得那个村坊,誓不还山!	第四十七回
宋江主张,一丈青与王矮虎作配,结为夫妇。众头领都称赞宋公明仁德之士。金圣叹点评本:一丈青见宋江义气深重,推却不得,两口儿只得拜谢了。晁盖等众人皆喜,都称颂宋公明真乃有德有义之士。	第五十回
(吴用、雷横)望着朱仝便拜,说道:"兄长,望乞恕罪!皆是宋公明哥哥的将令分付如此……"朱仝道:"是则是你们弟兄好情意,只是忒毒些个!"	第五十一回
宋江已知杀了高廉,收军进高唐州城内,先传下将令:"休得伤害百姓。"一面出榜安民,秋毫无犯。 宋江……却把高廉一家老小良贱三四十口,处斩于市。	第五十四回
"晁、宋二头领,替天行道,招纳豪杰,专等招安,与国家出力。"	第五十五回
"小可宋江怎敢背负朝廷?盖为官吏污滥,威逼得紧,误犯大罪;因此权借水泊里随时避难,只待朝廷赦罪招安。"	第五十八回
"聚义厅今改为忠义堂。"	第六十回
"近年泊内是宋江一伙强人在那里打家劫舍,官兵捕盗……梁山泊歹人,假装做阴阳人来煽惑主人。" "虽然我是泼皮身,杀贼原来不杀人。" "义到尽头原是命,反躬逃难必无忧。"	第六十一回
金圣叹点评本: "虽然山寨窄小,不堪歇马,员外可看'忠义'二字之面……"卢俊义道:"咄,头领差矣!卢某一身无罪,薄有家私。生为大宋人,死为大宋鬼。若不提起'忠义'两字,今日还胡乱饮此一杯……"	第六十一回
宋江才得病好,便与吴用商量,要打北京,救取卢员外、石秀,以表忠义之心。	第六十五回

文段摘抄	章节出处
宋江听了，大怒道："前者夺我马匹，今又如此无礼！晁天王的冤仇未曾报得，旦夕不乐。若不去报此仇，惹人耻笑！"吴用道："即日春暖，正好厮杀。" 金圣叹点评本："即日春暖无事，正好厮杀取乐。"	第六十八回
六六雁行连八九，只等金鸡消息。义胆包天，忠肝盖地，四海无人识。离愁万种，醉乡一夜白头。	第七十二回
宋江道："二位将军切勿相疑，宋江等并无异心，只被滥官污吏逼得如此。若蒙朝廷赦罪招安，情愿与国家出力。"	第七十九回
花荣大叫："既不赦我哥哥，我等投降则甚?"	第八十回
忠心者少，义气者稀。幽燕功毕，明月虚辉。始逢冬暮，鸿雁分飞。吴头楚尾，官禄同归。	第八十五回
宋江慌速，只怕救不得李逵，拔寨便起，带了兀颜小将军，直抵前军。	第八十八回
"此禽仁、义、礼、智、信五常俱备：空中遥见死雁，尽有哀鸣之意，失伴孤雁，并无侵犯，此为仁也；一失雌雄，死而不配，此为义也……正如我等弟兄一般。你却射了那数只，比俺弟兄中失了几个，众人心内如何?"	第九十回
"只是方腊未曾剿得，宋公明恩义难抛，行此一步未得。今日便随贤弟去了，全不见平生相聚的义气。"	第九十四回
"我为人一世，只主张忠义二字，不肯半点欺心。今日朝廷赐死无辜，宁可朝廷负我，我忠心不负朝廷。"	第一百回

3. 书中所展现的"忠义"是否符合传统思想。

4. 人物塑造是否侧重于"忠义"二字（以宋江为主）。

5. 主要情节是否为了体现"忠义"而设置。

6. "忠义"二字的历史影响和社会意义。

7. 专家争论中的意见。

（二）推荐文献

1. 傅承洲：《水浒》忠义思想的纵向考察，《湖北民族学院学报》，2006年第5期。

2. 宋铮：《水浒传》忠义伦理的悲剧精神，《东南大学学报》，2013年第1期。

3. 陈玉蓉：《水浒传》的忠义思想与招安悲剧结局，《惠州大学学报》，1997年第2期。

4. 冯汝常：强盗抑或忠义：一个无解的悖论——关于《水浒传》主题之争，《北方论丛》，2013 年第 6 期。

5. 田兴国：水浒忠义观斟议，《水浒争鸣》，2009 年 10 月刊。

6. 刘德禄：《水浒》研究中的一场大辩论——关于如何看待《水浒》研究中的"双两说"问题，《水浒争鸣》，2001 年 2 月刊。

7. 孙景鹏：《水浒传》"忠义观"之辨，《内江师范学院学报》，2016 第 3 期。

8. 曹亦冰：从《三国演义》《水浒传》两书之魂——忠义思想看罗贯中着意塑造的英雄人物，《现代语文》，2011 年第 5 期。

9. 杨军：教材教学研究——从"逼上梁山"看《水浒传》忠义思想，《新课程（中学）》，2010 年第 8 期。

10. 余诗隽：忠义难两全 水火不相容——试论《水浒传》中宋江忠义性格的矛盾，《培训与研究》，2004 年第 6 期。

◆ **内容统整**

趣 味 水 浒

设计意图

整个学程设计，学生都是在教师的要求和指导下完成任务，他们自身的特长和在阅读水浒故事过程中的兴奋点没有输出渠道。这个活动旨在发挥学生的创造力，尊重学生的阅读收获。

活动说明

"一千个读者就有一千个哈姆雷特"，同样，一千个读者也会读出一千个水浒故事。请用你最擅长的方式，将你所读到的故事、人物、主题等展示给大家。

方式推荐

如果你喜欢涂鸦，不妨试试用最流行的"火柴人"讲述一个英雄的一生。

如果你喜欢唱歌，何不将你最喜欢的那段旋律配以水浒故事，超越《好汉歌》。

如果你喜欢填字游戏，敢不敢挑战回文诗、宝塔诗、藏头诗……说说你理解的水泊梁山。

如果你喜欢电脑游戏，能不能设计一款老少咸宜的"水浒传奇"？

如果……

教学现场

我为林冲立传

——《水浒传》班级读书阶段成果分享展示

北京市朝阳外国语学校　程现亮

教学背景

本课是《水浒传》阅读、学习过程中的重点突破 3，课型属于学生阅读阶段成果展示课。

《水浒传》吸取了司马迁《史记》传记书写笔法，别出新意地采用了先分后合的链式结构：前半部分为梁山好汉单独立传，后半部分各路好汉融合到整个梁山泊发展过程中。这种结构决定了单个英雄人物的相关事件散落到各个章节中。在此背景下，学生对人物的把握是比较零碎、缺乏整合的。所以，引导学生整体把握英雄人物就需要整合与之相关的各个章节，"为英雄人物立传"成为一种比较科学的整合方式。

学生按照传记体例以及写作要点，以《水浒传》（前七十回）为"事实"依据，为林冲撰写人物传记。课堂教学采用学生展示为主、教师点评为辅的方法，旨在通过学生之间交流碰撞、教师的引导点拨，形成对林冲这个人物较为完整的理解。

教学目标

1. 通过文本细读，整合《水浒传》相关内容，填写林冲基本信息表。

2. 通过对《林冲传》章节目录的编写，梳理林冲主要事件和人生章节。

3. 通过小组对目录中详写章节的具体分析，思考林冲的性格特点、发展变化，及《水浒传》全书的主旨。

4. 通过撰写《林冲传》赞语，整理对林冲的分析和评价。

教学过程

（一）课堂导入

师：同学们，大家好！咱们按照阅读学程读完了《水浒传》，并且用"水浒叶子"的方式解读了梁山英雄群像。今天的课，我们将要聚焦一位好汉。通过阅读，不难发现，《水浒传》最大的特点就是仿照人物传记的写法来写人物，所以我们也用写传记的形式来研究其中的人物——为水浒人物立传。第一个人物就是大家呼声比较高的林冲，林教头。上一周我们分小组完成了各组编写的筹备工作，今天这节课我们就围绕教学工作纸上的任务展开讨论和分享。

（二）简要展示林冲基本信息表

师：第一个任务是用类似查户口的形式填写林冲基本信息表，我们在这里只展示一下比较有特点的一组。其他组的我把它们粘贴到前面的黑板上，有兴趣的同学课后可以来参观。

我们直接进入第二个任务——拟定《林冲传》的章节目录。

（三）展示并讨论《林冲传》章节目录

师：首先我简要说一下顺序和要求。1. 各组依次分享目录，三组为一个单元点评讨论；2. 每组结束了要判断采用的是什么体例。三组分析完后，为三组分别点赞。要求说出不同体例的优点，发现每组内容上的亮点，发现这个组独有的东西。

（六个小组依次展示各自的设计方案，比较有特色的为一、二、四、六组）

一组目录：以人物关系为线索

第一章	情深义重——林冲与鲁智深
第二章	仗义之交——林冲与梁山泊兄弟
第三章	深仇大恨——林冲与八方仇人
第四章	人生转折——林冲的爱情

二组目录：以身份的转化为线索

第一章	林教头——始
第二章	无罪的犯人
第三章	充军生涯——从教头到兵
第四章	走投无路的报复者
第五章	受欺的贼寇
第六章	南征北战的将军——终
后 记	赞

四组目录：以事件为线索

第一章	误入白虎堂
第二章	野猪林被救
第三章	棒打洪教头
第四章	风雪山神庙·雪夜上梁山
第五章	火并王伦
第六章	一生终了

六组目录：以时间为线索

卷一　光辉岁月	
第一章	不打不相识
第二章	好友花和尚
第三章	内人遭戏弄
第四章	无奈阻拦好友抱不平
卷二　忍气吞声	
第五章	带刀入白虎堂
第六章	审讯、刺配、流放
卷三　血性爆发	
第七章	饱受折磨
第八章	险遭暗算
第九章	好友相救
第十章	结交小旋风
第十一章	风雪山神庙
第十二章	雪夜上梁山

卷四　义尊晁盖	
第十三章	梁山落草
第十四章	结识晁盖
第十五章	火并王伦
第十六章	十一位好汉排座次
卷五　南征北战	
第十七章	替天行道
第十八章	三打祝家庄
第十九章	大战呼延灼
第二十章	曾头市救晁盖
第二十一章	攻打大名府
第二十二章	收服关胜
第二十三章	大名府救卢俊义
第二十四章	东昌府收张清
第二十五章	天雄星豹子头林冲

师：我们总结一下这四种传记的体例，以时间为线索的编写体例，可以使读者更清楚地把握传主一生的主要经历。以主要事件为线索，用主要事件贯穿传主的所有事件，通过这种体例我们可以更加清楚地抓住传主的人生关键点，也就是我们常说的重要人生章节。这两种都是最为常见的传记编写体例。第三种以传主社会关系为线索，关注的角度是传主的重要他人，这样编写不仅可以再现传主的周围环境，而且可以凭借个体窥见当时社会的全貌。第四种以身份变化为线索的编写体例，适合人生经历比较坎坷，起伏比较大的人物，林冲就是这一类。不同的编写体例没有高下优劣之分，只是关注的角度不一样，我们可以根据自己的阅读关注点选择使用。

（四）我计划把_____（章节）写得浓墨重彩

师：大家撰写的章节目录非常全面，真正开始动笔撰写《林冲传》的时候，我们要思考的首要问题就是把哪一章写得浓墨重彩，也就是详写哪一章。我们听听各组的想法，因为时间关系，我们展示两个组，第一组和第六组。我们先请第一组和第六组同学分享一下他们计划详写的章节。提醒大家，第一组的编写体例是以人物关系为线索的，第六组是以时间为线索的。

第一组：我们计划把第三章《深仇大根林冲与八方仇人》写得浓墨重彩。

原因如下：

1. 林冲性格的变化。

梁山泊的好汉上梁山，无一不是被逼的，林冲也正是如此。一步步逼他上梁山落草的，正是他的一个个仇人。他的仇人就是促使他从忍耐到反抗的关键。从咬牙忍受高衙内对林娘子的调戏，到忍气吞声刺配沧州，再到风雪山神庙的爆发，杀了那三个暗算自己的人，是那些想陷害他的人激怒了他，让他成了一个懂得反抗的、刚毅的人。太多的磨难能让一个人消沉，也能让一个人成熟。对于一个在逆境中苦苦忍受却换不来自己想要的生活的人，终究有一天会发出惊天动地的吼声。社会的黑暗势力逼迫了林冲，导致他从刚开始的忍辱求全到后来不断展现出坚强、刚毅的一面，这构成了林冲性格发展变化的过程。

2. 全书主旨。

《水浒传》这本书的主旨就是揭示农民起义的社会根源——"官逼民反"、"乱自上作"，林冲被一个个仇人逼上梁山也是主旨的一个体现。林冲本来是北宋京城 80 万禁军的枪棒教头，有一定的社会地位，过着比较富裕安定的生活，这就决定了他的妥协性和软弱性，满足现状，缺少反抗精神。像林冲这样的人尚无法维持安定生活，不能保障生命安全，那么，广大劳动人民生活之痛苦不是可想而知了吗？由此可以看出当时社会的黑暗，朝政的腐败。

第六组：我们计划把第十一章《风雪山神庙》写得浓墨重彩。

理由：风雪山神庙这一事件是林冲人生的转折点。

1. 林冲性格分析。

(林冲) 仰面看那草屋时，四下里崩坏了，又被朔风吹撼，摇振得动。

林冲道："这屋如何过得一冬？待雪晴了，去城中唤个泥水匠来修理。"……

取毡笠子戴上，拿了钥匙，出来把草厅门拽上。出到大门首，把两扇草场门反拽上，锁了。……

恐怕火盆内有火炭延烧起来，搬开破壁子，探半身入去摸时，火盆内火种都被雪水浸灭了。……

其中，"待雪晴了，去城中唤个泥水匠来修理"，说明林冲打算在此长住，不打算凑合。林冲出门，"拿了钥匙"、"把草厅门拽上"、"把两扇草场门反拽上，锁了"这些动作体现了林冲细心谨慎的性格特点。"搬开破壁子，探半身入去摸时，火盆内火种都被雪水浸灭了"，同样体现了林冲细心谨慎、忠于职守的特点。

林冲去打酒，路过古庙，祈求神明保佑他，可是他什么都失去了，美丽的妻子，幸福的家……他只好祈求神明保佑他平安，保佑他平安过这种稳定的囚徒生活。他心里虽然记恨高俅，但他容易满足现状。林冲没什么野心，尽管他武艺高强，尽管他的心里十分记恨高俅，但是他绝不会反抗现存的社会等级制度。

2. 林冲的血性从哪里来？

高俅的步步紧逼，从白虎堂到充军途中，最后到达了山神庙。其实我觉得不仅是高俅的"杀"将林冲逼上梁山，陆谦的背叛也占很大的分量。即使知道高俅要置自己于死地，那么一次两次又有什么区别呢？林冲始终是相信世间有真理，世间有情，可陆谦的背叛令他接受不了，而他把这归罪于高俅，由此也可以知道林冲将友情看得很重，一个有情有义的汉子就这样被逼上了梁山，逼得他的枪染上了血，逼得他只有"杀"才有活路。

总之，林冲是《水浒传》中最压抑的一条好汉，从一个安分守己、朴忠的教头被高俅逼成一个血性、刚烈的好汉。

师：第一组和第六组分享完了，我注意到大部分小组都把重点聚焦到《风雪山神庙》这个关键事件上，但是大家分析的侧重点不一样，集中在突出性格、促进性格变化、人生重要转折点、身份重要转折点、小说主旨表现这几个方面。在大家的分析中，都关注了林冲的性格表现和变化，而且都结合文本进行了非常细致的分析，这一点是大家第一遍读《水浒传》时没有做到的，为大家点赞！

（五）我为林冲写"赞"

师：我们经常说没有绝对客观的历史，书写传记也是如此，在传记的最后我们要书写有自己特色的"赞"，来梳理你对林冲的评价，表达你对林冲的情感。

（各组分享展示了各自的"赞"）

下面选取各组典型的"赞"，列举如下。

1. 金圣叹赞曰："算得到，熬得住，把得牢，做得彻，都使人怕。"禁军教头配沧州，无怨言，心忍耐；风雪神庙斩叛徒，细观察，果断了；雪夜梁山投王伦，识玄机，登交椅。林冲一生，起起伏伏，安稳家业终是家破人亡，屡遭陷害被迫落草为寇，心意已决撑起梁山，为民除害兢兢业业，风寒而终，忠武千古。

2. 林冲诗曰：仗义是林冲，为人最朴忠。由忍至抗千百折，受尽苦难无怨言。陷害刺配沧州道，无怨反被小人害。反抗风雪山神庙，以牙还牙来解心头恨！委曲求全，仗义疏财，光明磊落，救弱济贫，替天行道，为民除害。可谓"江湖驰闻望，慷慨聚英雄"，真乃一世英雄！

3. 诗曰：仗义是林冲，为人最朴忠。江湖驰闻望，慷慨聚英雄。身世悲浮梗，功名类转蓬。他年若得志，威镇泰山东！

忍辱负重，敢作敢当，武艺超群，理性智慧，不迁怒于人也。比起赳莽夫，其属不同，引文以证："一把折叠西川扇子"——翩翩儒生，饱读诗书，才华横溢，闲散优游，乃八十万禁军教头林冲也。

林冲其理想，平常却不可现也。一而忍为大局着想，再而让为性命保全。只恐忍让之态亦换不得恶人之醒，小人之悔矣！林冲其信念，不断则必有恶人加害之。只因风雪山神庙，悲愤至极，无望，终得显其血性，大快人心也！

冲之忍，自其对生活之望；冲之怒，自其对人性之尊。林冲，可谓隐忍与无奈间的可悲可叹者矣！

英雄本色也！

4. 歌词《栌马长枪挑天下》

　　　　人生漫，欲将家国捍，一展武功在军台

　　　　梦本幻，盼忠义两全，奈何山高与阻险

　　　　大孝先，情何堪，只愿相倚玉阑干，无奈红尘理还乱

　　　　青春誓扬名立万，丈夫处世多艰难

　　　　白虎堂前穷途现，野猪林里落梁山

　　　　荆山玉陨魂梦晚，天光云际黄昏断

　　　　纵马沙场唱归唤，倚枪泪洒盼新天

　　　　武人愿，生死定相随，无论天宽与地远

　　　　墨客吟，因果必相依，无论福瑞与祸患

　　　　风雪萧萧山神庙，生死之交君莫忘，替天行道旌旗扬

　　　　擒敌无数功名长，一身精忠热血淌

　　　　坎坷人生不言悔，青史彪炳永流芳

　　　　荆山玉陨魂梦晚，天光云际黄昏断

　　　　纵马沙场唱归唤，倚枪泪洒盼新天

　　　　不思倦，刀抵断，为情愿粉身万段

　　　　人绝殇，君断肠，忠义不再有彷徨

　　　　擒敌无数功名长，一身精忠热血淌

　　　　坎坷人生不言悔，青史彪炳永流芳

　　　　荆山玉陨魂梦晚，天光云际黄昏断

　　　　纵马沙场唱归唤，倚枪泪洒盼新天

　　师：大家给林冲写的赞语不仅表达了你们对林冲的评价和情感，而且形式新颖。请各组课后完成对《林冲传》的撰写工作，我们就通过这一个个传记，把整个《水浒传》融会贯通在一起，收获新的认识和新的成长。

水浒导游：学科素养与导读艺术

北京教育学院教师教育人文学院　张学君

《水浒传》是一个文化现象。无论我们如何评价这个文本，都不能否认它在近代中国人的文化生活中所产生的重大影响。从某种意义上讲，它展现了同时也塑造了明清以来中国人的江湖人格。对于这样一个重要的文本进行整体观照，进行专题式的解读，对于当代中学生来说具有重要意义。

如果说《三国演义》是居庙堂之高，《水浒传》则是处江湖之远。因此，这两个文本体现出全然不同的风格：前者多史实而后者多虚构；前者更典雅而后者更世俗；前者近文言而后者近白话。从这个意义上讲，这个文本对当代读者具有天然的可亲性，我们从本书提供的这个案例也能感受到这一点。

然而，这并不意味着《水浒传》是一本"好读"的书，它远离了历史真实，却更贴近了生活真实，从而包含着更丰富的文化信息，这就对教师的个人素质提出了很高的要求。在整个学习过程中，教师就像一个优秀的导游，自己对水泊梁山的风景了然于心，然后带着学生一起去体验探索的趣味。于是，教师的学科素养与导读艺术就成为这次读书活动成败的关键。李丽娟老师在这两方面表现得相当好。看得出来，她对《水浒传》这篇小说是相当喜爱相当熟悉的，为此进行了深入的钻研。她不是孤立地看《水浒传》这部小说，而是把它当成一个文化现象来看待，于是本书的成书过程（与《宣和遗事》之间的渊源关系）、本书在社会上的影响（陈洪绶所画"水浒叶子"）以及专家学者对本书的研究（关于《水浒传》的忠义思想），都进入了李老师的导学视野。比如《水浒传》的忠义思想确实是本书一个重要的命题，历来有很多争议，李老师为此搜集了相关的专家研究文献，组织学生展开辩论，这就使本次导学有了独特深刻的现代视角的观照与反思。

李老师的导学技巧，主要体现在学程设计上，颇具匠心，有专业水平。

首先，阅读的第一步无疑是整体感知，由于这是一部长篇名著，如何在学生漫长的阅读感知中体现教师的存在，就显得相当重要。在"通读指导"部分，李老师将《水浒传》从整体上分为十部分，每一部分设置与情节相关的阅读任务，这就做到了学思结合。学生一边读，一边发现问题，一边解决问题，阅读变成了一个富有挑战性的解读过程。需要提醒的是，最好不要把阅读任务提前布置下去，而应在学生读完一部分之后再公布问题。否则带着问题读书，愉悦的文学阅读课就变成了功利的阅读解题课。

其次，不同的作品有不同的结构，从而形成不同的阅读技巧。李老师利用《水浒传》前七十回"纪传体"书写的特点，设置了为林冲立传的学习任务，既有助于学生把握全书的纲要，又促使他们对小说进行"反刍"，还可以增强概括总结能力。而学生的表现也相当出色，热情与才情让人感动叹服。以此为例，教师还可以分组安排撰写更多的传记，为一百零八人立传不可能也没必要，挑出十个人就够了。由于人物之间的互相交叉，这等于重构了《水浒传》的故事。

再次，阅读本来是一个让今人进入古人语境的过程，李老师却将它同时变成了让古人进入今人语境的过程。比如叫学生以所谓"《大宋晚报》记者"的身份，报道宋江等人如何让秦明落草为寇。再比如叫学生模仿前人设计制作"水浒叶子"，添加行酒雅令。这些活动设计很有创意，相当于让梁山好汉们向现代"穿越"，拉近了学生与古典名著的距离，可谓妙趣横生。

最后，对金圣叹评点的重视是这次导读活动的一个亮点。金圣叹评点《水浒传》有多方面的文化意义，它既是通俗文学引起传统文人重视的一个标志，又是中国小说理论的一个里程碑，同时还是评点批注式文本解读的一个范例。师生共同阅读金圣叹的批注，不仅可以加深对《水浒传》内容的理解，而且可以学会文本解读的一些基本方法。

提一点小建议。"重点突破1"的任务是"章节阅读指导"，那就必须体现出章节阅读的共性。一般说来，章节阅读放在语文教材中就是节选的课文，教师指导学生进行章节阅读的时候，一定要把重心放在章节内部。而《智取生辰纲》这个案例，章节外的功夫用得太多，反而忽视了章节本身的文本解读。另外，《智取生辰纲》的思维导图可以再优化些，要在体现两条线索的同时演进和互相交叉，目前的导图有点"背靠背"。

现代名篇

一座北方小镇的美丽、善良与愚昧

——《呼兰河传》书册阅读教学现场

北京市朝阳外国语学校　刘晓舟

书册名片

◆ 推荐版本

	作者：萧红
	图：侯国良
	出版社：中国青年出版社
	出版时间：2014 年 1 月第 1 版

◆ 内容梗概

　　《呼兰河传》是现代著名女作家萧红的小说代表作。小说不是为呼兰河作传，而是为生于斯长于斯的人们作传。粗读全书，似乎找不到贯穿全篇的主线或人物。细读全书会发现，小说的主角为"呼兰城中的人"，各章之间也以此联结成一体。

　　小说第一章介绍呼兰小城的自然条件和社会风貌。第二章介绍当地人们的风俗习惯，主要写呼兰河人的"精神盛举"，例如跳大神、唱秧歌、放河灯、野台子戏等。这两章从宏观上勾画出了呼兰城人们的特征：物质上穷困匮乏，精神上愚昧保守。第三章回忆了"我"的幼年生活，追忆了祖父和"我"的往事，以及祖父带给"我"的温暖和爱。第四至第七章，通过"我"童真的眼睛观察家里的邻居、小团圆媳妇、有二伯、冯歪嘴子等人的生活，写出了他们朴素的善良和愚昧冷漠等特点。

这篇小说用朴素率直、雄浑沉郁的笔触，描绘了辛亥革命之后至"五四运动"以前这一历史时期呼兰河的乡土人情、风俗习惯以及作者幼年时代对周围人们思想、生活的观察与感受，包含着巨大的文化含量与深刻的生命体验。

作者简介

萧红（1911—1942），原名张乃莹。中国现代女作家，"民国四大才女"之一，被誉为"20世纪30年代的文学洛神"。1911年6月，萧红出生于黑龙江省哈尔滨市呼兰区。1942年1月病逝于战火纷飞的香港，年仅31岁。

萧红出生在重男轻女的家庭中，幼年时期，父亲、母亲和祖母都没有给她温暖，只有祖父对她和善、给她关爱。萧红高小毕业后没有遵从父亲的要求回家，而是坚持到哈尔滨市东省特别区区立第一女子中学（现哈尔滨市萧红中学）上学，父亲不同意，经过抗争后萧红得以继续学习。这一时期，萧红用"悄吟"的笔名在校刊上发表过抒情诗。

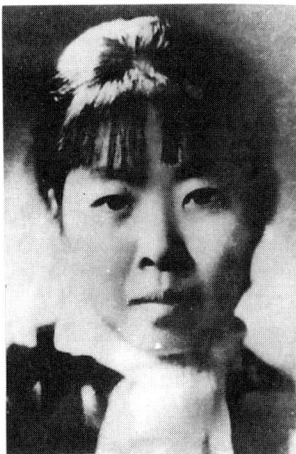

后来，因为反对家庭包办婚事，萧红几次出走，最终在1931年与父亲决裂，离开家庭，从此再没有回家。1933年，她以"悄吟"为笔名发表了第一篇小说《弃儿》，1934年完成了著名的中篇小说《生死场》。1935年12月，《生死场》以"奴隶丛书"的名义在上海容光书局出版，作者署名"萧红"，鲁迅为之作序，胡风为其写后记。《生死场》在文坛上引起巨大轰动和强烈反响，萧红因此一举成名。1940年，身处香港的萧红疾病缠身，在孤寂和悲愁中，完成了《呼兰河传》，这成为她后期的代表作。

萧红的一生都在追寻幸福，努力摆脱家庭带给她的痛苦记忆，但最终未能如愿。这些人生经历影响了萧红的创作：她的很多散文都记录了自己与家庭抗争，离家出走的经历，文笔细腻忧伤。流亡的岁月、孤独的生活使她越来越怀念自己生长的地方，她的许多小说作品也折射出纯真而又寂寞的童心世界，反映出她在温情与冷漠间回望乡土的生命状态。在短暂的创作生涯中，萧红形成了极具个性的艺术风格，为我们留下了不少经典作品，例如《生死场》《小城三月》《呼兰河传》等。

◆ 文学地位

《呼兰河传》问世之初，茅盾先生为之作序并给予赞赏，但小说并未得到评论界的好评。直到 20 世纪 80 年代，研究者开始重新审视这部小说，才发现了这部小说超越《生死场》的审美价值。《呼兰河传》突破了传统写法，具有鲜明的艺术个性，创造出一种介于小说、散文及诗之间的新型小说样式。茅盾先生在序言中写道：这部小说"没有贯串全书的线索，故事和人物都是零零碎碎，都是片段的，不是整个的有机体"。作者以抒情性的记事替代完整曲折的情节，削弱文本叙事性，增强了抒情性，给人以阅读散文的感受。在语言方面，作者大量运用质朴、直白的口语，有时直接使用抒情性语言，渲染氛围，而且追求语言的节奏感和韵律美，给人带来抒情诗的美感。

《中国现代文学三十年》评价该书："《呼兰河传》以更加成熟的艺术笔触，写出作者记忆中的家乡，一个北方小城镇的单调的美丽、人民的善良与愚昧。"① 香港学者司马长风评价该小说为"战时长篇小说的重大收获"，"在现代文学中，是出类拔萃的杰作"。②

教学价值

◆ 知识积累

根据《呼兰河传》的文本特征，阅读过程中将重点积累"写实与虚构"、"小说的叙述视角"等知识。

（一）写实与虚构

文章与实际生活关系密切，多是作者应实际生活需要而写。闻一多听到李公朴倒在国民党枪弹下的噩耗，发表了《最后一次讲演》，文中的"我"就是闻一多本人。作者直接出现在文章之中，与读者直接交流，而且还以自己的具体身份和文章中的人、事、景、物的具体联系向读者证实他写的一切。作者、

① 钱理群，温儒敏，吴福辉. 中国现代文学三十年［M］. 北京：北京大学出版社，1998：309.

② 司马长风. 中国新文学史：下［M］. 香港：昭明出版社，1978：84.

文章、读者之间形成一种真人讲实话的关系，这就是写实。虚构则是文学创作普遍采用的方法，它对概括社会生活、塑造典型形象、突出作品主题有不容忽视的作用。供实用的文章，只能严格地写实；供欣赏的文学，则允许有虚构成分存在。成功的虚构，是从深厚的生活积累、强烈的真情实感和高超的艺术素养中孕育出来的。

小说是讲故事，是虚构的艺术，"它不提供现实的必然，只呈现艺术的可能"。我们常说小说源于生活，高于生活。也许作者讲述的故事取材于生活中的真实事件，但为了达成写作目的，作者或将多位人物的性格和命运整合到一个人物身上，或将一个人物的性格分布在几个人物身上。为了表现写作的意图，作者也会对选取的真实生活事件"切割剪裁"，经过"切割剪裁"的事件已经是虚构的了。

《呼兰河传》是萧红的自传体小说，小说中的人物"祖父"、"有二伯"、"冯歪嘴子"都有真实的人物原型，但作者对他们的真实生活事件进行了"切割剪裁"。对比萧红创作的散文《家族以外的人》和《呼兰河传》中有二伯的相关片段，就会直观感受到对同一事件在散文与小说这两种不同文体中的不同处理。阅读《呼兰河传》时误认为书中的"我"就是萧红本人，这是不了解小说虚构手法的表现。

（二）叙述视角

小说就是讲故事。讲故事必须具备两个要素：故事与故事的讲述者。由谁讲故事，就是叙述视角的问题。同一个故事，从不同人的角度来叙述，事件的面貌就会发生改变。

叙述视角的分类历来分歧很大，一般来说，有全知视角、内视角、外视角几种。全知视角即叙述者处于全知全能的地位，作品中的人物、故事、场景等无不处于其主宰之下、调度之中。叙述者了解的比故事中的人物要多得多，可以进入故事之中，也可以出乎故事之外。全知视角是常见的叙述形式，中国古典小说《水浒传》《西游记》《三国演义》使用的就是全知视角。这种视角可以使阅读者感到轻松，叙述者会把一切都告诉读者，读者也因此无所不知。

内视角是故事内人物的眼光，叙述者借助某个人物的感觉和意识，从他的视觉、听觉及感受的角度去传达一切，叙述者所知道的同人物知道的一样多。叙述者不能像"全知全能"那样，提供人物尚未知晓的东西，也不能进行这样或那样的解说。由于叙述者进入故事和场景，一身二任，或讲述亲历或转叙见闻，其话语的可信性、亲切性自然超过全知视角叙事，而且内视角可以使阅读者共同进入角色，产生一种身临其境的真实感。鲁迅先生的《孔乙己》使用的就是内视角。

外视角是故事之外的叙述者的眼光，叙述者对其所叙述的一切不仅不全知，反而比所有人物知道的还要少，他像是一个对内情毫无所知的人，仅仅在人物的后面向读者叙述人物的行为和语言，他无法解释和说明人物任何隐蔽的一切。外视角最为突出的特点是极富戏剧性和客观演示性，叙事直观、生动，使作品具有引人入胜的艺术魅力。

相对于其他小说，《呼兰河传》叙述视角的选择及转换对作者思想感情的表达起到极为重要的作用。《呼兰河传》中出现了两个叙述视角：一个是全知全能视角，这个视角来自成年"我"——经历了世事沧桑，走出了呼兰城，开阔了视野，对家乡风土人情有着理性的思考；一个是内视角，这个视角来自幼年"我"——涉世不深、活泼、孤独、可爱，用儿童天真纯洁的眼睛，观察、感受、解释周围的人和事。小说的叙述视角在前两章与后五章发生了明显的转变。前两章，萧红使用全知全能视角叙述小城的总体面貌，这时的叙述者深沉老道，在窒息的空间和假定的时间背景上，透视呼兰小城的整体景观和小城人的生存状态与精神状态。后五章，作者改客观叙述为主观叙述，使用内视角记录后院人们的生活，充满情感和灵性，表现为用毫无偏见、未沾染世俗浊气的眼光和充满童真的话语方式将儿时记忆中的小城人娓娓道来。两种叙述视角的转变，将写实的"成人视角"与抒情的"儿童视角"交织起来，构成了充满魅力的呼兰世界。①

---

① 施琴. 抒情小说体式的拓展和陌生化叙事：《呼兰河传》解读 [D]. 武汉：华中师范大学，2004：28.

阅读过程中，学生很容易发现前两章与后五章"讲故事的人"不一样，产生对于叙述视角的最初体验，以学生体验为基础，教师可以补充叙述视角的知识。

◆ 能力提升

《呼兰河传》作为小说阅读的样本，能够提升学生以下能力。

（一） 揣摩反复出现的词句的含义

《呼兰河传》或冷峻或温情的语言，皆蕴含着作者对故乡人复杂而真挚的情感。作者有时为了强调某种意思，突出某种情感，特意重复使用一些词句。例如，第六章中反复出现"我家的有二伯，性情很古怪"，或与其语意相似的句子，通过细读文本和班级交流，学生才能够理解作者反复强调有二伯的古怪，是因为幼年的"我"对他行为的不理解，其中还蕴含着"我"朴素的同情心。学生揣摩反复出现的语句的含义，以此提升理解关键词句的能力，进而能够理解小说主旨。

（二） 合理解释人物的行为和心理

《呼兰河传》中人物大多性格单纯，没有高深复杂的多面性，也没有随情节推动而成长的多变性。阅读本部小说，教师可指导学生结合关键语句、重要段落对人物描写进行整合，形成自己对人物行为和心理的合理解释。例如，冯歪嘴子面对磨坊老板娘的责骂和无情驱赶时，为什么只有"把面口袋拿下来"，任由不满月的孩子在寒冷中冻得瑟瑟发抖？当王家姑娘给他生第二个儿子而死亡时，所有看热闹的人都在等冯歪嘴子崩溃哭泣，为什么"冯歪嘴子自己，并不像旁观者眼中那样的绝望，好像他活着还很有把握的样子似的"？通过分析不难发现，冯歪嘴子作为呼兰人，不可避免地受"逆来的顺受了"思想的影响，但其内心也有一份坚强。在某种意义上说，对人物行为和心理的合理解释，也是对其所处社会环境和生活环境的感知与理解。

◆ 策略建构

本书的阅读着力于帮助学生建构批注策略和组织策略。

（一）批注策略

批注策略是在阅读过程中，读者将自己的所思、所想、所感用文字或符号的形式，记录在文本中的阅读策略。为避免用"概念化"、"贴标签"的方式分析人物形象，教师要指导学生在阅读中追问、捕捉细节，用批注的形式记录阅读感受。例如，第三章主要写了"我"与祖父之间的亲密互动，学生阅读后形成了"祖父对我很好"的印象，但是怎么好，这种好为什么能在幼年"我"的心里留下如此深刻的印象，教师可就此引导学生研读"我"与祖父的互动，摘抄"我"的淘气活动，祖父对"我"行为的反应，别人对"我"行为的反应，并批注阅读感受。完成这一任务，整合不同学生的批注内容，学生就会发现：面对"我"的淘气，祖父给了"我"极大的包容与无条件的关爱，而其他人则表现出冷漠和厌倦，在缺失关爱的环境下，祖父是"我"唯一的温暖。聚焦重点内容，用批注记录研读的结果，可以为分析人物形象打下良好的基础。

（二）组织策略

组织策略是读者将所阅读的信息加以组织，以有效保持信息的阅读策略。具体的组织信息的方式一般有列提纲、利用表格、利用图形等。本书的阅读主要使用利用表格的组织策略和利用图形的组织策略。

1. 利用表格。

初一起始阶段的学生还不具备统整众多材料的能力，他们会在众多人物描写信息前"迷失"，抓不住重点。为了避免这个问题，教师可引导学生使用表格读书，列表整理、比较众多繁杂信息，快速把握内容重点。

例如在分析小团圆媳妇时，用表格的形式引导学生关注她在"初入老胡家"、"被打之后"、"'洗澡'时"这三个不同阶段的样貌、神态、动作，以及别人的评价、反应。借助表格，学生感受到的不仅是小团圆媳妇可怜、婆婆可恨这样的标签化内容，还有对一个鲜活生命逝去的叹息，以及对众人帮助"杀死"小团圆媳妇的认识和思考。

2. 利用图形。

利用图形的组织策略包括系统结构图、流程图、模式图、网络关系图等，本书的阅读主要学习利用思维导图组织信息的策略，借助思维导图厘清阅读脉络，供自己或他人回顾整个阅读过程，加深理解，强化记忆。例如，《呼兰河传》中有二伯这一人物非常古怪，学生绘制思维导图初稿，并组织小组交流。小组交流后，学生们会发现，有二伯古怪的表象下的具体细节可以分类为孤独、渴望被认可、自暴自弃等，这些细节相对完整深入地呈现了有二伯的形象。

◆ 精神成长

《呼兰河传》散文诗的特质，诗一般的语言容易使初中学生走进文本。开始阅读时学生感到轻松可笑，越读越被淡淡的忧伤围绕，看到小团圆媳妇之死，学生会产生有鲠在喉的痛苦和压抑感，看到冯歪嘴子朴素的坚强，则会感动释然。这种随着小说的叙述而产生的情感体验丰富了学生的生活体验。

另外，萧红用儿童的目光观照已逝的童年家园，以儿童的口吻揣摩和关注成人的世界，容易使初中学生产生共鸣，引导学生由自己的视角揣摩、关注周围的成人世界。作者透过儿童的心灵世界来窥探国民的劣根性，这一视角能够引领中学生试着理解周围的世界，并作出自己的判断，从而实现精神成长。

学程设计

◆ 整体框架

学程设计思路如下：教师设计"通读指导"，引导学生通读全书；班级开展"初读交流会"，教师针对学生阅读过程中反映的问题完成"重点突破1"，引导学生了解小说叙述视角等相关知识，并再读相关章节；组织班级交流会，完成"重点突破2"，教师给学生介绍思维导图以及使用方法，指导学生三读本书，学生根据自己的理解绘制思维导图，再根据思维导图撰写人物分析小论文，小组之间进行交流学习。最后一个环节"读书分享会"，教师组织学生汇报阅读成果，在汇报交流中提升自己的认识。

教学阶段	主要内容	教学资源	设计意图
通读指导	学生在章节阅读学程的引导下完成整本书阅读。针对阅读中出现的问题，小组讨论、全班交流。	1. 章节阅读学程。 2. 萧红散文《家族以外的人》。	1. 通过阅读指导，关注重点内容，学习批注阅读感受。 2. 在略读的基础上重点精读。
重点突破 1	1. 摘选文本中的不同内容，思考这些话是谁说的？ 2. 了解叙述视角的概念。 3. 再读相关章节，思考为什么要用这样的叙述视角？	叙述视角相关知识。	1. 积累叙述视角的知识。 2. 了解叙述视角的选择对表达主旨的作用。
重点突破 2	1. 观看微课：如何运用思维导图记录阅读过程。 2. 学生三读全书，在单独完成思维导图的基础上小组合作，确定思维导图。 3. 小讲座：如何撰写人物分析小论文。 4. 小论文写作。	1. 微课：《思维导图，咋整?》 2. 小讲座：言之有理，言之有据。	运用思维导图的形式汇报自己的阅读成果，并将思维导图转化为人物分析小论文。
内容统整	1. 设计《呼兰河传》的腰封，向学弟学妹们推荐这本书。 2. 制作《说不尽的呼兰人》阅读集。	1. 腰封的设计原则。 2. 学生绘制的思维导图。 3. 写作的人物分析小论文。	提炼阅读感受。

◆ 通读指导

学生根据通读指导完成初读，教师组织班级交流，重点讨论学生感兴趣的内容。学生有针对性地再读、三读，形成自己的阅读认识。

阅读范围	阅读任务	重点能力指向
序言	1. 茅盾先生认为萧红写作《呼兰河传》时，她的心境是怎样的？ 2. 茅盾先生如何评价《呼兰河传》这部小说？	提取信息，初步了解本书。

续表

阅读范围	阅读任务	重点能力指向
第一章	1. 请为第一章拟写一个小标题。 2. 品味作者语言。 请找出你认为富有诗意的词语。摘抄句子，用横线画出这类词语，并做简单批注，说说用词的精妙处。 3. 请你为呼兰小城画一幅平面图。 4. 阅读完第一章，呼兰河人给你留下最深印象的片段是什么？请摘抄在下面，试着用关键词表达你的感受。 表格：页码 | 摘抄 | 阅读感受关键词	拟写小标题，概括内容。 利用图片梳理文本内容。 利用表格整理阅读笔记，使用关键词表达阅读感受。
第二章	1. 请分别为书中第 40 页和第 65 页插图配上一段文字。 2. 第二章第五部分，作者提道："这些盛举，都是为鬼而做的，并非为人而做的。"读了上面的"盛举"，结合第一章，谈谈你对这句话的理解。 3. 读罢第二章，请用一句话说说小城呼兰给你留下的印象。	聚焦阅读重点，根据图片复述主要事件。 聚焦关键词，体会作者的思想感情。 反思阅读感受。
第三章	1. 本章重点阅读"我"与祖父的互动。请摘抄"我"的淘气活动，祖父对"我"行为的反应，别人对"我"行为的反应，并记录你的阅读感受。（试着列表格摘抄文章，记录阅读感受） 2. 除"我"与祖父的互动，作者还如何描写祖父？（可以从对祖父的肖像、语言、行动、心理，以及祖父对别人的态度等角度摘抄） 3. 结合上面的读书笔记，用一句话回答：祖父是个什么样的人？	借助表格，有针对性地完成摘抄。 结合人物相关描写、情节，分析人物形象，形成解释。
第四章	1. 通读这一章，本章重复出现"荒凉"一词，请圈画出这些句子。 2. 这一章中，作者写了一些没有姓名的人，请摘抄其中最令你印象深刻的片段，写一写这些呼兰人给你留下的印象。	抓住关键词语，体会作者思想感情。 聚焦没有人名的呼兰人，体会作者对呼兰河人的复杂感情。
第五章	1. 重点阅读与小团圆媳妇相关的内容，按照下列表格完成读书笔记。 表格：阶段 | 描写小团圆媳妇样貌、神态、动作的语句 | 别人的评价、反应 | 你的感受 初入老胡家 被打之后（任选一次） "洗澡"时 2. 小团圆媳妇的婆婆给小团圆媳妇"看病"花了不少钱，选择让你印象最深刻的一段，站在婆婆的角度，用第一人称改写这部分（可以适当联想和想象）。 3. 读罢本章，你有什么感受？请把你的感受记录下来。	借助表格梳理信息，分析形象，形成解释。 变换叙述视角，理解婆婆的行为。

阅读范围	阅读任务	重点能力指向
第六章	1. 重点阅读这一章中与有二伯相关的内容，摘抄对有二伯肖像、语言、行动、心理的描写，概括与有二伯有关的事件，并记录你的阅读感受。（试着设计表格做摘抄和记录。） 2. 本章第一句就是"我家的有二伯，性情很古怪"，通读第六章，尽可能多地列出表现有二伯性情古怪的细节。 3. 以下这段文字选自萧红散文《家族以外的人》： "我很失望，因为我打不开这箱子，我又把它送了回去。于是我又往更深和更黑的角落处去探爬。因为我不能站起来走，这黑洞洞的地方一点也不规则，走在上面时时有跌倒的可能。所以在爬着的当儿，手指所触到的东西，可以随时把它们摸一摸。当我摸到了一个小玻璃罐，我又回到了亮光的地方……我该多么高兴，那里面完全是墨枣，我一点也没有再迟疑，就抱着这宝物下来了，脚尖刚接触到那箱子的盖顶，我又和小蛇一样把自己落下去的身子缩了回来，我又在棚顶蹲了好些时候。 我看着有二伯打开了就是我上来的时候蹲着的那个箱子。我看着他开了很多时候，他用牙齿咬着他手里的那块小东西——他歪着头，咬得咯啦啦的发响，咬了之后又放在手里扭着它，而后又把它触到箱子上去试一试。最后一次那箱子上的铜锁发着弹响的时候，我才知道他扭着的是一段铁丝。他把帽子脱下来，把那块盘卷的小东西就压在帽顶里面。 …… 等一会，他从身上解下腰带来了，他弯下腰去，把腰带横在地上，一张一张把椅垫子堆起来，压到腰带上去，而后打着结，椅垫子被束起来了。他喘着呼喊，试着去提一提。 …… 有二伯又走来了，他先提起门旁的椅垫子，而后又来拿箱盖上的铜酒壶，等他把铜酒壶压在肚子上面，他才看到墙角站着的是我。 他立刻就笑了，我还从来没有看到过他笑的这样过分，把牙齿完全露在外面，嘴唇像是缺少了一个边。 '你不说么？'他的头顶站着无数很大的汗珠。 '说什么……' '不说，好孩子……'他拍着我的头顶。 '那么，你让我把这个玻璃罐拿出去？' '拿吧！'" （选自《萧红选集》，人民文学出版社 2004 年版第 339-340 页） 阅读选文与书中第六章相关情节，填写下表：	复习、巩固分析人物的方法。 聚焦"性情古怪"的细节，细读文本，体会人物形象。 利用补充材料，区分写实与虚构。

续表

阅读范围	阅读任务	重点能力指向
第六章	<table><tr><td>内容</td><td>《呼兰河传》</td><td>《家族以外的人》</td></tr><tr><td>相同的内容</td><td></td><td></td></tr><tr><td>不同的细节</td><td></td><td></td></tr><tr><td>有二伯的形象</td><td></td><td></td></tr></table> 知识补充：写实与虚构 　　小说就是讲故事。小说中的故事与记叙文中的故事有什么区别？简单地说，记叙文中的故事是写实的，作者尊重事件发生的时间、地点以及基本事实。小说则不同，小说中的故事是经过作者筛选的结果，作者通过筛选、过滤，表达自己的思考和感受。有时，为了更好地表达思考，作者会让素材"变形"，将几个人的故事整合为一个人的故事。例如，这本书中的"我"是不是等同于童年萧红呢？作为自传体小说，本小说中的"我"取材于"我"的童年经历，但并不完全等同于童年萧红的经历。 思考：作者做了哪些修改？为什么要做这些修改？	
第七章	1. 文中多次提及冯歪嘴子的"笑"与"泪"，摘抄相关语句，谈谈你读完这些语句的感受。 2. 综合上面表格中你的读书笔记，你喜欢冯歪嘴子这个人吗？请结合文本内容谈谈你的理解。	聚焦关键信息，分析人物形象。 形成解释。
尾声	阅读尾声，你最大的感受是什么？哪些文字带给你这样的感受？	概括感受。

◆ **重点突破1**

讲故事的人——叙述视角的选择

教学目标

1. 通过比较不同叙述视角下的文字，辨识故事背后"讲故事的人"的不同。

2. 通过对比、品析、改写，梳理不同叙述视角对表达作者思想感情的作用。

教学过程

活动一：辨析不同的"讲故事的人"

下面的文字选自《呼兰河传》，这几段话似乎是从不同人的嘴里讲出的故事：有的好像是一个成年人给我们讲她的所思所想，有的似乎是一个小女孩给我们讲她的所见所闻。你能把下面几段文字按照说话人的不同进行分类吗？

A：那个乡，那个县，那个村都有些个不幸者，瘸子啦，瞎子啦，疯子或是傻子。

呼兰河这城里，就有许多这一类的人。人们关于他们都似乎听得多，看得多，也就不以为奇了。偶尔在庙台上或是大门洞里不幸遇到了一个，刚想多少加一点恻隐之心在那人身上，但是一转念，人间这样的人多着哩！于是转过眼睛去，三步两步的就走过去了。即或有人停下来，也不过是和那些毫没记性的小孩子似的向那疯子投一个石子，或是做着把瞎子故意领到水沟里边去的事情。

B：娘娘庙里比较的温静，泥像也有一些个，以女子为多，多半都没有横眉竖眼，近乎普通人，使人走进了大殿不必害怕。不用说是娘娘了，那自然是很好的温顺的女性。就说女鬼吧，也都不怎样恶，至多也不过披头散发的就完了，也决没有像老爷庙里那般泥像似的，眼睛冒了火，或像老虎似的张着嘴。

不但孩子进了老爷庙有的吓得大哭，就连壮年的男人进去也要肃然起敬。好像说虽然他在壮年，那泥像若走过来和他打打，他也决打不过那泥像的。

所以在老爷庙上磕头的人，心里比较虔诚，因为那泥像，身子高，力气大。

到了娘娘庙，虽然也磕头，但就总觉得那娘娘没有什么出奇之处。

塑泥像的人是男人，他把女人塑得很温顺，似乎对女人很尊敬。他把男人塑得很凶猛，似乎男性很不好……那么塑泥像的人为什么把他塑成那个样子呢？那就是让你一见生畏，不但磕头，而且要心服。就是磕完了头站起再看看，也绝不会后悔，不后悔这头是向一个平庸无奇的人白白磕了。至于塑像的人塑起女子来为什么要那么温顺，那就告诉人，温顺的就是老实的，老实的就是好欺侮的，告诉人快来欺侮她们吧。

C：祖母的内间里边，在墙上挂着一个很古怪很古怪的挂钟，挂钟的下边用铁链子垂着两穗铁苞米。铁苞米比真的苞米大了很多，看起来非常重，似乎可以打死一个人。再往挂钟里边看就更希奇古怪了，有一个小人，长着蓝眼珠，钟摆一秒钟就响一下，钟摆一响，那眼珠就同时一转……所以我每次看这挂钟，就半天半天的看，都看得有点发呆了。我想：这毛子人就总在钟里边呆着吗？永久也不下来玩吗？

D：那在房顶上的因为骄傲，忘记了那房顶有许多地方是不结实的，已经露了洞了，一不加小心就把脚掉下去了，把脚往外一拔，脚上的鞋子不见了。

鞋子从房顶落下去，一直就落在锅里，锅里正是翻开的滚水，鞋子就在滚水里面煮上了。锅边漏粉的人越看越有意思，越觉得好玩，那一只鞋子在开水里滚着，翻着，还从鞋底上滚下一些泥浆来，弄得漏下去的粉条都黄忽忽的了。可是他们还不把鞋子从锅里拿出来，他们说，反正这粉条是卖的，也不是自己吃。

E：等第二天早晨她（小团圆媳妇）出来倒洗脸水的时候，我看见她了。

她的头发又黑又长，梳着很大的辫子，普通姑娘们的辫子都是到腰间那么长，而她的辫子竟快到膝间了。她脸长得黑忽忽的，笑呵呵的。

F：这药是婆婆亲手给她焙的。可是切猪肉是他家的大孙子媳妇给切的。那猪肉虽然是连紫带青的，但中间毕竟有一块是很红的，大孙子媳妇就偷着把这块给留下来了，因为她想，奶奶婆婆不是四五个月没有尝到一点荤腥了吗？于是她就给奶奶婆婆偷着下了一碗面疙瘩汤吃了。

G：若是那小团圆媳妇刚来的时候，那就非先抓过她来打一顿再说。做婆婆的打了一只饭碗，也抓过来把小团圆媳妇打一顿。她跌了一个筋斗，把单裤膝盖的地方跌了一个洞，她也抓过来把小团圆媳妇打一顿。总之，她一不顺心，她就觉得她的手就想要打人。她打谁呢！谁能够让她打呢？于是就轮到小团圆媳妇了。

有娘的，她不能够打。她自己的儿子也舍不得打。打猫，她怕把猫打丢了。打狗，她怕把狗打跑了。打猪，怕猪掉了斤两。打鸡，怕鸡不下蛋。

H：小团圆媳妇躺在炕上，黑忽忽的，笑呵呵的。我给她一个玻璃球，又给她一片碗碟，她说这碗碟很好看，她拿在眼睛前照一照。她说这玻璃球也很好玩，她用手指甲弹着。她看一看她的婆婆不在旁边，她就起来了，她想要坐起来在炕上弹这玻璃球。

讲故事的人	文段标号
成年人	
小女孩	

补充知识：叙述角度

小说就是讲故事，既然要讲，就有选择和确定讲述角度的问题，即叙述角度。所谓叙述角度，就是由谁讲故事，故事里发生的事是谁亲眼看到的，或者是谁想的。同一个事件，从不同人的角度叙述，事件就会发生改变。比如老师一进班就看到某生在聊天，非常生气，批评了该生。从老师的角度来讲这个故事与从该生的角度讲这个故事一定不一样，选择以谁的角度叙述，要依据写作目的来确定。

活动二：换一个人讲故事

从以上文字中，任选一段你感兴趣的，试着变换讲故事的人（成人视角与儿童视角互换），重写这个故事。

活动三：为什么要让这个人来讲故事

思考，重写的故事与文本中的故事有什么区别？两个故事在表达作者的感情方面有何区别？

讲述者	选 段	区 别	表达作者的思想感情
由成人来讲故事			
由儿童来讲故事			

◆ **重点突破 2**

读人物，画人生

学习目标

1. 观看微课，运用思维导图整理人物，分析结果。

2. 撰写人物分析小论文，有理有据地分析人物形象。

学习过程

活动一：观看微课《思维导图，咋整？》

（一）确定中心人物

在绘制人物形象分析思维导图之初，你要先确定你想要汇报的人物。以《呼兰河传》为例，你最感兴趣或最使你印象深刻的人物是谁？请确定他（她）为导图的中央图形。

（二）聚焦人物精读

确定你的中心人物后，请精读本小说中与这个人物有关的部分，例如《呼兰河传》中你最感兴趣的是冯歪嘴子，那么你应该重点阅读第七章，在阅读的过程中圈点批注他的肖像、语言、行动、心理描写，概括与他有关的事件，以及别人对冯歪嘴子的评价和态度等。

（三）材料分类，分析人物典型性格

仍以《呼兰河传》为例，摘抄了本书中冯歪嘴子的肖像、语言、行动、心理描写，概括与他有关的事件，以及别人对冯歪嘴子的评价和态度后，你已经拥有了丰富的材料，现在，你应该做的是将这些丰富的材料按照人物形象分类。例如，你摘抄了老板和老板娘骂冯歪嘴子让老婆住在磨坊里，冯歪嘴子默默地听着；老婆难产而死，他很难过，但也继续过着日子；周围人奚落冯歪嘴子，他只是笑……这些材料虽然零散，但通过分析，我们发现这三个事件都反映了冯歪嘴子"逆来顺受"的特点。

按照这样的方法，把你针对重点人物所做的摘抄分类整理，归纳出这个人物的特点。

（四）选择一个形象代表你对这个人物的综合理解

人物的几个性格特点已经归纳，请思考这个人物给你什么印象？你认为，用什么样的形象（图画）来代表你的阅读感受更确切？

（五）绘制思维导图，注意选择色彩和图形

以上准备都完成后，用一张 A4 纸，先绘制你选取的形象，然后按照你对这个人物形象的理解画出分支，将你收集的材料分类，将不同类别的关键词写在上面。

（六）注意事项

绘制思维导图，图形色彩确实很重要，但既然是"思维导图"，思维含量更重要。只有认真阅读文本，对人物理解深刻，人物形象分析到位，你的思维导图才会打动别人。

活动二：绘制思维导图

给每个同学独立绘制思维导图的时间，三天左右。由每个学生自己完成阅读、摘抄、分析、绘制。

学生拿着自己绘制的思维导图初稿参加小组讨论，以小组为单位完成一份思维导图。

活动三：根据思维导图撰写人物分析小论文

绘制思维导图后，学生对人物的理解已经比较深入，以此为基础要求学生将自己的理解用文字表达出来。

（一）小讲座

如何以自己的思维导图为基础，撰写人物形象分析小论文？

1. 选择这个人物给你印象最深的一个特点，给自己的小论文取一个最符合你阅读感受的名字（争取做到生动形象）。

2. 文章第一段开门见山，概述你对这个人物的总体分析。

3. 按照典型特点、次要特点的顺序，逐段结合文本分析人物形象。要言之有物，从文本中选择关键词句支持你的分析，但不能全篇摘抄。

4. 完成小论文后，先自己修改，再与同学交流。

5. 全班交流分享。

（二）写作小论文

1. 学生独立写作小论文。

2. 互相交流、评价。

3. 教师提出修改意见。

4. 学生修改小论文。

◆ 内容统整

任务一：

在本书辑录的侯国良先生的插画中，选择你认为最能代表《呼兰河传》的一幅。为《呼兰河传》设计一个腰封，向学弟学妹推荐这本书。

任务二：

以小组为单位，整理本小组思维导图和人物分析小论文。全班制作《说不尽的呼兰人》阅读集。

教学现场

乡土中国的诗意回望

——《呼兰河传》阅读成果分享会

教学背景

本书的阅读过程大体分为"学生自读"、"初读感受交流"、"学生质疑"、"教师针对学生问题重点突破"、"学生绘制思维导图"、"写作人物分析小论文"几个部分。学生在教师重点突破指导下，通过小组合作，形成对人物的认识，并创作自己的人物分析思维导图。此时，他们渴望全班交流，互相碰撞，激发深入思考。本教学现场即定位为学生精读文本后，小组完成思维导图后的集体交流，教师就各小组的思维导图或人物分析启发学生关注细节，深化思考，提升认识。

教学目标

1. 能够根据文本细节评析人物，有理有据，流畅表达自己的观点。

2. 能够在原有认识基础上回顾、提升，对《呼兰河传》做出自己的评价。

教学重点

通过梳理、讨论、回顾，根据文中细节评析《呼兰河传》的人物，深化自己的认识。

教学过程

师：一周以来我们一直沉浸在《呼兰河传》凄美的故事中，今天这本书的阅读已经接近尾声，大家在阅读、创作思维导图，写作小论文时带给我许多感动和惊喜。今天咱们就以"乡土中国的诗意回望——说不尽的呼兰人"为题，开一个阅读分享会。

师：茅盾说"《呼兰河传》是一篇叙事诗，一幅多彩的风土画，一串凄婉的歌谣"。有二伯、冯歪嘴子、小团圆媳妇、祖父就是这歌谣中美丽的音符。请大家拿出课堂工作纸，从文本摘抄中挑选你所分析人物的相关内容，如果文本摘抄中的细节不足以支持你的观点，你可以补充摘抄，为同学示范如何通过细节来分析人物形象。

（学生自己完成任务，小组讨论，完善答案）

（一）有二伯

生1：我们在工作纸中找出的细节有3、14、18、20、21。从第3条细节可以看出有二伯的贫穷，"一掀动他的被子就从被角往外流着棉花"说明他的被子很破旧，"每当他一抡动枕头的时候，那枕头就在角上或者是在肚上漏了馅了，花花的往外流着荞麦壳"，说明他的枕头很破旧，两件物品的破旧说明他很贫穷。

大家再跟我看第14条文本摘抄，"穷人野鬼"是他在讽刺自己，"看见了也是白看"是他对一切都不关心的态度，所以我认为这是他自轻的表现。

我们从18中也看到了有二伯渴望被别人尊重的特点。他很重视他的姓名，他认为别人随便叫他的乳名是对他的不尊敬。所以"他一听人家叫他'二掌柜的',他就笑逐颜开",因为这样说明在别人的心中他是一个大人物,所以他非常开心。

师:有二伯组同学认为有二伯贫穷,渴望被别人尊重又自轻自贱。这是有二伯古怪的表现,请仔细思考,为什么他会有这样的表现?

生2:我觉得有二伯最主要的性格应该是孤独和矛盾。

师:说得真好!这个人物确实给许多同学带来了困惑,他很难让人家看清。昨天,我看到14班同学以"孤独的老人最悲伤"为题分析了有二伯这个人物,他的这段分析印证了你刚才的看法。我截取了这样一个片段,找同学来读一读。

生3:有二伯在《呼兰河传》中是一个性格古怪的人,他常是矛盾的。他渴望得到尊重,却又在谈话中显露了自己的自轻自贱。他是孤独的,他对着砖头、狗说话,却跟人无话可说。小团圆媳妇去世时,有二伯并没有表现出悲伤,反而好像过节似的称赞饭菜好吃。"人死还不如鸡死,一蹬腿就完事",可见有二伯对生命毫无感觉。但让我感到揪心的是,他在被打之后,轻生却又不敢死。"有二伯用他那哭红了的小眼睛瞪了我一眼",我不禁想这个年过半百的老人,对生命也是渴望着的吧,也是留恋着的吧。这人世间再冷漠,人在真正面对死亡时,谁又能洒洒脱脱呢?

师:我觉得这位同学确实用她的心灵感受了有二伯这个人物,有二伯的古怪是因为他内心的孤独,他的自卑与渴望被尊重的矛盾。这次读有二伯这个人物的时候,我也旁批了一句话:"都说二伯怪,谁解其中苦?"他的古怪实际上折射出他矛盾复杂的心理。

(二)小团圆媳妇

师:几乎所有人的读书笔记都写了对一个小女孩的同情,她12岁,鲜活的生命在呼兰河这个小城中一点点凋零,这个人物是谁?

生(齐答):小团圆媳妇。

师:谁能告诉我小团圆媳妇姓什么叫什么?

生：（零零碎碎地回答）不知道。

师：既然是为呼兰人做传，作者为什么要隐去小团圆媳妇的姓名？

生4：我觉得是因为小团圆媳妇在别人的眼里根本没有地位，她和有二伯一样地位轻贱，她就是一个童养媳，所以她的名字根本没有必要去记。只要记得她是小团圆媳妇就行了。

师：很好，我们之后会学到《孔乙己》和《阿Q正传》，到时候我们还会关注主人公为什么没有名字，这些人物都卑贱得不足以在历史的尘埃中留下他们的印记。但是小团圆媳妇的命运依旧牵动着一百年后的我们的心，请小团圆媳妇组来汇报一下他们的人物分析。

生5：我们组摘选的细节是9、12、15、16、17，从正面写她的是第12；9、15、16、17句从侧面写出了小团圆媳妇没有地位，非常可怜、可悲。我在我的小论文中又找了一些细节，我给大家补充一下。小团圆媳妇因为吃了三碗饭，走路风快，坐得笔直而被打的场面，原作中是这么写的："天天有哭声，哭声很大，一边哭一边叫"，"半夜醒来，就听见西南角上哭叫起来了"，还有"清早，那西南角上的哭声又来了"，这是从听觉的角度体现出小团圆媳妇的可怜，大家可以想象一下，这还仅仅是听觉描写，如果再加上视觉描写以及对她神态的描写，她会可怜得让人心碎的。因为小团圆媳妇一直被这样虐待，所以她即使在做梦时也会被吓醒，原文中是这么写的："她大叫着，从床上翻身起来就跳在地上，拉也拉不住她，按也按不住她"，还有"她就跳下地去，瞪着眼睛，张着嘴，连哭带叫的，那力气比牛还大，那声音好像杀猪似的"。在这些描写里，我觉得作者淋漓尽致地散布了一种恐怖的气息，也可以让我们体会到小团圆媳妇对生命已经绝望，已绝望到无以复加的地步，她也已经离死不远了。

（该生在回答的时候很动情，感染了周围的同学。）

师：非常好，从正面、侧面描写以及听觉角度体会小团圆媳妇的可悲、可怜。

（三）呼兰河人

师：书中第165页关于小团圆媳妇被当众虐待的图片让我记忆深刻，那幅图带给我最大冲击的不是小团圆媳妇，而是她周围那些睁着眼"看戏"的人们。他们有一个共同的名字——呼兰河人。请呼兰人小组分享一下你们组的答案。

生6：我们组选的文本细节是2、4、6、8、10。我抓住第6段来给大家分析，"鞋子从房顶落下去，一直就落在锅里，锅里正是翻开的滚水，鞋子就在滚水里边煮上了。锅边漏粉的人越看越有意思，越觉得好玩，那一只鞋子在开水里滚着，翻着，还从鞋底上滚下一些泥浆来，弄得漏下去的粉条都黄忽忽的了。可是他们还不把鞋子从锅里拿出来，他们说，反正这粉条是卖的，也不是自己吃"，我认为一只鞋子掉在锅里面煮，作为漏粉人的职责应该是把它捞出来，如果敬业一点可能连这一锅粉都倒掉了。可是他们竟然感到"非常好玩"，这说明呼兰河人不仅物质上贫穷，精神上也贫穷，匮乏空虚到了一定程度。而且他们不捞出来，还说了最后一句给我极大震撼的话："反正这粉条是卖的，也不是自己吃。"难道这粉条不是自己吃，卖给别人吃，他们就可以对这个粉条的卫生不负责任了吗？这是对别人健康，对别人生命的冷漠。

师：从这一条中能看出呼兰河人有什么样的性格特征？

生7：我认为是空虚、冷漠。

生8：我觉得还可以看出呼兰人的自欺欺人。

师：呼兰河人除了冷漠、空虚、自欺欺人之外，还有一个重要特点，今早一位同学的小论文中分析了呼兰河人其他的特点，请同学读一下。

（生9读）

《呼兰河传》的呼兰人尤其爱看戏。其实看戏并不是呼兰人独有的特点，而是我们国民性的一部分。看戏原本是一个中性词，可是《呼兰河传》与鲁迅《示众》中的"戏"却是一个贬义词，它说明了一种在我们骨髓中的国民劣根性。

先从场面的壮观程度看，二者不相上下。《示众》中的看客霎时围了上来。"秃头老头出现之后，空缺已经差不多了。一个小学生飞奔上来，一手按住了自己头上的雪白的小布帽，向人丛中直钻进去，但他钻到第三层，也许是第四层时，竟遇到了一件不可动摇的东西。"一个钻字说明了看客队伍中的人既多又稠密。

而呼兰城在大戏还没开台，就来了许多人。等到大戏一开了台，那台子下，真是个人山人海，这些场面显示了呼兰看客与《示众》中的看客对看戏的热衷和喜爱。

只是呼兰河人看戏后，总是要留下一些纪念，比如说去逛庙会，每家必须买一个不倒翁，摆在门口，使别人一开眼就看见了。也就是说，看戏是呼兰河人的节日，而且是人人必须参加的节日。

看戏之外，呼兰河人也"做戏"，做给别人看。比如说跳大神，大神唱一句，二神接一句。还有当小团圆媳妇病重时，举行隆重的赶鬼仪式——烧纸人，为了有场面，婆婆还请了几个艺人，不料当天下雨，没有人看，婆婆便后悔请人、给替身穿真衣裳了，因为她想活在别人眼中，没有达到目的，便心疼起钱来。

最可悲的是，如今那些人已经死了，在他们一百年后的我们，还是那么爱看戏。

师：这位同学将呼兰河人与鲁迅先生笔下《示众》中的看客做了对比，分析了呼兰河人喜爱看戏，也不自觉做戏的特点。这种文本联结给我们提供了很好的思路，她将呼兰河人的特点概括为看戏也做戏，非常棒！

生10：我觉得呼兰河人可能是看戏看多了，他们对于一切事情都是在拿看戏的态度在看。比如我摘抄了这样一段，"门前聚了一群狗在咬，主人问：咬什么？仆人答：咬一个讨饭的。说完了也就完了。可见这讨饭人的活着是一钱不值了"，呼兰人看戏看多了，已经把生命当成了儿戏，这充分地说明了他们不仅爱看戏，也十分冷漠。

展示思维导图，梳理分析思路

(一) 呼兰河人

师：咱们班分析呼兰河人的小组一共有四个人，两个男生聚焦于呼兰人看戏的特点，两个女生聚焦于呼兰人矛盾的心理。请一位同学说一说你们创作这幅思维导图时候的思路。其他同学可以在空白的地方记录你们的收获。

（实物投影思维导图）

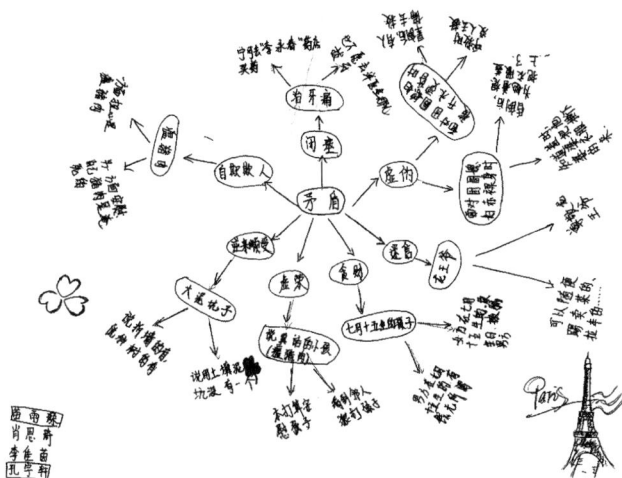

生 11：我先说我为什么选择以"矛盾"为题。作者并没有直接批判呼兰河人，所以很多人物都以美好的形象留在我的印象里。但仔细去读依旧可以找到细节上的矛盾。特别是小团圆媳妇那一章，大家可以看到右上角"虚伪"，面对小团圆媳妇赤裸的身体时，原著中写到婆婆是喊着号令给她把衣服撕下来的，然后她被烫昏了，但是等她昏倒之后，被很多人看着，婆婆又给她盖上了破棉袄，这前后是很矛盾的。然后大家来看下面的"虚荣"，是关于瘟猪肉的一部分，一个小孩当着妈妈和邻居的面说腌猪肉是瘟猪肉，母亲难为情就打了孩子，孩子跑回家后，姥姥本想安慰他，但是看见邻人在门口，就一边骂一边打这个说真话的孩子。这一段也能够看出他们是活在别人的眼里，在有人看的情况下，就会用不同的方式去表达，言行与想法十分矛盾。大家再看一下左上角"自欺欺人"，这也是关于瘟猪肉的，这显示的是他们思想上的矛盾。他们一方面担心肉是瘟猪肉，一方面却又安慰自己肉是淹死的猪肉，非常自欺欺人。我觉得萧红塑造了这些人物的冷漠、虚伪、虚荣、自欺欺人，本质上都源自矛盾。

师：他能够把呼兰河人众多的特征提炼出"矛盾"这样的关键词，分析呼兰河人思想上、行为上的矛盾，非常好。但值得注意的是，这种矛盾是呼兰人不自知的，他们不是有意为之，而是愚昧至此。

（二）小团圆媳妇的婆婆

师：在读书笔记中，大家都对一个人恨得牙痒痒，这就是小团圆媳妇的婆婆。

（实物投影展示13班的思维导图）

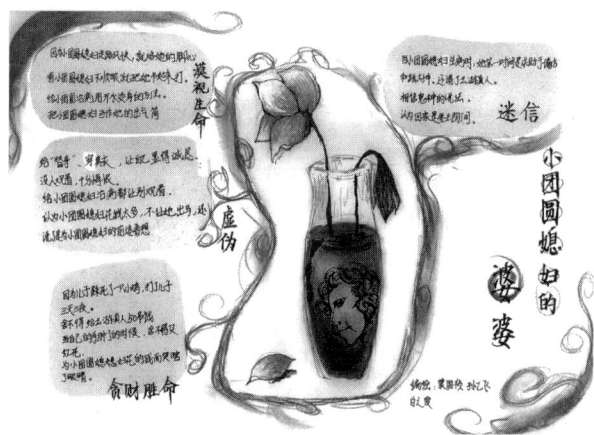

师：这是咱们班婆婆组画的思维导图。请这个组同学来介绍你们的设计思路。

生12：我们组的设计思路是，首先用左边鲜艳的花朵来代表有着鲜活生命的小团圆媳妇，但是经过瓶中紫色毒药的侵蚀，最终花朵枯萎并走向死亡。而这个紫色药水就是人人憎恨的婆婆，婆婆就像这毒药一样，不停地虐待着小团圆媳妇。我们认为婆婆最主要的特征有漠视生命、虚伪、贪财胜命、迷信。最能代表她的则是漠视人命：她仅仅是因为儿子踩死了一只小鸡子，就打了儿子三天三夜；把新来的小团圆媳妇当作她的出气筒，虐待小团圆媳妇。第二个能代表她的特点是贪财胜命，她的手肿了，舍不得花两三吊钱去买红花来治手，舍不得给治病的云游真人50吊钱。大家跟我看课堂工作纸的第1段，"她一边烧着还一边后悔，若早知道没有什么看热闹的人，那又何必给这扎彩人穿上真衣裳。她想要从火堆中把衣裳抢过来，但又来不及了，就眼看着让它烧去了。这一套衣裳，一共花了一百多吊钱，于是她看着那衣裳的烧去，就像眼看着烧去了一百多吊钱"，这段是她得到了一个偏方，烧替身可以给小团圆媳妇治病，但是没有人看热闹，她就后悔给替身穿上了真衣裳，这说明她是一个虚伪的人，她只想让自己活在别人的眼里和嘴里。"她心里是又悔又恨，她简直忘了这是她要做的事情"，这说明钱财还有虚伪能改变她要做的事情。

生13：请大家跟我看第19段，"她养鸡，是养得很经心的，怕猫吃了，怕耗子咬了。她一看那小鸡子，白天一打盹，她就给驱着苍蝇，怕苍蝇把小鸡咬醒了，她让它多睡一会，她怕小鸡睡眠不足……有一次，她的儿子踏死了一个小鸡子，她打了她儿子三天三夜"，可是她对小鸡却是"怕小鸡被咬醒了，要小鸡多睡一会"在小鸡的眼里她可能是个慈母的形象，她对小鸡比对自己的儿子还好，那可是自己的亲生骨肉，这说明婆婆对人命十分冷漠。

生14：还有第17段，"总之，她一不顺心，她就觉得她的手就想要打人。她打谁呢！谁能够让她打呢？于是就轮到小团圆媳妇了。有娘的，她不能够打。她自己的儿子也舍不得打。打猫，她怕把猫打丢了。打狗，她怕把狗打跑了。打猪，怕猪掉了斤两。打鸡，怕鸡不下蛋"，结果小团圆媳妇被有娘的比下去了，被她的亲生骨肉比下去了，连畜生都不如，最后成为出气筒，就像我们画的思维导图一样，鲜艳的花朵变成了枯萎的花朵。可怜的小团圆媳妇就这样被婆婆给虐待死了。

师：咱们班婆婆组分析出了婆婆的贪财胜命、漠视生命、虚伪和迷信，14班婆婆组的思维导图也非常精彩，大家觉得这两幅思维导图哪一幅更符合你阅读这个人物时候的心理感受？

（展示14班学生的思维导图）

生15：咱们班的思维导图更符合我心里的想法，表达的是鲜活的生命在毒药里慢慢枯萎。14班的图只是表示蝴蝶被表示婆婆的蜘蛛困住无法逃脱，而没有表达最后小团圆媳妇死亡的结局。

生16：我觉得14班的图更能表达我阅读时的感受。首先，咱们班画的小团圆媳妇是花，而14班图中小团圆媳妇被画成蝴蝶，蝴蝶是能动的生物，它能够挣扎、反抗，这更能够表现小团圆媳妇那种生命力。其次，请注意，蜘蛛网的中间有蜘蛛，一只蝴蝶粘到了蜘蛛网上，结局是注定的。最后，它也暗示了小团圆媳妇的结局，更加印证了小团圆媳妇被困的境遇，写出小团圆媳妇是活的，是有生命力的。

生17：我觉得咱们班的思维导图更符合我的阅读感受，因为婆婆虽然是毒药，但婆婆也泡在毒药里面。就像刚才老师说的，婆婆以及所有呼兰人对自己的矛盾、冷漠都不自知，她不觉得这是在杀人。

师：说得非常好！婆婆是害死小团圆媳妇的人，但她也在不自知中残害着自己的人性，这个同学观察得非常仔细，敏锐地发现了这一点。

（三）冯歪嘴子

师：《呼兰河传》还有一个正能量的代表——冯歪嘴子。现在请冯歪嘴子组说说你们的设计思路。

（实物投影展示冯歪嘴子组的思维导图）

生18：首先请大家看中间，我们组讨论后认为冯歪嘴子是一个朴实勤劳的磨倌。磨盘正好表示他的这个特点。大家还记得那个瘸了腿的小驴吗？它是那样不懈怠不停息地工作，为主人拉磨。它正可以反映冯歪嘴子勤劳的特点。这两个物象合在一起就成了这幅图的中心，由这幅图的中心引申出了五个分支，分别代表冯歪嘴子的五个特点。最突出的特点就是他的坚强，请大家看课堂工作纸13："可是他自己，并不像旁观者眼中的那样的绝望，好像他活着还很有把握的样子似的，他不但没有感到绝望已经洞穿了他。因为他看见了他的两个孩子，他反而镇定下来。他觉得在这世界上，他一定要生根的。要长得牢牢的……于是，他照常的活在世界上，他照常的负着他那份责任。"在他妻子死后，他仍不放弃生的希望，仍然一只手撑起这个家，他是多么坚强啊。我想补充一段，"他在这个世界上，他不知道人们都用悲观绝望的眼睛来看他，他不知道他已经处在了怎样一种艰难的境地，他不知道自己已经完了。他没有想过，他虽然也有悲哀，他虽然也常常满含着眼泪，但是他一看见他的大儿子会拉着小驴饮水了，他就立刻把那含着眼泪的眼睛笑起来。他说'慢慢的就中用了'"，这是一种乐观的表现。他还有另外两个性格特点——勤劳和善良。"他一天到晚打着梆子，整夜整夜的打"、"他对我们家的人很好，时不常跟我们聊天"。但是在这样一个人身上，还是有呼兰人惯有的本性——逆来顺受。在饭桌上被人开玩笑时，他默默地接受了，什么也没有说，也没有抵抗；在被掌柜斥责后，掌柜的赶走他的妻儿，他默默地把盖在儿子身上的面袋子拿开。

他不知道反抗，别人让他这样做了，他就觉得应该这样做。我们组认为冯歪嘴子是这本书里唯一一个拥有正能量的人。他就像那块磨盘一样在中国北方的农村里，朴实勤劳地生活着。

生19：这次我的小论文的题目是"风雪中挺立的枯木"，我觉得特别能表达冯歪嘴子给我的感受，我想给大家读读。"在风雪中挺立着一棵枯木，树干里的精华与养分已消失殆尽，身上与它共患难的叶子也已片片凋落，是凛冽的寒风强行带走它们的。没有了叶子，枯木本该放弃的，但他仍然坚持将脚下的两株小草护在身后，为他们挡住寒风。他不知道自己还能撑多久，但是看看其他树木都是如此，于是他就下定决心，自己要生根，要长得牢牢的……他的枝干是脆弱的，有时禁不住寒风就会折断；他本想让那枝干随风而去，但当看见脚下的小草又长高一截，他就会咬咬牙，咧嘴笑笑，把那断枝抓得再紧些……"我把冯歪嘴子比喻成"风雪中的一棵枯木"，这寒风便是这世道上发生的许多不幸的事情，在他身上共患难的叶子是他的妻子。

思考阅读感受，评判小说价值

师：实际上，这本书从问世就饱受争议。我们可以看到梁文道在《开讲八分钟》里借用司马长风的评价说："这本《呼兰河传》，我认为当之无愧是现代中国文学史上最伟大的文学作品之一。"

但同时也有文学评论家这样评论："在抗日救亡的时刻，所有的人都应该写有关抗日的题材。萧红仅仅留恋她的故园，温情地回忆那些痛苦挣扎的可怜人。这样的作品不应该留在文学史上。"

你们的看法呢？我给大家五分钟时间交流，五分钟后说一说你们的想法。

（学生小组讨论，老师巡视交流）

生20：萧红温情地回忆了那些痛苦挣扎的可怜人，因为她同情他们，她生在那里长在那里，但是她后来离乡没有再回去。她既同情他们，也从他们的劣根性中得到了教训，想要唤醒国民。所以，我觉得第二个说得不对，记录痛苦挣扎的可怜人非常有意义。

师：用鲁迅的话说就是"揭开伤口引起疗救者的注意"。

生 21：我的小论文中有一段："冷峻，直白。细腻不失尖锐，美好渗透残酷——萧红，将这些优点展现得淋漓尽致。鲁迅在他的作品中，将中国当时社会的混乱和国民的麻木记录下来，萧红也如此。美好的童年生活，萧红用思念去批判，用怀旧去讽刺，这便是她作品的亮点，也是《呼兰河传》最不可缺少的点睛之笔。"《呼兰河传》我读了很多遍，我觉得书中有不少对当时社会不良风气的讽刺，我总结了 23 点，这是对呼兰河人不好地方的批判，也是对当时中国人的批判，这种批判到现在仍有价值。

分享阅读感受，引发深度思考

师：实际上，很多同学都注意到了这本书的国民性批判。其实几年前我在做毕业论文的时候，印象最深刻的就是这本书中冷得彻骨的麻木——生的麻木、死的麻木。这次再和大家一起读，我读到了更多萧红文字的温度和她对这些人物的温情。所以在这次阅读时，我创作了一首小诗。我想和大家一起分享：

梦中的呼兰河

刘晓舟

飘絮般的命运将我一步步带离了我的家，

那里，

以前住着我的祖父，

现在，深埋着我的祖父。

我的脚步离呼兰河越来越远，

哦，不！

我并不怀念她。

可是，为什么？

梦中，我一遍遍回到后园——

回到宁静、温暖和爱中，

与唯一爱着我的祖父嬉闹和欢笑……

可是，为什么？

繁华的香港街头，

耳畔总也传来老胡家跳大神的鼓，

小团圆媳妇呵呵地笑……

可是，为什么？

人群喧闹中，

我一遍遍咀嚼有二伯的孤独……

呼兰河并没有什么优美的故事，

只因他们充满我幼年的记忆。

忘却不了，

难以忘却，

常常入梦……

所以，记下来吧！

带着我深深的爱和眷恋，

带着我冷峻到含泪的批判！

这是我这次读书时的感受。我也希望同学们读书后能够更多地体会萧红作为一个漂泊者在香港回望自己家乡时的感情。

前段时间热映的电影《黄金时代》中有一段评价《呼兰河传》的文字，我觉得这个评价还算中肯，让我们以这段话来结束这节课。

生（齐读）：

"1941年萧红在写《呼兰河传》的时候，其他中国作家们大多在写战时报道文学、短文、戏剧或者抗战小说。《呼兰河传》不合当时抗战民众的要求。几十年的时间无情地流逝过去，当我们远离了满目疮痍战乱的中国，人们忽然发现，萧红的《呼兰河传》像一朵不死的花朵，深藏在历史的深处。"

师：我相信这本书的魅力会越来越多地被发现，我也希望你们对《呼兰河传》的阅读不因这节课的结束而结束。希望大家随着阅历的增加而不断重读这本书，就像我一样，不断思考这本书中曾经让你感动的形象。

专家视角

如何阅读诗化小说

北京教育学院教师教育人文学院　方　麟

在中国现代文学史上，有两部风格特殊的作品，一部是鲁迅的散文集《野草》，一部是萧红的小说《呼兰河传》。他们文体不同，内容各异，但是却具有类似的诗化特征。《呼兰河传》就是这样一部诗化小说，也可以称为现代抒情小说。

在教学价值环节，刘晓舟老师关注的是写实与虚构、叙述视角等问题。与之相应的，本学程的重点突破，刘老师关注的是叙述视角的选择和人物形象分析。小说的教学价值，当然不限于此，纵观七十余年的萧红研究，我们大致可以分为四类：一、主题研究，小说的生命意识、悲剧意识和历史意识；二、人物研究，人物原型与国民性批判；三、叙事研究，叙述的儿童视角、女性视角与时空形式；四、风格研究，小说的诗化特征；五、文化研究，小说的民俗内涵和乡土特色。

我们认为，教学价值环节的写实与虚构部分，研究意义其实不大。因为任何小说，都既不是纯写实，也不是纯虚构，而应是二者的结合。况且，《呼兰河传》不是为某个人立传，而是为萧红生长的东北小城立传。所以，小说虽名为自传体小说，其实当然包含了虚构成分。这一点，单独作为教学价值拎出来，似显夸大，而且易导致学生忽略小说的其他重要价值。小说的主题研究、风格研究、文化研究，都有值得学生涵泳品味的空间。

刘老师在叙述视角部分，提及了全知全能、内视角和外视角这些概念。我们认为，这些阐述过于学理化，对于中学生稍嫌深奥，在教学时不一定要完全展现出来，只需要作为教师修养的冰山底座部分即可，以免干扰学生正常的小说阅读。在教学上，藏与露，一定要把握分寸和火候，该藏即藏，该露即露。好的教师，一定要敢于藏好自己的理论武器，用浅显的语言来表述一些常见的道理。比如，我们用通常所说的儿童视角、女性视角来指称，学生可能更容易理解。

在教学现场环节，刘老师主要采用思维导图的形式，来进行人物性格分析。我们认为，人物性格如果只是孤立地来看，还是静止的、孤立的、单个的、典型的。但是，如果我们透过《呼兰河传》的群像来看，人物就存在一些共性了，如小人物的愚昧、冷漠，抗争与死亡，温情与善良。如果我们结合萧红与鲁迅的交往来看，萧红无疑是在对自己生长的家乡人民做"国民性"的素描。只有结合国民性这点，才能更深刻理解萧红的创作动机与悲悯意识。

利用思维导图是现在教学中比较时髦的做法，它的好处是便于厘清思想脉络，归纳成因，展示人物关系，弊处是容易抽离文本，陷入玄想。因此，教师在利用思维导图的时候，一定要紧贴文本，这一点刘老师无疑做得很好。

此外，既然《呼兰河传》是诗化小说，它的语言、意境自然很值得细细回味。类似的，像沈从文的诗化小说，也可以找来对比阅读。还有，小说的主题、民俗、乡土，都是可以关注的对象。

独特的地域文化，独特的心理特征

——《四世同堂》书册阅读教学现场

北京市朝阳外国语学校 李丽娟

书册名片

◆ **推荐版本**

作者：老舍	
插图：丁聪	
出版社：人民文学出版社	
出版时间：1998 年 1 月第 1 版	

◆ **内容梗概**

《四世同堂》是老舍先生创作的一部百万字小说，全书分为三部：《惶惑》《偷生》《饥荒》。

故事发生在"七七事变"后，侵华日军进入北平城，打破了四世同堂的祁家和小羊圈胡同里老老少少的平静生活。平日里最低调的钱家发生了大事：钱家二少爷摔死了一车日本兵，和他们同归于尽了。冠家的大女儿高第来给钱默吟老人送信儿，可冠晓荷、大赤包夫妇俩却将此作为平步青云的契机，向日本人告发了钱家，钱默吟因此下狱。祁瑞宣作为祁家长孙，想抗日却为大家庭所累，在帮助钱家料理丧事的过程中，他将祁家老三瑞全送出了北平。大赤包利用两个女儿——高第和招弟的婚事获得了妓女所所长的职位。祁家老二瑞丰在妻子娘舅的"提携"下当上了教育局科长。钱老人在监狱中受尽酷刑，最终在他人帮助下出狱。

小羊圈胡同的老少渐渐感受到日本人入侵和自己切实相关，大家的生活不仅缺少物质保障，连最基本的自由都受到限制，只有冠家的生活越来越"丰富多彩"。瑞宣离开学校到英国使馆工作，日本人拉拢他不成，反将他抓进监狱，在富善先生的帮助下，瑞宣出狱。钱老人在戏园大会掷下手榴弹，完成了自己的复仇。冠家的气数终于到了尽头，大赤包被日本人抓进狱中，冠家宅院被查封，招弟想营救母亲却不知所踪，冠晓荷与高第流落街头。

日本人的疯狂掠夺让北平物资紧张，大家想尽办法赚钱换粮，可粮食全被日本人控制，百姓按照配额领取，领来的却都是难以入口的"共和面"。失去日本人信任的大赤包在狱中发狂致死，招弟成为特务，拦截下想逃出北平去抗日的高第。冠晓荷因"共和面"吃坏了肠胃，被日本人活埋。瑞丰受到日本人怀疑而遭到暗杀。瑞全回到北平抗日，亲手杀死了招弟，蓝东阳在瑞全的威胁下卧床不起，后逃到日本。瑞宣在瑞全的鼓励下，走上地下抗战道路，与此同时，钱老人又被日本人抓进监狱。小妞子不堪"共和面"的摧残死去，祁家笼罩在无尽的阴郁中。终于传来抗战胜利的消息，钱老人也回到了胡同，大家一起庆祝这得来不易的"新生"。

◆ 作者简介

老舍（1899—1966），原名舒庆春，上学后，自己更名为舒舍予，1926 年首次使用"老舍"这一笔名，后为大家所熟知。

老舍一生经历丰富，1918 年师范学校毕业后，曾任小学校长、中学教员，并于 1924 年赴英国任大学讲师，在此期间，创作了三部长篇小说：《老张的哲学》《赵子曰》和《二马》。回国后，老舍先后任齐鲁大学和山东大学教授，从教过程中，他从未停止写作，陆续发表了《小坡的生日》《猫城记》《离婚》《月牙儿》《骆驼祥子》等中长篇小说。抗战爆发后，

老舍用四年时间完成了长篇小说巨著《四世同堂》。1946年，老舍当选为全国文联主席，作协副主席，并被北京市人民政府授予"人民艺术家"称号。新中国成立后，老舍仍笔耕不辍，发表了《茶馆》《龙须沟》等脍炙人口的作品。

老舍40岁时曾写自传：

舒舍予，字老舍，现年四十岁，面黄无须。生于北平。三岁失怙，可谓无父；志学之年，帝王不存，可谓无君。无父无君，特别孝爱老母，布尔乔严之仁未能一扫空地。幼读"三百千"，不求甚解。继学师范，遂奠教书匠之基。及壮，糊口四方，教书为业，甚难发财，每购奖券，以得末彩为荣，亦甘于寒贱也。二十七岁，发愤著书，科学哲学无所懂，故写小说，博大家一笑，没什么了不得。三十四岁结婚，已有一女一男，均狡猾可喜。闲时喜养花，不得其法，每每有叶无花，亦不忍弃。书无所不读，全无所获并不着急。教书作事均甚认真，往往吃亏，亦不后悔。如是而已，再活四十年，也许有点出息。

上述文字质朴自谦又妙趣横生，可见老舍的语言和人格魅力。

巴金先生说，老舍是一位"有才华、有良心的正直、善良的作家"，"他虽然含恨死去，却留下许多美好的东西在人间，那就是他那些不朽的作品"。

◆ 文学地位

《四世同堂》问世以来，"不仅以庞大的读者数量，越来越成为不可忽视的文本存在，直至确立了文学史上的经典地位，更通过不同样式的改编与传播，产生了越来越大的艺术感染力和社会影响"[①]。

《四世同堂》具有自觉的文化意识。老舍的作品往往蕴含他对传统的评断，对文化的忧思，对民族性的思考。他曾指出"抗战的目的，在保存我们文化的生存与自由；有文化的自由生存，才有历史的繁荣与延续"[②]，在抗日救国的旗帜下，小说不仅体现战争的丑恶，还能从中国人自身寻找国土沦陷、民族危亡的历史原因，进而展开对中国传统文化的反思。老舍借助瑞丰、冠晓荷等人在偷生、苟且中走向灭亡的命运表达出他对市民文化的否定；借助祁老人、瑞宣等人从柔弱、惶惑到觉醒、反抗的心路历程体现他

---

① 孔庆东.《四世同堂》的当代文化意义 [J]. 文学·艺术学研究，2012（4）：24.
② 老舍. 老舍文集：第十卷 [M]. 北京：人民文学出版社，1986：287.

对传统文化既肯定又批判的客观态度；借助日本老太、日本小孩性格中的冷静顽强彰显他超越民族意识和国家意识的大文化意识。

《四世同堂》具有深远的现实意义。作为中国第一部从头到尾描写抗日战争的长篇小说，《四世同堂》是对日本发动侵略战争，残害中国人民的控诉书。老舍认为这是"抗战文学的一部较大的纪念品"，"或许是自己最好的一部作品"。小说通过描写北平百姓的忍辱偷生、物质匮乏，展现了侵略者统治下中国民族的悲痛史；通过塑造侵略者、民族败类的形象，展现了不屈的国人对日寇和卖国求荣之人的愤恨史；通过刻画爱国人士的义薄云天、视死如归，展现了人民奋起抗争的壮烈史。

《四世同堂》具有永恒的世界意义。1949 年本书的"节译本"在美国出版，书名为《黄色风暴》，被誉为"好评最多的小说之一，也是美国同一时期所出版的最优秀的小说之一"。《四世同堂》战后传入日本，有正义感的日本学者称其为"反战人生教科书"。法国作家让·马瑞尔在《四世同堂》法文版序中说："我发现老舍小说中的深度、激情和幽默都是世界性的，超越国界的。"作为一部具有世界影响力的文学作品，其对战争与和平的论述、思考值得每一个人反思、借鉴。

教学价值

◆ **知识积累**

积累下列知识有助于学生理解《四世同堂》，这些知识应在阅读过程中随文学习。

（一）人物群像

长篇小说，常常会出现众多既有区别又相互关联的人物形象，构成"人物群像"。人物群像能够反映丰富的社会生活，避免人物形象脸谱化；推动故事情节，避免线索简单化；突破创作风格，避免同题材作品或自身作品单一化；融入多重思考，避免观感雷同化。在塑造人物形象方面，《四世同堂》突破了老舍以往的作品，书中几十个三教九流的人物各有其典型意义。人物群像的概念能够帮助学生划分典型人物的类型，看到人物共同的文化品格和文化心理。

（二）京味语言

老舍最引人注目的语言特点就是"京味"。

首先，京味语言是指作品运用的北京口语、方言和俚语。阅读《四世同堂》，学生要注意"串门儿"、"树影儿"、"小日本儿"等儿化音的使用，"爷"、"您"等称呼词的使用，"瞎摸合眼"、"噶杂子们"、"横是"等方言词语以及"放下秃尾巴鹰"、"打一巴掌揉三揉"等惯用语的使用。正是这些语言为作品增添了生活气息，让小说洋溢着浓郁的北京韵味。

其次，京味语言能彰显北京人特有的文化心理。《四世同堂》涉及的城市文化是多层次的，有封闭自守的"四合院文化"、老北京的"官本位文化"、重享乐的"贵族文化"等，读者应联系北京人的文化心理分析人物性格。如北京人认为京师自有京师的气派与风度，这种文化中心意识带来的是北京人深深的自豪感，而"讲礼"、"自尊"、"体面"正是源于此。这种文化心理在小说京味语言的运用中得以显现。

（三）讽刺手法

文学作品中的"讽刺"就是运用比拟、夸张、反语等手法对人或事进行揭露、否定、鞭挞。老舍塑造《四世同堂》中的反面人物时，讽刺手法贯穿始终。这类人物出场时，作者以戏谑口吻对他们的肖像做漫画式描绘：冠晓荷像"华丽光滑的玻璃珠"，大赤包犹如"会思想的坦克车"，胖菊子是"一块极自私的肉"。面对他们的汉奸行为，作者直接表达自己的不屑与不齿：瑞丰"最适宜于当亡国奴"，蓝东阳"卑贱得出众"，招弟"像肥猪那样似的享受泥塘的污浊"。谈及他们对国家民族的危害，作者更是毫不吝惜地辛辣嘲讽：他们"不是人，而是民族的脏疮恶疾……他们是蛆，蛆会变成苍蝇，传播恶病"。关注并赏析讽刺手法，学生能够更深入地理解作者的情感和小说的主题。

◆ 能力提升

《四世同堂》作为长篇小说阅读的样本，具有以下三方面的能力提升价值。

（一）借助叙事结构，了解创作意图

叙事结构指文学作品的总体架构方式，即作者将故事以何种顺序、风格展现给读者。《四世同堂》的叙事结构有两个突出特点。

其一，多线索的叙事。这部百万字的作品，由两条明线——祁家、冠家，一条暗线——钱家贯穿始终。明线、暗线同时展开，小说繁而不乱，容纳了更为丰富的情感和更为深入的思考。

其二，"宏观叙述"和"微观视角"的融合。小说通过记录社会的一角来展现历史的一个片段，一个小羊圈胡同是整个抗日战争背景下中华民族成长变化的缩影。把握叙事结构的特点，学生能够更好地了解作者的创作意图。

（二）理解特殊历史背景下的复杂人性

《四世同堂》塑造的人物不是非黑即白的，在特殊历史环境中，人物的性格常常极为复杂，学生在分析人物时要注意两点。

其一，人物、情节、环境"三要素"是共同构筑优秀小说的基础。解读人物应该从"三要素"的多边关系出发，即人物与情节——人物的性格冲突生成故事情节，故事情节发展展现人物的性格和变化；人物与环境——自然环境映衬人物的内心世界，社会环境影响人物的精神追求，人文环境强化人物的个性特点。

其二，矛盾是事物发展的根本动力。学生分析人物时还要注意人物的矛盾与变化。作品中瑞宣的矛盾挣扎体现出"旧文化"与"新知识"的碰撞，这样的矛盾与碰撞，是瑞宣走向革命的必经之路，也是人性解放、民族发展的必经之路。

（三）分析辩证语句中蕴含的辩证观点

辩证观点要求人们必须认清事物是不断运动、变化和发展的，分析时要抓住其内部矛盾斗争，从而客观认识世界。初中学生擅长从某一方面看待事物，但缺少全面和发展的眼光，《四世同堂》有许多辩证的表达与辩证的思考，能够帮助学生提高认知水平。在《偷生》中，作者说："爱和平的人而没有勇敢，和平便变成屈辱，保身便变为偷生。"简单的一句话体现了作者对抗战和黩武的辩证思考，寄托了作者对国民奋起反抗的鼓舞，蕴含了作者对民族和文化炽热的爱。阅读中，要帮助学生发现类似的语句，分析隐含其中的辩证思想。

策略建构

以下三种阅读策略有助于学生理解《四世同堂》复杂的情节和人物。

（一）理解监控

理解监控是阅读主体为达到预定目标，不断发现自身理解的困难，主动进行调整的阅读策略。《四世同堂》故事中蕴含着对传统思想、家校教育、人性善恶等方面的深入思考，饱含作者对国家、国民深切的爱和对侵略者彻骨的恨。学生要对意蕴深厚的语句敏感，主动追问自己是否理解，意识到存在理解障碍及时改变阅读速度，回读相关段落，联系上下文，反复推敲，查阅资料，努力消除阅读困惑。如书中的第 27 章，瑞宣称自己是"会思想的废物"，这句话要联系上下文探究瑞宣有哪些思想以及他为什么骂自己是"废物"。意识到出现阅读困难，反复阅读会发现瑞宣有对战争的思考——"还是打好"，有对自由的思考——"笼中的小鸟，尽管立志不再啼唱，又有什么用"，有对爱国的思考——"爱国是一股热情所激发出来的崇高行动"，我们也会明白瑞宣对自己的斥责——"他没法卸去自己的人世间的责任跑到理想的世界里去"，"他承认他有罪，应该这样惨死，因为他因循苟安，没能去参加抗战"。通过理解监控，调整阅读速度和阅读方法，学生才能真正在瑞宣的自我否定中看到新旧文化撞击下中国知识分子曲折的成长过程。

（二）对照阅读

对照阅读指阅读主体能够将具有一定关联的人物对比参照，在相似中区分细微或本质的差别。对照阅读在阅读人物众多的小说时极为必要。例如，同为"四世同堂"中苟安的祁家人，祁老太爷礼貌、平和却有着"不可侵犯的尊严"，祁天佑安分守己、忠诚善良却懦弱轻生，韵梅懂规矩、能忍耐又不乏坚定勇敢。对照阅读可以帮助学生理解同为年轻人，不同的选择造就了瑞宣、瑞丰、瑞全截然不同的人生；可以让学生思考同样的家庭环境和社会环境，为什么高第和招弟的性格会完全相反；可以让学生辨别同样是汉奸人物，冠晓荷、蓝东阳、高亦陀各代表了哪一个社会层面。这一策略能够帮助学生在人物的共性特征中把握其个性特点。

（三）内容重构

内容重构指按照一定要求重新组织整合文本内容。在阅读过程中，教师可以鼓励学生以小论文形式呈现阅读的收获。论文方向确定后，学生需要略读和跳读文本，列表整理书中相关文段以备使用。如有学生定题为"诗人？战士？"，就需要整理反映钱老人前后变化的文字；如有学生定题为"不得不说的京味"，则需要将体现老北京文化、民俗的语句梳理分类；如有学生定题为"《四世同堂》对传统文化的反思与批判"，就需要将书中作者的议论语段或借助人物之口表达的思考提取摘录。内容重构能够帮助学生提取信息、建立联系、主动重组，避免学生的研究空洞无物，脱离文本。

◆ 精神成长

名著阅读是完善自我人格，构筑精神家园的重要途径。小说中的故事发生在抗日战争时期，面对日本的侵略，中国涌现出如钱先生、瑞全、王排长等抗日英豪，他们面对战火不畏牺牲；也涌现出如李四爷、瑞宣、韵梅等不断进步的普通民众，他们守护家园，不失忠节。学生在阅读中会为他们的抵抗而震撼，油然而生一种民族自豪感。小说中同时存在如瑞丰、大赤包、高亦陀等卖国求荣的鼠辈，他们是"民族自卑的产儿"。批判他们，学生也要思考如何发展国力，建立民族自尊心、自信心，产生强烈的民族使命感。

学程设计

◆ 整体框架

《四世同堂》是学生在初中阶段接触的第一部长篇小说，因其特定的历史背景、众多的人物形象和深刻的哲理思考，学生在阅读中会不断遇到困难、生成问题。学程设计，采取了"边读边导"的方法。学生自读过程要完成"通读指导"任务，把握章节重点内容。阅读完一卷后，老师要及时解决学生比较集中的问题，以便更好地阅读下一卷。

教学阶段	主要内容	教学资源	设计意图
通读指导（第一卷）	把握重点	章节阅读学程	自主阅读，独立思考并解决相关问题。
重点突破1	细读文本	无	梳理、讨论、解决在阅读第一卷过程中生成的问题，细读文本。
通读指导（第二卷）	把握重点	章节阅读学程	在自读过程中独立思考并解决相关问题。
重点突破2	解读瑞宣	无	结合前两卷的阅读内容，深入最感兴趣的人物，探究解读人物的基本思路与主要角度。
通读指导（第三卷）	把握重点	章节阅读学程	在自读过程中独立思考并解决相关问题。
重点突破3	人物群像	解读人物群像	划分人物群像，解读并探讨人物群像的价值。
	文化反思	京味文学代表作品	通过互文阅读分析、反思北平传统文化。
内容统整	语言探究	京味语言学术论文	赏析老舍重要的语言特点。

◆ 通读指导

通读指导包括两方面的内容。章节阅读学程用来指导学生自读，让学生在阅读中不断思考、反馈、交流、提升。阅读过程中的教师点拨则借助教学设计呈现。

第一卷：《惶惑》

阅读范围	阅读任务	重点能力指向
第一章至第三章	1. 阅读第一章，画出祁家四世人物谱系图。 样例：钱家谱系图 （夫妻） 钱默吟 —— 钱太太 （长子 长媳）　　　　（次子） 仲石　　仲石太太　　孟石 2. 请根据第三章对小羊圈胡同各家的介绍，画出胡同的平面图，并标明各号院的主人姓名、职业及其在胡同中的地位。 3. 卢沟桥的炮声响了，这炮声打乱了胡同众人的生活，但人们对战争的态度却不尽相同，你敬佩谁，认同谁，鄙视谁？请联系原文阐述观点。	情节梳理：用图表和图片展现对文章内容的梳理和概括。

续表

阅读范围	阅读任务	重点能力指向
第四章 至 第六章	1. 第四章主要描述了祁家老大瑞宣和老三瑞全针对北平沦陷的一段对话。请你补充下面的气泡图，体现兄弟二人对民族存亡态度的异同。 （气泡图：瑞宣——瑞全——，各连接三个圆圈） 2. 北平陷落，大家的心也跟着陷落，作者说"北平是在悲泣"。你能否摘抄一处有同样表达效果的句子，并写一段文字说服同学们将这句话背下来。 3. 第六章写到"整个的北平变成了一只失去舵的孤舟，在野水上飘荡！"不再属于北平人的北平带给不同人怎样的"惶惑"？请分类概述。	深入分析：用具体情节展现人物性格，借助具体语句体味作者的思考。
第七章 至 第九章	1. 第七章写到了冠家风波，结合具体细节说说你认为高第和招弟两姐妹谁更"美"。 2. 在阅读中我们发现，老舍不仅是一位伟大的作家，更是一位超乎常人的思想家，他在第八章前半部分说"耻辱的外衣是静寂"，请你结合瑞宣的见闻，谈谈对这句话的理解。 3. 一位同学在第九章批注：一向温雅的瑞宣首次开战。你能说说这个批注指的是哪个情节吗？试着分析瑞宣"开战"的原因、方式和结果。	阅读发现与思考：关注重点细节和语段并能结合文本进行分析。
第十章 至 第十二章	1. 阅读第十章，查阅历史资料，了解"八•一三事变"对国内形势的影响，写一段"号外"让北平的百姓了解这对自己的生活意味着什么。 2. 第十一章写道："北平，在世界人的心中是已经死去，而北平人却还和中国一齐活着，他们的心还和中华一切地方的英勇抵抗而跳动。"小羊圈胡同的众人的确还"活着"，你能看到他们的心在"抵抗"和"跳动"吗？ 3. 钱老先生在得知仲石的消息后心情极为复杂，如果他在梦中见到了自己的儿子，会对他说些什么呢？请你阅读第十一、第十二章，写出钱老先生对儿子说的话。	搜集材料：搜集与整理有助于理解小说内容的助读资料。

续表

阅读范围	阅读任务	重点能力指向
第十三章至第十五章	1. 阅读第十三章，说说瑞宣口中的"亡国惨"指什么。你从谁的身上看到了这种"惨"？请简要说明。 2. 身为"亡国奴"，目之所触，心之所感，无不悲凉。第十四章，作者却于此时"大肆"描绘太平时候中秋时节北平的美丽，并说"北平之秋就是人间的天堂，也许比天堂更繁荣一点呢"。作者这样写有什么用意？请你谈谈自己的看法。 3. 俗话说，一方水土养一方人。身居皇都的北平人有哪些独特的"北平人的性格"，请你分别选出老年人、中年人、青年人的代表，以他们的口吻设计几句宣传语，体现不同年龄段北平人相同或相异的性格。	分析人物：借助对个体人物形象典型性的分析，把握一类人物形象。
第十六章至第十八章	1. 第十六章，马老太太在劝说小崔两口子时说道："咱们北平人不应当说这样的话呀！凡事都得忍，忍住了气，老天爷才会保佑咱们，不是吗？"你曾受过关于"忍"的说教吗？你怎样看待这个观念？ 2. 孟石是战争来临后，小羊圈人们眼看着失去的第一人，因而他的丧事是胡同中的一等大事。这桩丧事让你重新认识了哪些人？ 3. 第十八章开篇说"大家很不放心这点光"，请你结合人物性格特点推测，这样一个伏笔会引发后文什么样的情节？	预测：学生根据阅读中对人物的了解，合理推断情节的发展。
第十九章至第二十一章	1. 第十九章结尾处，瑞宣认为自己和瑞丰"都是亡国奴"，请你选择胡同中的一个人物，用他的语气支持或反驳这个观点。 2. 第二十章，老舍说冠晓荷"的确有涵养，越输，他的态度越自然，谈笑越活泼"，你如何理解作者的这番"赞美"？ 3. 逃回小羊圈的钱先生还是你心中的那个"诗人"吗？阅读第二十一章，并结合第五章、第十一章，谈谈你的看法。	品味语言：体会作者语言中的讽刺意味。
第二十二章至第二十四章	1. 第二十二章，瑞宣忽然坐起来，他问自己："这就是爱国吧？"然后他自己回答："爱国是一股热情所激发出来的崇高的行动！光是想一想，说一说，有什么用处呢？"你认为谁最富于热情，谁最崇高？请给他写一段"颁奖词"。（颁奖词写作要点：情感性，真挚赞美人物事迹；深刻性，触及人物的精神内核；简洁性，语言精练简洁。） 2. 韩麦尔先生在最后一课里，"好像恨不得把自己知道的东西在他离开之前全教给我们……语法课完了，我们又上了习字课"。而祁瑞宣老师在北平沦陷后的第一次课上，只"挤"出两句话："明天上课。今天，今天，不上了!"二人举动迥异，如果这两个人见面了，他们会如何评价对方的行为呢？请你为他们设计一段对话。 3. 第二十三章，作者认为冠晓荷等人"当外患来到，他们使国家亡得快一点"，你能否借用化学方程式的形式体现你对这句话的理解？	联结：建立小说和其他文本的联系，并能够分析异同点。

续表

阅读范围	阅读任务	重点能力指向
第二十五章 至 第二十七章	1. 第二十五章，参加"庆祝保定陷落"游行的学生和你的年龄相仿，若你也是他们中的一员，当天会怎么说，怎么做？ 2. 第二十六章写到"容易满足的人有时候比贪而无厌的人更容易走到斜路上去"，你能谈谈这句话中蕴含的哲理吗？ 3. 第二十七章瑞宣认为"国家不再是个死板的定义，而是个有血肉，有色彩，有声音的一个巨大的活东西"。你的生活中，是否有过认同这一观点的时刻？若有，请简要描述。	联结：将阅读内容与生活经验建立起联系，通过阅读丰富生活、指导生活。
第二十八章 至 第三十章	1. 第二十八章，祁瑞宣终于收到了老三的来信，但是信非常短，他知道，三弟要跟他说的话也许需写十张二十张纸，但只写了一个"大哥"。请你以老三的身份，把这封信续写完整。 2. 在之前的故事中，瑞宣送瑞全离开北平，如今又劝刘师傅、瑞丰走，而自己却选择留下，你能解释这其中的矛盾吗？ 3. 清代著名学者龚自珍说："欲要亡其国，必先灭其史，欲灭其族，必先灭其文化。"请结合瑞宣的思考谈谈你对这句话的理解。	语言表达：结合人物性格特点，扩写文段，细致感受人物的内心世界。
第三十一章 至 第三十四章	1. 面对上海的失利，南京的沦陷，小羊圈中的各色人物也有不同的表现。他们中有人遵循的是中国普通百姓历来抱有的"好死不如赖活着"的生死观，也有人继承了古代文人"宁为玉碎，不为瓦全"的风骨与气节。请你阅读第三十一到第三十四章，从中摘抄两段人物描写（心理描写、语言描写、动作描写皆可），分别表现这两种不同的处世态度。 2. 在全书的开篇部分，钱默吟曾说："一朵花，长在树上，才有它的美丽；拿到人的手里，就算完了！"请结合钱默吟的遭遇，谈谈你对这句话的理解。	联结：将名著阅读与传统文化价值观联系起来，提升文本认知。

　　学生在阅读第一卷时，比较注重故事情节，对相关历史背景不甚了解，对人物性格分析零散、表面，对体现思考的主题句不敏锐。基于上述问题，学生自读第一卷后，教师要指导他们"细读"，挖掘文本价值，为第二卷阅读奠定基础。

◆ **重点突破1**

含英咀华， 领会其妙

——细读《四世同堂》第一卷

教学目标

1. 细读环境描写，能够描述故事展开的历史背景和社会概貌。

2. 细读人物描写，结合具有象征意义的图片，以原文为例证解读人物。

3. 细读哲理语句，筛选出与"家国关系"相关联的语段，用人物对话的形式阐述自己的理解。

教学过程

活动一：渲染底色

如果现在让你为《四世同堂》第一卷绘制一幅图画，你将以什么样的背景为底色？底色的选择不是随意的，要结合小说故事所处的历史背景和社会环境。

示例：我会以夕阳西下为背景。文中说"卢沟桥的炮声响了""天是那么晴，阳光是那么亮，可是整个的大城——九门紧闭——像晴光下的古墓！""街上没有一点声音……北平是在悲泣！"夕阳下的北平城，人们以为那一点点光亮是希望，殊不知那是即将消失的落日。黑暗已降临，能否迎来黎明的曙光都还是未知。

活动二：视觉大发现

请仔细观察这幅图，说说这幅图画让你想起了《四世同堂》中的哪个人

北京市朝阳外国语学校　白之爱

物。请参照示例，进行交流。答案不唯一，言之成理即可。

示例：我发现了钱默吟老人，图片中象征他的是老槐树。我这样判断缘于原文中的描述：钱先生始终像一棵树——你招呼他，他不理你。（第25页）所以我认为图画能够体现出他对待冠晓荷之流不嗔不怒，如扎根极深的大树，不因风雨而动摇的特点。

活动三：家国风雨中

《四世同堂》第一卷为我们描绘了小羊圈百姓在战争突来时的众生相：有些人舍弃自己的国家，出卖别人的家；有些人想保卫自己的国家，却只能守着自己的家；有些人舍不得自己的家，却毅然离开去守卫自己的国家。

你认为原文中这三类人的代表分别是：＿＿＿＿、＿＿＿＿、＿＿＿＿。

请设想：抗战胜利后的一天，夕阳西下，这三位代表人物聚在小羊圈那两棵老槐树下畅所欲言，他们会怎样解释自己当时的选择？请以小组为单位，结合原著，设计人物对话。

示例：

冠晓荷：日本人太可恨了，还以为他能给我带来好运，谁承想奔走得筋疲力尽，而事情还是渺茫不定。打得好！打得好！不知抗战胜利委员会还有没有空缺的职位，我可是很有为官心得的。

瑞宣：冠先生，如果我为自己当初不能舍弃家的羁绊奔赴战场而羞愧，今天则会为你的不知改悔而感到耻辱，这是国家的耻辱。

瑞全：哥，你和他不一样，对他来说国家民族等只是一些名词，假如出卖国家可以使饭食更好，衣服更漂亮，他会连眼睛也不眨巴一下便去出卖。

冠晓荷：老弟，你说这话说明你还没看明白，世上什么都是假的，只有女人、衣冠与金钱，是真的！

瑞宣：住口！你们这些蛀虫，在没有外患的时候，你们使社会腐烂。当外患来到，你们使国家亡得快一点。

瑞全：哥，说得好！

瑞宣：老三，在我看来，骨肉之情是最无情的锁链，而你摆脱了这最难割难舍的关系，担起了更大的责任。你让我为自己的因循苟安找到了一丝安慰。

瑞全：大哥，我们需要文天祥、史可法、岳飞这样为国尽忠的人，但同时也需要守在家中尽孝的人。

第二卷：《偷生》

阅读范围	阅读任务	重点能力指向
第三十五章 至 第三十七章	1. 常二爷是个"活泼结实"的朴实农民，也"是世界上最爱和平的人"，却被日本人罚跪，因而说出"不想活着了"的话。你能否结合第三十五章的内容，替老人写一封"控诉书"，帮助老人讨回公道。 2. 随着"台儿庄大捷"的到来，瑞宣的心也随之"长大了"。请你阅读第三十六章，并联系瑞宣之前的行为和想法，说说他有哪些成长。 3. 第三十七章着重描写了冠晓荷和大赤包在"抗战"期间钻营，试图发国难财的丑恶嘴脸。你能否用思维导图的形式揭露他们的丑态？	分析人物：结合具体描写分析人物性格特点，赏析对反面人物淋漓尽致的刻画。
第三十八章 至 第四十章	1. 第三十八章，作者居然用很多文字介绍北平"正统的粽子"，你能理解作者这样写的意图吗？ 2. 第三十九章，钱先生终于出现了，并委托小崔给瑞宣带来"五月节"的"神符"，钱先生要借"神符"上的文字宣传什么？ 3. 第四十章，祁瑞宣谋到"英国大使馆"的职事，街坊邻居粉墨登场前来道喜。有人认为他们的表现体现了中国人"官本位"的文化心理，你是否认同？请说说你的观点。	揣摩创作意图：理解看似离题的文字对小说的意义。
第四十一章 至 第四十三章	1. 第一章介绍小顺儿妈时说："她是天生的好脾气。"在第四十一章，我们看到小顺儿妈看到小顺儿被日本孩子欺负大发雷霆。你能否为人物的前后矛盾找到理由？ 2. "只有痛苦！只有痛苦！痛苦好像就是我的心！孩子们不挨饿了，也穿上了衣裳。他们跳，他们唱，他们的小脸上长了肉。但是，他们的跳与唱是毒针，刺着我的心！我怎么办？没有别的办法，除了设法使我自己麻木，麻木，不断的麻木，我才能因避免痛苦而更痛苦，等到心中全是痛苦而忘记了痛苦！"这是第四十二章中陈野求在与钱默吟先生绝交后说的一段话。如果让你扮演这个人物，你会用什么样的语气说出这段话？ 示例： 　　长顺："后来，换钱的风声越来越紧了（逐渐压低声音），我才又催问了一声（摇着头，后悔）……外婆哭了一夜（皱眉，心疼）……可是她一元也没有了（低下头，捂住脸）！" 3. 第四十二章的结尾，瑞宣想道："在这死的时代，只有钱先生那样的死才有作用。有良心而无胆气的，像他和野求，不过只会自杀而已！"如果他们真的自杀，是为了向世界宣告什么？请你选择他们其中一个加以说明。	分析人物形象：能够用发展的视角审视长篇小说中的人物形象。

阅读范围	阅读任务	重点能力指向
第四十四章 至 第四十六章	1. 第四十五章，钱默吟并没有在第二天晚上八点半出现，此时的野求哭丧着脸说："我就是不幸的化身！我又把默吟来听孙子的哭声这点权利给剥夺了！人别走错一步！一步错，步步错！"读完这段话，你认为野求是否值得原谅，请以小组为单位，写一篇辩论稿。 2. 瑞宣被日本人抓走之后，有这样一段描写"听见关门的微响，瑞宣的心中更痛快了些——家关在后面，他可以放胆往前迎接自己的命运了！"试结合上下文续写瑞宣此刻的心理活动。 3. 瑞宣被日本人带走之后，家里人都在为救出瑞宣而努力，只有瑞丰仍旧沉浸在自我的世界里，他不但不想救瑞宣，甚至觉得是瑞宣连累了自己。如果我们将瑞丰这个人物搬上舞台，你能否为他写一个言简意赅的人物简介？ 示例： 　　大赤包——胡同里的"西太后"，为达目的不计后果，贪婪无耻又毫不自知。她是汉奸里的"领头羊"，民族中的败类。	语言表达：分享感性阅读体验。
第四十七章 至 第四十九章	1. 第四十七章瑞宣被捕之后，程长顺去找富善先生帮忙，回去之后，他"把一早上的英勇事迹，像说一段惊险的故事似的，说给大家听"。如果你是长顺，你会怎样讲这个故事？ 2. 第四十八章，瑞宣被营救出来，他回到家中反复念叨着一句什么话？你怎样理解这句话？ 3. 第四十八章，富善先生来祁家做客，"看到祁家的四辈人，他觉得他们是最奇异的一家子"。如果富善先生回到祖国，在一档电视节目中向他的国人讲起祁家，该如何介绍他们的"奇异"呢？	分析理解：以外民族的文化视角分析中国人的生活方式。
第五十章 至 第五十二章	1. 第五十章，瑞宣聆听了钱先生一个人的"布道"，参加了一群人的"作协大会"后，分别会有什么收获？请根据你的理解总结。 2. 第五十一章说"北平并不产粮，北平人又宁可挨饿也不去拼命。北平只会陪着别人死，而决不挣扎"。由这句话你能想到作品中哪些人？哪些事情？ 3. 战争中，很多人都需"偷生"，阅读第五十二章，请你用"气泡图"概括牛教授和瑞丰"偷生"的异同点。 	联系上下文：能联系有一定内在关联的文段，分析语句的内涵。

阅读范围	阅读任务	重点能力指向
第五十三章 至 第五十五章	1. 第五十三章写道："湖边，塔盘上，树旁，道路中，走着没有力量保护自己的人。他们已失去自己的历史，可还在这美景中享受着耻辱的热闹。"请结合目前你已经读过的章节，谈谈你对"耻辱的热闹"的理解。 2. 老舍的语言京味十足，他常常会在小说中使用北京方言。第五十四章，老二祁瑞丰想请大嫂帮他给胖菊子说情，老舍写了"蘑菇了好久，见大嫂坚硬得像块石头"。这句中"蘑菇"一词是什么意思？你能否再列举几个这样的词语，并结合语境加以解释。 <table><tr><th>类别</th><th>举例</th><th>释义</th></tr><tr><td rowspan="2">口语词汇</td><td>蘑菇</td><td></td></tr><tr><td></td><td></td></tr><tr><td>惯用语</td><td>犯牛脖子</td><td></td></tr><tr><td>歇后语</td><td>裹脚的小妞儿——怕走了大脚</td><td></td></tr></table> 3. 第五十五章开头有这样一句话："这是蓝东阳的时代。他丑，他脏，他无耻，他狠毒，他是人中的垃圾，而是日本人的宝贝。"从语言简洁的角度来说，这一段话有些啰唆，可否修改一下？如果你认为可以修改，请修改；如果你认为不能改，请说明理由。	品味语言：初步分析京味语言的特点。
第五十六章 至 第五十八章	1. 第五十六章，祁瑞宣认为汪精卫比敌人更可恨。请结合相关史实，谈谈祁瑞宣为什么这样想。 2. 《四世同堂》写出了沦陷的北平中的众生相，塑造了许多"被伤害了身体财产"或"打碎了灵魂"的人物。小说中的哪个人给你留下了深刻的印象？请你绘制一幅手抄报，呈现自己的分析理解。 3. 在《四世同堂》这本书中，作者不仅表达了对日本人的憎恶，更反思了北平的文化。在第五十七章中，作者的这种文化批判比比皆是，请你尝试文字拼图：将这些零散的语句串联成一段关于文化反思的文段（可以适当加入衔接词语和自己的理解）。	学科综合：文、史、政学科的融合，多种学科视角解读文本。
第五十九章 至 第六十一章	1. 第五十九章，祁天佑一步步被日本人逼向了死路。请从文中摘抄有关祁天佑临死前的心理描写，并结合相关情节，用几个成语说说天佑是个什么样的人。 2. 天佑去世，瑞宣及全家人悲痛不已。书中有一段关于瑞宣的心理描写："文化是文化，文化里含有许多不必要的繁文缛节，不必由他去维持，也不应由他去破坏。""他好像是新旧文化的钟摆，他必须左右摆匀，才能使时刻进行得平稳准确。"请结合瑞宣经历的大事小情，说说到底是什么原因造成了他的悲与痛。	理解主旨：如何通过分析主要人物理解主题。

续表

阅读范围	阅读任务	重点能力指向
第六十二章 至 第六十四章	1. 第六十二章这样描写马老太太和小崔太太："她们已不是两条可以自由活着的性命，而是被狂风卷起的两片落叶；风把她们刮到什么地方去，她们就得到什么地方去……"这个比喻让你产生了怎样的阅读感受，请简要谈谈。 2. 第六十三章，小文像被魔鬼附身一般去砸了日本人的脑袋，他当时"笑了笑"，且"任凭他们捆绑"，如果你是小文，你当时心里都在想什么？请以内心独白的形式告诉我们。 3. 第六十四章，一号院的日本老太太带着两个孩子，送走了出征的亲人，她主动与瑞宣说出了心里话。你如何看待这位日本老太太？请结合以下链接材料予以评论。 链接材料： 　　早在1957年，文部省就要求教科书不要过多地写日本的坏话，认为"把日本过去的战争规定为帝国主义战争是不好的"。60年代又在审定教科书时美化侵略战争。到80年代，再次掀起教科书事件，把"侵略"改成"进入"，引起中国以及亚洲各国的一致抗议。 　　　　　　　　　　　　　　　——《北京日报》	对比阅读：能够对比人物不同态度下所体现的文化、教育差异。
第六十五章 至 第六十七章	1. 冠晓荷听到桐芳的死讯后，由心底生出了反抗大赤包的决心和勇气，我们是否可以因此认定冠晓荷也是一个重情重义之人？请联系相关章节，说说自己的看法。 2. 第六十六章，体面的冠晓荷和乞丐一样的钱默吟碰面了，钱老先生在气势上完全压过了冠晓荷，在你看来，这是否是一次正义对邪恶的完全胜利？请结合具体内容论述你的观点。 3. 胡同中最风光的冠家终于"遭了报"，冠晓荷也只能流落街头，如果你现在可以和他交流，你最想和他说些什么？	评价文本：能够辨别表面现象与实际本质之间的差别。

瑞宣一直是学生比较好奇的人物，他的左右摇摆，让学生极为困惑。对于这个"思想的巨人，行动的矮子"，学生的分析比较"单一化"、"表面化"，即使能够辩证地分析，也不能自觉将人物与小说主题、将人物与社会意义联系起来。因此，阅读完第二卷后，教师需要帮助学生深入解读瑞宣。

◆ **重点突破 2**

从惶惑到偷生， 继而走向……

——解读祁瑞宣

教学目标

1. 辩证地解读人物，能够概括人物双方面的性格特点。

2. 联系书中相关文段，解释人物双重性格的成因。

3. 结合具体情节，预测人物的走向。

教学流程

活动一：为人物贴标签

请结合《四世同堂》前两卷，仔细观察这幅作品，为瑞宣添加一些"标签"，表明你对他的认识。

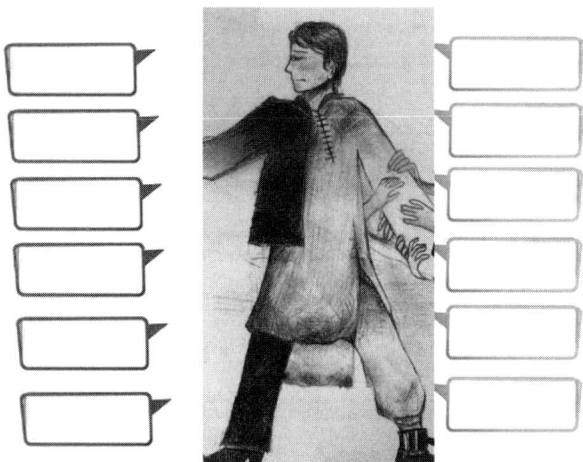

活动二：分析"钟摆人"的性格成因

"他好像是新旧文化中的钟摆，他必须左右摆匀，才能使时刻进行的平稳准确。"

这句话隐含着作者对瑞宣双面性格成因的思考，你能结合所读篇章挖掘这句话的深意吗？

教师出示完整图片补充讲解。

(一) 新旧激烈碰撞的时代背景

鸦片战争以来，在外国势力的入侵下，中国社会全面崩溃，成为没有民族独立的国家。外国势力赤裸裸的政治、军事入侵，造成了专制与民主，传统生活方式与资本主义生活方式等方面的强烈碰撞。"新"的成长，"旧"的崩溃，深刻地影响了中国社会和中国人民。

(二) 长子身份的羁绊

瑞宣是大家庭的长子，生活在上一辈和下一辈的夹缝中，他是家庭的经济支柱，也是处理内外事务的主心骨。作为四世同堂的长孙、长子、长兄，瑞宣自觉地承担着维护家庭和睦的义务和教育弟妹、子女的责任，所以一旦家中出现了不和谐，他便会无比痛苦和自责。瑞宣不能放下自己肩上的职责，只好不甘心地"偷生"。

(三) 封建礼教的桎梏

由于儒家思想的长期统治，"礼"的观念深入人心，随着文化的传播，"礼"从最初的"礼乐教化"发展为"家规"、"族训"。祁家是一个遵循礼教的家庭，重视亲子之爱，家庭秩序井然，但战争来临时，这种思想便成为束缚青年人奋起反抗的负面力量。

(四) 东西文化的冲突

瑞宣是一个处在社会转型时期的知识分子。他在西方文化的影响下，有新的眼光，对事物的认识较其他人深刻，所以钱诗人也要来向他"请教"。另一方面，瑞宣也深受中国传统文化"中庸"、"避世"等思想的影响，以至于行动总是迟缓的。我们不难感觉到瑞宣对传统文化的失败感到失望，对西方文化心向往之却无计可施的矛盾。

北京市朝阳外国语学校　白之爱

活动三：预测人物未来

瑞宣从"彷徨"走到了"偷生"，你认为接下来他会走向何方？

我认为，瑞宣经历了＿＿＿＿＿＿＿＿＿＿＿＿、＿＿＿＿＿＿＿＿＿＿＿、

＿＿＿＿＿＿＿＿＿＿＿＿＿、＿＿＿＿＿＿＿＿＿＿＿＿＿＿＿＿等事件，会

选择＿＿＿＿＿＿＿＿＿＿＿＿＿＿＿＿＿＿＿＿。

第三卷：《饥荒》

阅读范围	阅读任务	重点能力指向
第六十八章 至 第七十章	1. 冠家终于被抄家了，有人认为，身为汉奸的大赤包与冠晓荷可怜、可悲、可恨、可叹。请结合书中细节说说你的认识。 2. 第六十八章结尾处，高第心中所想"废物总比汉奸好一点"与司马光所言"与其得小人，不若得愚人"有异曲同工之妙，这一取一舍中蕴含着中国人怎样的观念？ 3. 第七十章有一句颇具哲理的话：青春是铁，环境是火炉。小说中的哪些青年人在社会的熔炉里得到了锻炼，哪些青年人被环境的火炉吞噬了所有。	阐述观点：用具体情节验证自己的阅读体验。
第七十一章 至 第七十三章	1. 请从第七十二章摘抄不少于3处关于冠晓荷和瑞丰的细节描写，并简要谈谈在举国抗日的背景下，他们两人的性格成因及异同点。 2. 冠晓荷和瑞丰是卖国"学霸"，二人在日本人的评定中获得了"九十八"和"九十二"的高分，请你预测日本人会如何重用这两位"超等"顺民。 3. 那个曾经一心报国的长顺终于还是苟安在北平以保障家人的生活，请你借助下面的流程图，梳理长顺的心路历程。	分析细节：同组人物之间特点的互相补充。能够从外因、内因两方面分析人物性格成因。

续表

阅读范围	阅读任务	重点能力指向
第七十一章 至 第七十三章	事件 事件 事件 心理 心理 心理 事件 事件 事件 心理 心理 心理	
第七十四章 至 第七十六章	1. 小羊圈的居民接到了传单: "同胞们, 是甘心饿死, 还是起来应战! 活路须用我们的热血冲开; 死路是缩起脖子, 闭上眼, 等, 等——等死!" 这个传单似乎没有发挥什么作用, 因为居民们的"智慧"让他们拒绝应战。你能不能改写传单内容来劝说这些"聪明人"? 2. 第七十五章的环境描写非常精彩。请你摘抄一处环境描写, 结合相关情节, 说说环境描写的具体作用。 3. 面对日本的加紧控制, 北京人开始吃"共和面", 瑞宣的内心更是升起复杂的情感。请你为瑞宣设计几句呼喊的话, 舒解他内心的压抑。	分析环境描写: 借助环境描写的相关知识, 分析具体环境描写的作用。
第七十七章 至 第七十九章	1. 瑞丰刚由狱里出来, 又被东阳扣住, 全家人都为他而坐立不安, 尤其是祁老人。对于这样一个"不肖子孙", 祁老人为何还万分担心? 请你将下面这段人物内心独白续写完。 祁老人: 瑞丰, 真的, 他确实是无聊无知, 可是_____。 2. 在冠晓荷、孙七等一行人被带出城的前前后后, 文中出现了大段的环境描写, 请摘抄至少一处赏析。 3. 第七十八章写到日本人在街上看到晕倒的、闹肚子的等等都要拖去消毒, 消灭一个便省去一份粮食。作为一名中国人, 你读到这些片段时有什么感受?	赏析人物: 关注小说中线索性人物及其所代表的信仰、文化。
第八十章 至 第八十二章	1. 小说开篇即说道: "祁老太爷什么也不怕, 只怕庆不了八十大寿。"而第八十章祁老太爷对韵梅说道: "小顺儿的妈, 甭为我的生日为难! 我快八十岁了, 什么没吃过, 没喝过? 何必单争这一天……"分析祁老太爷这一变化产生的原因。 2. 第八十一章结尾写道: "一个没有出过北平的妇人, 在几年的折磨困苦中, 把自己锻炼得更坚强, 更勇敢, 更负责……"请你以瑞宣的口吻, 向大家介绍自己的妻子。 3. 在开篇, 作者称瑞全是"性子急"、"愣小子", 第八十二章, 瑞全"从历史的背景, 他重新看自己, 他看出来, 他的自信与天真只是一般热气催放出来的花朵, 并不能结出果实。他的责任不是只凭一股热气去抗敌, 去希冀便宜的胜利, 去梦想胜利后的乌托邦。他也必须沉住了气去抵抗历史, 改造历史"。请你结合相关内容, 谈谈是什么造成了瑞全前后的变化。	分析人物: 丰富对人物分析的相关知识, 如人物的变化, 有些是渐进式的, 有些是波浪式的, 有些是冲突式的。

阅读范围	阅读任务	重点能力指向
第八十三章 至 第八十五章	1. 第八十三章，再回到北平的瑞全对这座古城又爱又恨，你能作为瑞全的代言人，说说他爱与恨的矛盾吗？ 2. 阅读第八十四章，钱默吟老先生说"变化是生长的阶段"，请用思维导图的形式梳理他"变化"的几个阶段。 3. 第八十五章是瑞全在北平的"开场戏"，这出戏"唱"得怎么样？请你写一段戏评。	绘制思维导图：丰富学生思考成果的展示方式。
第八十六章 至 第八十八章	1. 第八十七章，瑞宣在公园见到瑞全后，他觉得"身旁的老三……已不是他弟弟，而是一种象征着什么的力量"。这力量给予了瑞宣什么动力？ 2. 瑞宣拒绝在亡了城的北平教书，瑞全却让大哥回到学校，他们这南辕北辙的想法有没有共同的出发点？请谈谈你的看法。 3. 老舍先生常常用树木花草喻人，如招弟认为自己"是一朵快要萎谢的花儿"，请你从这三章选取 3—5 人，用你熟悉的花草作为他/她的喻体，并简要说明。	理解象征和比喻：对人物的认识从具体层面上升到抽象层面。
第八十九章 至 第九十一章	1. 第八十九章，祁瑞宣收到了学校的聘书，他高兴极了，家里人也认为这是一个好消息。请你分析，祁家人同样喜悦的背后不同的原因。 2. 受到祁瑞全的恐吓后，蓝东阳简直疯了，这个无恶不作的"臭人"终于遭到了报应。请你站在一个普通北平人的角度，列出他的五大罪状。 3. 第九十章最后一段，作者写道："头年的萝卜空了心，还能在顶上抽出新鲜的绿叶儿，窖藏的白菜干了，还能拱出嫩黄的菜芽儿。连相貌不扬的蒜头，还会蹿出碧绿的苗儿呢。样样东西都会烂，样样东西也都会转化。"这一笔描写，暗喻谁的转化？	前后联系：将抽象描写还原到具体的人物和情节。
第九十二章 至 第九十四章	1. 第九十三章，陈野求再次"登场"时已面目全非，这位曾让瑞宣都敬佩的知识分子，是如何一步步堕入深渊的？请你概述他的变化过程。 2. 陷落的北平城逼迫小羊圈的人们发生了转变，有的人走上了反抗的道路，有的人因堕落而失去了自己的灵魂。这些人中，哪个人的转变最令你印象深刻？请用折线图呈现。	梳理人物变化：用折线图的形式呈现对人物的理解。
第九十五章 至 第九十七章	1. 老舍先生在叙事中不乏辛辣的讽刺，总是在看似轻松的调侃中，抒发对人或对事的浓烈情感。请你找出两处，加以赏析。 2. 第九十七章开篇，作者说"如果孩子的眼睛能够反映战争的恐怖，那么妞子的眼睛里就有"。请以妞子的口吻，写写她眼中战时的北平。	赏析语言：对作者语言中讽刺手法的赏析。
第九十八章 至 第一百章	1. 一号院日本老太对本国战争的态度与现在的很多日本政客形成了鲜明对比，请你结合自己所了解的相关内容，谈谈看法。 2. 钱老先生放弃"钱仇"而选择"钱善"，你能看出这一字之差表现出的钱先生的心理变化吗？ 3. 古人谈写作有言：结句当如撞钟，清音有余。请你为全书续写一个结尾，让读者感受到缭绕不散的清音。	写作能力：对作者语言特点的认识，由品悟层面上升到实际写作层面。

◆ **重点突破 3**

北京：城与人

——《四世同堂》文化反思

北京市朝阳外国语学校　刘晓舟

教学目标

1. 通过聚焦式精读，分析人物性格，根据自己的理解，推断人物在具体情境下的反应。

2. 通过拟写座右铭，深入思考人物的行事风格，通过对比找出群像的共同点。

3. 通过阅读链接材料，理解北京人性格的稳定性。

教学过程

活动一：北平的事（聚焦个人，分析人物形象）

熟读领粮证的相关情节，根据情节的需要和对马老寡妇、祁老太爷、李四爷、祁瑞宣的理解，写出他们的反应（语言或心理），补全这部分情节。

活动二：北平的人（透视人物行为背后的思考方式，体会群像的共同特点）

为重点人物拟写座右铭，发现人物座右铭之间的相似处，理解群像的共同特点。

活动三：北平的过去与现在（链接阅读，理解地域文化的相对稳固性）

阅读链接材料，任意选择其中两个文段，分析文段中的北京人与《四世同堂》中的北平人有何异同之处，在此基础上完成气泡图。

□ **附：学生工作纸**

北京：城与人

1937 年 7 月 29 日，北平，最爱和平的中国的最爱和平的北平，带着它的由历代的智慧与心血而建成的湖山、宫殿、坛社、寺宇、宅园，楼阁与九条彩龙的影壁，带着它的合抱的古柏，倒垂的翠柳，白玉石的桥梁，与四季的花草，带着它的最轻脆的语言，温美的礼貌，诚实的交易，徐缓的脚步，与唱给宫廷听的歌剧……不为什么，不为什么，沦陷了！从此，生活在北平的人们过上了地狱般的生活……

活动一：北平的事

请熟读下面的情节，根据情节的需要和你对马老寡妇、祁老太爷、韵梅、祁瑞宣的理解，写出他们的反应（语言、行为或心理活动均可），补全这部分情节。

日本人一道命令，北平所有的面粉厂与米厂都停了工，大小的粮店都停止交易。存粮一律交出，新粮候命领取。面粉厂的机器停止了活动，粮店的大椭圆形的笆箩都底儿朝天放起来。北平变成了无粮的城。

……

李老人不高兴当这个差事，可是听到发给大家领粮证，心里稍觉安顿了一点。他对自己说："好喽，只要发给大家粮食，不管什么粮食，就不至于挨饿喽！"一来二去的，他把这心中的话说了出来，为是使大家安点心。大家听了，果然面上都有了笑容，彼此安慰："四爷说的不错，只要还发粮，不管是什么粮，就好歹的能够活下去了！"这"好歹的能活下去"倒好像是什么最理想的办法！

及至户口调查过了，大家才知道六十岁以上的，六岁以下的，没有领粮的资格！

这不是任何中国人所能受的！什么，没有老人和小孩子的粮？这简直的是教中国历史整翻个筋斗，头朝下立着！中国人最大的责任是养老扶幼；好，现在日本人要饿死他们的老幼；那么，中年人还活着干什么呢？小羊圈的人一致以为这是混蛋到底的"革命"，要把他们的历史，伦理，道德，责任，一股脑儿推翻。他们要是接受了这个"革命"的办法，便是变成不慈不孝的野人！

可是，怎么办呢？

孙七虽然刚刚做了副里长，可是决定表示不偏向着日本人。他主张抢粮造反！"他妈的，不给老人们粮食，咱们的孝道到哪儿去呢？不给孩子们粮食，教咱们断子绝孙！这是绝户主意。他妈的，仓里，大汉奸们家里，有的是粮，抢啊！事到如今，谁还能顾什么体面吗？"

这套话，说得是那么强硬，干脆，而且有道理，使大家腮上都发了红，眼睛都亮起来。

马老太太慢慢地说：_____

韵梅：_____

祁老人：_____

瑞宣不由得想到：_____

课堂记录：（用于记录同学发言）

人　　物	A	B	C
优　　点			
可商榷处			

活动二：北平的人

"领粮证"风波过去了，小羊圈的人们照常活在日本的膏药旗下。究竟是什么原因使小羊圈的人们迅速达成了一致，使这个波澜迅速归于平静？其实，每个人的行为都有一定的思想做基础。面对相同的事情，因为大家的思考方式不同，做出的决定也会不同。不知不觉中，每个人的座右铭都在指导着大家的行为。

假如小羊圈的穷苦百姓们有座右铭，你认为他们共同的座右铭会是什么？

补充资料：

座右铭本指古人写出来放在座位右边的格言，后泛指人们激励、警诫自己，作为行动指南的格言。历史上，中外许多名人都有自己的座右铭。例如：中国现代杰出画家徐悲鸿的座右铭——人不可有傲气，但不可无傲骨。座右铭能够指导一个人行动，也可以表现一个人的思考方式或行为风格。

我设计的座右铭：_____

设计理由：_____

活动三：北平的过去与现在

一方水土孕育一方文化，一方文化影响一方人。小羊圈百姓相似的思考方式，代表了那个时代人们的思考方式，可以称之为"北平性格"。时过境迁，"北平"已更名为"北京"，北京人的性格有没有发生改变呢？

阅读链接材料，任意选择其中两个文段，分析文段中的北京人与《四世同堂》中的北平人有何异同，完成气泡图。

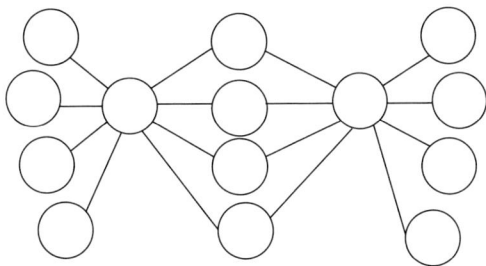

总结：

绿树、红墙、琉璃瓦；故宫、长城、颐和园……丰富的历史文化浸润着北京这座城，北京这座城又以其独特的魅力潜移默化地影响着生于斯长于斯的人们。通过这一次分享会，你有哪些想法或收获？请记录在下面。

_____

_____

文段链接

1. 刘一达《爷是大厨》（节选）

练过几天拳，给他（郝二爷，编者注）留下一副强健的骨架，长年在灶上，他不缺嘴，胖脸永远是红润而舒展的，寿眉很浓很黑，寸头，头发的白碴儿并不多，大眼睛，并不难看。

两个挂罩的鸟笼子，一手一个，前后晃悠着。其实他并不单为了出来遛鸟儿。手里拎着鸟笼子，不过是为了摆个老谱儿。

"二爷，您早班儿呀！"一位腆着大肚子的老头儿笑着跟他打招呼。

"嗬，二爷的鸟笼子新换的？嗯，这笼子搁您手上拎着，透着英武了。"另一位瘦矮的老爷子没话找话地笑道。

"嗯，对付着吧，这笼子是儿子孝敬我的。"

"价钱低不了。嗯？哈哈。"

"看怎么说啦，他说是从潘家园买的。五百块，老竹子，信吗？"郝二爷抬起胳膊，让大伙瞅了瞅手里的鸟笼子。

天色微明，空气里还弥漫着一层蒙蒙雾气，老人们老眼昏花的看不清鸟笼子是老竹子还是新竹子的。但出于对郝二爷的恭敬，不时啧啧赞叹："地道，东西地道！"

2. 陈建功《辘轳把儿胡同9号》（节选）

韩德来自然也品到了其中滋味儿，能不流连忘返吗？况且，他如果不是每每来此，怎么能那么快就知道"又要开始批判"的消息呢！

回到院儿里，扯过小凳儿坐下，咦咦呀呀地唱起一段喜洋洋的戏文儿。

"他大爷，今儿怎么这么高兴？"

"有热闹看了，还不高兴？没听说吗？又批判啦！又来事儿啦！能不热闹？"

"批判，批判谁呀？"冯寡妇赶忙迎过来。

"编小说的，挨批判啦！报上登的，没跑儿！"

她们谁也没怀疑韩德来的话。听他那嗓门儿，看他那气派，又要来事儿是无疑的了。再听那话音儿，张春元挨批，也没跑儿。说实话，张春元倒霉，郝老太和冯寡妇一点儿也不心疼。乍一听，甚至还有点幸灾乐祸的劲儿。大杂院儿里的别扭真是多得很。你想啊，张春元成天价点灯熬油。趴桌上一写就是半宿，冯寡妇能不恨他吗？瞧瞧同院的人，哪个不是天擦黑儿就躺下了？他可好，拿着电不当钱。全院儿共着一个电表，电钱大家伙儿按灯头分摊。净给你张春元背拉着电钱，谁受得了？!新近呢，郝家安了分电表了，韩家、王家也都安了，全院儿就剩冯家和张家了。冯寡妇算计着，合算张春元的电钱，全匀到她身上啦。她不更火儿了？这位说了，冯寡妇也安个分电表不结了？按说是这么回事儿，可她惦记着让张春元先安。张春元安了，她就不用安啦，二十多块钱不就省啦……这回行了，甭管你张春元安不安电表也不吃紧了，挨批了，你还写个屁！早早儿的，黑灯睡觉吧！

3. 汪曾祺《云致秋行状》（节选）

我曾问过致秋："你为什么不自己挑班？"致秋说："有人撺掇过我。我也想过。不成，我就这半碗。唱二路，我有富裕，挑大梁，我不够。不要小鸡吃绿豆，强努。挑班，来钱多，事儿还多哪。挑班，约人，处好了，火炉子，热烘烘的；处不好，'虱子皮袄'，还得穿它，又咬得慌。还得到处请客、应酬、拜门子，我淘不了这份神。这样多好，我一个唱二旦的，不招风，不惹事。黄金荣、杜月笙、袁良、日本宪兵队，都找寻不到我头上。得，有碗醋卤面吃就行啦！"

后来致秋调任了办公室副主任，党委会经常要派人出去开会。有的会，谁也不愿去，就说："嗨，致秋，你去吧！""好，我去！"市里或区里布置春季卫生运动大检查、植树、"交通安全宣传周"，以及参加刑事杀人犯公审（公审后立即枪决）……这都是他的事。回来，传达。

他的主要任务，实际是两件。一是做上层演员的统战工作。剧团的党委书记曾有一句名言：剧团的工作，只要把几大头牌的工作做好，就算搞好了一半。云致秋就是搞这种工作的工具。另一件，是搞保卫工作。

致秋经常出入于头牌（剧院里面的主角）之门，所要解决的都是些难题。主要演员彼此常为一些事情争，争剧场，争日子口，争配角，争胡琴，争打鼓的。致秋得去说服其中的一个顾全大局，让一让。最近"业务"不好，希望哪位头牌把本来预订的"歇工戏"改成重头戏；为了提拔后进，要请哪位头牌"捧捧"一个青年演员，跟她合唱一出"对儿戏"；领导上决定，让哪几个青年演员"拜"哪几位头牌，希望头牌能"收"他们……这些等等，都得致秋去说。致秋的工作方法是进门先不说正事，三叔二舅地叫一气，插科打诨，嘻嘻哈哈，然后才说："我今儿来，一来是瞧瞧您，再，还有这么档事……"他还有一个偏方，是走内线。不找团长（头牌都是团长、副团长），却找"团太"。这是戏班里兴出来的特殊称呼，管团长的太太叫"团太"。团太知道他无事不登三宝殿，有时绷着脸："三婶今儿不高兴，给三婶学一个！"致秋有一手绝活：学人。甭管是台上、台下，几个动作，神情毕肖。逗得三婶哈哈一乐："什么事？说吧！"致秋把事情一说。"就这么点事儿呀？嘿！没什么大不了的！行了，等老头子回来，我跟他说说！"事情就算办成了。

党委会的同志对他这种做法很有意见。有时小冯或小梁跟他一同去，出了门就跟他发作："云致秋！你这是干什么！——小丑！"——"是小丑！咱们不是为把这点事办圆全了吗？这是党委交给我的任务，我有什么办法？你当我愿意哪！"

4. 汪曾祺《胡同文化》（节选）

四合院是一个盒子。北京人理想的住家是"独门独院"。北京人也很讲究"处街坊"。"远亲不如近邻。""街坊里道"的，谁家有点事，婚丧嫁娶，都得"随"一点"份子"，道个喜或道个恼，不这样就不合"礼数"。但是平常日子，过往不多，除了有的街坊是棋友，"杀"一盘；有的是酒友，到"大酒缸"（过去山西人开的酒铺，都没有桌子，在酒缸上放一块规成圆形的厚板以代酒桌）喝两"个"（大酒缸二两一杯，叫做"一个"）；或是鸟友，不约而同，各晃着鸟笼，到天坛城根、玉渊潭去"会鸟"（会鸟是把鸟笼挂在一处，既可让鸟互相学叫，也互相比赛），此外，"各人自扫门前雪，休管他人瓦上霜"。

北京人易于满足，他们对生活的物质要求不高。有窝头，就知足了。大腌萝卜，就不错。小酱萝卜，那还有什么说的。臭豆腐滴几滴香油，可以待姑奶奶。虾米皮熬白菜，嘿！我认识一个在国子监当过差，伺候过陆润庠、王垿等祭酒的老人，他说："哪儿也比不了北京。北京的熬白菜也比别处好吃——五味神在北京。"五味神是什么神？我至今考查不出来。但是北京人的大白菜文化却是可以理解的。北京人每个人一辈子吃的大白菜摞起来大概有北海白塔那么高。

北京人爱瞧热闹，但是不爱管闲事。他们总是置身事外，冷眼旁观。北京是民主运动的策源地，"民国"以来，常有学生运动。北京人管学生运动叫做"闹学生"。学生示威游行，叫做"过学生"。与他们无关。

北京胡同文化的精义是"忍"，安分守己，逆来顺受。老舍《茶馆》里的王利发说"我当了一辈子的顺民"，是大部分北京市民的心态。

我的小说《八月骄阳》里写到"文化大革命"，有这样一段对话：

"还有个章法没有？我可是当了一辈子安善良民，从来奉公守法。这会儿，全乱了。我这眼面前儿就跟'下黄土'似的，简直的，分不清东西南北了。"

"您多余操这份儿心。粮店还卖不卖棒子面？"

"卖！"

"还是的。有棒子面就行……"

我们楼里有个小伙子，为一点事，打了开电梯的小姑娘一个嘴巴。我们都很生气，怎么可以打一个女孩子呢！我跟两个上了岁数的老北京（他们是"搬迁户"，原来是住在胡同里的）说，大家应该主持正义，让小伙子当众向小姑娘认错，这二位同志说："叫他认错？门儿也没有！忍着吧！——'穷忍着，富耐着，睡不着眯着'！""睡不着眯着"这话实在太精彩了！睡不着，别烦躁，别起急，眯着，北京人，真有你的！

5. 叶广岑《采桑子》（节选）

廖先生点着手里的报纸说，"您来得正好，您得在政协会上呼吁一下，歌年胡同的成王府不能拆……"胖老伴儿在一边说，"得，这回可逮着说的对象了，在报上看到了要拓宽小街的报道，就想到了成王府，整天没完没了就是这档子事儿。"

没容我开口，廖先生接着说，"拆了王府盖商厦，这怕不合适，您得跟他们说，无论如何把方案改了，现在不改，往后哭都来不及。"胖老伴儿插嘴说，"人家香港人就是看上拓宽后的小街风水好，才把地方选在那儿的，你操那么多心干什么？你又不是市长！你就真是市长，怕也不能由着你一个人说了算。"

廖先生说，"扩建小街就得拆成王府前面的大殿。成王府是北京王爷府第建筑的精华，五间琉璃瓦的府门，瓦、木、油等活儿都规矩地道，且不说那银安殿、那丹墀的石工，就说它那四进院子的工料就各不相同，风格各异。您还记得不，当年我们一边检修，您一边画图记录，是您说的，全中国空前绝后的府第只此一座了。空前绝后，空前绝后呀！不说建造，光是修缮就费了我们多大的工啊！现如今说拆就拆，也不想想，拆了就没了，谁要看看我们老祖先的精活儿，上哪儿看去！"

廖先生越说越激动，嘴唇发颤，头也不由自主地摇晃起来，我真担心老爷子因为一口气上不来，弯回去。胖老伴儿说，"喝水喝水，一说这事儿你就跟上了弦似的，谁也劝不住。"廖先生说，"这不舜镡来了吗，她比我有身份，说话比我管用，通过她找政府，告诉他们，中国古建的精华都在成王府呢，它跟故宫不同，故宫是辉煌，它是端庄，这是两种建筑风格，缺一不可，咱们国家既然能保留故宫，就能保留成王府。舜镡您说对不对？"

6. 网络文章《一个北京人的内心独白》（节选）

经历了辉煌富足与落魄贫穷，大起大落的旗人以及那些与旗人水乳交融了的汉族贫民，是最广大的"小"市民阶层。这些人普遍文化程度不高，正如刘心武先生表述的，无论职业、收入、修养等都处于相对的"底层"。但他们对传统有着惊人的继承能力，"记性"也特别的好。这些人与其他城市的小市民的区别在于既本分踏实同时又有很大成分的郁闷与不平；尽管往日的辉煌早已成为模糊的影子了，就算安贫知命早已成为人生信条，可总还是有那么一丝轻蔑——并不针对谁，也并不针对某件事。

这些人把"脸面"看得比命还重要，经常表现得大大咧咧全没当回事儿——大杂院里光着膀子端着海碗喝豆汁，孩子打架了大人跟着掺和动不动开骂，穿"出国"的鞋，打一分钱的醋，买两根黄瓜偏让人饶把香菜——全没一点儿不好意思；可婚丧嫁娶过生日办满月中秋过年，"礼儿上"不仅没得挑，穿着补丁衣裳在场面上还挺是那么回事儿；说话办事透着那么圆满，做派透着那么大气；面有菜色的一群人对"精致"的菜肴不大动刀叉，饥肠似乎对一毛五一两的茶叶末更感兴趣；然而即便是大碗的炖肉端上来，不仅没有任何人会"发出尖叫"，更没有谁的眼睛会"放光"，必要的时候也许会委婉地指出，"色儿"是不略微有点儿重了？

◆ **内容统整**

老舍京味语言明信片设计活动

设计意图

从重点突破回归整本书册，以小组为单位，通过设计明信片的方式，对老舍语言特点进行深入思考和充分交流。

活动内容

老舍，伟大的文学巨人，其"京味语言"在文学史上独树一帜。为了纪念老舍，让更多学生感受其语言的魅力和文化内涵，现决定发行一套老舍京味语言明信片。请学生以小组为单位参与设计。

活动要求

1. 每套明信片不少于 6 张，不多于 10 张。

2. 请为整套明信片起一个颇具京味特色的名字。

3. 每张明信片上要引用至少一句《四世同堂》中具有代表性的京味语言，并附有简短扼要但不乏深度的赏析。

在线资源推荐

1. 冯燕庆：《老舍作品中"京味儿"的文化蕴含》

2. 李志瑾：《论老舍的京味小说》

3. 徐静：《论老舍小说中的"京味儿"风格》

4. 杜艳红：《老舍的京味文学》

5. 路文彬：《老舍与"京味儿"文学的未来生长空间》

教学现场

《四世同堂》 人物群像研究

教学目标

1. 发现群像，理解群像概念，为小说中的人物分类。

2. 定位人物群像，分析小说中各组群像的意义。

3. 丰富阅读知识，了解人物群像的创作价值。

教学过程

(一) 预设情境，导入新课

播放京韵大鼓《重整河山待后生》。（幻灯片播放音频，显示歌词）

师：今天是 2015 年 10 月 15 日，北京，响晴。老舍先生曾经说过，"中秋前后是北平最美丽的时候"。他还说，"北平之秋就是人间的天堂，也许比天堂更繁荣一点呢"。也许也是这样一个朗日晴空，也许也是这样的阵阵凉风，1937 年的北平城却失去了往日的宁静与祥和。祁老人心里那个"天底下最可靠的大城"，却如歌词中所唱的"花香之地无和平"。除了《重整河山待后生》，我们还有诗歌为证：万里传烽火，惊心独倚楼；云峰余夏意，血海洗秋收！对这首诗的作者还有印象吗？——对，钱孟石生前留下的一首未完成的五言律诗。谁能告诉我，钱家两兄弟的事迹？

生1：钱孟石面对要来逮捕他父亲的坏人很激动，想去理论，被白巡长拦住，后来就病死了。他的这首诗是瑞宣发现的，对他触动很大。

生2：他的弟弟仲石是一个司机，胡同里的人听说他摔死了一车日本兵，和他们同归于尽了。

师：虽然孟石在书中是一个匆匆过客，仲石从未正面出现过，但我相信同学们都对他们印象深刻，因为仲石面对日本人的入侵，选择和他们血肉相拼，选择了同归于尽，而拒绝做良民、顺民。而其他的，那些仍然活着的人，又都怎么样了呢？

（二）群像分类

（展示课前填写的人物信息表）

师：在这节课之前，我们每位同学都整理了一份《四世同堂》主要人物基本信息表。大家做得很认真，请看我现在所展示的这一份（幻灯片展示）。主要人物相对齐全，人物的职业、主要经历、结局等基本信息也翔实。很多同学都是这样做的，在脑海中回忆书中的人物，想到一个马上就列在表格上，但我们会发现这样整理有一个很严重的不足——比较凌乱，缺乏条理。

（引入群像概念，讨论怎样分类更加合理——便于分析和理解众多人物。）

师：文学作品中，尤其是长篇小说，常常会出现众多人物形象，如果我们还是以个人为单位进行分析，不免繁杂。所以在解读这些作品时，我们既要聚焦一些有典型意义的人物，又要将人物进行分类，进行类型化分析，也就是关注人物群像。

其实，有些同学意识到了这个问题，于是就有了这样的一种整理方式（幻灯片展示）这样按照家族分，似乎规整了很多，但还有一些问题，大家能发现吗？小羊圈胡同一共有七个院，这样就有七类之多，那不在胡同中的人物又该怎么划分？所以，大家想一想，能不能有相对来说更合理的分类方法，以便我们更好地分析人物。

生1：可以按年龄分，书里面说（翻书）"有许多像祁老者的老人，希望在太平中度过风烛残年"，"有许多像祁瑞宣的壮年人，有职业，有家庭，有知识"，所以可以这样分。

生2：如果按这样划分的话，冠晓荷就要和钱老人、祁天佑放在一起，我觉得这是对钱老人的侮辱。

师：你说得很有道理，那你有更好的分类方式吗？

生2：这部小说是以抗日为背景的，所以我觉得应该有抗日英豪，比如钱老人；也有完全不抗日的汉奸，比如冠晓荷；还有一些是既不抗日也不卖国而苟且偷安的人，如金三爷。（众学生点头表示同意）

师：看来大家都比较同意这样一个划分方式，至于理由，刚才的同学已经说得很充分了——我们要考虑作品的主题。

生2：老师，我又想到可以用颜色代表这三类人，抗战英豪是红色的，象征革命，象征流血牺牲；那些汉奸是黑色的，象征他们是见不得光的；中间这类人可以是灰色的，象征他们处在一个灰色地带。

师：非常有想法的划分方法，那么我们现在就按照这样的三类，将作品中的人物按类型划分。展示板上展示的是作品中正面出现的国人形象，大家认为应该怎样归类，归成几类？请一组到前面分类，其他组在座位上分类。

师：好，这一组分类完毕，其他组成员可以提出不同意见，并用书中相关情节支持自己的观点。

生3：我觉得韵梅不能和钱老人一组，因为她每天就是围着厨房，给一家老小做饭，没有抗日的举动，所以应该放在灰色一组。

生4：韵梅有过抗日举动，她看到小顺被日本孩子欺负了，就冲上去推了那个日本孩子。

生3：这是出于母爱，而不是为国。

师：看来大家的意见很难统一，我们不妨借助书中其他人对韵梅的评价来给她定性。

生5：请大家看第844页，瑞宣评价她说"勇敢"、"反抗"、"尽责"，所以我认为她是红色人物。（学生朗读相关段落）

生6：我找的是第889页，也是瑞宣说的，说韵梅为一大家子操劳，也就是抗敌。（学生朗读相关段落）

师：看来韵梅确实是一个闪耀着光芒的女人，她在小说后半部逐渐变得硬正、自傲，连瑞宣都连连夸赞，所以我同意将韵梅放在红色人物一栏。

生7：我觉得李四爷不应该放在中间灰色人物里，因为他一直为大家奔走，最后死也是因为有人没按要求糊窗户。他应该是值得尊敬的。

生8：可是他一直也没有反抗的行为，就一直忍，很窝囊，我觉得他不是英雄。

生9：李四爷死的一幕让我很心酸，他的忍，很多时候是为了胡同邻居，最后忍无可忍的爆发就说明他是有一腔热血的，我觉得他就像胡同里那两棵老槐树，虽然没去上阵杀敌，但却庇护了很多人。

师：我觉得他说得特别精彩，谁说守护者不是英雄呢？

生10：小文是英雄吧，因为他用椅子砸了日本人的脑壳。

生11：他和李四爷不一样，李四爷是急公好义的，大家看第323页，书上说小文心里没有中国，也没有日本，他只知道宇宙中需有美妙的琴音与婉转的歌调。

生10：可是书上第741页说钱先生认为小文是个"烈士"呀。

师：我们不知道小文举起椅子的那一刻到底是只想为妻报仇还是源自一个中国人对侵略者的仇恨。大家为小文续写的心理描写也不尽相同，这恐怕也是老舍塑造人物形象的成功之处，一千个读者可以有一千个哈姆雷特，我们没有必要非达成一致。

生 12：我觉得陈野求不算汉奸，因为他都是被迫的。

生 13：我也觉得他不算，书里说连瑞宣都钦佩他的学识。

师：对于一个人是不是汉奸，瑞宣是这样说的：因家庭之累或别的原因，逃不出北平，可是也不蓄意给日本人做事的，不能算作汉奸……不过，为挣钱吃饭而有计划的，甘心的，给日本人磕头……便不大容易说自己不是汉奸了。

生 14：老师，我想起文中说，他的儿女都离他而去，就说明他肯定也是做了日本人的走狗，虽然作者没写，但我们可以感觉到他的至亲都不齿和他一起生活，可见他不是那种洁身自好的。而且他还抽大烟，这就是放弃自己的体现。

师：你读书很细致，而且对未交代情节做了合情合理的推断，我同意你的观点。

（学生又针对其他有争议的人物进行了讨论，涉及祁老太爷、金三爷、小崔、长顺、白巡长等。）

师：分类后，我不知道大家有没有发现，红色人物，即英雄的人数并不多；黑色人物，即汉奸的人数也并不多；大多数人都集中在了灰色地带，面对肆虐的侵略者，他们选择了沉默，为什么善良的北平人会低下自己的头？（给学生思考时间，将小组讨论后的最佳答案写在黑板上）

小组 1：忍，则安；不忍，则亡。

小组 2：压抑内心的情感，显示表面的和善。

小组 3：老老实实过日子，平平安安你我他。

小组 4：三思而行，不偏不倚，明哲保身。

小组 5：好死不如赖活着。

小组 6：为利益而活着。

师：大家的观点虽然不尽相同，但都触及了小羊圈当时很多人的思想内核，那就是"忍"。一方水土养育一方人，人是文化的折射镜，当时小羊圈人们的思想代表了北平人的思想。

师：这让我想起一首外国诗歌。起初他们追杀共产主义者，我没有说话，因为我不是共产主义者；接着他们追杀犹太人，我没有说话，因为我不是犹太人；后来他们追杀工会成员，我没有说话，因为我不是工会成员；此后，他们追杀天主教徒，我没有说话，因为我是新教教徒；最后，他们奔我而来，却再也没有人站起来为我说话了。

（三）定位群像

师：我们将这些人物划分成三类，假如这三类人物有和我们一样的信息技术手段，各自建立了一个聊天群，而你正身处其中，请你重新给他们起一个备注名。（学生在纸板上完成后粘贴在展板上）

师：每一个小组都有自己的亮点，我们让他们介绍一个最得意的命名。

生1：我们组将抗日英豪群命名为"血色烂漫"，因为正是他们的抗争，他们的鲜血，让更多的北平人获得了生的希望，所以，他们的生命是绚烂而多姿的。

生2：我们将红色人物的这个群命名为"雷峰塔"，是因为雷峰塔本身能够镇住妖邪之物，让他们不得翻身。

生3：我们将灰色地带命名为"忍一忍，再忍一忍就能等到和平"，虽然这个名字很冗长，但这也正是他们长久的忍耐和心底的声音。

生4：我们将中间这一组命名为"羊群"，因为他们的忍耐换不来"狼"的同情，只能让"狼群"更加肆意妄为。

生5：我们为汉奸组起的名字是"樱花树下"，因为他们向往日本人的生活。

生6：我们将黑色组命名为"顺瀛阁"，"瀛"代表的是日本，而这些人是非常顺应日本人的。

师：大家的命名非常好，将人物的内心想法都展示了出来。我们现代人建立聊天群是为了方便趣味相投或有共同需要的人沟通。那么老舍先生为什么在作品中塑造了这么多的人物，并让其以家族群像、阶层群像、类属群像等展示在读者面前？换言之，《四世同堂》中的人物群像有什么价值？

（四）群像价值

微讲座：

1. 同类人物之间的细微差别互为对照、补充，反映丰富的社会生活，使人物脱离脸谱化。

举例说明：同属于隐忍的城市平民老年妇女的形象，天佑太太突出她的"羸弱"，马老寡妇突出她的"怯懦"，钱太太突出她的"贞烈"，李四妈突出她的"善良"。这样不仅人物具体生动，避免了千人一面，而且向我们展示的是同一个社会群体人物的丰富感。同样是汉奸形象，作者在揭露他们的无耻、无聊本质时，又让我们感受到他们绝不雷同：冠晓荷附庸风雅，李空山蛮横霸道，蓝东阳丑陋吝啬，祁瑞丰贪图口福。通过这些人物，读者的视野从小羊圈胡同拓展到长顺走串的街市、祁天佑掌管的店铺、瑞宣和瑞丰的学校、大赤包的妓女所、常二爷的京郊乡野，甚至是蓝东阳带领学生庆祝游行的天安门广场。如果只是以几个典型化的脸谱式人物为叙事中心，很难展现如此多样真实的人性，更难将笔触延伸到社会生活的方方面面。

2. 各群像中人物和各群像间人物关系相勾连，推动故事情节，避免线索简单化。（投影展示学生绘制的人物网状图）

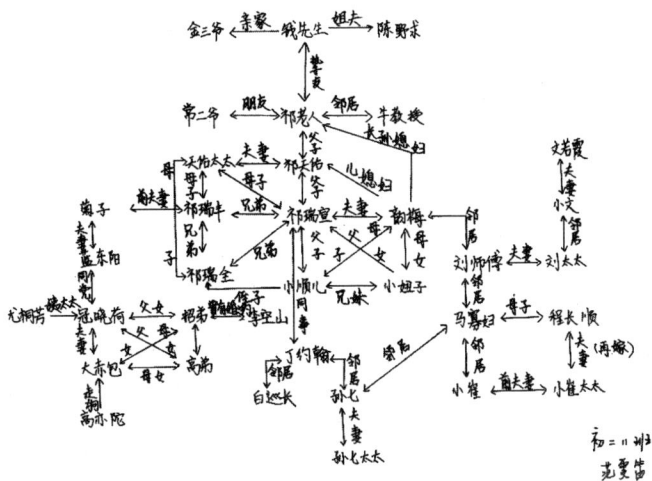

举例说明：祁老太爷因父母的坟买下城郊三亩地——种他地的常二爷来告知北平城外不太平——日本人可能在城外修路，抓夫——马家大少爷生病需要到城里抓药——日本兵已不允许北平城的人使用自己的钱——天佑投河而死，在城郊得知常二爷因罚跪内心屈辱，抑郁而终——大牛儿和抢粮的人同归于尽。

举例说明：以祁家和冠家为主线，辅以钱家，展开叙事，通过家庭之间的矛盾冲突，人与人之间的纵横联系，一步步展开情节。

《四世同堂》描写的是八年抗战期间，北平人的惶惑、偷生与抗争。要展现这样一幅全景式的广阔场景，需要众多人物的支撑。所以书中涉及十几户人家，一百多个人物，有名有姓的就有六十多个。"这众多的人物在小说中以网状结构而加以贯穿，既有纵的关联，又有横的映照，纵横交叉，合理分布，形成一张错综而清晰的人物关系网。"①

3. 人物群像的塑造，既是同类题材作品的创新，也是作者创作的突破，避免了同题材作品或自身作品单一化。

老舍先生从《老张的哲学》到《骆驼祥子》，总是用一两个中心人物贯穿全书，推动情节，反映主题，其他人物只是映衬和烘托。《四世同堂》中人物群像的塑造，不仅是作者在长篇小说上的一个突破，也是他对中国现代小说写作艺术的贡献。

4. 通过不同群像人物面对相同社会环境的不同选择，融入作者对问题的多重思考，让不同读者有不同感受，避免雷同化。

《四世同堂》有一个鲜明的特色，那就是比较浓厚的文化反思色彩。小说中心的祁家，实质上是中国封建礼教堡垒的象征，祁老者引为自豪的"四世同堂"正是传统家庭伦理的理想结构。老舍抓住了维系这个堡垒的内在文化纽结，把它置于小羊圈胡同的具体环境和广阔深邃的民族抗战的历史文化背景上加以表现，对体现了民族文化精髓的北平文化进行了沉痛的反思。

---

① 赵福生.《四世同堂》中人物的网状结构法［J］. 河南大学学报（哲学社会科学版），1986（2）：16.

小说以明确的批判意识揭露了浮游在北平市民中的民族劣根性，以理性审视的目光，对"民族的遗传病"做了穿透性的剖析。企望在战火中焚毁国民的劣根性，显示了改造与重塑"国民性"的努力。

（1）情感态度

一是异族统治下灵肉遭受折磨的痛史。亡国奴的生活是惨痛的。物质极度匮乏，人民陷于饥饿之中，生命没有保障。祁天佑安分守己却以莫须有的罪名被日寇枪杀；钱默吟老诗人被日寇抓住严刑拷打长期监禁；祁瑞宣作为教师面临着要他教日语的苦恼。

二是憎恨侵略者、民族败类，也恨惶惑与偷生的国民性的恨史。小说描写了日本侵略者的罪行，也刻画了一批汉奸形象。如大赤包、蓝东阳、冠晓荷等。汉奸没有好下场，也是作者憎恨感情的体现。

三是颂扬爱国主义与民族气节，激励人民奋起抗争的壮史。如爱国诗人钱默吟，他深明大义，重视民族气节；祁瑞宣和祁老三后来也一起抗日，颂扬了民族气节和中华民族不甘沦为亡国奴的抵抗精神。

（2）多重思考

①传统家庭伦理观念对有志青年的禁锢。瑞宣与瑞全都是有志青年，瑞全像一只随时可以离巢而飞的鹰，毫不犹疑地去保护自己的国家；而瑞宣却为家族所累，他总感觉这个四世同堂的家像一个锁链一样束缚了他的手脚。

②礼貌、忍让等观念对老实人的毒害。祁老人是最注重礼貌的，但当他发现这种礼貌和忍让不能为他换来和平后，选择了反抗。

③传统教育导致亡国之人的行动犹豫。传统的学校教育让很多人犹疑不定，比如小说中那些被迫去上课的教师和那些不得已去游行的学生。

④民族自豪感与自信心的缺乏。为什么会有冠晓荷、瑞丰、蓝东阳那样的汉奸？书中说冠晓荷"对自己的国家与民族，没有丝毫的自信与自傲"，说丁约翰"呼吸带着国耻味儿的空气长大的"，可见建立民族的自尊与自信是多么的重要。

⑤人类对所谓"爱好和平"的误读。抗战和爱好和平并不冲突，中国的

抗战不是黩武喜杀，而是以抵抗来为世界保存一个和平、古雅、人道的文化。

（五）展示成果

师：对作品来说，每一个人物，每一组群像都必不可少；对国家而言，第一类人更加可贵。请续写钱孟石的五律，作为第一类人微信公共号的推广说明。

（生完成创作，在黑板上展示，小组间交流成果。）

专家视角

"国与家"，"生与死"

北京教育学院教师教育人文学院　朱俊阳

《四世同堂》，正如作者老舍在序中所说，一百段、百万字、三部，所以这是一部庞大的小说。司马长风在《中国新文学史》中指出："《四世同堂》因为字数太多，内容又不够精粹，读起来十分吃力，这部小说不但嫌长，而且也稍嫌散和松，散是在叙事部分，抽象说明又嫌多，具体行动又嫌少。此外，小说中的人物是类型化、观念化的。"且不论司马长风的评价是否准确，这至少可以反映出读者阅读这本小说的困难。在教学中，教师如何解决学生的这些困难呢？

第一要务，理清故事情节、分析叙事结构。能力提升中李老师也把这一教学价值放在首位，让学生明确"明线"和"暗线"的多线索、了解"微观视角"来"宏观叙述"的叙事结构，通读指导中，处处都有情节的梳理、人物关系的梳理，对重点细节的关注。但重点突破中却看不到这一活动的设计，建议不要用"章"，而要用"段"，给每一段取一个名字（可以是一个词，也可以采用章回体小说的上下联形式），一共一百个名字，如此，抓住了名字，也就抓住了全文的脉络线索。叙事结构，在重点突破中也很难看到，因为以"家"的"微观视角"来反映社会变迁的"宏观叙述"的结构，学生理解起来并不困难，为学生提供一个语文概念，让他们有更清楚的认识，足矣。作为读者，读第一段（老舍意义上的段，以下同）常觉得突兀，一上来便是"人"："祁老太爷"，第二段才是"小羊圈胡同"的环境描写，然而环境渲染在先，人物出场在后似乎更符合读者的心理，这可以看出老舍小说的一个叙事特点"人物先行"，而且每一人物出场，都会介绍他的外貌，介绍他的"前世（北平沦落前）今生（北平沦落后）"的表现，例如蓝东阳的出场（第218页），如果用电影镜头表示，这时应该是一个定格，从叙事角度看，这涉及叙事的快慢。此外，老舍的文章结构很整齐，例如第六段，"有许多像……人，……他们不知怎样才好"五段（现在文章意义上的"段"）的排比铺陈，得出整个北平不知怎样才好（这也就是前文所说的叙事结构）。这些内容在教学中也应有所观照。同样值得观照的还有小说的对话结构，这里不再展开。

第二要务，分析人物。通读指导中重点能力指向的高频词为"分析人物"，能力提升中强调分析人物离不开情节和环境，这是一部描写以"祁家"祁老太爷、祁天佑、祁瑞宣三兄弟、小顺子兄妹四世同堂为代表的小羊圈胡同人在日本占领北平后的"如何""生死"的小说。对于日本占领北平后的典型环境中的人物，大多数北平人的"生"是"马马虎虎的活着"（第320页），这正如第二章的题目"偷生"，"他们的切身的问题，也使他们无暇去高瞻远瞩的去关心与分析世界问题。他们需活着……饥与寒是世界上最大的事"（第827页）。祁老太爷的"生"是"怕庆不了八十大寿"，无能为力的活；祁瑞宣是在国事家事忠孝不能两全的矛盾折磨中的"生"；祁瑞全、钱默吟等是为抗日到底的"生"；祁瑞丰、冠晓荷的"生"是"生活就是他们全部的生命"的"生"；同时，"死"也充斥着全书，"偷生是惨死的原因"（第547页）。到第七十九段，孙七死后，作者曾统计"死的人"，祁天佑、常二爷的"死"，钱家二兄弟的死，小崔的死、小文夫妇的死、桐芳的死等，从邻居之死到自己之死（好像还忘记了两个日本人出征的"死"）。怎么防止学生对人物"类型化"、"观念化"的理解呢？能力提升中说到两个词很重要：一是矛盾，一是变化。这两个概念不能混淆，矛盾中的人不一定是变化的人。矛盾的典型，是小说无可厚非的主人公祁瑞宣，重点突破 2 中设计"为人物贴标签、分析'钟摆人'性格成因，预测人物未来"的三个活动，让祁瑞宣的形象淋漓尽致地"被分析"透；变化的典型，应该是韵梅、桐芳、高弟、招弟，教学现场的人物群像中也涉及对韵梅这个人物的讨论，以前她的世界就是厨房，但自从领"共和面"之后，仿佛和北平挂上了钩。我很欣赏教学中用"群像"一词，但不太赞同为"群像分类"、"定位群像"，教学现场已经出现了把韵梅放在哪一类的学生争论，教师拘泥于类型化，反而中了评论的圈套。我们需要让学生看到的就是不同的人和人性。就如瑞丰这样的人，作者也并非完全把他等同于汉奸，"他晓得老二并没有犯卖国的罪过……老二只吃了浮浅、无聊与俗气的亏，而并非是什么罪大恶极的人"。又如钱默吟，看似没有变化一直坚持抗日到底，其实也经历了三个阶段（第 84 段）。

第三要务，中国传统文化，北平文化。"文化"一词在小说中共出现了120 多次，作品中穿插的关于中国文化的大段议论也有 10 多处，这些直抒胸臆的关于中国文化的议论，表现了作者对以北平文化为代表的中国文化的理性审视。如作者写到北平传统饽饽铺的衰微和灭绝，写到中秋节将要买不到兔儿爷，端午节买不到北平的粽子。除了北平饮食文化，还有它的艺术文化——赏花养鸟、打麻将、听戏等，这些也构成了北平人的"懒惰"。正如作者所说，北平人不懂得什么叫严肃，只看热闹不会哀悼，只会假笑不会真落泪。作为帝都中人，他们懂礼节，守规矩，遇到难事都要谦让为怀，"吃亏而不动气的办法是孔夫子或孟夫子教给他们的"。所以重点突破 3"北京：城与人"教学设计不可或缺，这是对《四世同堂》的文化反思，也是分析小说人物文化心理的重要补充。生活在祁家之外，还有三教九流，五行八作，三姑六婆，从洋车夫、剃头匠、"窝脖儿的"，到行商作贩、唱戏的、演鼓书的、说相声的、巡警、看坟的……他们都善良、宽和，一人有难大家帮忙。他们聊以自慰的是自己的知足、与世无争、本本分分。这些都是北平文化的体现。同时作者也看到了当冠晓荷死后祁瑞宣不会有痛打落水狗的架势，当两个征战的日本人死后，祁瑞宣也流下了眼泪，这是北平文化的体现，更是人性的体现，所以在大主题之外，我们要知道作者对传统文化不是一味地批评，而是有选择，有审视的。需要指出的是，教学中忽视了小说中的家族文化，建议有所补充。京味语言也是京味文化的体现，知识积累中提到京味语言和讽刺手法，相应的通读指导也有指向品味语言的内容，初步分析京味语言特色，以及赏析语言，分析作者语言中的讽刺手法。这部小说还有一个语言特点，那就是直白，哪怕是一个比喻，也要把比喻戳破，如"一朵花，长在树上，才有它的美丽；拿到人的手里就算完了"，似乎就应该点到为止，可是作者偏要加上"北平城也是这样，它顶美，可是若被敌人占据了，它便是被折下来的花了！"

这三个问题，恐怕是《四世同堂》整本书阅读教学中无法逃避的问题。怎么把这三个问题设计好，我想李老师的教学案例已经给我们答案了。

名人身影

我了解他，是因为我喜欢他

——《苏东坡传》书册阅读教学现场

北京市朝阳外国语学校　程现亮

```
书册名片
```

◆ 推荐版本

作者：林语堂	
译者：张振玉	
出版社：浙江文艺出版社	
出版时间：2014 年 4 月第 1 版	

◆ 内容梗概

《苏东坡传》以苏东坡人生经历为线索，梳理其生平足迹、政绩、爱好、艺术成就及伟大人格。全书按照苏轼一生经历分为"童年与青年"、"壮年"、"老练"、"流放岁月"四卷。书中引用了大量史实和诗文作品，内容翔实，充满文学魅力。

苏轼故里四川眉山物华天宝，人杰地灵。浓郁的文化气息熏陶苏氏门第书香。苏轼成年后潇洒的气质与开阔的胸襟受到祖父旷达自在、疾恶如仇的影响。苏轼政治理想的形成则受到幼年时期母亲程氏对其教育的潜移默化。少年苏轼意气风发，父子三人沿江东下，浩浩荡荡，进京应考，名利双收。

苏轼的政治生涯从任凤翔县通判开始。在凤翔县他为农人虔诚求雨，为民众利益和王安石争论变法。后遭遇父亲归天，回乡守制三年。回京后任开封府判官，却卷入了当时的政治旋涡——"王安石变法"中，因为上书反对变法，被贬为杭州通判。初到杭州的他风华正茂、书生意气，度过了几年轻松快乐的生活。后知徐州，他治理黄河洪水，修建黄楼……这个时期是苏东坡人生的发展期，充满无限的活力。

"乌台诗案"后，苏轼被贬。遭遇人生重大起伏的苏轼，在黄州自号"东坡居士"，生活平淡，艺术创作却达到巅峰。《念奴娇·赤壁怀古》《赤壁赋》《记承天寺夜游》均为黄州时期的作品。后因得到英宗皇后赏识，苏东坡重返庙堂，终无法适应政治中心的惊涛骇浪，重回地方。在杭州疏浚西湖，修建苏堤，这成为他"一心为民"的典型标识。

后期的苏东坡，从岭南惠州到天涯海角儋州，基本在流放中度过。每到一地，他都受到当地官员和百姓的拥戴，过着清净素淡的宗教式精神生活。在静谧的生活中，一代文豪离开了这个世界。

◆ 作者简介

林语堂（1895—1976），中国现代著名作家、学者、翻译家、语言学家，新道家代表人物，曾任联合国教科文组织美术与文学主任、国际笔会副会长等职。1895 年出生于福建漳州平和县坂仔镇一个基督教牧师家庭。早年留学美国、德国，获哈佛大学文学硕士、莱比锡大学语言学博士。1923 年回国后先后在清华大学、北京大学、厦门大学任教。1936 年受邀去美国从事写作，1966 年定居台湾。1976 年在香港逝世，享年80 岁。

林语堂于 1940 年和 1950 年先后两度获得诺贝尔文学奖提名。作品包括小说《京华烟云》《啼笑皆非》，散文和杂文文集《人生的盛宴》《生活的艺术》以及译著《东坡诗文选》《浮生六记》等。林语堂曾自我评价："两脚踏东西文化，一心评宇宙文章。"《中国新文学大系·散文二》这样介绍林语堂："他是一个生长在牧师家庭里的宗教革命家，是一个受外国教育过度的中国主义者，反对道德因袭以及一切传统的拘谨自由人；他的性格上的矛盾，思想上的前进，行为上的合理，混合起来，就造成了他的幽默的文章。他的幽默，是有牛油气的，并不是中国向来所固有的《笑林广记》。他的文章，虽说是模仿语录的体裁，但奔放处，也赶得上那位疯狂致死的超人尼采。"

♦ **文学地位**

《苏东坡传》是二十世纪著名的传记作品。林语堂在《苏东坡传·序》中写道："知道一个人，或不知道一个人，与他是否为同代人，没有关系。主要的倒是对他是否有同情的了解。归根结底，我们只能知道自己真正了解的人，我们只能完全了解我们真正喜欢的人。我认为我完全知道苏东坡，因为我了解他。我了解他，是因为我喜欢他。"字里行间流露出他为历史人物树碑立传的自信，这种自信来自林语堂对苏东坡的热爱以及在热爱基础上全面深入的了解。

福建师范大学郭洪雷教授在《林语堂与中国现代传记文学》中系统、详尽地评价了《苏东坡传》在中国现代传记文学中的地位，从"诗性还原策略的选择"、"传记材料激活的多种方式"、"充满智慧的叙述方法"三个方面阐释了《苏东坡传》独特的传记书写方式。比如在叙述方法角度，"《苏东坡传》在叙述中穿插了许多散文段落，由于翻译的原因，我们很难对这些文字作审美的分析，从而领略林氏散文闲适幽默之外的别种风貌，但字里行间所透露出的从容笔调，还是让读者依稀感受到了林氏散文简静、自然的一面。我甚至觉得，要想读林语堂游记和写景的上乘之作，只有《苏东坡传》才能满足读者"①。

┌─────────────────────────────────┐
│ **教学价值** │
└─────────────────────────────────┘

♦ **知识积累**

阅读《苏东坡传》，教师可引导学生积累以下文学常识、文体知识与写作知识。

（一）苏东坡

苏东坡是北宋著名文学家、艺术家，在诗、词、散文、书、画等方面均取得了极高的成就。其诗题材广阔，清新豪健，善用夸张比喻，独具风格，与黄庭坚并称"苏黄"。词开豪放一派，与辛弃疾同是豪放派代表，并称"苏辛"；

---

① 郭洪雷. 林语堂与中国现代传记文学 [J]. 华文文学, 2008 (4): 88.

其散文著述宏富，豪放自如，与欧阳修并称"欧苏"，为"唐宋八大家"之一；苏轼亦善书法，为"宋四家"之一；工于画，尤擅墨竹、怪石、枯木等。苏东坡一生串联了北宋很多著名文学家的人生，比如苏洵、苏辙、欧阳修、王安石等，对了解北宋初期文学史有一定的帮助。

（二）人物传记

人物传记是通过对典型人物的生平、生活、精神等领域进行系统描述、介绍的一种文学形式。作品要求"真、信、活"，以达到对人物特征和深层精神的表达和反映。人物传记是人物或人物资料的有效记录形式，对历史和时代变迁等方面的研究具有重要意义。

传主的生平、传主的人格和对传主的解释，是人物传记的基本要素。所谓"生平"是从出生到死亡完整的一生；人格是个体独具的各种特质或特点的总称，通常被理解为个人的社会倾向性，即气质、性格、兴趣、爱好的综合表现；所谓解释包括对传主的命运做出解释，对其人格的形成和发展、一生中重大事件和行为以及生平中某些特殊的事件做出解释。[①]

《苏东坡传》是人物传记的典范，学生通过阅读，可以把握传记文学真实性和艺术性统一的特点，理解传主的生平、传主的人格和对传主的解释三个要素。

（三）对联写作

对联，也叫楹联，俗称对子，是写在纸上、布上或刻在竹子、木头、柱子上的对偶语句。对联是汉语特有的一种文学样式，一般由上联和下联构成。若有横批，应对对联内容起到画龙点睛的作用。

根据内容和用途，对联可划分为节日喜庆联、婚丧嫁娶联、名胜古迹联、自勉联、题赠联等。毛泽东在长沙第一师范学校读书时改写的"贵有恒，何须三更眠五更起；最无益，只怕一日曝十日寒"，是很有名的自勉联。鲁迅先生写给瞿秋白的"人生得一知己足矣，斯世当以同怀视之"，则是充满革命情谊的题赠联。

---

① 杨正润.论传记的要素［J］.江苏社会科学，2002（6）：176.

对联撰写的要求如下。

首先，要根据对象和场合，选择清新流畅的语言，表达有意义的内容。例如："无声润物三春雨，有志育才一代功"可以送给辛勤的园丁；"枝头喜鹊歌新曲，雪里梅花报早春"适合春节传达喜气。

其次，撰写上下联还应注意：内容必须相连，表达一个共同的主题；两联字数须相同，相同位置词语的词性应相同或相近，但不能出现"四海"对"五湖"之类的词义雷同情况，更不宜有"石"对"石"这样的同字相对；句式结构形式要相同，彼此对称；字音声调平仄相对，使对联念起来有一种音乐美。

对联还有一些特殊的写法，在此仅举两种。一是从古今诗词曲赋中取两句组成，如"夕阳无限好，高处不胜寒"，上联出自李商隐诗，下联出自苏轼词，这叫"集句"。二是"摘句"，就是把诗中的对偶句直接拿来使用，像"海内存知己，天涯若比邻"，取自王勃《送杜少府之任蜀州》一诗的颈联。

◆ 能力提升

《苏东坡传》作为人物传记的"样本"，具有三个方面的训练价值。

（一）梳理传主重要人生章节

传主的生平、足迹是传记的基本要素之一。《苏东坡传》的编写体例是按照苏东坡一生成长发展的轨迹，分为"童年与青年"、"壮年"、"老练"和"流放岁月"四个时期。在不同时期，苏东坡有着不同经历和成就，这些构成了苏东坡的重要人生章节。引导学生抓住传主的重要人生章节，细致梳理传主生平，能有效培养阅读传记的基本能力。

（二）把握传主人格的核心特征

精彩的人物传记一定能展示出传主的人格特征。在梳理苏东坡重要人生章节的基础上把握其人格魅力，是阅读人物传记的重要能力。苏东坡的人格特征不是静态、单一的，而是随其人生轨迹不断发展变化的，但其人格的核心特征不变。学生绘制思维导图时，以"民"为题，则把握了他"与民同乐"、"以民为本"的核心人格；以"豪"为题，则把握了他"豁达放旷"、"超脱凡俗"的核心人格；以"心"为题，则把握了他"赤子之心"、"不忘初心"的核心人格……在动态过程中，把握传主人格核心特征是阅读传记更高级别的能力要求。

（三）理解作者对传主人生经历的解释

作者对传主的解释实际上是作者对苏东坡重要人生章节和内在人格关联性的解释，是作者对于苏东坡为什么会出现这样的行为、成就和人格转变的追问与解答。林语堂认为，童年时期的家族熏陶和教育，周围朋友对其思想的影响以及政敌的挤压，这些重要他人共同构成了苏东坡的人生环境，对苏东坡的内在人格产生了重要影响。引导学生探究作者对传主的解释，是培养传记研读的核心能力。

◆ 策略建构

阅读《苏东坡传》可以建构抽取要点、再现还原和建立联结等阅读策略。

（一）抽取要点

"抽取要点"是指从海量信息中快速、准确地获取重要信息。学生阅读《苏东坡传》时，不可能把注意力集中在每一章、每一个文字上，而是根据自身情况有选择地关注重点内容。教师需要对学生的阅读行为进行"选择性注意"引导，用抽取要点的策略，引导学生关注文本的关键信息。

（二）再现还原

《苏东坡传》因其时代与学生相距甚远，为了让学生更好地理解、品味人物，可以使用再现还原策略，让学生根据文本再现具体情境，还原人物形象。例如写作《苏东坡纪念馆筹建策划书》，首先完成"选址"的任务，引导学生分析不同地点之于苏东坡的意义，来确定苏东坡纪念馆的设计地址，学生能更深刻地理解苏东坡在各个贬谪地的文学成就和心路历程。而让学生完成"主展厅设计"和"花园雕塑设计"的文字撰写，可以引导学生细致感受具体环境中的人物性格特点。

（三） 建立联结

阅读传记作品，需要在阅读中建立联结，关注传主所处的时代、社会、家庭背景及人物关系等。如学生阅读《苏东坡传》时，要关注北宋王安石变法那段时间的历史背景，关注苏轼所处社会的主要矛盾。还要关注苏轼的家庭带给他的巨大影响，比如其祖父的旷达自在、疾恶如仇对苏轼潇洒气质和开阔胸襟的影响；其母程氏对幼年苏轼的"经世济民"精神的教育为苏轼后来的"为民请命"的政治理想种下了种子。还要在各种人物关系网中解读传主，即苏东坡一生的传奇经历和坎坷命运，他一生为民请命，得罪当时以王安石为主的改革派，一度性命攸关，幸而，在朋友的帮助下，平安度过。这些相关背景知识的联结阅读，能帮助学生更深入地理解品读人物。

• 精神成长

《苏东坡传》记录的是北宋大文豪苏东坡的一生经历和主要成就。书中引用了大量苏东坡的诗歌、散文、书信作品，涉及北宋时期的重大历史事件和欧阳修、范仲淹等文学巨擘，有利于学生了解北宋官场风貌、文人精神、文化艺术以及宗教思想等多方面的知识，增强学生的民族自豪感和文化自信心。

《苏东坡传》还较为全面地展现了苏东坡的内在精神和品质。苏东坡一生既坚持了一个富有责任感的士大夫积极入世、刚正不阿、恪守信念的人格理想，又保持了文化人追求超越世俗，追求艺术化的人生境界与心灵境界的高度和谐。无数的宦海风波和人生挫折，铸炼了他宏远旷达的情怀。苏东坡是中国古代"文人政治"的典型，对苏东坡的深入了解，可以管窥封建社会传统文人的人生和精神，对深入理解中国传统文人的胸怀、理想有着重要意义。

学程设计

• 整体框架

《苏东坡传》的阅读过程可以按照以下几个步骤推进：首先通读全书，完成分章节的学程任务，关注苏东坡人生历程中的重点信息，并启发学生对苏东坡人生经历和人格特征的思考；接着，用筹建"苏东坡纪念馆"的项目学习，统整整本书的核心内容，梳理苏东坡人生足迹、重要人生章节、重要他人；然后，采用"黄州时期"展馆选诗的方式，梳理和鉴赏苏东坡黄州时期的诗词作品，完成重点突破；最后各个小组汇报阅读成果和"苏东坡纪念馆"设计方案，交流阅读成果，实现进阶发展。

教学阶段	主要内容	教学资源	设计意图
通读指导	通读全书，完成学程任务；通过教师重点讲解，解决阅读中遇到的难点并完成学程出现的问题。	章节阅读学程	1. 根据学程指导，关注书中的重点信息，激发思考。 2. 在教师指导下，解决阅读过程中遇到的问题。
内容统整	在教师的指导下，小组合作，完成《苏东坡纪念馆筹建策划书》的写作。	1. 苏东坡纪念馆选址方案范例。 2. 绍兴鲁迅纪念馆简介。 3. 人民英雄纪念碑浮雕说明。	通过完成个性化、综合性的学习任务，梳理《苏东坡传》的核心内容，激发创造力。
重点突破	苏东坡"黄州时期"诗文欣赏。	《苏东坡传》第15—17章	1. 借助《苏东坡传》相关章节内容，理解作者写于黄州的四篇诗文作品。 2. 通过为诗歌配图，解读苏东坡四篇黄州诗文中苏东坡的形象。
成果展示	各小组汇报阅读成果，交流学习；通过教师点拨，深入理解传记文学的阅读方法。	无	1. 通过展示汇报，整理、固化、表达自己的阅读成果。 2. 在交流中深入思考，对本书的意义和价值有自己深入的理解和体会。

◆ 通读指导

学生根据学程任务要求，关注苏东坡人生历程中的重要时间节点、地点、事件、人物、思想变化、文学作品等关键信息。教师根据任务的完成情况，找出学生阅读的难点，如王安石变法等，重点讲解。

阅读范围	阅读任务	重点能力指向
卷一：童年与青年（1岁到25岁）	1. 儿时的苏轼行为和其他儿童没有什么不同，但生活环境却是大为不同。阅读第2、3章，列出儿童时期对苏轼有重大影响的人或地理环境、风土人情，并分别做简要介绍。（提示：眉州的地理、人情，苏轼的父亲、母亲、兄弟姐妹等） 2. 阅读第3章概括苏东坡少年的事件（年龄+事件）。 3. 阅读第4章回答下面问题。 （1）苏东坡于_____岁完婚，妻子是_____，其词作《江城子·乙卯正月二十日夜记梦》（十年生死两茫茫）正是为纪念她而作。 （2）苏东坡在_____岁中进士，其老师是文坛泰斗_____，老师对他的评价是_____。 4. 阅读第5章，回答下面问题。 （1）请给第5章拟定一个小标题（概括主要事件）：_____。 （2）请写出苏家三人前往京都的过程。（只写地名，用箭头表示）	分类提取文章重要信息。概括事件。提取文章主要信息，把握苏东坡一生中重要时间节点、重要地点以及重要他人。
卷二：壮年（25岁到43岁）	1. 第6章写苏东坡第一次做官，筛选信息，填写下面表格。 | 官职	
---	---
任职期限	年代：
	年龄：
任职事迹	
事迹评价	
重大变故	| 2. 第7章，苏东坡再次回京都任职，遇到重大政治事件是_____，当时的皇帝是年轻的_____。苏东坡的态度是_____（支持/反对）。 3. 第8章讲到宋神宗期间的一次连绵不绝的党争，此次党争起自_____（政治事件），双方的代表分别是_____和_____，苏东坡属于_____为首的一派，最后因为他出的乡试考题而终遭罢黜，被贬_____（地名）。 4. 第9章中王安石最终被自己的朋友_____背叛。 5. 第10章通过苏轼和苏辙（子由）的对比，详细地总结了苏轼的性格特点，这个性格特点将对他的一生产生至关重要的作用，请概括苏轼的性格特点。 6. 第11章记录了苏东坡在杭州任职时逍遥自在的生活。 （1）请摘抄描写西湖的一首诗。 （2）请选取苏东坡在杭州的一个趣事或者乐事概括，并总结其形象特点。 7. 阅读第12章，回答问题。 （1）苏轼的抗暴诗反映出他怎样的性格特点？ （2）苏轼在杭州任职结束后，又到了_____任太守，其后又调到_____。其中的千古名篇《水调歌头》（明月几时有）写于_____（地名）。 8. 阅读第13章，苏轼在徐州的政绩是：_____和_____；此章提到的东坡诗歌重要人物分别是：_____。 9. 苏东坡在_____（地名）因他的_____而被捕入狱，历史上被称为"乌台诗案"，最后的裁决是：_____。	通过苏轼和苏辙的对比，概括人物特点。通过文学作品探究诗人性格特点和精神品质。

续表

阅读范围	阅读任务	重点能力指向
卷三：老练（43岁到57岁）	1. 阅读第15章，苏东坡被贬黄州，不久正式务农，务农期间他都做了哪些事，又交了哪些朋友？通过这些可以看出他是一个怎样的人？ 2. 阅读第16章，黄州解脱自由的生活，给苏东坡的写作带来怎样的变化？这期间他的代表作是什么？（举出四个） 3. 第17章讲了苏轼在黄州的两种身心调养的方式——练瑜伽和炼丹，实际上是____家和____家思想对其的影响，作者认为这两种宗教的内在本质实际上是什么？（摘录原文回答） 4. 第18章讲到他出黄州浪迹天涯，后神宗驾崩，朝廷应允其在____居住，后派苏东坡到____做太守。 5. 在第19章中苏东坡受到太后恩宠，官拜____，达到他事业的最高峰，具体表现有哪些？ 6. 阅读第21章，回答问题。 （1）你觉得苏东坡适合做官吗？为什么？ （2）最终，苏东坡辞去京官，到____任太守。 7. 阅读第22章，总结苏东坡在杭州的政绩（概括事件）。 8. 阅读第23章，思考为何称苏东坡为"百姓之友"？	聚焦黄州时期的转变，体会黄州经历对苏东坡的重要意义及影响。 整合文本信息，分析回答具体问题。 结合文本的理解，形成自己的判断和评价。
卷四：流放岁月（58岁到64岁）	1. 阅读第24章，____和____两位女人的去世，拉开了苏东坡流放的岁月。后____为相，开始了对上一朝老臣的迫害，主要就是苏东坡一派。苏轼先被外放到____，后被贬谪到____。 2. 阅读第25章，概括苏轼被贬岭南的生活。 3. 阅读第26章，概括苏东坡在惠州"仙居"的事件。 4. 阅读第27章，概括苏东坡在儋州的事件，从中你能看出晚年的苏东坡是一个怎样的人？ 5. 苏东坡在____仙逝，享年64岁。	通过对苏东坡主要事件的概括，分析苏东坡人物形象。

♦ 内容统整

"苏东坡纪念馆"筹建任务

任务一：选址

1. 依据：选址须依据苏东坡一生游历足迹，见下图（可以另附纸张）。

任务提示:

(1)该任务对应的文本资料为《苏东坡传》中的"附录一《年谱》",以及《苏东坡传》中关于苏轼一生足迹的相关内容;

(2)以小组为单位,根据苏轼一生的经历,参照年谱,绘制苏轼的游历足迹图,标记出地点和时间,并用特殊的符号标示这个地点的意义,比如可以用十字架标示苏轼的逝世地等。

2. 阐述:确定"苏东坡纪念馆"的首选地点,并说明理由。

任务提示:

(1)苏东坡一生足迹遍布祖国大江南北,到底哪一个地方对于苏东坡的意义巨大,或者说最能代表苏东坡的一生,请依据《苏东坡传》相关文本,阐述首选地点对于东坡的意义;

(2)文本撰写参考附录一。

任务二:主展厅设计

1. 根据不同的角度,把苏东坡纪念馆展览内容分为几个不同的展区,并用思维导图的形式呈现。

2. 为不同的展厅命名，并撰写前言。

任务提示：

（1）附录二中有关绍兴鲁迅纪念馆的展厅介绍，可以作为设计撰写的参考，但是不必拘束于这个思路，也可以从其他的角度分析；

（2）设计要依据《苏东坡传》相关文本；

（3）本设计主要侧重于文本设计，有条件和热情的小组，可以进行相应的美工设计。

任务三：花园雕塑设计

1. 根据《苏东坡传》，苏轼的一生中遇到了很多人物，并对他产生非常大的影响，有至亲如＿＿＿＿＿＿＿＿＿＿（至少列举 5 个），有情同手足的朋友如＿＿＿＿＿＿＿＿＿＿（至少列举 3 个），有严师如＿＿＿＿＿＿＿＿（至少列举 2 个），有爱徒如＿＿＿＿＿＿＿＿＿＿（至少列举 2 个），甚至还有政敌如＿＿＿＿＿＿＿＿＿＿（至少列举 2 个），等等。

2. 选择几位人物（不超过 5 个），刻成一个群雕，树立在纪念馆花园中。撰写文段列举选择的人物，陈述选择的理由，描述雕塑的造型构思。

任务提示：

（1）选择人物的理由要依据《苏东坡传》文本；

（2）"描述雕塑"的文本样式可参考附录三。

任务四：纪念馆主题楹联撰写

根据你对苏东坡的了解以及该纪念馆的主题，撰写楹联（含横批）。

任务提示：可以借用或者化用苏东坡的诗句。

附录一：苏东坡纪念馆选址方案样例

根据苏轼一生的足迹，我们计划把海南省儋州市（地名）作为"苏东坡纪念馆"的首选地点。理由如下：

儋州，今海南省儋州市，是苏东坡一生中被贬谪最远的地方（地点介绍，侧重这个地方在苏东坡一生足迹中的地位），林语堂《苏东坡传》称之为"域

外"（文本依据），正是在这种情况下，更加彰显了"他那不屈不挠的精神和达观的人生哲学"。（核心原因，需要概括）

具体如下（分角度阐述）：

其一，身心完全自由，可以以名士本色示人（概括）。《苏东坡传》第27章中提到苏东坡对他弟弟的话："我上可以陪玉皇大帝，下可以陪卑田院乞儿。在我眼中天下没有一个不是好人。"林语堂评价说："现在他就和默默无名的读书人、匹夫匹妇相往来。"（文本依据，揭示其总体精神层面）

其二，仍保持着对新鲜事物旺盛的求知欲。比如岛上无墨，苏东坡自己试制，险些把房子烧掉；另外，还养成了"到乡野采药"的习惯，并考订药的种类等。（行为层面）

其三，学术、文学成就斐然。在其子的帮助下，完成了《东坡志林》的编写，并注解《尚书》，完成剩下的15首和陶诗。（学术、文学层面）

其四，在此地指导儿子苏过成为诗人、画家。（对后代的指导层面）

其五，在此地仍有朋友帮助他。比如当地县令张中、广州道士何德顺、当地的谦逊读书人等。（他人影响层面）

（分条分析，注意角度的差异）

☐ 附录二：绍兴鲁迅纪念馆

陈列厅由序厅、南北主展厅、辅助展厅、名人文库及休闲区等几部分有机组成。

主展厅共两层，分为南、北展厅两个大空间，同时又与序厅紧密相连，空间贯通一体。

南展厅底层为第一部分：鲁迅在绍兴（1881—1897）。绍兴的悠久历史和灿烂文化，特别是众多的历代越中先贤，给鲁迅的思想以很大的熏陶和影响。鲁迅7岁启蒙，12岁进三味书屋读书。他不囿于《四书》《五经》，多方寻求课外读物，从野史、笔记、小说及各种民间文艺中吸取养料，努力掌握文化历史知识。鲁迅从小接触农村，亲近农民，这使他既了解了绍兴的风土人情，又看到了广大劳动人民的苦难生活。祖父的科场案发生，鲁迅家从小康而跌入困顿的地步，使少年鲁迅饱受人情冷暖、世态炎凉，心灵受到创伤。建筑空间布置成鲁迅当年的生活环境，使观众有身临其境的感觉。

南展厅二层为中庭式回廊展场，主要展出鲁迅在南京、日本、绍兴、北京、厦门、广州、上海等地的生平事迹。

第二部分：鲁迅在南京、日本、绍兴（1898—1912）。主要展出鲁迅在南京、日本、绍兴、北京、厦门、广州、上海等地的生平事迹。鲁迅在南京求学，努力寻求新的知识，逐步形成"将来必胜于过去，青年必胜于老人"的社会发展观。东渡日本留学，他立下了"我以我血荐轩辕"的誓言，积极参加反清革命活动。在事实的教训面前，他改变医学救国的初衷，认为主要是改变国民的精神。于是毅然弃医从文，以笔作为武器，投入了新的战斗。辛亥革命前夕，他从日本回国，先后在杭州的浙江两级师范学堂、绍兴府中学堂和山会初级师范学堂任教。一方面培养青年，另一方面又积极投身于辛亥革命。

第三部分：鲁迅在北京、厦门、广州（1912—1927）。在"五四"新文化运动中，鲁迅站在时代的前列，写下了许多战斗檄文，猛烈抨击旧思想、旧文化和旧道德，并同帝国主义、新旧军阀展开了针锋相对的斗争，成为"五四"新文化运动的主将。在大革命的高潮中，鲁迅离开北洋军阀盘踞的北京，先后到厦门、广州，一边从事教学、文学创作，一边投入新的战斗。他在广东经受了腥风血雨的考验，在事实面前严厉解剖自己的思想，纠正了过去只信进化论的"偏颇"。

第四部分：在上海（1927—1936）。鲁迅到上海定居，开始了他一生中最光辉的十年。他运用马克思列宁主义的理论武器，团结广大进步文化人士，冲锋陷阵，粉碎了国民党的文化"围剿"，成为中国文化革命的主将。他与共产党人交往密切，坚决拥护中国共产党的抗日民族统一战线政策。他以"窃火者"自喻，致力于中外文化交流，倡导新兴木刻运动。他关心青年，培养青年，为青年的成长付出了大量的心血。

北展厅二楼为第五部分：民族魂。鲁迅逝世后，举国哀悼，人们喻之为"民族魂"，纪念他，学习他。新中国成立后，北京、上海、广州和绍兴等地相继建立鲁迅博物馆（纪念馆），《鲁迅全集》多次再版。鲁迅著作被翻译成英、法、德、日、俄等 50 余种文字，远播世界各国。北二楼建筑环境明朗，建筑空间宽敞，再现鲁迅先生民族魂的伟大气概，给参观者无限的振奋和沉思。

附录三：人民英雄纪念碑浮雕说明

第一幅浮雕是"销毁鸦片烟"，描述鸦片战争前夕，1839 年 6 月 3 日，群众在虎门销毁鸦片的事迹（雕塑概述）。浮雕上，愤怒的群众正在把一箱箱毒害中国人民的鸦片运到海边，倾倒在放有石灰的窑坑里焚烧，一股股浓烟从石灰池上升起。人群后面，有炮台和千百只待发的战船，准备随时还击英帝国主义的挑衅（雕塑造型具体说明，注意说明顺序）。画面上人物的形象，表现出中国人民反抗帝国主义的坚定决心（意义概述）。

东面的第二幅浮雕，是描写 1851 年太平天国的"金田起义"（雕塑概述）。太平天国运动是中国民主主义革命的序幕，它提出政治、经济、民族、男女四大平等的口号，严重地动摇了满清皇朝封建统治的基础（意义概述）。在这幅浮雕上，一群拿着大刀、梭镖、锄头，扛着土炮起义的汉族、壮族人民的儿女，正从山坡上冲下来，革命的旌旗在迎风飘扬（雕塑造型具体说明，注意说明顺序）。

◆ 重点突破

为"黄州展区"选诗文

——苏东坡黄州时期诗文欣赏

教学目标

1. 借助《苏东坡传》第15—17章的内容，确认黄州时期四篇诗文作品的主题。

2. 通过为诗歌描绘配图，赏析苏东坡黄州四篇诗文作品，梳理苏东坡形象。

教学过程

导入

黄州时期是苏东坡大难（乌台诗案）之后的第一个时期，在苏轼一生中具有重大影响。我们针对这一时期布置一个特殊展区——黄州展区。这节课要为这个展区选取苏东坡诗文，并配图作为这一展区的展品。

任务一：我来选诗文

设计者选了下面几篇诗文作品，但有些不是苏东坡黄州时期的作品，请你作出判断，并说出理由。

A. 水调歌头·明月几时有

丙辰中秋，欢饮达旦，大醉，作此篇，兼怀子由。

明月几时有？把酒问青天。不知天上宫阙，今夕是何年。我欲乘风归去，又恐琼楼玉宇，高处不胜寒。起舞弄清影，何似在人间。

转朱阁，低绮户，照无眠。不应有恨，何事长向别时圆？人有悲欢离合，月有阴晴圆缺，此事古难全。但愿人长久，千里共婵娟。

B. 记承天寺夜游

元丰六年十月十二日夜，解衣欲睡，月色入户，欣然起行。念无与为乐者，遂至承天寺寻张怀民。怀民亦未寝，相与步于中庭。庭下如积水空明，水中藻荇交横，盖竹柏影也。何夜无月？何处无竹柏？但少闲人如吾两人者耳。

C. 念奴娇·赤壁怀古

大江东去，浪淘尽，千古风流人物。故垒西边，人道是，三国周郎赤壁。乱石穿空，惊涛拍岸，卷起千堆雪。江山如画，一时多少豪杰。

遥想公瑾当年，小乔初嫁了，雄姿英发。羽扇纶巾，谈笑间、樯橹灰飞烟灭。故国神游，多情应笑我，早生华发。人生如梦，一尊还酹江月。

D. 饮湖上初晴后雨

水光潋滟晴方好，山色空蒙雨亦奇。

欲把西湖比西子，淡妆浓抹总相宜。

E. 定风波

三月七日，沙湖道中遇雨。雨具先去，同行皆狼狈，余独不觉，已而遂晴，故作此词。

莫听穿林打叶声，何妨吟啸且徐行。竹杖芒鞋轻胜马，谁怕？一蓑烟雨任平生。

料峭春风吹酒醒，微冷，山头斜照却相迎。回首向来萧瑟处，归去，也无风雨也无晴。

F. 江城子

老夫聊发少年狂，左牵黄，右擎苍，锦帽貂裘，千骑卷平冈。为报倾城随太守，亲射虎，看孙郎。

酒酣胸胆尚开张，鬓微霜，又何妨！持节云中，何日遣冯唐？会挽雕弓如满月，西北望，射天狼。

G. 卜算子·黄州定慧院寓居作

缺月挂疏桐，漏断人初静。谁见幽人独往来，缥缈孤鸿影。

惊起却回头，有恨无人省。拣尽寒枝不肯栖，寂寞沙洲冷。

任务二：我来填诗文

黄州的展厅设计者已经为每篇诗文写好了背景介绍，请你在相应的介绍后面填上合适的诗文作品，并说出你的理由。

1. 黄州是长江边上一个穷苦的小镇，在汉口下面约六十里地。在等待家眷之时，苏东坡暂时住在定惠院，这个小寺院坐落在林木茂密的山坡上，离江边还有一段路。他和僧人一同吃饭，午饭与晚饭后，总是在一棵山植树下散步，关于这种情形，他写了些极其可爱的诗。不久，身边便有了不少的朋友。徐太守热诚相待，常以酒宴相邀。

2. 由临皋，苏东坡可以望长江对岸武昌的山色之美。他有时芒鞋竹杖而出，雇一小舟，与渔樵为伍，消磨一日的时光。他往往被醉汉东推西搡或粗语相骂，"自喜渐不为人识"。有时过江去看同乡好友王齐愈。每逢风狂雨暴，不能过江回家，便在王家住上数日。

3. 倘若问哲学有何用处，就是能使人自我嘲笑。在动物之中，据我所知，只有人猿能笑，不过即使我们承认此一说法，但我信而不疑的是，只有人能嘲笑自己。我不知道我们能否称此种笑为神性的笑。倘若希腊奥林匹亚圣山的神也犯人所犯的错误，也有人具有的弱点，他们一定常常自我嘲笑吧。但是基督教的神与天使，则绝不会如此，因为他们太完美了。我想，若把自我嘲笑这种能力称为沦落的人类唯一自救的美德，该不是溢美之词吧。

4. 这篇小品极短，但确是瞬息间快乐动人的描述，我们若认识苏东坡主张在写作上内容决定外在形式的道理，也就是说一个人作品的风格只是他精神的自然流露，我们可以看出，若打算写出宁静欣悦，必须先有此宁静欣悦的心境。

任务三：我来配图画

为了增加诗文的表现力，设计者要求为这些诗配上相应的图画，请你任选一首词或者一篇文章，写一个设计说明呈现你的配图构思，有条件的小组可以直接把图画画出来。

任务四：我来写鉴赏

为了帮助参观者更好地理解诗歌的艺术内涵和情感，请你为其中一首诗词写一篇鉴赏，放在配图的下面做解释。内容要符合诗歌内容和情感，鉴赏文字的形式不限。

┌───┐
教学现场
└───┘

"苏东坡纪念馆" 筹建策划讨论会

——《苏东坡传》班级读书分享展示

教学背景

本课处于《苏东坡传》阅读、学习的总结阶段,课型属于学生阅读成果展示课。

教学采用教师引导下的学生展示为主、教师点评为辅的方法,旨在通过学生之间交流碰撞、教师的引导点拨,深化学生的阅读以及对苏东坡的理解。

教学目标

1. 泛读全书,通过绘制苏东坡足迹地图的形式,梳理苏东坡一生的经历。

2. 完成纪念馆主展厅的设计,依据文本梳理苏东坡一生取得的主要成就。

3. 通过设计花园雕塑,依据文本梳理对苏东坡一生产生重大影响的人。

4. 通过题写楹联的形式,总结苏东坡的精神气质及对后世的深远影响。

5. 通过"苏东坡纪念馆"项目学习,学会关注人物传记的阅读方法和技巧。

教学过程

任务回顾导入

师:同学们好!今天课间的时候,有同学跟我说:"我昨天晚上梦见苏东坡在刷几何题。咱们班很多同学最近都梦到了苏东坡。"这说明苏东坡真正走进了我们的生活。我们一起回顾一下《苏东坡传》的阅读过程,暑假我们完成了初读,上周我们在学程设计指导下进行了精读,本周我们通过《苏东坡纪念馆筹建策划书》再次梳理这本书的整体内容。

首先我们聚焦第一个任务——苏东坡纪念馆的选址。

任务一:给苏东坡纪念馆选址

师:苏轼一生的足迹遍布中国的大江南北,到底选择哪一个地方作为纪念馆的最佳地址呢？我们听听各个小组的意见。

（6个小组分别展示不同的选址方案，分别是眉州、开封、密州、徐州、杭州和黄州）

下面摘录第3组的汇报。

生1：东坡一生走过的地方，我们用他诗中的意象表示。东坡的行迹我们用水来表示，涓涓细流体现了东坡对百姓的上善若水；大宋的疆界，我们用红色点燃，象征东坡官场上永恒不变的直率坦荡。他的尚善和洒脱，他的"水与火"造就了东坡不平凡的一生。

下面我们来聚焦开封。开封是我们确定的苏东坡纪念馆选址地，我们用圣旨表示开封。开封曾为北宋京都，东坡此生四次归京都体现了政治生活对他一生的重要影响，也正是这里发出的一道道圣旨决定了东坡此生的行迹。理由如下。

1. 苏东坡进京为官是他政治生涯的高峰。他的一生以政治生活为主线，在京任"翰林学士知制诰"时的他达到了一个政治家所追求的高峰。

2. 苏东坡进京后，文学风采依旧。他少年时在开封写作甚多，此后又负责草拟圣旨，"其文依旧行云流水"。

3. 开封牵引着东坡家人的人生。东坡的父亲苏洵的后半生在开封度过，弟弟苏辙一生中也多次到过开封。

4. 东坡在开封时影响了很多名士。少时，他拜会结识了欧阳修、司马光、王安石等当世名家，与他们谈政论道，造成了当时政坛的轰动，也引起了当朝天子的注意，特别是作为翰林学士时，他的很多言论对北宋中期的政坛产生了深刻的影响。

5. 苏东坡"四归开封"的经历贯穿了他的一生。从幼时入京中进士，到中年谦退官场，他思想的转变与未改的初心追随他四度入京，最后的他离开了汴京，从此一生漂泊。

总之，开封既代表了苏东坡从政的高峰，也体现了北宋文人政治的精髓。在如今这个文化多元的时代，东坡代表了中国古代集儒释道于一人，集诗、文、词、书、画于一身，集文学、政治、书画于一体的大师情怀，东坡的情怀应成为中国的情怀、世界的情怀，而这种情怀应该由有着悠久历史底蕴的古老的开封向世人展现。

（其他组依次汇报）

师：大家的选址汇报，都非常精彩，我们看一下现有的"苏东坡纪念馆"，有四川眉州的"三苏祠"、杭州的"苏东坡纪念馆"、湖北黄冈的"苏东坡纪念馆"和广东惠州的"苏东坡纪念馆"。

我们回到《苏东坡传》的阅读上来，"纪念馆选址"实际上是梳理传记中人物的人生足迹，我们把各个小组的选址放到一起去观察，不同的地点实际上代表着苏东坡一生足迹的一个个重要的点：眉州是他的"故乡"，开封是他仕途的"大起"之地，密州种下了他"豪放派"风格的种子，徐州是他仕途上崭露头角之地，在这里他第一次做太守，黄州是他人生、思想和艺术风格发生重大变化的"转折点"。

任务二：主展厅的设计方案

师：选择了纪念馆的最佳地址之后，我们应该如何设计这个纪念馆呢？咱们六个组依次总结，请大家找出他们的亮点，为他们点赞。好，有请第一组。

（6个小组依次展示各自的设计方案。现选取其中的一个小组展示如下）

生2：我们组从建筑综述和馆内设计两方面来介绍。先说建筑设计。

苏东坡的人生十分坎坷，仕途上十分不顺，在林语堂先生的《苏东坡传》中我们总结了以下几点：苏东坡出生于宋朝统治下的眉州，他的家乡山清水秀，依山傍水。他的家庭也充满了书香，家中几代人也是读书人。苏东坡从小勤奋读书，发愤图强，终究高中进士，欧阳修曾说，"此人可谓善读书，善用书，他日文章必独步天下"，"十年之后，无人再谈论老夫"。

那时的华夏民族受封建思想统治着。我们将"天圆地方"、"天命观"等观点融入纪念馆的建筑设计当中。将参观者带入当时的情境中，使参观者能够更加深刻地理解苏东坡的一生。

开封是当时的都城，苏东坡一生受"学而优则仕"的传统理念影响，作为一个"无可救药的乐天派，伟大的人道主义者，亲民的官员，大文豪，新派画家，大书法家，造酒实验者，工程师，假道学的反对者，静坐冥想者，佛教徒，儒学政治家，皇帝的秘书，酒鬼，厚道的法官，坚持自己政见的人，月夜游荡者，诗人，或者谐谑的人"，却被朝廷斗争所排挤。

再说馆内设计。

展馆四周有护城河环绕。"回"是我们建筑的灵魂，在苏东坡的一生中，曾多次因为各种原因来到京都，每次他都励精图治，廉洁为民。在1059年，他们全家迁往京都开封，1066年父丧离开京都开封，而后1069年返京，任职史官，在经历政治斗争之后，于1085年返回京都任中书舍人，又多次遭贬谪，于1091年再次回到京都。每次他来到京都都怀揣着对政治事业的追求，与济世救民的梦想，却遭到打击，几经弹劾。试想东坡每次回到京城，看到皇都，心中是怎样的感情！

展厅分为四部分，分别是他四次到达京都时的场景与介绍。参观者可以从场馆中模拟当时的情景，体会到苏东坡不同时期的感情变化，四个展厅的中间，是我组设计的太极型喷泉，它与外围的护城河水系、内部的摆渡河相互连接，参观者从不同的展厅出来，可看到太极水系的不同部分，白色面代表他得意时，黑色面则代表他在朝中受排挤时，而不变的是他那救世济民的伟大理想。老子云："上善若水，水善利万物而不争，处众人之所恶，故几于道。"形容苏东坡再恰当不过了吧。

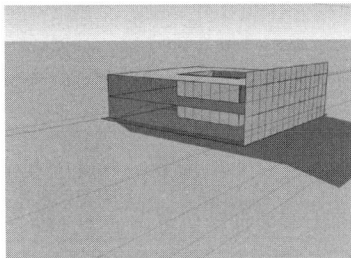

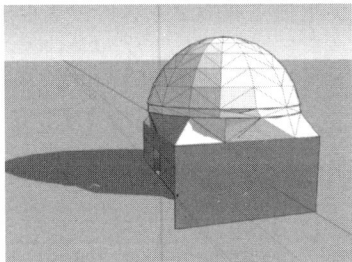

花园雕塑代表他的家人，此花园建造之用意是为参观者更好地体会苏东坡遭受第一次贬谪出京后回忆美好家乡时的心情。同时，也展现了苏东坡对美好世界的遐想与向往 。

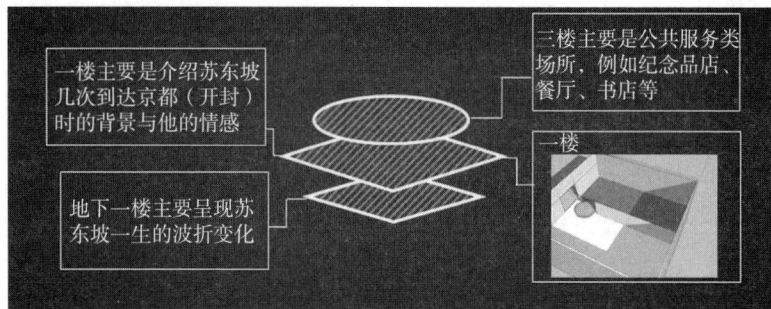

（各组依次展示后，教师请学生评价）

生 3：我觉得第 3 组的设计方案好，他们的设计方案很实际，有相应的配套设施，如纪念品店、餐厅、书店等。另外，他们的建筑风格中西结合，既符合中国传统"天圆地方"的哲学思想，又吸取了西方的建筑风格。

师：我再补充说明一下"天圆地方"的思想，其实也暗合了苏东坡内心的精神，"圆"代表他的儒、释、道三家思想的融会贯通，不管遇到怎样的挫折，苏东坡都会用这些思想成功突围；"方"其实代表他内心的处事原则，不管是在朝廷做官，还是流放到边疆蛮荒，他都坚持"以民为本"的思想，这也就是林语堂在《苏东坡传》所说的"浩然之气"。

师：6 个组都做出了精彩的主展厅设计，让人眼前一亮。我们深入思考一下我们进行主展厅设计的思维过程，首先想到的是如何把苏东坡一生的经历、政绩、思想文学成就等方面分类，每一个分类其实就是苏东坡的"重要人生章节"，这便是我们读人物传记需要关注的第二个方面的问题。

任务三：花园雕塑设计

师：花园雕塑，我们的要求是设计成群雕的形式，6 个小组依次汇报你们组的设计方案。请注意，如果你选择的人物和上一小组重复，就可以省略对人物的介绍，主要说明你的设计方案。其他的同学要注意这些人物该如何分类。

（6 个小组中，每个小组都有 2 个花园群雕的设计方案，依次展示，现摘

录其中一个典型的设计方案）

生4：苏轼这个千古大才是环境造就的，所以我们需要选择对他有较大影响的一些人物，刻成一个群雕，树立在后花园中。

在第一组群雕中，我们选择的人物是苏东坡的祖父、父亲苏洵、弟弟苏辙、妻子王弗、侍妾朝云。选择的原因是：苏轼成年后潇洒的气质与开阔的胸襟受到祖父旷达自在、疾恶如仇言行的影响；苏洵是苏轼的父亲，他的儒家正统的政治理想和文学观念对苏轼产生巨大影响；苏东坡在苏辙的影响下对印度的瑜伽术产生了兴趣，从此钻研佛道，渴望获得心灵上的平静；妻子王弗务实际，明利害，在丈夫不够成熟老练之时提醒他提防坏人，让他"天下无坏人"的认知有所改变；侍妾朝云是苏东坡的知己，她终生陪伴苏东坡，他们共同追寻仙道生活，爱情和友情并存。

形象设计如下：

祖父，一位骑着驴喝酒的老者，富有酒趣，看上去洒脱，不拘小节；苏洵，倚床倾听，两眼注视着天花板。身旁站着两小儿（苏轼和苏辙），手捧书卷，认真朗读；苏子由，席地而坐，闭眼练习打坐；王弗，贤惠地站立，双目明亮；朝云，似一个天女，手挽一篮花瓣，挥撒花瓣，身上沾上几片花瓣却未在意。

师：我们回顾6个小组选择的所有人物，大体可以分为亲人、爱人、老师、学生、朋友和敌人，不管是正面的影响，还是反面的打压和刺激，都对苏东坡伟大人格的形成起到至关重要的作用。这是传记文学我们要读的一个非常重要的方面，就是"重要他人"。

这样我们看，通过选址、主展厅设计和花园群雕的设计，我们实际上梳理了苏东坡这个人的"人生足迹"、"重要人生章节"和"重要他人"三个部分，这也是我们阅读传记文学需要关注的。

任务四：主题楹联题写

师：在这节课的最后，我们请各个组展示你们自己设计的"苏东坡纪念馆"的主题楹联。

生1：宦海沉浮丹心一片垂千古，天涯浪迹柔胆千丝忆离人。横批——剑胆琴心。

生2：东坡不羁生死茫茫作茧终自缚，西湖潋滟春江水暖忠勇报国家。横批—— 一壶风雨一壶愁。

生3：为官为民行事兢兢业业，赋词赋诗传唱暮暮朝朝。横批——名声永存。

生4：千古无双苏轼政坛抗暴心为民，百年不朽东坡赤壁怀古胸坦荡。横批——潇洒超逸。

生5：回首向来萧瑟处，亦有风雨亦有情。横批——百折不挠。

生6：宦迹渺难寻，只博得三杰一门，前无古，后无今，器识文章，浩若江河行大地；天心厚有属，任凭他千磨百炼，扬不清，沉不浊，父子兄弟，依然风雨共名山。横批——千古绝学。

师：大家对对子也是很厉害的，我也写了一个对联，算是对大家的鼓励。上联：东坡真名士一生浩然正气不愁天下无知己。下联：中华好少年十年寒窗苦读何忧谁人不识君。横批——继先贤成栋梁。送给大家！希望同学们以这节课为起点，阅读传记，树立榜样，照亮人生。这次的读书分享会就到这里，谢谢大家！

专家视角

人间有味是清欢

北京教育学院教师教育人文学院   方   麟

《苏东坡传》曾被林语堂称为自己写过的最好的一本书。该书出版以后，欧美对苏东坡的爱好者和研究者，显著增多。

林语堂在《读书的艺术》中这样说道："世间确有一些人的心灵是类似的，一个人必须在古今的作家中，寻找一个心灵和他相似的作家。他只有这样才能够获得读书的真益处。一个人必须独立自主去寻出他的老师来。"对于林语堂来说，苏东坡无疑就是这样一位好"老师"。《苏东坡传》写于 1947 年，林语堂时任联合国教科文组织文化与美术主任，希望通过对中国古代文化名人形象的塑造，为西方现代社会提供一个人格典范，为世界文明的建设略尽绵薄之力。他用英语写了《苏东坡传》，在传中突破了史实本身，而深入传主的内心。

林语堂说："我写苏东坡传并没有什么特别理由，只是以此为乐而已。"他敏锐而准确地抓住了苏东坡的人格特质，即对人生的乐观态度。在《苏东坡传·原序》中，林语堂这样写道："对于一个多才多艺、生活又多彩多姿的人物，要从他的生平和性格中挑出一些让读者钟爱的特质并不难。我们可以说苏东坡是无可救药的乐天派，伟大的人道主义者，亲民的官员，大文豪，新派画家，大书法家，造酒实验者，工程师，假道学的反对者，静坐冥想者，佛教徒，儒学政治家，皇帝的秘书，酒鬼，厚道的法官，坚持自己政见的人，月夜游荡者，诗人，或者谐谑的人。然而，这些恐怕都无法构成苏东坡的全貌。或许我可以这么做个总结——在中国，一提到苏东坡，总会让人露出真挚而钦佩的笑容。"这种表达无疑是主观化的，从某种程度上可以说是夫子自道。他说："归根结底，我们只能知道自己真正了解的人，我们只能完全了解我们真正喜爱的人。我认为我完全知道苏东坡，因为我了解他，我了解他，是因为我喜爱他。"因此，《苏东坡传》不可避免带有林语堂本人的身影，他对苏东坡的同情，对其生命和人生的体悟，以及他自己所标榜的"幽默"，都借助移情与共鸣的方式，成就了《苏东坡传》这部传记文学经典。他的传记偏重文学，可称作"以文入史，文史兼容"。

林语堂是散文大家，他的作品具有明显的"散文化"倾向。他凭借得天独厚的散文家优势，将其闲适、性灵的散文笔调，融入叙事性的史传写作中。传记以时间为经，介绍了苏东坡大起大落的人生经历；以事件为纬，采用微观叙事的角度，穿插以无数趣闻逸事、野史掌故，落脚于苏东坡的生活琐事，力求表现一种精致的生活以及追求生活的艺术。全书就在这样的叙事中娓娓而行，夹杂着作者画龙点睛的评论。

正如研究者所说：林语堂评价苏东坡具有蟒蛇的智慧，兼有鸽子的敦厚温柔。这是基督教倡导的信条，苏东坡无疑做到了这一点；他是具有西方人文主义精神的中国诗人典范，他是中国文人雅士中的奇葩，正是借助于这种西方精神，林语堂才得以将这样一个中国的人文精神介绍到西方。今天看来，林语堂所提倡的性灵生活，是对苏东坡"人间有味是清欢"精神的致敬，是对物质世界的反拨，是全人类共同的财富，无论古今，不分东西。

林语堂的传记创作，试图打破传统史传写法，采用西方现代传记创作形式。叙述形式的小说化，小品笔调的输入，人格意识的凸显，都值得再三玩味。我们欣喜地看到，程老师在能力提升环节，特地标出"理解作者对传主的解释"这一内容。在引导学生阅读《苏东坡传》中，这点确实值得我们注意。同时，它也应该是教学价值的重中之重。

程老师在内容统整部分，拟定筹建"苏东坡纪念馆"的任务，特别有创见，有助于学生全面理解传主的精神成长和人格魅力。在重点突破部分，关注苏东坡"黄州流放"这一重要时期，将他的生平与诗文创作联系在一起，既能知人论世，又能文史互证，有助于学生理解苏东坡其人其文。这些，都是值得肯定的地方。

亲近一位精神的圣人

——《渴望生活：梵高传》书册阅读教学现场

北京市朝阳外国语学校　张　媛

书册名片

◆ **推荐版本**

	作者：［美］欧文·斯通
渴望生活	译者：常涛
	出版社：北京十月文艺出版社
	出版时间：2014 年 11 月第 2 版

◆ **内容梗概**

　　1873 年，二十出头的梵高来到伦敦，他爱上了房东美丽的女儿乌苏拉，但遭到拒绝，他只好离开伦敦。他的父亲鼓励他成为一名牧师，为人们造福。他受到曼德斯和皮特森牧师的鼓励，来到博里纳日。矿工们的困窘生活让他了解人间疾苦，在履行传教士义务时，他发现自己无法造福矿工，这也引发了他对上帝的质疑。他的弟弟提奥目睹了哥哥困顿的生活，决定与哥哥建立"合作关系"，他资助哥哥，负责出售哥哥的画，由此，提奥开启了梵高的画旅人生。梵高在这一时期的绘画风格以素描、临摹为主，情感饱满但欠缺技巧。梵高回到家乡荷兰养精蓄锐，父亲对他艺术事业的反对使他日益孤僻。他来到埃顿，向他的表哥毛威学习作画，毛威引领他走向艺术的殿堂，赞扬梵高的画中有"少见的生命力和节奏感"。这时，他爱上了表姐凯，凯的拒绝让他无比绝望。

在海牙，批评家布森韦鲁赫指引梵高独立作画，享受痛苦。妓女克里斯汀与他同居，她贤惠却粗鲁，善良却市侩。她使梵高感叹命运的不公，也让他明白人无完人。梵高同时感受到家的温暖与现实的残酷，最终他无法忍受克里斯汀，离开海牙。此时，他的绘画处于迷茫期，他不断探索自己的风格，却找不到出路。在纽恩南，玛高特深爱梵高，总是默默注视他绘画，这让他体会到被爱的幸福，于是他作出了与玛高特结婚的决定。这份情感被玛高特母亲及姐妹阻拦，玛高特服毒未果，被送往医院。街坊的非议使得梵高被自己的家族扫地出门，他用绘画表达自己的伤感与悲痛。他以德克鲁特一家人为模特，画出《吃土豆的人》，在绘画中倾注了全部感情。在巴黎，提奥带领梵高结识了许多先锋画家，接触到新的绘画技法、思考方式甚至生活态度。这促使他探索属于自己的印象派风格。在阿尔，梵高迎来了自己的创作高潮。阿尔的阳光使他的画充满活力与生机，他创作了《收获景象》和《向日葵》等杰作，"画中有了空气"。这一时期他的创作极其狂热、频繁。在与高更争吵并割掉自己的耳朵后，梵高被送进圣雷米的精神病疗养院。这一时期梵高的画充满病中的忧郁与对生命的向往，代表作为《星夜》。奥维尔是梵高生命的最后一站，在那里，提奥与伽赛大夫让他体会到家的温暖。也是在那里，他完成了最后的代表作《乌鸦乱飞的麦田》，表达完自己想倾吐的东西后，开枪自尽。

◆ 作者简介

欧文·斯通（Irving Stone，1903—1989），美国著名传记小说作家，被誉为"美国传记小说的创始人"。欧文·斯通的青少年时期生活艰难，先后做过报童、推销员、牧童等，后获得南加州大学经济学硕士，曾于印第安纳大学任教。

欧文·斯通的写作生涯从剧本开始，后来转向人物传记小说。他一生创作了二十五部传记小说，传主包括杰克·伦敦、米开朗琪罗、弗洛伊德、达尔文等文化名人。他的作品在欧美有着广泛的社会影响，亦深受中国读者的喜爱。

欧文·斯通的传记小说，常常选择传主青少年时代具有戏剧性的生活转折点切入。为了再现传主的精神面貌，在阅读传主的书面材料之后，他一定要走遍传主到过的地方，考察周围环境，并采访传主生命中的重要他人。他写艺术家或政治家，能够以逼真的细节描写表现传主的精神气质和性格特征。

◆ 文学地位

《渴望生活：梵高传》是欧文·斯通的成名作，也是当代英美传记小说史上的里程碑。欧文·斯通认为，最能打动读者的不是名人的成就和辉煌，而是他们追求和探索的过程。八十余年来，梵高悲惨而成就辉煌的人生震撼了无数读者。这部作品被译成八十余种文字，发行数千万册，感动亿万读者。我国的文化名人纷纷推荐此书：

斯通的笔写出了梵高的魂——一个因善良受苦的天使，一个用色彩享乐的天才。

——周国平

梵高在生活中像个智弱的残者，在艺术上却是创造精神的圣人。我们做不了梵高，但应该读这本书，我们崇敬梵高，更要读这本书。

——濮存昕

教学价值

◈ 知识积累

阅读本书，教师可引导学生完成以下知识积累。

（一）传记小说

传记小说兼具传记和小说的双重特征，即用小说的技巧和手法讲述真人真事。作者在研究传主原始资料的基础上，以传主为主角展开情节、叙述故事。传记小说作者需要借助自己的想象还原传主的人生历程与生活场景，运用文学手法细致描摹，力图再现"活生生的人物"。

《渴望生活：梵高传》是传记小说的典范之作。欧文·斯通尊重史实，他亲自走过梵高到过的每一处地方，细致考察绘画资料，仔细研究梵高的书信与日记。大量翔实的史料使得本传记的人物性格符合原型，故事情境符合历史的真实。

写作过程中，欧文·斯通借用小说的表现手法来提升传记的表现力和生动性。他以史实为基础虚构人物对话，渲染人物内心世界，常写出"尽管无据可查，然而我相信有可能发生的小插曲"①。这些推测与虚构，使得《渴望生活：梵高传》在刻画人物形象及描写人物内心方面具有更自由的空间。

---

① 斯通．渴望生活：梵高传［M］．北京：北京十月文艺出版社，2014：522.

（二）叙事线索

"线索"指叙事性文艺作品中贯穿整个情节发展的脉络。它把作品中的各个事件联成一体，表现形式可以是人物的活动、事件的发展或某一贯穿始终的事物。一部叙事作品通常有一条或一条以上的线索。《梵高传》有两条线索：其一，是传主生活地点的变化；其二，是传主艺术风格的形成。本书以梵高人生足迹为线索，梳理了其生平足迹、情感世界、信仰追求、对绘画艺术的探索。全书按照梵高一生经历分为"序幕：伦敦"及"博里纳日"、"埃顿"、"海牙"、"纽恩南"、"巴黎"、"阿尔"、"圣雷米"、"奥维尔"八卷。无论是被动离开还是主动选择，地点的转变都折射出传主命运的转折。例如，阿尔不同于巴黎，也不同于圣雷米，这里炽热的阳光提亮了梵高画作的色彩，促使其形成了独特的画风。

绘画是梵高最重要的生活章节，其画风变化及艺术追求是全书的另一条线索。梵高画风的形成经历了以下过程：渴望老师教授绘画基本技巧——学习视角和解剖学，素描逐渐成熟——接触水彩——学习油画并分析色彩——受到日本浮世绘的影响，色调明亮——学习点彩技术——色彩提亮，画风形成。在不断的突破中，梵高认为只有表现出艺术家的痛苦的作品，才算是真实、深刻的。梵高的画作中表现出单纯、质朴与真实，用印象主义画法展示内心的一切。

理出全书的叙事线索便于整体感知全书内容，走进传主精神世界。

（三）描写

"描"是"描绘"，"写"是"摹写"。描写就是用生动形象的语言，把人物或景物的状态具体地描绘出来。这是一般记叙文和文学写作常用的表达方式。人物描写包括肖像描写、神态描写、语言描写、动作描写、心理描写等。《梵高传》中心理描写、细节描写都值得关注。例如，在第一卷末尾，当提奥开启梵高画旅人生时，"温森特由于激动和喜悦而全身颤抖，他仿佛从沉沉的梦境中醒过来了"。梵高接着说："我在阿姆斯特丹和布鲁塞尔学习期间，就曾有一种要画，要把我所看到的东西画在纸上的强烈冲动。"细节描写及语言描写还原了现场情境，让读者如临其境，真切感受梵高听从内心召唤，找到人生出路的激动之情。又如，第四卷中，关于"眼睛"的细节描写有多处，这些细节描写串联出"玛高特深爱梵高——偷窥梵高绘画被发现——梵高感受到被爱的温暖"这一系列富有戏剧性的故事，以"眼睛"写出，可谓细腻传神见真功。

◆ 能力提升

作为传记小说阅读的"样本"，《渴望生活：梵高传》在能力提升方面具有两个价值。

（一）对比类似信息，形成自己的理解

梵高命途多舛，经历复杂，在不同的生命阶段、生活场景中受到不同人对他的影响。学生在阅读中可以将一些有相似性的事件进行对比分析，形成自己的理解。例如，初到巴黎时，梵高的生活与莫奈、马奈、德加、毕沙罗、高更、劳特累克、修拉、罗梭、塞尚等画家产生了交集，同是自成一格的艺术家却带给梵高不同的影响。学生在阅读中提取、整合信息，发现并比较这些人对梵高人生的不同意义，能够更好地理解他此时的处境。

（二）在文本中寻找资源，辅助理解

丰子恺在《梵高生活》一书中说："梵高的作品，都是其热狂的全生涯中的苦恼、忧愁、愤激、铭感、欢喜、活悦的发现，都是热血所染成的'人生记录'。换言之，在梵高，'生活是作品的说明文'。"①丰子恺认为"我们要理解他的作品，先须理解他的性格与生活"②，梵高不仅仅是艺术家，"还是一个'人'，并且其'人'的成分还要厚重些、丰富些"③。因而学生在阅读中要以画读人，借助文本中所穿插的梵高代表画作窥探他的内心世界。同时，也要据文赏图，借助文本内的文字资源加深对画作的理解。

---

① ② 丰子恺. 梵高生活 [M]. 北京：新星出版社，2013：3.
③ 黄夏. 丰子恺眼中的梵高 [N]. 第一财经日报，2014-02-19 (7).

◆ **策略建构**

阅读本书适宜使用的策略包括抽取要点、再现还原、跨界阅读。

（一）抽取要点

传记阅读最重要的信息莫过于传主的生活章节、关键事件、重要他人、压力难题、生活主题、人生信条及重要影响。学生需要依据本书体式特征，横跨全书各个章节，从不同角度抽取要点，完成对不同关注要点的梳理。

例如，当学生关注"生活主题"时，要从各个章节寻找描写梵高绘画风格的笔触，全面整合后可见其绘画历程变化轨迹。又如，当学生关注"重要他人"时，可用不同色彩的便笺纸做好书签，贴于该人物出场描写页。当要点齐聚，梵高的"亲人"、"友人"、"师长"、"阻碍者"、"所爱之人"等信息便可汇聚交织成"梵高的人际圈"，这些情节要点可从另一侧面呈现传主的人格特质。

（二）再现还原

传记小说作者为人物立传，力争写出"活生生的人"。读者在阅读传记小说的过程中，要借助史实陈述与细节描写等"再现生活情境"，"还原传主形象"。"再现还原"的目的是读懂传主其人其事，可在时代背景、事实经历中再现当年故事，亦可在人物关系网中还原传主形象，还可在画作的线条与色彩中捕捉传主的精神气质。

例如，在阅读第四卷第 8 节《吃土豆的人》时，学生可运用"再现还原"的阅读策略重温那难忘的十二天：梵高渴望用绘画为布拉邦特乡村生活定格，他渴望用一件作品抓住农民住茅屋和吃煮土豆的精神。他用画面说明"这些在灯光下吃土豆的人曾经怎样用他们这双伸向盘子的手挖掘土地"，他们拥有那种自食其力的尊严。布拉邦特农民的生活场景与德格鲁特一家人的言行都有助于学生在头脑中再现当时场景，并还原出梵高的艺术理想：在真实的生活中追寻美的本质，在描绘痛苦中表现自己的艺术个性。

（三）跨界阅读

我们身处阅读终端多元化的时代，书籍、报纸、电影、话剧、手机听书

APP（手机软件）都可以成为我们获得信息的渠道。2015 年（梵高逝世 125 年）不仅是"梵高年"，也是"印象派之年"。全球艺术界策划了规模庞大的文化活动来纪念这位荷兰艺术大师，从更为人文化的新视角探讨梵高的艺术。上海、北京等地举行《不朽的梵高》感映艺术展，"喜马拉雅听书"APP 收入蒋勋播讲的《拥抱梵高》，人艺小剧场推出话剧《燃烧的梵高》……这些丰富的文化活动都可成为学生跨界阅读的资源，加深学生对《渴望生活：梵高传》传主人物形象、精神气质的理解。不同媒介对同一主题的不同呈现方式，也为我们的理解开辟了多条道路。

◆ 精神成长

《渴望生活：梵高传》引领我们追溯梵高的生活经历，体悟梵高的情感世界，探寻梵高艺术风格形成的过程，感受梵高的高尚灵魂。梵高当过牧师、娶过妓女，身无分文，执着追求艺术，渴望人间温情，却终身孤独。殉道、流浪、割耳、自杀……多少苦难灌注了他的血脉，他却依然向着无望的希望坚定迈进，至死，他都没有见到成功。他用高贵、炽热而单纯的艺术之魂在贫穷和世俗道德的围追堵截下创作出绚烂惊人的艺术世界。梵高在给弟弟的信中写道："当我画一个太阳，我希望人们感觉它在以惊人的速度旋转，正在发出骇人的光热巨浪；当我画一片麦田，我希望人们感觉到麦子正朝着它们最后的成熟和绽放努力……"① 这样诗意浓烈的自述，恰如他的绘画，热烈、跃动，像火焰般发出光芒。他用悲悯之心和永不消逝的大爱看待这个薄情的世界。在梵高传记电影《画语人生》中，他说："要留下点什么纪念我的感恩之心，并以绘画的形式呈现出来。"他对生命的感恩驱使他拿起画笔，在一次次挥洒中寻觅着"正在逝去的事物中那些永不消逝的东西"。我们读文，为他质朴纯粹的精神感动；我们赏画，力求提高自身审美鉴赏能力。他的悲悯情怀，他对于梦想的执着追求，是宝贵的精神养料。

---

① 选自《亲爱的提奥：凡高自传》（南海出版公司 2015 版）的封底。

学程设计

◆ 整体框架

　　教师制定"章节阅读学程"，引导学生通读全书；开展"跨班级读书交流会"，以阅读竞赛的形式引导学生梳理传主生命历程、艺术成就、重要他人、精神追求，启发学生在倾听中学会"思辨"、"点评"；开展"咏人诗"写作教学活动，指导学生用现代诗书写内心感触。最后，教师指导学生跨界阅读，设计梵高元素文化创意产品，旨在整合前期的阅读成果，在真实的任务情境中提升学生的创造力。

教学阶段	主要内容	教学资源	设计意图
通读指导	学生初读全书，完成相关阅读任务。	章节阅读学程	指导学生在初读过程中独立思考，解决问题。
重点突破1	在一幅空白的欧洲局部地图上标注梵高的人生轨迹。	欧洲局部地图	指导学生梳理传主人生的重要章节。
	通过画作竞猜，了解梵高绘画风格的转变。	梵高绘画作品汇集	引导学生欣赏梵高画作，从而了解梵高艺术风格。
	从学生最感兴趣的一点入手，绘制思维导图，呈现梵高给自己印象最深的一点。	无	梳理传主带给学生最深切的感受与最深入的思考。
重点突破2	结合自己的阅读感受，为梵高撰写一首"咏人诗"。	无	用诗歌的形式呈现自己的阅读感受。
内容统整	观看与梵高相关的电影、话剧，收听"喜马拉雅听书"之《拥抱梵高》，为一款具有梵高元素的文化创意产品撰写一则广告，亦可自行开发产品。	1. 电影《梵高》。 2. 话剧《燃烧的梵高》。 3. "喜马拉雅听书"之《拥抱梵高》（蒋勋）。	开展综合实践活动，引导学生在真实情景中展示创意，为学生创设言语实践活动的平台。

◆ 通读指导

　　学生自主阅读原著过程中，结合"通读指导"中信息提取、图文对照、画作鉴赏等任务，还原传主形象，再现传主生活情境，理解传主精神气质。

阅读范围	阅读任务	重点能力指向
序幕：伦敦	1. 请从书中找出如下梵高的外貌描写并标注相关页码，概述导致梵高外貌变化的原因。 （1）"温森特把手放在身下，用劲儿一撑，从床上跳起来。他的肩膀和胸部肌肉发达，两臂粗壮有力。" （2）"他的眼睛就像深陷在石板缝里一样，鼻梁高高隆起，又宽又直，好像把小腿骨错长到了脸上；圆而凸起的额头很高，和那浓密的眉毛与敏感的嘴巴之间的距离相等；宽而结实的大腮帮；有点短粗的脖颈；还有一个带有荷兰人特征的坚定有力的大下巴。" （3）"他眼睛里原来的那股天真劲儿没有了，留下的是痛苦郁悒。"	信息提取，分析人物形象变化的原因。
	2. 梵高在特恩海姆格林的教堂中以《圣经·诗篇》第119章19节"我寄居世间如客旅，求你不要向我隐瞒你的诫命"来进行宣讲；而在《圣经·诗篇》第119章中，还有如下内容（仅为节选），请你阅读选文，任选一题，用圣经的话解释梵高的行为。 （1）求你除掉我所受的羞辱和藐视，因我遵守你的法度。 （2）求你叫我转眼不看虚假，又叫我在你的道中生活。 （3）我是你的仆人，求你赐我悟性，使我得知你的法度。	在传主生命经历与《圣经》之间建立联系，了解梵高信仰对其行为的影响。
第一卷：博里纳日	1. 《曼德斯·德科斯塔》这一章中，曼德斯对梵高说："你永远不可能总是对任何事情做到确有把握。你所能做到的就是用你的勇气和力量去做你认为是正确的事。结果也许会证明你的所作所为是错误的，然而至少你是去做了，这才是重要的。" 结合前两章内容，回答问题：梵高做了哪些他"认为是正确的事"？他在做这些事的过程中有什么样的心理，结果如何？	概述生命经历，初步感受传主精神气质。
	2. 曼德斯和皮特森牧师都给梵高的生活、工作提出了自己的意见，这两人的观点有何异同？他们对梵高有什么影响？	关注重要他人对传主的影响。
	3. 请从第8章《煤黑子》中找出瓦姆镇的景物描写，用自己的语言描述一下这个小镇。（提示：可以从经济状况、风景、居民等方面来说）	关注传主生活的时代背景及生活环境。
	4. 梵高在博里纳日认识了不少当地人，请你用有创意的思维导图呈现以下内容。 人物：丹尼斯太太、雅克·维尼、德克鲁克、维尼小姐、德克鲁克太太。 信息：以上人物的身份、生平简介、外貌描写、性格特点、对梵高的态度。	信息提取与归纳。
	5. 第16章《上帝退场》中写道："没有什么上帝，事情就是这样简单。压根儿就没有上帝，只有混乱——悲惨的、痛苦的、残酷的、莫名其妙的无尽无休的混乱。"而前文中，梵高布道时却还说："对于信奉耶稣基督的人们，没有完全绝望的忧伤，只有不断地获得新生，不断地从黑暗走向光明。"是什么导致了他对上帝的信仰崩溃？	感受传主心路历程。
	6. 请你找出不少于三处提奥的语言、外貌、动作描写，分析提奥的性格特点。	重要他人形象分析。
	7. 第21章"莱斯维克老磨坊"中，梵高说道："我的真正的工作！"这真正的工作是什么？为什么他认为这是他真正的工作？	理解梵高对信仰的追求。

续表

阅读范围	阅读任务	重点能力指向
第二卷：埃顿	1. 第3章《学生》中，梵高说："为了描绘生活，就不仅应当懂得解剖学，而且必须了解人们对他们所生活的那个世界的感受与想法。"请结合当时梵高的画作（矿工肖像等），说说"感受与想法"具体指什么。 	以画读人，从作品中感受传主的艺术理念。
	2. 毛威这样评价梵高的画，"它们具有某种我很少见到的生命力和节奏感"，请你自己认真观察下面两幅画作，查找相关资料，用自己的语言描述画中的生命力和节奏感。 	
	3. 梵高去姨父家向凯求爱，甚至以把手放在烛火上来威胁，可是即使他皮肉烧焦，凯也没有出现。你认为他的行动有没有意义？这体现了梵高的什么性格特点？	辩证看待传主的性格特点。
第三卷：海牙	1. 请列表梳理德·鲍克、安东·毛威、韦森布鲁赫这三位画家的以下信息： （1）出场章节；（2）人物描写（摘抄原文）；（3）人物性格； （4）绘画理念；（5）此人给梵高的建议与帮助；（6）此人给梵高带来的改变。	梳理信息，了解重要他人的出现情境和作用。
	2. 梵高以前爱上的女人，不管是纯真可爱的乌苏拉，还是端庄美丽的凯，都属于温文尔雅的上流社会女性，至少不用为生计发愁。可是克里斯汀却是一个靠卖笑维持生计的粗俗女人。你认为，此时梵高心中对于"美"的定义有了什么改变？试分析发生此改变的原因。	引导学生关注梵高对于克里斯汀的爱，理解其中包含的救赎意味。

续表

阅读范围	阅读任务	重点能力指向
第三卷： 海牙	3. 第5章中，梵高说："在艺术家将其作品公之于众时，他有权不公开他自己在私生活中的内心斗争。这种斗争与他在艺术创作中所特有的困难有着直接的、必然的联系。"梵高都经历了怎样的斗争？请你从以下几个层面概括。 经济层面： 社会层面： 亲友层面： 个人价值观层面： 其他：	理解梵高的生活环境，理解其思想变化的原因。
	4. 请用心品读第218—220页梵高与韦森布鲁赫关于贫穷的对话。你认为韦森布鲁赫应不应该把钱借给梵高？为什么？你认为痛苦与艺术创作有何必然联系？梵高自己又有什么样的看法？	引导学生对艺术创作心理有自己的理解。
第四卷： 纽恩南	1. 第2章《织工》中，作者说他在寻觅着"正在逝去的事物中那些永不消逝的东西"。"永不消逝的东西"指什么？	理解传主的精神气质。
	2. 请你在文中找到如下关于"眼睛"的描写并标注页码。请你分析，这里的"眼睛"如何推动了故事情节、人物心理的发展。 （1）他曾不耐烦地想甩掉这盯梢，但是却总摆脱不掉这种被一双眼睛死死地盯着后背的感觉。 （2）他用眼角瞥见，她的衣衫在那被遗弃的车子后面的矮树丛里一闪。 （3）他感觉到她已经站到了他的背后，于是猛一转身，直盯着她的眼睛。 （4）她的眼睛睁开了，他看出那是一双漂亮的眼睛，深褐色、善良温柔，几乎带有一种神秘的意味。 （5）她躺在那里，凝神望着他那蓝绿色的眸子。哦，那是一双多么富于同情，多么机敏，多么善解人意的眼睛啊！ （6）玛高特靠在他膝旁，仰头望着他，那神情是他从未在女人的眼睛里见到过的。	品味语言，梳理情节。
	3. 阅读第292—294页，完成"印象派"资料卡。 **印象派** 名称来源： 风格特色： 代表画家： 商业前景：	提取显性信息。

续表

阅读范围	阅读任务	重点能力指向
第四卷： 纽恩南	4. 请你收听"喜马拉雅听书"之《拥抱梵高》（蒋勋）第三节，并结合文章内容，为《吃土豆的人》这幅画写一则百字左右的简介。 	跨界阅读，提高审美鉴赏能力。
第五卷： 巴黎	1. 请根据信息填写下表。 表格 2. 请根据画家绘画风格判断下列名画的作者。 	提取显性信息。 借助文字信息，解决现实问题。

表格内容：

画家	代表作	性格特点	艺术特色	对梵高的影响
莫奈				
马奈				
德加				
毕沙罗				
高更				
劳特累克				
修拉				
罗梭				
塞尚				

阅读范围	阅读任务	重点能力指向
	3. 第2章《爆炸》描写了印象派画中的"空气"："这些画家使他们的画上充满了空气！正是这有生命的、流动的、充实的空气，对画中的物体起了作用……啊，这些新人！他们竟发现了空气！他们发现了光和呼吸，空气和太阳；他们是透过存在于这震颤的流体中的各种数不清的力来看事物的。"结合下列画作，分析画中的"空气"是如何体现的？（图1为梵高早期画作，图2为莫奈的《日出·印象》） 图1　　　　　　图2	图文互现，借绘画读懂文字，借文字读懂绘画。
第五卷：巴黎	4. 请你认真阅读第3章中劳特累克与梵高的对话，总结两人对于"美"的定义。"要是一个人能当上画家，他干吗非要当伯爵不可呢？"这句话有何深意？	语句理解。
	5. 梳理梵高印象派画作的创作历程，可以用流程图、思维导图、坐标系等形式呈现。（提示：可以从接触到印象派、改变个人画风、请教其他画家等方面梳理。）	信息梳理。
	6. 在第8章中，左拉说："公众无法理解，艺术是不能用道德标准来评判的。艺术是超道德的，生活亦是如此。"结合本章中几位画家的讨论，思考：这种"超道德"的艺术与生活，在一众印象派画家中是如何体现的？在梵高身上又是如何体现的？	理解画家的艺术追求。
	7. 结合图片资料与地理知识，回答：阿尔与巴黎有什么差别？梵高为什么决定去阿尔进行创作？ 巴黎　　　　　　阿尔（阿尔勒）	综合分析两地差异，探究地域变化对传主的影响。
第六卷：阿尔	1. 请你摘抄一段关于阿尔的景物描写，与如下文字进行对比："巴黎市里，既有宽阔、清洁的林荫大道，道旁的商店富丽堂皇，也有令人沮丧的肮脏的小巷，还有道边挤满了无数酒店的中产阶级街道……大道的尽头是一片宽阔的广场，那里矗立着埃及方尖塔。极目西眺，只见一望无际的森林伸向远方。"	细读文本，寻找对比。

续表

阅读范围	阅读任务	重点能力指向
第六卷：阿尔	2. 第 2 章中写道："他发现在他的画上有一种他本来无意画上去的东西——西北风！"结合本章内容，说说梵高是如何在画中体现"风"的。	理解绘画特点。
	3. 概述梵高的一段经历，谈谈你对"他不能没有这种比他自身更伟大的东西——创造的力量和才能，那才是他的生命"的理解。	理解传主的精神追求。
	4. 在书中找出关于"黄房子"的描写，结合这幅画，用自己的语言介绍它。（提示：从建筑本身、它的意义等方面来说） 	提取信息，重组内容。
	5. 你认为玛雅的存在是真实的吗？这象征着梵高内心怎样的情绪？	理解传记小说的虚构性。
	6. 阅读第 7 章，总结高更与梵高二人争论的焦点。你更同意谁的观点？	了解传主精神世界。
	7. 梵高割耳时，文中写道："阿尔的太阳在他和镜子之间形成了一道刺得人睁不开眼的火墙。"为什么此处要描写阿尔的太阳？你认为导致梵高这一行为的原因是什么？	分析传主行为动因。
第七卷：圣雷米	1. 请你摘抄关于圣雷米的景物描写，并与下面的语句进行对比："阿尔的太阳突然照进温森特的眼帘，使他的眼睛一下子睁大了。这是个旋转着的柠檬黄的液态火球，它正从蓝得耀眼的天空中掠过，使得空中充满了令人目眩的光。这种酷热和极其纯净透明的空气，创造出了一个他未曾见过的新世界。"	细读文本，综合分析两地差异，探究地域变化对传主的影响。
	2. 第 3 章写道："他知道之所以如此，是因为他们全都感到自己为外界生活所伤害得太深了。"梵高受到过哪些伤害？这些伤害给他带来什么影响？	分析传主的精神压力。
	3. 第 4 章中，作者写"在每个人的一生中，都会有这种需要像甩掉一件肮脏外套一样把痛苦甩掉的时候"此时的梵高有什么痛苦？他是如何应对的？	理解传主内心感受。
	4. 请你结合画作《星夜》，概括梵高在圣雷米的所见所闻对他绘画风格的影响。 	知人论世。

阅读范围	阅读任务	重点能力指向
第八卷：奥维尔	1. 结合第 1 章内容，给提奥的家画一张简单的平面图，并标出在画展中各个房间的陈列内容。	提取信息。
	2. 观察以下几幅梵高在不同时期创作的《向日葵》，说出他们的相同点与不同点，试着猜猜它们都是在哪里创作的？	鉴赏不同时期画作特点，理解传主生命历程。
	3. 第 3 章中说，"我必须把在我内心燃烧的东西表达出来"，请问这东西是什么？在以下几幅画作中，你认为最能表现这种"燃烧"的是哪一幅？	图文互现，了解传主精神追求。

◆ **重点突破 2**

"心有所动，落笔成诗"

——咏人诗的写作

教学目标

在阅读的基础上提炼感受，以梵高作为抒情对象，创作"咏人诗"。

教学重难点

回忆细节信息，选择恰当意象。

教学过程

活动一：交流阅读经验，捕捉精神侧影

重温阅读之旅，说说梵高最打动你的"精神侧影"。

教师启发：梵高经历了无数挫折，正是在一次次挫折中，梵高看清了世界。然而他并没有萎靡不振，而是"看清世界去爱它"。

活动二：回忆细节信息，选择恰当意象

教师提示：在同学们的追忆中我们重温了阅读之旅，在旅程中我们走进了梵高的精神世界。请你把他（她）最打动你的事件、细节梳理出来，并选择恰当意象。

PPT 呈现：

"意象"是客观物象经过创作主体独特的情感活动而创造出来的一种艺术形象。古人以为"意"是内在的抽象的心意，"象"是外在的具体的物象；"意"源于内心并借助于"象"来表达，"象"其实是"意"的寄托物。诗歌创作过程是一个观察、感受、酝酿、表达的过程，是对生活的再现过程。

教师微讲座：作者对外界的事物心有所感，便将之寄托给一个所选定的具象，使之融入作者自己的某种感情色彩。如"秋风吹渭水，落叶满长安"中的"秋风"、"落叶"都是选用自然事物做意象，勾勒苍凉的意境，抒发作者对友人的殷殷忆念之情。古人云："立象以尽意。"同学们可以按照两个步骤思考：第一，用一两个词语捕捉"心动人物"给你最强烈的情感冲击；第二，

回顾人物生命历程，寻找一系列能寄托你情感的"实物"表达情感。人物经历中最打动人心的细节里会贮存着大量能唤醒我们情感的"实物"，我们不妨穿越到他们的生活中"由意寻象"，以"象"传"意"。

诗的构思方式主要是唤醒内心体验。"少年情怀总是诗"，当我们在人物与自己的内心搭建起沟通之桥后，我们会发现，情感会流淌成诗歌。丰富的意象、浓烈的情感、和谐的音韵、大胆的想象是一首好诗的必备要素，这一切都源于对人物的深刻理解。

活动三：借助思维导图，继续联想想象

教师启发学生驱动头脑风暴，唤醒内心体验，结合人物命运中的细节，生成意象，可运用思维导图记录灵感。

PPT 呈现：思维导图可以让我们的思路"可视化"，同学们可以把自己丰富的感受细化成不同的维度，用思维导图的分支呈现诗歌创作的提纲；也可以增加意象，将跃入你头脑中的事物画下来，做记录。

学生绘制思维导图后，教师指导学生不断联想，让意象衍生新的意象，进而连缀成诗。

活动四：修改调整诗句，注重思路韵律

教师提示：诗歌是文学艺术的骄子，高度凝练、概括性强。"文为枝叶情为根"，请大家再次沉淀情感，在我们初步梳理的基础上，营造意境，让诗歌的语言"枝叶"疏密有致，摇曳生姿。行文中，同学们要关注语言的节奏感，可适当使用押韵的手法，增加诗歌文字的美感。

活动五：同学吟诵发布，师生品味鉴赏

□ 附录学生佳作一：

我的瘦哥哥

北京市朝阳外国语学校　杨佳悦

在那熙熙攘攘的人群中，有我的瘦哥哥。

我的瘦哥哥啊，他低垂着头，我的瘦哥哥啊，他弯埋着背。

我的瘦哥哥啊，他顶着一双惊恐的大眼睛，被一只手和另一只手驱赶着。

他在这个挑剔的城市里高呼着："阳光！金色的阳光！"

我的瘦哥哥啊，瘦得只剩下了骨架与一颗跳动的心脏。

他如一个游走于各个城市之间的精灵，一心向阳，无惧悲伤！

激情的投入，是血与火的碰撞；无尽的救赎，是爱与慈悲的交响。

阿尔火红的太阳，圣雷米迷茫的星夜，

是献给我的瘦哥哥的，一只倾听世界的耳朵。

☐ **附录学生佳作二：**

致 梵 高

北京市朝阳外国语学校 宋伦宸

当救赎的渴望支离破碎，艺术之花悄然绽放。

向日葵因你而获得了倔强的灵魂，在它短暂的生命里散发着金光。

枝干枯萎，花朵凋零，挡不住它永恒的顽强。

你描绘了那壮丽的星月夜，恒星的旋涡是一首亘古流传的挽歌。

歌唱吧，就在这壮丽的星月夜。

哪怕没人听见，没人理解，没有同情，没有知己，阳光下你的影子陪伴着你。

你的肉体在鄙夷中毁灭，你用孑然的灵魂在天国里悲悯众生。

你拥抱苦难，苦难中你可曾彷徨；你走向自由，路途中你可曾迷茫。

你的身体早已化为灰烬，留下的是耀眼的色彩和后人流连的目光。

☐ **附录学生佳作三：**

致 梵 高

北京市朝阳外国语学校 张懿璨

流动的韵律中，色调暗黑，光芒却依旧圣洁

贫穷恶狠狠地将痛苦刻在他们的面庞

你无奈，你彷徨，上帝究竟能为我们做些什么

深邃的眼神中，折射出的只有火热的红与荒芜的黑

那一双窄瘦的肩膀，不知背负了多少现实与理想

浓密的胡须下，埋藏了多少痛苦与希望

你头顶秃秃，炽热的阳光照在

依旧只有黄色的调色盘上

你重复着抬头与垂首，捕捉着每一个生命每一秒的颤动

混合着对生活激烈的渴望，跃然纸上

色彩，愈发明亮

可那颗赤红的心，像是将自己的颜色奉献给了一幅幅绝世佳作

早已黯然失色

那双不知创造了多少经典的双手，每一根筋骨都背叛了你的灵魂

机械地摆动，根本停不下来

你眺望这个世界，用画笔一点点点出这片五彩缤纷的土地

上天召唤你的灵魂，你却留恋这无情的世界

怀念它的激情

渴望救赎那些仍在痛苦中挣扎的生命

月亮与星星，扭动着，卷曲着

像是要吞没整个世界

高挺的柏树，黑色的火舌，是你最后的祈祷

这片美丽的田野，淌着你鲜红的血液

心

虽灰冷，却仍在跳动

空旷的展厅里，你笔下的人们无力地倚在墙上

唯有一双坚毅的眼

在撕扯的张力中仍迸出生命的火花

此刻，让我们拥抱你——梵高

◆ **内容统整**

梵高文化产品开发

阅读本书后，学生观话剧《燃烧的梵高》，看电影《梵高》，收听喜马拉雅听书 APP 之《拥抱梵高》，深化阅读感受，整合前期阅读成果，自行开发设计含有梵高元素的文化纪念品。该任务督促学生回顾阅读，用富有创意的形式呈现阅读感受，用文化产品推广宣传梵高画作。该任务赋予学生"读者"与"设计者"的双重身份，具有开放性和综合性。

任务：设计一款含有梵高元素的文化创意产品。

要求：

1. 有图稿小样。

2. 撰写不少于 100 字的设计意图。

若设计难度较大，可在梵高雨伞、手机壳、裙子、笔记本中选择一款产品，说说产品的创作意图或为其撰写一则富有文化意味的广告。

教学现场

梵高·印象

——《渴望生活：梵高传》跨班级读书交流会课堂实录

教学背景

本课处于《梵高传》阅读、学习的总结阶段，课型属于学生阅读成果展示交流课。

教学采用教师引导下的学生展示、学生互评为主，教师点评为辅的方法，旨在通过学生之间的交流碰撞和教师的引导点拨，帮助学生在头脑中再现还原传主形象，加深学生对梵高的理解。

教学目标

1. 通过绘制梵高人生地图，复现梵高的人生轨迹。

2. 通过欣赏梵高画作，依据文本梳理梵高绘画风格的转变过程，概括其艺术成就。

3. 通过绘制思维导图，呈现梵高给自己印象最深的一点，表达自己对梵高的独特感受。

4. 通过倾听、点评同伴思维导图解说，总结传记小说的阅读方法和技巧。

教学过程

导入

师：1890年7月29日的黎明，年仅37岁的梵高开枪自杀。那时，他尚属寂寂无闻之列。梵高去世后，他的弟媳乔安娜办展览，办沙龙，通过种种努力让世人认可了梵高的艺术成就。至今，梵高的作品依然保持着近亿美元的价格纪录。2015年，为纪念梵高逝世125周年，全球举行了大规模文化纪念活动。我们关注了喜马拉雅听书之《拥抱梵高》，观看了电影《画语人生》，共读了《渴望生活：梵高传》。这本书是"传记之父"欧文·斯通的成名作，欧文·斯通为了写好这本传记，在24岁的时候走遍了欧洲，住在梵高曾经居住和作画的每一处房屋，跋涉在布拉邦特和法国南部的原野上。我们从本书的目录可以看出来，每一卷都是以地名作为标题。

今天，我们两个班都有自己的阅读收获，我们以阅读竞赛的形式做一次跨班级读书会。这是2班阵营，这是8班阵营。我们在四个活动结束后，请在场的老师为总体表现更好的班级投票。

活动一：追寻梵高

师：请根据本书，在地图轮廓纸上标画出一幅"梵高的人生旅行图"，并配以必要的文字说明。在尊重事实的基础上，同学们可以尽情展现自己的创意。你可以用不同的色块表达梵高在此地生活留给你的印象，你也可以手绘一些具有典型意义的人、事、景，或者将查找到的梵高景点图片加上简要介绍制作成图文并茂的小书或演示文稿。

　　我们各班都以小组为单位完成了任务，并推选出一份班级最佳作品。请先行展示的班级以演说的形式再现梵高的人生之旅。另一班级为点评方，请点评方简短阐述展示方的亮点。我们现在请听课老师以掷硬币的形式决定展示方与点评方。（听课教师掷硬币）首先，请2班先做展示，请8班做好点评的准备。

　　（2班解说梵高人生地图）

　　生：我用曲线表示梵高的行走轨迹，用WiFi信号格的不断增加表示梵高的画技日趋成熟，用脚印表示梵高弟弟提奥的足迹。1873年，梵高来到伦敦，作者欧文·斯通也是从这里开始讲述梵高的故事。在伦敦，我们画了一个小花园，从这里可以看出，初来乍到的梵高是热爱生活的；接着，乌苏拉拒绝了梵高的爱，梵高的心碎了。他来到了阿姆斯特丹，这里是十字架，代表梵高想要为人们造福，成为一名牧师。他来到了博里纳日，黑漆漆的矸石山压着矿工们，梵高感到作为一名牧师无法造福人民，他非常失望。这时提奥来了，他点亮了梵高的WiFi信号灯，也开启了梵高的画旅人生。梵高回到家乡养精蓄锐，他的画技越变越好。接着他来到海牙，向他的表哥毛威学习作画，这时，他爱上了他的表姐，但他的热情却不被大家接受。他甚至不惜把自己的手放在蜡烛上以宣泄自己的不满。他回到了纽恩南，他的父亲去世了，他感到非常悲哀，很怀念自己的父亲，他画了《纽恩南的小教堂》来表达自己对父亲的爱。他来到巴黎，也就是他弟弟所在的地方，在这里，他得到了弟弟与朋友的爱，他过得很充实。接着，他来到阿尔，阿尔的天气恶劣，我们用被吹拂的向日葵表示阿尔的天气，也用向日葵代表他在这里的创作。在与高更争吵并割掉自己的耳朵后，梵高被送进圣雷米的疗养院。这里的人们不说话也不看书，他像待在笼子里一样寂寞。他来到了奥维尔，他生命的终点站。他在最后一次发病时朝自己开了一枪，两天后在弟弟提奥的身边去世。几个月后，弟弟提奥因为生病死去，我用在一起的墓地表示他们死后也不分离。梵高的 WiFi 信号灯灭了，再也亮不起来了。

（8 班点评）

生 1：信号灯的创意新颖，有时代特色。我觉得有一个不足，就是信号灯之间的变化不大，我们在读书的时候知道，梵高在不同的地点感情差异是很大的。他只把最后的奥维尔和前面做了区分，其他地方差别不是很明显，希望可以改进。

生 2：我们认为他们有一处可改进，在博里纳日矿石山，他们并没有体现出梵高作为基督式的人物传教的过程。他旁边应该发出金色的光芒，这样更能体现他的伟大和他的精神力量。

师：可以补一个金色的十字架。

生 3：这幅人生地图有个很大的亮点就是把提奥也加进去了。读完这本书我们可以发现提奥对梵高的整个人生影响巨大。他用脚印表示提奥追随梵高的足迹，可以看出他对这本书的理解很透彻。我觉得，可以用不同颜色的脚印来表明提奥不同时期对梵高态度的变化。

（8 班解说梵高人生地图）

生：在伦敦，乌苏拉拒绝梵高的求爱，梵高死心后离开伦敦，前往博里纳日。在博里纳日，曼德斯和皮特森牧师鼓励他追随内心的信念，矿工们让他认识到人间疾苦，而梵高在履行自己作为牧师的义务时，发现自己只不过是一个骗人的家伙，于是他放弃了衣食无忧的生活，住在与矿工们相仿的小屋里，变成了一个"基督式"的人物，向矿工们传教。因此我们所画的心在这个时候是包含在灰色内闪闪发光的金色。他在这一时期的绘画风格以

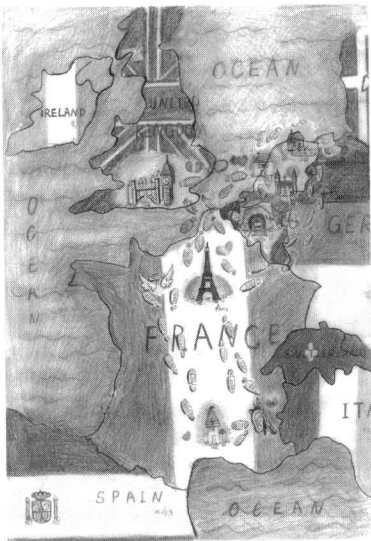

摹描、临摹为主。在埃顿，凯拒绝了温森特的求爱，而毛威引领他走向艺术的殿堂。这时他的心是褐色的，中间是深红的——何尝不是他未能如愿以偿的心愿烧成灰烬后的颜色呢？在这里，梵高开始尝试自主创作。在海牙，批评家布森韦鲁赫指引他独立作画，克里斯汀让他感受到家的温暖与现实的残酷，毛威渐渐地疏远他。这时他的心变成了深红的颜色，而依偎在他身旁的是一个隐藏在辛勤劳作外表下被烟草与酒精充斥着的可怕的灵魂——克里斯汀。这一时期梵高开始画油画。在纽恩南，玛高特让他体会到生活的美好，德格鲁特给了他灵感。此时玛高特追随着梵高的灵魂，尽管梵高做不到去爱她，但是他们两人依偎在一起，颇为温暖。这份情感却被玛高特母亲及姐妹阻拦，玛高特服毒未果，被送往医院。梵高在这一时期创作了《吃土豆的人》与《纽恩南的小教堂》等作品。在巴黎，提奥与众艺术家给他指明了创作的道路，他们设想创建一个共产主义的画室，这也是我们这颗五彩斑斓的心的由来。此时的梵高开始探索自己的风格，开始接触印象派。主要作品为《自画像》两幅。在阿尔，他与高更的争吵致使他精神失常，他被邻居驱逐，而阿尔的阳光使他的画充满活力与生机，他进入创作高峰期。这一时期代表作有《收获景象》和《向日葵》。这里他的心是橙色内有黑色。在圣雷米，他与众病人一起抵抗病魔，画中有哀伤，有诡谲，有希望，有向往，代表作是《星夜》。这里他的心是蓝色与灰色。奥维尔是他生命中最后一站，提奥与伽赛大夫让他体会到家的温暖，在他表现完自己所有想倾吐的东西之后，他开枪自尽，离开了人世。他最后的代表作是《乌鸦乱飞的麦田》。

（2班点评）

生1：画很棒，讲述生动，有描写。我觉得每处都有心，但我觉得少一种紫色，紫色有一定的迷茫性。心灵不完全是透彻的黑暗，是介于光明与黑暗之间。

师：8班同学想要解释还是接受？

生：我们觉得心灵或者化为灰烬，或者存有希望，他的心境反映他的生活，我们想通过我们选择的最外层的一些色彩表现出他的生活状态。

师：色彩的选择是见仁见智的事。8 班同学选择的部分色彩也体现出了困顿与迷茫。

生 2：我对巴黎那里明亮的色彩有一点点质疑，我觉得应该放到阿尔去。在巴黎，一些画家为他指出了方向，我认为，这些画家恰恰使他迷失了作画的方向。所以说，尽管他在这里作画的激情很高，但他在这里失去了一部分自我，变成了一个一般的模仿者，在巴黎的色彩应该不这么鲜亮。到了阿尔，应该用大红大黄等富有激情的颜色，因为恰恰是在这里，梵高真正成熟了，他将技巧和印象派的热情完美结合，他用他的生命、他的热情挥洒出一幅幅感人的画卷。这里的色彩应该更强烈。

师：我很赞同这个发现，巴黎初期，梵高迷失了自我；在阿尔，他真正成熟。

生 3：地图上地标有点密集。

师：同学们大多提出的是改进意见，我们都可以结合文本细节不断完善作品。在这里，我还是想表扬大家的创造精神：2 班的人生足迹创意新颖，以 WiFi 信号的变化来呈现传主的一生；8 班同学在讲解的时候，关注了梵高艺术风格在不同地域的变化。2 班同学带我们回顾了传主的人生章节，8 班同学带我们回顾了艺术特色。这都是我们在阅读传记小说时应该关注的焦点。

活动二：图说梵高之画作竞猜

师：同学们已经借助网络资源，欣赏了梵高的画作，遴选出你最喜欢的五幅作品。今天的交流课上，我们请 2 班和 8 班的两位同学主持完成"画作竞猜"的活动。请 2 班、8 班分别选出几幅图让对方班级同学竞猜创作时间、地点，并简述判断依据。

（学生出示画作并竞猜）

《吃土豆的人》（1885 年，纽恩南）

生 1：黑暗的色调中有圣洁的光芒，老人手里的土豆正体现了劳动者自食其力的尊严。

《星夜》（1889 年，圣雷米）

生 2：黑色的柏树如火舌象征挫折，流动的星空是梵高生命中不息的热情，梵高生命中的律动不会为黑暗所吞没。

《麦田上的乌鸦》（1890 年，奥维尔）

生 3：天空乌云密布，乌鸦凌乱低飞，这幅画体现了梵高在奥维尔的心情是狂躁且压抑的。

《织布工》（1884，纽恩南）

生 4：这个时期梵高的绘画风格更偏向于写实。他把织布工的表情用他所喜欢的深色刻画在了画布上。

《石瓶和白杯》（1885 年，纽恩南）

生5：尚处探索时期的梵高以瓶子、水壶等为主题练习静物画，为了正确把握各个物体的相互关系，其色调深受荷兰画风的影响，为暗色。

《森林中的白衣女孩》（1882 年，海牙）

生6：这是一幅梵高的早期作品，在海牙郊外的树林内完成。那时的梵高受荷兰画派的影响，作品关注现实。色调是深厚的，忧郁的。

《在巴黎郊区扛着铲子的男人》（1887 年，巴黎）

生7：巴黎之行使得画面变得明亮起来。他在这幅画中运用了点彩法。

《红葡萄园》（1889 年，阿尔）

生8：他用红色来描绘葡萄树，与农民们形成了鲜明的对比。伴着阿尔那炽热的阳光，他的色调也更得加鲜艳了。

《麦田里的丝柏树》（1889 年，圣雷米）

生9：在圣雷米时期的梵高，将创作的重心转移到形体的表现上，本幅画没有鲜明色彩的对比，取而代之的是曲线所构成的扭动形体，也就是旋涡画法。这种画法更能突出丝柏树蕴含的神秘色彩。

师：根据同学们竞猜的准确性和描述的准确性，我可以判断大家对这本传记已经比较熟悉了。

活动三：印象·梵高

师：《梵高传》的字里行间始终驻守着一个真实的天才，比人们想象中的还要真实和精彩百倍。很多细节让人在捧读之时潸然泪下，不能自已。梵高之所以成为梵高，与他的家庭环境、亲师朋友、爱情、信仰、个性、际遇等都有着密不可分的关系。梵高的生命历程给你留下的最深印象是什么？请用一个关键词或短语表达梵高最吸引你的一点，并以思维导图的形式展示支持你观点的书中细节，细节旁可标注章节页码等。请将创意导图绘制在 A4 纸上，尽量做到独特、清晰、丰富、精彩、深刻。

活动规则：个人绘制思维导图，班内小组交流后推出优秀作品展出，每班推选三位最精彩者代表本班发言（发言角度包括影响梵高的人、梵高艺术道路的形成等)。采取"车轮战"的形式,选手轮番上场。

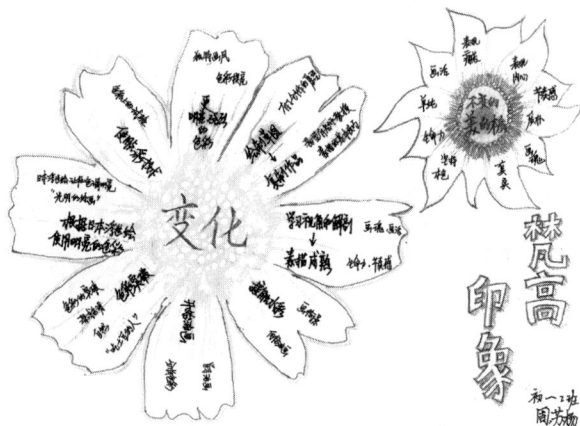

北京市朝阳外国语学校　周苏扬

生 1:我的思维导图名为《梵高艺术之路的变与不变》。我关注的是梵高绘画艺术的变化以及改变中那些不变的东西。首先,在博里纳日,他成为牧师的信念消失后,他有了创作的愿望。他把对人物的第一印象用绘画的形式表现了出来。这个创作的愿望使他渴望有老师教授绘画基本技巧。于是,他开始学习视角和解剖学。他的素描逐渐成熟,这里便有了一大转折。梵高从素描期到了水彩期,他开始接触水彩,画街景让他的水彩画有了很大进步。他向往油画,蕴含主要突破的油画期开始了。在其他艺术家的影响下,他开始学习油画并分析色彩,受荷兰画派的影响,他一直使用深色。渐渐的,他有了色彩的突破。日本浮世绘对他的作品有很大的影响,他的色调明亮了很多。光明的绘画形成了。他开始接受一切新鲜的绘画技术,如点彩技术。他不断地在做色彩上的试验,他的色彩逐渐更加强烈明亮。他的画作有色彩提亮,形成了独特的画风。他创作力的迸发使他迎来了画作的高产期,他开始画《燃烧着的向日葵》等,给人以生气勃勃的印象。最终,他为艺术献出了生命。

在梵高一生对艺术的追求中,他有着不断的突破,也有不变的美的本质。在《渴望生活:梵高传》中,有一句话:"温森特觉得只有表现出艺术家的痛苦的作品,才算是真实、深刻的。"梵高创作的画作中,都体现了他的内心感受。他说过要表现单纯、质朴与真实的东西。他也坚持把一切东西画活，画出属于他们的魂。他一直采用印象主义画法，他周围的人也给了他很大影响。毛威曾强调要坚持本色，曼德斯强调要把内心的一切充分表现出来，这些外界的影响和他自己的执着使得他的画作呈现出从未改变的美的本质。

一直以来，向日葵凝聚着泥土的厚重与阳光的热情，它是质朴谦逊的象征，梵高像永远向上生长的向日葵一样，以火一般的热情为生活高歌。所以，我的这幅思维导图以向日葵的形象呈现。

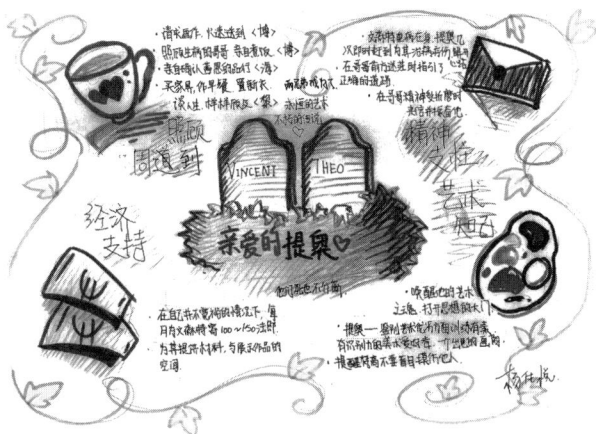

北京市朝阳外国语学校　杨佳悦

生2：说到对梵高最重要的人，我觉得是提奥。提奥贯穿全书，是梵高生活的重要支柱。我不禁想到，如果没有提奥，梵高将会怎样？我把思维导图命名为《亲爱的提奥》。我把提奥对梵高的帮助分为四点。

第一点，照顾周到。当梵高需要画作时，提奥总是火速送到。他照顾生病的哥哥，亲自煮饭。他还亲自确认茜恩的品行。在巴黎，他为哥哥买家具，做早餐，置新衣，谈人生，样样顾及。我不禁联想到，早餐那一杯冒着热气的咖啡，满溢着幸福与温暖。

第二点，经济支持。提奥在自己并不宽裕的情况下，每月给梵高寄50—100法郎，并且为他提供绘画材料。他竭力展示哥哥的作品。正是那几百万的法郎凝聚了数不完的爱。

第三点，精神支柱。当梵高重病在身，提奥及时赶到为其治病，并且解开了他的心结。在他迷茫时指引了正确的道路。在他精神受折磨时，来信使他振奋。一封封信化作梵高冲破苦难的勇气，也给予了他精神的力量。

第四点，艺术知己。提奥是一个出色的画商，在鉴别艺术品优劣方面训练有素，是一位资深的美术爱好者。是他，唤醒了梵高的艺术之魂，打开了思想大门，他提醒梵高不要盲目模仿他人。提奥是梵高艺术之路上的警钟，也是一盏指明灯。

他们离去，墓碑紧紧挨在一起，他们到死也不分离，他们是永恒的艺术，更是不朽的传说。

北京市朝阳外国语学校　宋伦宸

　　生3：我认为梵高的一生是充满矛盾的，我就制作了梵高的生命罗盘，展示他生命中理想与现实的矛盾。先说画商时期，梵高出身名门，艺术品位较高。可是，在他就职的美术公司，他总是以高价卖出那些艺术水准不见得很高的作品给那些与艺术格格不入的妇人们。他的艺术水准与商业价值有冲突。最终他选择了对艺术的坚持，选择了离开。宗教时期，他的家人期待他成为庄严的牧师，终日在华丽的大教堂里宣讲。他更想当云游四方、奔波实干的传教士，他想深入乡村，拯救普通的人。他对宗教极其狂热，他来到了矿区，与矿工同吃同住，下到最深的矿井里与矿工一起干活。他的精神力量再强大，也改变不了贫穷的事实。矿工依然随时都有生命危险。在这里，物资匮乏的事实和精神力量产生了矛盾。正如书中所写："给矿工们最大打击的，不是别人，而是矿工本人。"后来，他遇到了爱情，他爱凯，凯却不爱他，他被凯无情抛弃。玛高特爱上了他，他并不爱玛高特。梵高在"爱与被爱"之间矛盾。克里斯汀出现了，我认为梵高并不爱她，他爱上的是宗教与救赎。他与克里斯汀在一起，只为救赎这个女人，他对宗教的狂热再一次迸发了。矛盾的是，无论他怎么努力，依然改变不了冷酷的现实，他对宗教的狂热彻底熄灭了。他来到巴黎，这里是"冲击与迷失"的矛盾，他接触了印象派，接触了各种画法，他在这里迷失了自我。在此前，他已有一些卓越的画作，如画《吃土豆的人》时，他的昏暗色调与印象派画法已自成一体。在巴黎，他被强烈的冲击带离了方向。正如提奥所说，梵高此时的画是众多印象派画家的结合体。在阿尔，梵高已不是在用笔绘画，而是挥洒生命，用自己的热血在画画。这是艺术与生活的矛盾。梵高本来就有精神上的疾患，这样的激情绘画对身体也有伤害。但是他义无反顾燃烧自己生命的活力，创作打动人心的画卷。他燃尽自己的生命，在裂缝边缘变得一片虚无。梵高的一生充满矛盾，在夹缝中存活，在燃烧后离去。

北京市朝阳外国语学校　张倚天

生4：阅读《梵高传》，我关注到的是梵高所承受的压力。他的压力源自四点：情感、社会、家庭、生活。每个细节我都给大家重点介绍一个分支。

情感方面，我重点谈谈玛高特。梵高得到了玛高特炽热的爱，他孤独的心被强烈的爱温暖，当他决定娶玛高特为妻时，受到玛高特家人的强烈反对，玛高特的服毒之举也使梵高的名声变坏，他不得不离开家乡。感情上，他屡受波折，很少有温暖幸福的感受。

社会方面，请大家跟我一起看看韦森布鲁赫。他出现在本书第三卷海牙时代，他是当时画界的权威，在梵高苦苦求索的时期，他曾给过梵高鼓励，但在梵高贫病交加、走投无路的时候，连25个生丁都不肯借，并残忍地预言梵高的作品是没有销路的。

家庭方面，父亲带给他的压力也比较多。他看重的是梵高是否具备挣钱的能力，有稳定的收入比什么都重要。无论是做传教士，还是探索绘画艺术，梵高追求的是内心的感受，而父亲看中的是现实的利益，父亲没有关心儿子灵魂的出口，这也加剧了梵高的孤独。

生活方面，他一直处于拮据的状态，"贫苦"与"疾病"是他未能摆脱的阴影。他曾想给克里斯汀一个家庭，但难以为继；他说"麦田吃掉了我许多颜料"，为了绘画，他不得不节衣缩食；他身体的羸弱与精神的病患也给他带来莫大的困扰。

以上是我对四种压力源的理解。我这张思维导图的背景选择了梵高的画作《星夜》，他画出了代表压力的黑色火舌，也画出了星斗和月亮代表的生命的律动。我觉得，生命本身有无穷的力量，梵高燃烧自己，与压力抗争一生。

生5：信仰对于梵高的一生而言，有着决定性的作用。所以，我的思维导图以"虔信"为中心。

在梵高思想启蒙的深处，家庭赋予他宗教信仰的根。父亲期望他传承家庭的祖职，父亲曾对他说：你的心在把你引向信奉上帝的事业。

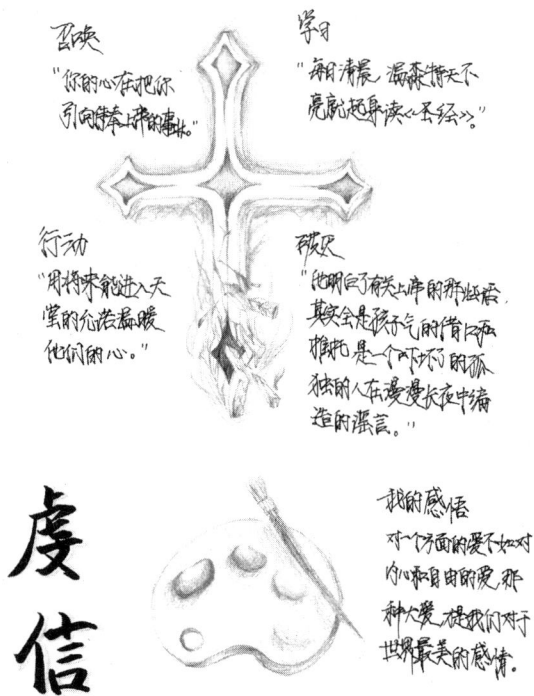

《虔信》

北京市朝阳外国语学校　王赫彤

在他担任乡村牧师的初期，"他曾突然为自己脱离了庸俗的经商生活，而欣喜若狂。对于乌苏拉的拒绝，他总是归因于自己这方面的某个缺点。因而他应当努力纠正它，而纠正的方式有哪一种能比侍奉上帝更好的呢"？在一次偶然的讲课当中，"他的年轻，他的激情，他那蕴含在笨拙举止中的力量，他那饱满的天庭和聪明的眼睛，给天主教徒们留下了极好的印象。人们纷纷上前感谢他的启示。他和他们握手，两眼泪蒙蒙地向他们惶惑地微笑，他对上帝的热情迸发了。他终于明白了自己的使命"。他如同开放的向日葵一般开启了信仰之门。

随着梵高在阿姆斯特丹学习生涯的开始，他开始接触到拉丁文、代数等大量和宗教、信仰毫无关系的事物，他也逐渐意识到，自己该为"上帝"脚踏实地地干点儿事了。在此过程中，曼德斯让他记住了一句话："你在一生中也许会时常觉得自己不行，然而你最终一定会表现出你内心的一切，那就是你一生成就的证明。"这句话成了对梵高未来的预言，在某一程度上促使他跟随自己心灵的脚步，他知道家人会很失望，但是，他还是要成为福音传教士，他认为"自己的地位是微不足道的，为了上帝他完全可以把它放弃"。正是如此，他虽然未能毕业，但也冒着艰难困苦来到了博里纳日。

"村里没有一间小屋未曾留下他的足迹，他把食物和安慰送上门，他在那里照料病人，为不幸者祈祷，用上帝的光辉去温暖他们的心。"梵高在这里投身传教和慈善，作为上帝虔信的追随者，他用自己的钱来换取工人的温饱。接着，梵高为了融入当地的工人社会，他用金钱买来了贫苦，"现在他住的是和矿工们一样的住房，吃的是和他们一样的食物，睡的是和他们一样的床。他成了他们中间的一个，他有资格为他们宣讲《圣经》了"。他用相同的境遇教导工人们对上帝的敬仰和爱，这是一种用生命投入其中的，对上帝的虔信。

但是，尽管梵高用心地帮助着工人们，但是还有工人出了事故死于矿中，梵高无数次企求上帝给予工人们帮助，但是悲剧仍然发生了，他也许想问：为何我与工人们努力祈祷，求主赠我们一块安然的净土，他不但不帮我们，还让我们更加困苦，遭受一次又一次挫败，主啊，这是为何？但他问了，也得不到答案。他此时正赶上被虚伪的教会无故辞退，他对于上帝的虔诚也随之动摇了。宗教是一种强大的精神力量，但它根本无法给予现实实质上的帮助。"他终于明白了，有关上帝的那些话，其实全是孩子气的借口和推托，是一个吓坏了的孤独的人在漫漫长夜中编造的谣言。"

正如下文所写,梵高离开了自己曾对此虔信而狂热的宗教事业,如同曼德斯的启迪一样开启了梵高自己的艺术之路,他沿着这条路终于走进了自己生命中的夜。在海牙,梵高遇到了妓女克里斯汀,他可怜她的遭遇,他收留了她,作为对自己所笃信的宗教的救赎;而克里斯汀却旧病复发,梵高的救赎再次失败了。确实,我们其实并不能判断梵高此后有没有一点对宗教的渴望,但他对宗教的虔诚信念经过上述种种,此时早已转化为了他对艺术的爱、对人性的爱以及对自由的爱,他已成为一个对自己心灵的虔诚信徒。

对于上帝一个方面的爱不如对内心和自由的爱,那是一种大爱,才是我们对大千世界最美好的感情。——献给梵高和他代表的我们内心中对美好生活的渴望。

师:大家展示完了,下面进入自由评论阶段。

生6:我觉得《矛盾的梵高》中的内容我没有想到,我觉得他抓住了我们读书时不易察觉的一点。梵高一生都在矛盾中。

师:罗盘中里圈是理想,外圈是冷冰冰的现实,用罗盘梳理很有创意。裂缝的象征意义也运用得很好。

生7:我不大同意《虔信》中虔信最后的破灭,他后来有一次精神病发作是因为看到修女的精神信仰,他还是受到触动,这份信仰的力量他是隐藏在心中的,只是后来没有表现出来。看到别人对信仰的坚持,也使得他有一种燃烧的激情。

生8:我特别喜欢《虔信》,尤其是十字架那种破裂的感觉。

生9:我也很喜欢《虔信》,无论是他对宗教的虔信,还是对艺术的热忱,都是他对生活热爱的表现。一开始,他对生活的热爱表现在他想通过宗教的手段去帮助别人,让更多的人感受到生活的美好,感受到上帝的存在。他把自己的正能量传递给受苦受难的人。他后来发现这种方法是行不通的,因为通过宗教这种方法约束太多,需要遵守世俗的条条框框。他只是把宗教的方法转化为艺术的方法,通过画布上颜料的挥洒表现他对生活的热爱,让画作的传播感染更多的人，使他们重拾生活的信心。

生10：我比较喜欢《梵高艺术之路的变与不变》，每个花瓣中总结的东西都很有条理。

生11：我也想说这一幅，她用向日葵是很有创意的，花瓣都有小总结，很贴切，是一个艺术家真实的一生。"向日葵"是梵高画作中的很重要的部分，如果在不同的花瓣中用不同的色彩会更好。

生5：我还是想再度介绍一下我的思维导图，最后的重点并不是介绍梵高对宗教的破灭、不信任，他在海牙救赎克里斯汀时潜意识里是有对宗教的包容的。我最想体现的是最后的调色盘的部分，他对宗教一个方面的爱转化成了对生活、对艺术的大爱，那种大爱就是"渴望生活"真正的寓意。他带给我们一起追求对生活的渴望，所以，这就是我特别想体现的东西。

师：我特别渴望发言，在这里面，破灭表现的是"信仰危机"，虽有危机，但是对基督和格尔文教派的爱还是埋在他心里的，所以在不同的时期，有了触发点，可能还会再燃起来那种最原初的爱，最原初的那份善良。这是我的理解。

生12：我想评价《梵高的压力》。整个图比较简练，他读得也比较深，希恩的背景加得比较有创意，可以帮助我们更好地理解全书。

生13：我很欣赏《亲爱的提奥》，提奥是我们没有关注到的一点，但是她关注到了。提奥是梵高人生中比较重要的支点，他支持梵高，给他周到的照顾、经济支持，他是他的艺术知己，是精神支柱，他们死也不分开。他们的兄弟情谊令我们赞叹。他们是不朽的艺术，他们是永久的传说。

师：大家能不能猜到图中绿色的植物是什么？看书的话可以关注到这个细节，是常春藤。因为他们儿时的院落里就种满了常春藤，梵高的弟媳乔安娜把他们的墓碑安放得很近，用常春藤把他们的墓碑连在了一起。说到这里，我给大家推荐一本书，我也在带着我的孩子读，这个绘本的名字叫《追逐色彩的梵高》。我开始很好奇"大师推荐系列"会从怎样的角度入手，你们能猜到吗？这本书就是在讲提奥与梵高的故事。兄弟情深，特别感人。

生14：我喜欢《梵高的压力》。生活与精神的"压力"也成了梵高前进的"动力"，在这里面表现得非常细致。

生15：我想点评一下《梵高艺术之路的变与不变》，大家看一下，很多地方做得很好，白璧微瑕的地方是这两个导图是单独的向日葵，我认为这两个导图是有一定联系的，我认为这两个导图最好能够变成一个向日葵，里面不变的是信仰，是追求，是渴望；渴望是以不同形式体现出来的，这些就是外面的变化。

师：大家同意吗？我觉得这个创意非常好。这个导图的形成经过多次反复，这已经是她的第三稿。最初，她只找到了一些细节，我要求她再读原文，把跟绘画有关的细节及页码全部摘抄出来，最后将细节分类，看它属于哪一个不同的时期，在这样的深度阅读之后，她展现了这样一幅图。所以，我也推荐大家采用这样的阅读方法，找到我们的兴趣点，再回顾全书中与你兴趣点相关的所有细节，再对这些细节进行分类和梳理，形成一些新的思路，再以形象表达我们的看法。好，再给最后一个发言的机会。

生16：我喜欢《矛盾的梵高》，这幅图给了我启示，上帝只是生命中的一束光，有的时候却在戏弄人生。梵高那颗燃烧烈火的心是对上帝戏弄人生的反抗，哪怕人生如戏，梵高也要活出自己的爱与狂热。

师：梵高尽管有时遭遇戏弄，却依然要保持自己的狂热，这是对生命最执着的爱。思维导图的环节我们交流到这里，在最初大家制作思维导图的时候，我曾提出五个要求，希望尽可能"独特、清晰、丰富、精彩、深刻"。我们看到的五幅图都是修改稿，他们也给我们做了一个很好的示范，今天我们回去后都有一个作业，修改你的思维导图，按照这几个要求去完善，并补充一段600字的导图说明。期待大家精彩的改进与呈现。

活动四：拥抱梵高之畅谈"渴望"

师：《渴望生活：梵高传》是传记之父欧文·斯通的成名作，本书的题目为"渴望生活"，请说说你对这个题目的理解。可以以"渴望"与"生活"为核心词组织一段文字表达自己的看法。

生1："生活"是梵高一直热衷的所在，他一生中追求过四个女人，他本想就此安定下来，可这些人要么是已经订婚，要么过于恶劣，这是一方面；另一方面，文中多次说出，别人看梵高的画时多次提到生命的激情与活力。"生活"是梵高生命历程中不可缺少的一部分。

师：关键词是"生活"，如果与题目关联，可以说是"渴望有家庭温暖的生活"。

生2："渴望生活"，一是梵高渴望生活，全书都描写了他对美好生活的向往，这些向往往往都以绝望告终，因此更加凸显了"渴望"这个词，给人一种"只要能活下去就好"的淡淡的忧伤。第二也是人们渴望生活，文中除了对于梵高的描写，还写到了不同城市不同人对于生活的渴望。梵高的一生不断陷入困境，他希望弟弟救助自己，他更希望自食其力。

师：请关注她发言中提到的"渴望"一词是有不同主语的。

生3：梵高的一生是艰难的，在他年轻时，别人以为他会成为百万富翁，真实的结果是，他贫病交加。不管梵高的生活再怎么艰难，他都对美好的生活充满渴望。在伦敦，他觉得售卖作品无聊，他就放弃了很好的工作，去做自己想做的事情。

师：即使身处困境，依然渴望听从内心的声音，追求真实的美好。

生4：梵高一生用艺术去诠释生活，现实越残酷，他越渴望抒发自己的期待，他渴望表达自己的想法，希望自己无拘无束去生活，用绘画去宣泄自己的想法，梵高渴望的生活是绘画，绘画与他融为一体。

师：他渴望绘画，渴望充分表达自己的内心。

生5：渴望生活就像梵高自己一样，渴望生活，永不放弃。独立是他最基本的渴望，他极力想通过自己的努力摆脱对弟弟的依赖。我认为，独立是生活的根本，在这个基础上，他又开始有了对认可的追求。虽然他一生中就卖出过一幅画，只有两个人认可过他，但他依然不懈努力，去创造那些表现灵魂的画作，创作他心灵中美丽的画卷。他又渴望友谊与爱情，他开始意识到需要友情填补内心的空洞，虽然挫折不断，但也收获到了伟大的友谊。到了晚年，他仍在渴望，他想摆脱内心的躁动，在奥维尔，拼命想获得身心的宁静，但他没有成功，最终开枪自杀了。我认为梵高在事业上饱受折磨，但他依然按自己的看法去做事。我认为梵高从正常到非正常，都渴望生活。这就是我对题目的理解。

师：渴望独立，渴望认可，渴望友谊，渴望爱，渴望坚守自己的内心。

生6：梵高的一生是漂泊的，他活在别人对他的讥讽、嘲笑、不解和鄙视之中，但他对于生活的向往和对灵魂中安息的净土的渴望是永远不变的。他是为芸芸众生献身的基督，他燃烧自己的不幸去换取众生对于美好生活的向往与追求，正如"安得广厦千万间，大庇天下寒士俱欢颜"的杜甫一样，他是世俗者眼中的失败者，却是灵魂上救赎的天使。他的画挥洒着人生中的热忱与安宁，表达着永远不变的对美好生活的向往。

师：我被她的发言深深震撼。

生7：梵高渴望生活，热爱生活，努力生活，只是因为他的心灵太过纯真，他没有得到理解。回顾全书，作者一直以梵高对生活的执着渴望与旁人的委曲求全形成对比。其实，梵高比任何人都认真地对待生活。在现实社会中，我们正是缺少了这份对生活的渴望。在梵高创业受阻时，提奥曾提议他转变画风，他拒绝了，他只是为了追求自己的思想而付出，这一份执着正是他对生命的追求，也是他对生活的渴望。

师：渴望在生活中有对生命的执着追求。

生8：《渴望生活》描绘了梵高的画和作画的样子，重点写了他生活中几个低谷时段。他生活简朴、拮据，但他是精神上的巨人。自杀前，他怀念亲人，最终坦荡地自杀。他渴望艺术、渴望成功、渴望爱情，这不也正是我们渴望的生活吗？

师：用"坦荡"形容梵高的自杀我个人不大同意，我们可以再看书、再讨论。的确，梵高在低谷中的奋起总是让人心生悲戚。

生9：从"生活"的角度来说，作者用不同的地名叙述了不同的故事，他从事实和细节出发，描述了一个真实的梵高。梵高也希望有平静的生活，找一个爱自己的人绘画，度过一生。他脑子里不拘一格的绘画风格让他走上了另一种不使人认可的生活，而对于绘画的热情使他活下去，创作更多的作品，创作属于自己的美丽篇章。从"渴望"角度来说，刚开始，传记提到了梵高对爱情的渴望，后来也提到了他对爱情的渴望，这是永无止境的渴望，也是永无止境的追求。梵高的一生都是在各种渴望中度过的。

师：同学们说得都很好！我来谈谈自己的看法，我觉得梵高是渴望不孤独的生活，无论是精神上还是艺术道路上，都渴望一份温暖。我觉得这个题目的主语还可以是我们每一个人，我们去读《梵高传》，我们每个人都该去渴望一种纯粹的生活。也许有时候生活会被物欲牵制，或被世俗牵制，我觉得，像梵高一样保有对自己最爱的东西的那一份纯粹是最重要的。梵高与绘画结为一体，在他写给提奥的一百多封信件组成的自传《亲爱的提奥》一书中，我们看到了梵高内心的倾诉：

当我画一个太阳，我希望人们感觉它在以惊人的速度旋转，正在发出骇人的光热巨浪。当我画一片麦田，我希望人们感觉到原子正朝着它们最后的成熟和绽放努力。当我画一棵苹果树，我希望人们能感觉到苹果里面的果汁正把苹果皮撑开，果核里的种子正在为结出果实奋进。当我画一个男人，我就要画出他滔滔的一生。如果生活中不再有某种无限的、深刻的、真实的东西，我不再眷恋人间……

我想梵高和他的气韵、他的爱、他所创作的大美将永远留在我们中间，丰富着我们的世界。所以，我们用今天的这节课致敬这位"因善良而受苦的天使"，这位"用色彩享乐的天才"。梵高是一簇炽热的火焰，他的才华、他的渴望、他的纯粹，永远燃烧。我们拥抱梵高，用梵高灵魂中的火取暖。

专家视角

"变式"仍有"式"，"跨界"不越"界"

北京教育学院教师教育人文学院　吴欣歆

《渴望生活：梵高传》是一部传记小说，用的是小说的技法，讲的是真实的历史。教学的重心应该放在哪里？调研学情发现，学生能够列举出传记的特点，也能够辨识小说的体式，困惑点在于——怎样用小说的方式写传记。要从传记"这一类"中辨识出"这一篇"呈现出的小说特征，作比较是合理的策略。怎么比呢？张媛老师设计了变式阅读和跨界阅读两种方式。

"心有所动，落笔成诗"是将小说变为诗歌。学生写作咏人诗，要在阅读过程中捕捉能够表现梵高特点的"精神侧影"，要回忆细节信息为这一特点选择恰当的意象，要围绕意象展开联想，还要用诗化的语言表达。学生行走在小说和诗歌两种体式中，对照、比较、辨析，也许可以弄明白：小说需要渲染，需要细节，需要插曲；诗歌需要点染，需要意象，需要留白。欧文·斯通努力穷尽的，竭力打开的那些文字，"变身"为诗歌，我们要想方设法收敛、折叠，让读者自己去穷尽、打开。变式阅读不是要模糊不同体式的特点，而是要借助不同的体式特点引领学生回顾、回味，提炼、提升。在两种体式的转换中，学生能够更为清楚地看到梵高灵魂深处的色彩，当然，也更为清晰地看到这部传记如何立足真实的历史推测、虚构，如何为历史人物搭建自由的活动空间。

看话剧《燃烧的梵高》，看电影《画语人生》，听音频《拥抱梵高》，参观《不朽的梵高》艺术展……是从文学"跨"到多个艺术领域，活动的边界貌似很大，但并非没有边界，甚至并没有超越语文的边界。因为，学生是带着传记的底子去"阅读"更为广阔的艺术形式，看话剧的时候会自然地比较台词和传记中人物独白的异同，看电影的时候会关注情节设计、细节处理与传记的异同，听音频会琢磨用什么样的声音能够更好地塑造梵高的形象，参观画展会自然联系曾经阅读过的文字，甚至努力判断这张画属于梵高创作的哪一个时期。于是，电影海报有了意义，话剧宣传册有了价值，画作说明书起了作用，这一切都是以传记为基础"生成"的，都在"助力"学生加深对梵高形象的理解，对梵高艺术精神的领悟。可以说，这个教学案例中的"跨界阅读"是以传记小说阅读为边界的，跨界但不越界。大张之后又大合，舒展之后又聚拢，打开边界，将艺术资源转化成语文学习的资源。

变式阅读帮助学生厘清了传记小说的特点，跨界阅读为学生提供了丰富多元的素材。以此为基础，学生"追寻梵高"没有止步于人生足迹，而是深入到思想轨迹；"图说梵高"没有脱离传记内容评鉴画作，而是将传记作为评鉴的背景；绘制"印象·梵高"的思维导图，既关注梵高的人生历程、人生章节，也关注他生命中的重要事件和重要他人，而这些都是阅读传记的"要件"；最后，谈及梵高的渴望，每位学生的发言都直指梵高的内心世界。变式阅读和跨界阅读的作用不容小觑。

说到底，策略的使用要与目标匹配，变式阅读和跨界阅读的基本思维方式均为比较，帮助学生辨识传记小说的特点需要做比较，因此，这个教学案例选择的阅读策略合理、有效。

成长足迹

超越自我，为梦想全力以赴

——《海鸥乔纳森》书册阅读教学现场

北京市朝阳外国语学校　张　媛

┌──────────────────────────────┐
│ 书 册 名 片 │
└──────────────────────────────┘

◆ 推荐版本

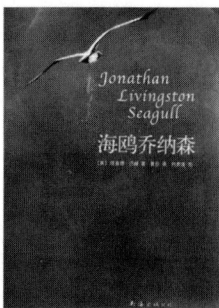

	作者：[美] 理查德·巴赫
	译者：夏　杪
	图：何贵清
	出版社：南海出版公司
	出版时间：2009 年 11 月第 1 版

◆ 内容梗概

　　对海鸥乔纳森来说，飞翔比觅食重要得多。父母的反对、身体的局限、族人的孤立，都不能阻止它飞向更高更远的地方。在孤独刻苦的练习中，乔纳森体验到人生的第一重境界：不畏万难，挑战和超越自我。

　　学会飞翔的乔纳森被带入云霄，在长老们的指点下，他认识到人生的第一重境界：飞翔没有极限。在天堂的日日夜夜，乔纳森领悟到人生的第二重境界：摆脱信念的枷锁，让天赋自由施展，体验完美状态。

　　听从内心的召唤，乔纳森作别天堂，回到故乡，宽容地对待各种误解、漫骂和诅咒，指引越来越多的海鸥发掘自身的潜能。在山海天地之间，乔纳森实践着人生的第三重境界：慈悲与爱。

◆ 作者简介

理查德·巴赫（Richard D. Bach 1936—），美国飞行员，著名作家，行吟诗人。理查德于1936年出生于伊利诺伊州，17岁开始学习飞行，19岁大学毕业后开始文学创作，陆续写出《海鸥乔纳森》《幻影》《一》《双翼飞机》《世界上从未有过的地方》《心念的奇迹》等享誉世界的杰作。他的作品，文字中寄予着独特的心性，用坚定的力量和深刻的隐喻吸引着全球的读者，被誉为"来自天上的使者"。

◆ 文学地位

1970年，曾遭受19次退稿命运的《海鸥乔纳森》出版，仅凭口口相传，迅速登上《纽约时报》《出版家周刊》以及各大书店排行榜第一名，连续38周位居《纽约时报》畅销书排行榜第一名。1975年，《海鸥乔纳森》的销量超过905万册，首次打破《飘》以来的所有销售纪录，成为世界文学皇冠上的明珠。1992年，全球销量超过4000万册，直至今日，仍在世界各地不断再版。这部寓言体小说曾入选美、英、法、德、日等多国中小学语文课本，它告诉我们如何以最幸福的方式度过一生。

美国联邦调查局的长官用《海鸥乔纳森》鞭策他的助手，希望他们能领略乔纳森参悟到的境界。美国《时代》周刊励志类图书的首选书就是《海鸥乔纳森》。

各界名家对这本书的评论惊人地相似，他们都从乔纳森身上感受到了梦想的力量。

拥有梦想是一件非常正常的事情，为梦想全力以赴，更是一件无比幸福的事情。

——［美］迈克尔·杰克逊

迈克尔·杰克逊曾送给我一本名为《海鸥乔纳森》的名著，鼓励我摆脱世俗牵绊，坚持走自己的梦想之路。这《海鸥乔纳森》搭建起了我们之间心灵沟通的桥梁。

——［美］科比·布莱恩特

这本书令陷于日常的我们，有一种飘飘欲仙的愉悦。乔纳森的故事简简单单，它要飞翔的意志让我们无法忽略。我们也是乔纳森，需要重新认识、设计自己，可以幻想和轻灵。

——陈村

┌─────────────────────────────┐
│ 教学价值 │
└─────────────────────────────┘

◆ **知识积累**

阅读本书，教师可引导学生完成以下知识积累。

（一） 寓言体小说

寓言体小说是以寓言的形式写成的小说，通过假托的人物（动物、植物等）形象和带有劝谕或讽刺性质的故事阐明某种事理。它兼有寓言和小说的特点，借此喻彼、借远喻近、借古喻今、借小喻大、借物喻人、借具体喻抽象，用简单的故事阐释深奥的道理，表现精深的思想和隽永的哲理。

《海鸥乔纳森》是一部寓言体小说，假托海鸥乔纳森的形象及其带有隐喻性质的故事传递深奥的哲思。小说意蕴深远、复杂，情节中隐藏着作者的观点，主题具有多义性和开放性。阅读活动的设计要能够体现寓言体小说的特点，逐步帮助学生建构寓言体小说的概念。

（二） 象征与隐喻

借用某种具体事物暗示特定的人物或事理，以表达真挚的感情和深刻的寓意，这种以物征事的艺术表现手法叫象征。象征的表达效果是：寓意深刻，能丰富人们的联想；耐人寻味，使人获得无穷的意境。

隐喻是比喻的一类，用一种事物暗喻另一种事物，即在彼类事物的暗示下感知、体验、想象、理解、谈论此类事物的心理行为、语言行为和文化行为。

寓言体小说的人物形象追求丰满、复杂，既有鲜明的个性特征，又有普遍的代表意义。"乔纳森"形象的塑造采用了寓言常用的象征手法，它有着复杂的内心世界：心怀梦想，也曾沮丧，追求卓越，眷恋同族……它象征不断追求自我超越的奋斗者。乔纳森的故事与人们的成长经历有诸多契合之处，隐喻丰富。阅读本书，我们在乔纳森形象的暗示下感知、体验、理解、思索我们自身在真实生活场景中的心理行为、语言行为和文化行为，如此，隐喻的作用得以发挥。

（三）想象与联想

联想是"由于某人或某种事物而想起其他相关的人或事物"的一种心理活动。联想的产生通常有四种方式，即接近联想、类似联想、对比联想和因果联想。想象是人重新加工记忆所提供的材料，从而产生新形象的心理过程。想象分为"补充式想象"、"膨胀式想象"、"突破式想象"等类型。"补充式想象"指凭借想象能力完成作品内容中并没有完全写出的部分。"膨胀式想象"指在原有想象的基础上扩充，再次生发新的想象。"突破式想象"指想象完全突破了原有的感性形象，如超自然科幻小说、神魔小说引发的形象感受。

《海鸥乔纳森》为读者提供了极大的联想与想象空间。小说的形象与情节在现实生活中多有投射，内容在"虚""实"间转换，可利用接近联想或类似联想激活学生的个性化感受。小说文字节制，可借助"膨胀式想象"扩写情境，也可借助"补充式想象"续写故事。

◆ 能力提升

作为小说阅读的"样本"，《海鸥乔纳森》具有三个方面的训练价值。

（一）依据场景变化梳理情节发展

全书以乔纳森的经历为主要线索，情节跌宕起伏，分三个部分讲述不同情境中乔纳森的梦想与挫折、困惑与奋争。随着时间的推移，不同场景中依次出现诸多个性鲜明的海鸥形象，他们分别扮演着乔纳森自我超越历程中的阻碍者、引导者和追随者。不同形象的出现推动情节发展，形象越来越丰富，情节愈加引人入胜。以时间发展为轴，将乔纳森与不同海鸥之间的小故事串联起来，可梳理出乔纳森故事的开端、发展、高潮、结局，乔纳森的人生章节渐次展开，性格特点愈加鲜明。

（二）发现并品味富有表现力的细节

本书中的情态细节、情节细节和环境细节均有极强的表现力，发现并品味这些细节，有助于学生走向文字的内里，感受作品的精神内核。以情态细节为例，作者多次描写海鸥乔纳森的"飞翔新高"，第一章第19段写道："在凌空一千英尺处，他奋力拍打翅膀，猛地一个翻身，笔直地朝波涛俯冲下去。由此他领悟到为什么海鸥无法全力笔直地飞入海中。在短短的六秒内，他的时速已达到七十英里，在这样的速度下，翅膀一往上扇，就会摇晃起来，难以保持稳定。"筛选这些细节，就可看出乔纳森"自我超越"过程中的"量变"与"质变"。书中还有颇多富含隐喻意味的细节为后文情节发展埋下伏笔。例如第二章第75段"那低沉而冷静的声音继续在他的脑海里回响：'海鸥福来奇·林德，你想不想飞'"？与第二章第14段"他无言地发问，现在他已经十分习惯心灵感应这种轻松的交流方式了"形成呼应，提示读者神鸥的交流方式为"心灵感应"。学生若能依据生活体验和阅读经验，发现细节之间的关联，对文本语言及其写作意图做出合乎情理的阐释，是对小说更深入的解读。

（三）推断言外之意，体会深刻意蕴

本书内容简约，文字节制，很多语句言简意赅，教师可训练学生根据上下文推断语句的言外之意，用换词、换句的方法引领学生体会字里行间的深刻意蕴。

就外国文学作品而言，因为译者对原文的理解不同，不同译本存在文字选用上的差异。教师可针对不同版本中对原作关键语句译文的不同，引导学生结合原作及上下文，品读语句的准确含义，探索作者写作意图（具体示例参见"教学现场"）。

◆ 策略建构

阅读策略是教学中的训练手段，也是重要的教学内容。阅读本书适宜使用的策略包括预测、再现还原和联结。

（一）预测

预测是读者阅读时根据读过的内容及与内容相关的背景知识推测文章内容的发展，包括作者或主角的情感、想法和行动。

随着故事情节的推进，乔纳森在人生的岔路口上不断面临选择，通过"预测"故事情节，学生可以检验自己对前文的理解程度，提升"推理判断"

能力。如教师可以请学生预测："乔纳森回到鸥群，他的同族会怎样看待他？你的依据是什么？"或者可以预测："乔纳森回到地球后会怎样呢？你的依据是什么？"要求学生联系前文细节，推测发展趋势。"预测"后的阅读，学生与作者的思路对接碰撞，能够更为深切地感受到小说情节设计的精妙。

（二）再现还原

本书阅读过程中，使用再现还原策略，可以使学生在阅读描述性的语言时，调动自己的感官，在头脑里形成画面，加深对文本的理解。本书环境描写与形象描写很有画面感，教师可引导学生按照文字的描述在脑海中想象相关画面，也可以以表演的形式再现文本内容。例如教师可请学生将审议大会及其后几天的故事改写成小剧本尝试演出，要求有生动形象的场面描写，罗列出场人物，并说说他们的形象特点。在完成任务的过程中，学生将作者生动的描写还原成鲜活的场景，更好地理解全书主旨。

（三）联结

本书阅读过程中联结的内容主要有相关作品与个人生活体验。学生可以将原作与《生命沙伐旅》《牧羊少年的奇幻之旅》等书联结，感受"三大生命杰作"的魅力。也可以畅谈自己生命经历中与乔纳森贴合的瞬间。小说发生在"海面"的故事完全可以跨越时空，复现在我们的生活场景中，学生牵动自己的生命体验，涵泳其中，方能悟其旨趣，解其真味。乔纳森是海鸥群体的"精神领袖"，我们生活的世界中也存在这样的精神领袖，请学生把视野转向现实世界，寻找真实的"乔纳森"，如此，阅读与外部世界联结起来。

◆ 精神成长

《海鸥乔纳森》告诉我们，每个生命都有无数种可能，每时每刻都面临无数种选择，飞得越高，视野才越广越远，才能看清每种选择，才能发现自己心中真正的梦想、渴望与激情。每个"现在"都既是选择的结果也是"再次"选择的起点。借助选择，我们可以设计自己的生命历程，享受生命成长的喜悦。自由飞翔的乔纳森代表了人类渴望的姿态，深刻的喜悦和辽远的梦想。

在某种意义上,《海鸥乔纳森》可被视为一部成长小说,它讲述优质生命的历练过程,勾勒优质生命的成长轨迹:乔纳森不断完成的自我超越是人性被淬炼、被提纯的过程。小说的情节虽为虚构,却成功复原了生活的多面性、多重性。处于成长阶段的学生阅读乔纳森,反观自己,会生发更多成长的追问,不断思考"生活中暗藏的宝贵真理":什么是爱、快乐、自由、完美、天堂……从而获得更真实深切的人生体验,坚韧地面对路途艰难、精神危机。

本书意蕴深远,贯通中西文化,蕴含着佛学、基督文化的思想精髓。乔纳森与《圣经》中索尔之子同名,乔纳森的故事在某种程度上折射出美国文化中的英雄崇拜。书中提及乔纳森的身世,与佛教中"轮回"的思想有相似处。当乔纳森探索到生命最高层次的时候,回过头,只剩下慈悲的念头。这种心情,不是自爱,而是爱他,这与佛学中"永远没有自己,生生世世在慈悲取舍中服务"有相通处。在中西文化的双重背景下,学生可以得到更多思考,生发更多问题。

学 程 设 计

◆ 整体框架

《海鸥乔纳森》篇幅较短,学程设计可采用"先读后教"的思路。

教师制定"章节阅读学程",引导学生通读全书;开展"初读交流会",教师设计"片段朗读"与"批注交流"等活动引导学生分享阅读初感,启发学生"提出问题";开展"深读交流会",教师组织"角色定位"、"辨析译文"、"畅谈感受"等活动实现"重点突破",帮助学生梳理人物关系、深刻理解主题。最后,教师指导学生撰写个性化读后感,并设计推广海报,旨在整合前期的阅读成果,引领学生完成回顾式阅读。

教学阶段	主要内容	教学资源	设计意图
通读指导	初读全书，完成相关任务。	章节阅读学程	借助相关问题形成阅读初感。
初读交流	片段朗读：有感情地诵读精彩片段。	无	采用片段朗读的形式引导学生关注细节。
	批注交流：分享交流阅读感受。	圈点批注的方法和角度	展示并交流批注，丰富初步感受。
	提出问题，梳理问题类型。	学生问题汇总（见附录一）	讲析提问角度，启发学生提出一套有结构的问题。
深读讨论	划分角色类别，定位形象特点。	无	借助色彩划分角色类别。
	借助辨析译文，在不同文段之间建立深度联系。	英文原作	借辨析译文理解主题。
	畅谈自己生命经历中与乔纳森贴合的瞬间。	无	结合生活体验，深度感悟主题。
内容统整	写作指导：撰写富有个性化的读后感。	学生读后感（附录二）	撰写读后感。
	回顾整合：制作推广海报。	图片（附录三）	回顾全书，提炼感受，整合阅读成果。

◆ 通读指导

阅读任务大致按照重点情节划分，学生结合相关章节完成内容概括、语句理解、译文辨析、情境还原、故事续写等任务，关注重要信息，深入理解文本。

阅读范围	阅读任务	重点能力指向
第一章 1—16 段	1. 请用一个词或短语补全下面的句子，并在原文中画出支持你观点的语句。 海鸥乔纳森是一只（　　　）的海鸥。	细读文本，依托动作描写与心理描写感知形象特点。
	2. 请你朗读 12、14 段，撰写一段朗读说明，重点说明使用什么语气，哪些句子语调做特殊处理，哪些词要重读或轻读。	揣摩语气，体会人物心理。
第一章 17—55 段	1. 请你画一张"速度折线图"，展示乔纳森步步超越的过程。	筛选信息，感知文章内容。
	2. 读完 55 段，请你预测：乔纳森回到鸥群，他的同族会怎样看待他？你的依据是什么？	推理判断

阅读范围	阅读任务	重点能力指向
第一章 56—65 段	1. 请用一个短语概括这一部分的情节。	感知理解
	2. 第 65 段写道："'咱们已经恩断义绝了！'海鸥们异口同声说罢，全都捂上耳朵，掉转头，将他抛弃。"请以乔纳森的口吻补写一段话，表现他此时的心理活动。	角色体验，感受人物内心变化。
第一章 66—81 段	1. 请摘抄这一部分精彩的环境描写与细节描写。涉及色彩的笔触有一个共同点，请概括出来。	鉴赏语句
	2. 第 78 段中说："一如生命中曾经有过的领悟，在这一刻，海鸥乔纳森也豁然明了。他们是对的，他可以飞得更高，现在是回家的时候了。"请问这里的"家"具体指什么？	理解重要词句的深刻含义。
第二章 1—19 段	1. 这是（　　）与（　　）的对话，他们的交流方式有什么特殊之处？	整体感知
	2. 第 15 段写道，"你是一只万里挑一的海鸥"。你认为"万里挑一"意味着什么？	理解重要词句的深刻含义。
第二章 20—54 段	1. 第 20 段中说"据说他不久就要到另一个世界去了"。请在第 20—54 段找到与此呼应的句子。	读懂伏笔，在文本前后内容之间建立联系。
	2. 第 38 段中，有这样一句话："关键是懂得自身的天赋像未被写下的数字一样完美，可以让你在转瞬之间超越时空，无远弗届。"它的英文原句是：The trick was to know that his true nature lived, as perfect as unwritten number, everywhere at once across space and time. 外研社译本的译法是："秘诀在于明白自己的本性所在，完美得像一个没有写出的数字，超越空间和时间，不论什么地方立刻可到。"你更喜欢哪个译本？说说你的理由。	借助译文对比，了解文字内里的深意。
	3. 第 40 段中，有这样一句话："以前你飞翔时无需信念，只需理解。这次也是一样。来，再试一下……"它的英文原句是：You didn't need faith to fly, you needed to understand flying. This is just the same. Now, try again. 外研社译本的译法是："你飞行不需要信念，你必须懂得飞行。反正是一回事，你再试一下……"你更喜欢哪个译本？说说你的理由。	
	4. 第 43 段写道："乔纳森睁开双眼。此刻的他和吉昂站在完全陌生的海岸——绿树垂拂水滨，两轮金黄的太阳在头顶照耀。"请用一个词形容这幅图景，并尝试用图画描绘。	借助图画，理解词句意境。
	5. 请分条罗列吉昂带给乔纳森的启示。	梳理探究
第二章 55—66 段	1. 乔纳森与沙利文争论的焦点是什么？找出能表现乔纳森态度立场的词语，揣摩乔纳森的内心世界。	品味重点词句，了解人物性格。
	2. 读完第 66 段，请你预测：乔纳森回到地球后会怎样呢？你的依据是什么？	推理判断

续表

阅读范围	阅读任务	重点能力指向
第二章 67—80	1. 第75段说："那低沉而冷静的声音继续在他的脑海里回响：'海鸥福来奇·林德，你想不想飞？'"为什么不必说出声音，这与前文何处呼应？	建立文本前后联系
	2. 乔纳森认为成功最重要的因素是什么？	信息筛选
	3. 描写乔纳森的神态时，作者用了哪个词？这与前文哪只海鸥的神态相似？	建立文本前后联系
第三章 1—17段	1. 请你用原文中的一个短语给这个海鸥团队命名，命名要体现其精神追求。	内容理解
	2. 飞行的真正技巧是什么？	内容理解
第三章 18—50段	请将此次审议大会及其后几天的故事改写成小剧本尝试演出，要求：有生动形象的场面描写，罗列出场人物，并说说他们的形象特点。	形象感受
第三章 51—91段	1. 请梳理福来奇从乔纳森那里获得的启示。	梳理探究
	2. 请为全书续写一个结尾。	推断想象
全书	请在下面的题目中组合出一组你认为与三部分内容契合度最高的题目，简述理由。 1. 被驱逐的海鸥、来到另一个世界、用爱创造的无可限量。 2. 当希望的光辉洒满双翅、天堂初升的太阳、爱与梦想。 3. 坚持信念与梦想、回归、海鸥群起飞进行时。 4. 速度·特技、新起点·心飞翔、在爱中教授。 5. 乔纳森的"起飞"、乔纳森的"飞翔"、乔纳森的"爱"。	回顾阅读
全书	阅读这本书，你联想到了哪些书、哪些电影、哪些事？	建立联系

◆ **初读交流**

学会批注， 学会提问

教学目标

1. 借助助读资料，学习用圈点批注法阅读文章。

2. 通过展示交流批注，丰富初读感受。

教学重点

通过展示交流批注，丰富初读感受。

教学过程

导入：圈点批注，是我国传统的读书辅助方法。元代学者程瑞礼在《读书分年日程》一书里，要求十五岁以前的学童，读书要自己断句和加标点，并且圈出多音字、假借字；十五岁后读经书要能用不同颜色的笔加批语和注释。在他的书院里念书的学生都得掌握这项基本功。

活动一：古代出版的书籍大多带有评点，详细的从字的读音、意义，到句段的联系照应，文章的结构层次，遣词造句的特点，都有解说，有的还概括全篇大意。批注的文字有时远远超过原文。可以看出，圈点批注也是指导别人读书的重要方式。圈点批注法如何操作？我们请同学以小组为单位与大家分享"知识卡片"。

（一）第一张知识卡片：圈点勾画常用符号

"〇"：圈关键性的词语或内容。

"。。"：标在课文生字或用得好的词语下面。

"?"：标在有疑问或暂时不理解之处。

"??"：标在有疑惑需要认真思考之处。

"!"：标在需要注意或有感想的地方。

"△△"：（着重号）标在句子关键词下面。

"★★"：标在应熟记和背诵之处。

"～～"：（曲线）画在文章优美语句下面。

"＿＿"：画在表示作者的观点看法或总括句下面。

"……"：标在要着重理解的字词句下面。

"＿＿"：画在文章关键句子（过渡句、总起句、中心句等）下面。

"一、二、三……"：标部分的序号。

"㈠㈡㈢"或"1.、2.、3."或"①②③"：标在每一自然段前。

"‖"：标段内层次分界。

"//"：画在大层内的小层次之间。

"｛｝"或"〔 〕"：标重点段。

（二）第二张知识卡片：批注分类

"眉批"：批在书头上。

"旁批"：批在字、词、句的旁边，书页右侧。

"夹批"：批在字行的中间。

"尾批"：批在一段或全文之后。

宋朝著名学者朱熹读书时就十分喜欢在书上做各种记号，初读、再读、三读都用不同颜色的笔圈点勾画，他认为这样能"渐渐向里寻到那精英处"。初读时，圈点的重点是需要注音、注释的生字生词、自然段的序号、文章的中心句或重点语句。此次圈点主要是读通文章，粗知作者思路，初识文章的框架，即整体感知文章的大概内容，对以后的深入阅读起确定方向的作用。阅读时多采用速读的方式。再读时，批注的重点是解决初读时圈点的问题。圈点的重点应是文章的重点、难点和疑点，重要的、精彩的、有欣赏价值的佳句以及感受最深的句子，结构段的序号，修辞、表达方式、说明方法、论据类型等。圈点是培养我们自己发现问题、自己解决问题、不断提高自学能力的有效途径之一。这种训练的根本目的是读懂文章，养成边读书边动脑的良好习惯，从而终身获益。阅读时多采用精读的方式。三读时，主要解决再读过程中圈点的内容和做批注、写感悟。有的语句之所以让人感到美妙，是因为表达的意思深刻、精辟，给人以深刻的启迪和警策。此次阅读主要目的是读透文章，真正走进作品，有自己的创见，达到既"忘我"又"有我"的境界。阅读时多采用品读的形式。

（三）第三张知识卡片：批注内容

1. 注释：在读书时，遇到不认识或难懂的字、词，查字典、找参考书，弄清词义，指明出处，写在空白处。

2. 提要：边看边思考，用简练的语言概括中心思想，把握文章脉络，提示语言特点。

3. 批语：读书时，会有各种思想、见解、疑问产生，这些内容可随手写在空白处。

4. 警语：在读书时，发现优美语句、典范引文、重要段落、新颖说法及特别值得注意的地方。

（四）第四张知识卡片：批注的种类

①感想式批注

②质疑式批注

③联想式批注

④评价式批注

⑤补充式批注：顺着作者的思路，依照作者的写法，接着为作者补充。

活动二：学生默读第一章，圈点批注。

活动三：批注挑战台：学生展示交流批注。

□ 附录一：学生提出的问题

在组织学生交流阅读感受的过程中，教师将学生提出的问题梳理如下。

1. 为什么学习飞翔就会被逐出鸥群？

2. 为什么天堂在地球之外？

3. 为什么天堂不是一个地点？

4. 乔纳森的"天堂"是哪里？

5. 沙利文不愿回岛是因为没有爱吗？

6. 乔纳森为什么要回地球？

7. 第三章第 53 段，乔纳森为什么要福来奇克服自身的局限？

8. 第三章第 79 段，为什么乔纳森对福来奇说"你不再需要我"了呢？

9. 第一章第 28 段，以前的努力会白费吗？乔纳森会堕落吗？

10. 第三章第 61—62 段，为什么会有两种截然不同的看法？

11. 第一章第 36 段，为什么乔纳森的决心消散了，他的痛苦也随之消散了？

12. 为什么小说中出现了多个人物，却杂而不乱？

13. 为什么作者把鸥群长老刻画得如此愚昧、顽固、古板？

14. 第三章第 73 段，为什么乔纳森能做到爱一群想要杀死它的恶鸟？

15. 乔纳森为什么不彻底教会他们"思维飞行"这项终极飞行技能？

16. 小说结尾"无可限量"是谁说给乔纳森的？

17. 为什么作者说乔纳森是一只勇敢无畏的海鸥？他的勇气来自哪里？

18. 为什么乔纳森要努力提高自己的飞行速度？

19. 为什么结尾处乔纳森要离开自己的孩子们，让他们自己去闯荡？

20. 为什么乔纳森要努力做到最好呢？

21. 乔纳森的思想前后是否矛盾？前面因被驱逐而向往另一个世界，后来他又想回来用爱教导其他的海鸥，这难道不矛盾吗？

22. 海鸥乔纳森真正想要的是什么？

23. 乔纳森的父母很爱孩子，为什么不试着去理解他？

24. 乔纳森最终去哪里了？

25. 乔纳森最终消失在茫茫苍穹中象征着什么？

26. 吉昂和乔纳森是在两个世界穿梭吗？

27. 为什么乔纳森能在飞行中学会慈悲与爱？

28. 为什么地球上的海鸥只认为"吃"重要？

29. 这本书会有结局吗？

30. 这本书真正想表达什么？

31. 我一直认为海鸥乔纳森能成为"伟大的海鸥之子"完全是因为他顽强的信念与对梦想的那份执着，可为什么（第 54 页）长老教乔纳森以思维速度飞翔时反复叮嘱他"忘掉信念"？

这些问题表现出学生初读状态中的思考，是阅读过程中的阶段成果，教师要善于将这些阶段成果转化为学习资源，使之起到推进深入思考的作用，我设计的学习活动为：请将这些问题分类，并尝试对其中三个不同角度的问题予以解答。

□ **附录二：学生的读后感**

在组织学生交流阅读感受后，学生撰写了读后感。《一湾碧水汇竣乌》用富有哲思和诗意的语言概述三章内容，呈现深刻理解；《自由的彼岸》构思独特，在小海鸥与母亲的对话中追忆故事，体现传承；《下一个乔纳森，下一个吉昂》畅想了吉昂与乔纳森见面的场景；《思想的灵魂》将本书与电影《海上钢琴师》比较阅读，体现出"联结"策略的建构。

（一）一湾碧水汇跤乌

北京市朝阳外国语学校　冯昕玥

朝霞晕染的滩涂上，清风拍打着透明的海浪，发出阵阵嘤嘤声，这是胜利的号角，伴你返航！渐渐清晰的身影，映入我的眼帘——如利刃的喙，不为争抢果腹的面包，你是撕裂黑暗的利器；如云翳的翼，不为嬉戏水花的愉悦，你是划破天际的箭镞；如白雪的羽，不为招摇柔美的身段，你是矢志不渝的梦想。

热衷翱翔的你，爱飞翔胜过一切。穿行于无数游走的云层，双翼融入团团白色，影子投射在波澜中。这就是你，梦想奔向天堂，不放弃一切渺茫的希翼。你的一生，被阳光撒上了传奇的色彩，尽管经历了许多——风雨的侵蚀，族人的唾弃，家人的排斥——但，终究是你的趋于完美，让"生命"异于"生存"。

追逐梦想的你，视困难如鸿毛。望穿那千里之上的蓝幕，几近消失的微小的你，灵活穿梭于绫罗里。这就是你，蔑视苟且偷生，永远向前步入理想的殿堂。你的一生，被海洋拥入了博大的胸襟，即使违背了传统——不争抢食物，从低空摔下，半空中失速——但，痛楚都无法动摇你心，用"梦想"结束"空谈"。

谦逊与勤奋的你，观沧海知桑田。日夜忙于教诲学生，专心的你无暇顾及，这万千星空的璀璨。这就是你，平静却又热烈，不忘接受巅峰发起的挑战。你的一生，被光环笼罩，虽然名声响彻世界——天空的导师，大地的光芒，海鸥的长辈——但，从来没有接受这殊荣，让"尘世"成为"天堂"。

这便是你，以大地为躯，以天空为衣，以波涛为心，改变点点滴滴的缺憾，让灵魂澄清、透明。在你生活的彼岸，我们倾听你的声音，瓦解心头的怯懦，渴望成为下一个天堂使者。你听——

悄悄地，晚霞与云海的细言碎语，

喧闹地，海浪与鸥群的和声相应，

拨开夕阳金光缕缕，

你，正如海流，奔向太阳的光明……

（二） 自由的彼岸
—— 一个海鸥母亲的回忆

北京市朝阳外国语学校　潘雨萱

"海，海是什么样？"

小海鸥问他的妈妈。

"海，你眼前那一片蓝色的，就是海了。"

小海鸥用爪子踢一踢面前蓝色的东西，那东西居然分成了一滴一滴的样子，凉凉的，亮亮的，在他的小爪子上流淌。

"这是什么？"

他想起海岸上曾经有一个女孩子靠在礁石上看海的远方，眼睛旁边也有。

"妈妈，这个，这个是不是人说的泪？"

海鸥妈妈想了想说："对，是上帝看到我们之前的懒惰与不思进取流下的眼泪。"

她用翅膀护住小海鸥，海风吹了过来，小海鸥感觉有一些冷。

"妈妈，什么是飞翔？"

"就是，就是福来奇爷爷最后去天堂的通道。"

"我也要飞。"

海鸥妈妈低头看了看小海鸥，不再替他挡住寒冷的海风。小海鸥看了看妈妈，扑腾了几下翅膀，冷风吹来，小海鸥抖了抖，很快又站得直直。

很快有族里的长老，招呼他听飞翔的技巧。

海鸥妈妈有记忆以来第一次见到福来奇族长，族长还很年轻。据长老们说，原来的族长被群鸥赶了出去，这个族长很会飞，大家都很爱看他飞。

长老们又说以前有一个被流放的海鸥，叫乔纳森，乔纳森很爱飞，于是他被流放了。

海鸥妈妈觉得这个逻辑不太对，为什么呢？海鸥妈妈自小就知道海鸥生来就应该去飞，就应该自由地展翼于更加广阔的天空。一个爱飞的海鸥，为什么会因为爱飞而被流放？

长老们说当时海鸥还只知道吃，大家都不愿用吃饭的时间去探究飞翔的真谛。想飞的，都是异类。一个长老说着，叹了口气。

乔纳森被流放出去，受到高人指点，族群不允许被流放的海鸥再回来，可他破了例，他带着七只海鸥一起回来，他们被称作被流放的珍珠。

珍珠，就是蚌里那个圆圆的东西，好漂亮的。

对，用珍珠形容他们——夺目。

乔纳森回来以后飞得和现在的福来奇族长一样好，甚至更甚于福来奇族长。开始大家都不理他，后来情不自禁地就去听他讲怎样飞。

所以才有了我们的如今，飞翔的部落。

长老看了看海鸥妈妈。

作为海鸥，天生就应该飞翔，飞翔的地方要比海更广阔。海不是无边无际的，虽然看起来是望不到头。但是梦想和爱飞翔的心，是没有尽头的。生命不该拘泥于吃喝，而是要去追寻生存的价值与真谛。

这些，都是乔纳森和族长教给长老们的。

所以，乔纳森去了更远的远方，有一天福来奇族长也会去的远方，我们都会去的远方。

海鸥妈妈看着认真听课的小海鸥。

"去飞，飞向更远的远方，那是一个海鸥该做的，是你该做的。

虽然不忍心看你摔倒，但更怕看见你惰于飞翔。"

去飞吧，飞向自由的彼岸，那里该是没有尽头的快乐。

（三）下一个乔纳森，下一个吉昂

北京市朝阳外国语学校　刘佳祺

你也许不是第一个乔纳森，但一定不是最后一个吉昂。

——题记

"海鸥天生就应该飞翔，自由是生命的本质，任何妨碍自由的东西都该摒弃，不管什么形式的限制，宗教或是迷信都应该抛开。"他的学生福来奇好奇地问乔纳森："我不明白，你怎么能做到爱一帮要杀死你的鸟？""当然不是那样，谁都不爱仇恨或者邪恶。你得学着了解真正的海鸥，他们都有善良的本性，还得帮他们自己发现自己那些优点。这才是我所说的爱。比方说，我记得一只脾气暴躁的海鸥，名叫福来奇。他刚被流放时，一心准备与群鸥决一死战，所以就在'远方山崖'为自己构筑了一座地狱。然而今天，他却在这里为自己建造了一座天堂，并且带领着整个鸥群飞向同一个目标。""你说'我要带领'是什么意思？你是这里的老师，你不能离开！""我不能吗？你不认识别的鸥群，别的福来奇？他们比这里更需要一个老师。这里的海鸥已经飞在光明的路上了。"这是乔纳森在离开时对福来奇说的话，也是吉昂离开时对乔纳森表达的真谛。乔纳森做到了，他又把它传给了下一代。

乔纳森也隐退了，他随着心意飞翔，来到一片金色的沙滩，海水与天空呈现出一样的碧蓝色。在那里，他再一次见到了那个使他学会飞行的长老吉昂，吉昂依然是那么慈祥，和蔼地对他说："乔纳森，你合格毕业了，你不仅仅学会了飞行，还学会了如何去爱。""真的吗，吉昂？我还曾经以为我错误理解了您的那句话，也许我不该这么做。""不，孩子，你做得很好，你用你的爱使得更多的人实现梦想，学会飞翔，更多的人感受到爱，使更多的爱得以传递。"吉昂微笑着摸了摸乔纳森的头，"你看，在这里的不仅仅有你，我，还有我的老师，老师的老师……我们其实不算是一个老师，我们并没有教会你飞行，我们只是一个引领者，引领你们找到灵魂想去的地方，使心灵得到解放。在这些事情中，自己也得到学习。""对啊，吉昂，在教福来奇的时候我也学会了许多。"乔纳森一脸兴奋地向老师诉说着自己的收获，吉昂微笑地看着他。

"知道吗，乔纳森，你不是第一个乔纳森，而我也并不是最后一个吉昂，这份爱会继续传递下去，永远不会间断……这份快乐会带给更多的人。"吉昂望向那片分不出边际的海和天空，眼神里充满了向往。"是啊，吉昂。这个世界上还会有下一个乔纳森，下一个吉昂，对吧?"乔纳森也望向了远方。

吉昂听后笑了一下："走吧，我带你参观一下这个新住处，我相信你会喜欢它，你会在这里学到更多的!"然后就拉着乔纳森为他开启新生活。

（四）思想的灵魂

北京市朝阳外国语学校 王文周

已经不是第一遍阅读《海鸥乔纳森》这本书了，每读完一遍，都会有更深的感触。乔纳森的身上蕴含着一种常人没有的精神，是一种思想的自由与灵魂的升腾，仿佛飞翔就是它的全部。它的每一次飞跃、每一次进步都是一次超越自我，这不由得让我想起了曾经看过的一部电影——《海上钢琴师》。

电影很感人，讲述的是一个从小就出生在船上的钢琴家 "1900" 的故事。他一生从未踏上陆地，只是在双手游动于琴键间时神游世界;通过双眼观察旅客，体味人生百态。他的音乐很美妙，也从来没有规矩，他总是用自己的方式诠释他对音乐的理解，他的音乐只被一小部分人知晓——只有船上的船客，也许能理解他的会更少。在故事的最后，有一个看似悲凉却很完美的结局，"1900" 在炸毁船只的硝烟中离去，钢琴家的故事只留存在他唯一的朋友 Max 的回忆中。

虽然失去 "1900" 这样的钢琴家让人惋惜，但同时也因为这样的结局也让人欣喜，也许这样的结局对于 "1900" 才是最好的。或者说，我更愿意相信 "1900" 没有死，而是随着他的钢琴，随着他的音乐进入了一个更美好的领域。我清晰地记得 "1900" 曾经说过的一段话，他说："我看不见城市的尽头，我需要看见世界的尽头。拿钢琴来说，键盘有始也有终，并不是无限的，音乐是无限的。在琴键上，奏出无限的音乐，我喜欢。可是走过跳板之后，前面的键盘，有无数的琴键。无限大的键盘怎么奏得出音乐？——不是给凡人奏，是给上帝奏。陆地？对我来说，陆地是艘太大的船，是位太美的美女，是段太长的航程，是瓶太浓的香水，是篇无从弹奏的乐章。反正，世间没有人记得我，除了你，只有你知道我在这里。你属于少数，原谅我，朋友，我不能下船。"人总要有属于自己的追求，而音乐怕是"1900"的全部了吧。

我觉得"1900"和乔纳森有着惊人的相似之处，他们都勇于追求自己的梦想，不顾他人的阻挠，向着希望奋勇前进。他们都有自己的规矩，力求打破常规，超越自我。他们都拥有一种信念，一种追求梦想的信念，这种信念带领着他们不断向前，完善自我。也许他们会成为别人眼中的异类，但他们活出了自己生命的意义。

而我们就需要学习他们的这种精神，要拥有属于自己的梦想，然后不断地树立目标，不断完成，不断超越。正如书中的一句话："继续努力，学会去爱。"

永无止境。

这四篇文章借助诗意的语言或想象、联结等方法表现出学生深读后的思考，可用作样例引领学生提升"读后感"的个性化程度。我设计的学习活动为：点评这四篇读后感，说说你得到的启示或提出改进意见。

◆ 内容统整

制作推广海报

阅读本书，学生"通读"、"初读交流"、"深读讨论"、"撰写读后感"后整合阅读成果，设计图文并茂的"海报"，向新读者推荐此书。该任务督促学生回顾阅读，用简洁有力的语言阐述全书要旨，用新颖美观的图片推荐宣传。该任务赋予学生"读者"与"设计者"的双重身份，具有综合性和挑战性。该任务是深度阅读之后的输出，是真实情景中的交流，与前面的阅读任务形成彼此关联、循序渐进的任务链。

任务：阅读推广海报设计

请在互联网上选一幅或几幅图片（也可自己绘图），配 200 字左右的话语，制作海报，动员学弟学妹阅读《海鸥乔纳森》。

教学现场

品读乔纳森

教学背景

本书的阅读过程大体分为"学生自读"、"初读交流"、"深度讨论"、"内容统整"几个部分。学生分享阅读初感后，提出一些触及主旨的问题，说明他们渴望探索小说主题的多义性和开放性。本教学现场是学生精读文本后的"深度讨论"，采用班级读书交流会的形式启发学生更加深刻地领悟小说主题。

教学目标

1. 根据作品描述，将书中人物形象分类。

2. 借助译文辨析，阐述"完美"、"爱"的丰富内涵。

3. 联系生活经历和阅读体验，探寻"乔纳森"的象征意义。

教学重点

借助不同人阅读本书的感悟，联系自己的生活经历和阅读体验，探寻"乔纳森"的象征意义。

教学过程

导入：不得不说的故事

师：我在大学一年级时的"语文教学法"课上，聆听了恩师讲述的海鸥乔纳森的故事，我被深深地震撼了，我很羡慕乔纳森"飞得像思想一样快"的幸福感。随着年龄的增长，乔纳森不断给我更为丰富的启示。教书以来，每送走一届毕业生，"海鸥乔纳森"的故事都是我给他们的分别寄语。毕业后的第 12 年，恩师大病初愈，他在一个春日里将这本书送给我，老师说："好好读，和你的学生一起读。"因此，我将这本书推荐给大家；今天，我以阅读陪伴者的身份与大家交流我们精读后的体验。

交流：不得不秀的创意

师：请大家打开课堂工作纸，让我们共同聚焦"罗盘式"彩绘人物图谱，请选择至少三种颜色，让这些海鸥变得多彩，并简要阐述选择颜色和分类的理由。我们请几位同学分享一下他们的创意。

（实物投影展示学生作品）

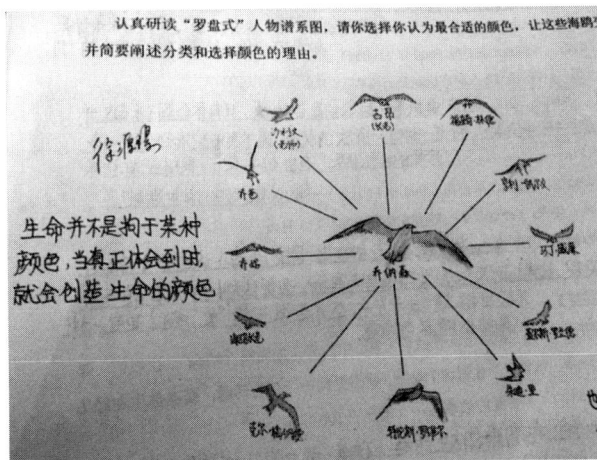

生 1：首先，我把乔纳森、福来奇涂上了灰、金、红色，因为他们的一生经历了许多，灰色代表大起大落，更是为了自己的信念理想而执着，最终成了出色的海鸥。红色代表心中的一腔热血，也是一种前进的动力，化为无尽的力量。我把吉昂、沙利文涂上了蓝、白色，因为长老拥有崇高的身份，更有着高超的飞翔技术，白色代表长老的地位之高，更是海鸥群的信仰。而沙利文则用质朴的白色教会一代又一代海鸥。蓝色象征着一种精神境。我把亨利·马丁、查尔斯、朱迪、克尔涂上了绿色，因为他们像刚发出的新芽，朦朦胧胧，不断认识自我而领悟到梦想的真谛。梅纳德全身绽放着橙色的光芒，因为他内心真正领悟生命的意义，体会到自己的价值，灵魂得到了升华，他也代表鸥群的希望。

师：请大家注意，他对人物的分类十分清晰。在乔纳森的生命中有引领者、阻碍者，也有传承者。另外，他在图谱的旁边写了这样一句话："生命并不是拘于某种颜色，当真正体会到时，就会创造生命的颜色。"我们同学在用心阅读的时候，确实创造了许多丰富的色彩。有请下一位同学！

生2：我将乔纳森的学生们涂上红颜色，红色代表他们对于飞翔的热爱，他们内心都燃烧着熊熊烈火。灰色是一种暗淡的颜色，我将它涂到了海鸥长老的身上，因为他没有长远的打算，只注重眼前的利益。而乔爸乔妈与他最大的不同是他们有着对乔纳森的爱，我将他们涂了粉色。吉昂长老金黄色的翅膀代表他崇高的地位和高超的飞翔技艺，粉色是他对学生的悉心教导和爱。我把乔纳森涂上了彩色，"红"代表对飞翔的热爱，"金黄"代表高超的技术，"粉"是友爱的心，"绿"、"蓝"代表遥远的希望。他有过失败，也曾有过放弃，但他坚持下来了，终于实现了人生的价值。他的生活是五彩缤纷的，所以我将他涂成了彩色。

师：她的创意中，细化了分类。乔爸乔妈同样都是阻碍者，但她做了具体的界分：海鸥长老是纯灰色，乔爸乔妈是灰色加粉色。你能再给大家解释一下这样涂色的理由吗？

生2：海鸥长老的生活一片昏暗，是灰色的。乔爸乔妈多一些对乔纳森的爱，所以我多涂了粉色。

师：海鸥长老捍卫族规，对乔纳森一向残忍；乔爸乔妈对乔纳森虽不理解，但不无慈爱。我想再问你，同为老师，吉昂与沙利文，谁的境界更高？

生2：我认为吉昂长老的境界更高一些。

师：为什么？

生2：吉昂对于爱的了解更深刻，是一种无私的大爱。

师：很好！我们在细读的时候，能细化分类，难能可贵。有请下一位！

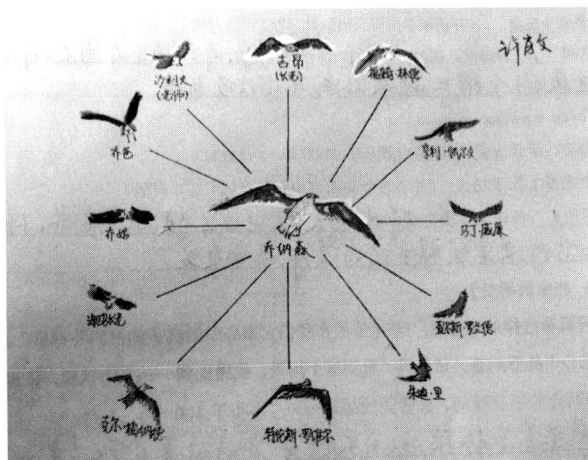

生3：我把乔纳森、吉昂、沙利文、福来奇涂上了金、红、银的颜色，因为他们都拥有飞翔的至高境界，红色、金色象征阳光、温暖，因为他们不仅让自己更完美，还教会了更多海鸥。我把乔爸、乔妈、海鸥长老涂上了灰、黑、深蓝的颜色，因为他们都十分古板，思想迂腐，不愿去追寻生活真正的意义，更不愿去面对更好的、与他们思维相悖的现实。我把威廉、克尔·梅纳德、罗维尔、罗兰德涂上了淡绿、白色，因为绿色象征希望，白色包含纯洁与向往，这些海鸥都是刚刚踏上追梦之路的，他们都背负着理想，他们同样还需要去学习。

师：他这幅图中的银色最打动我，它让我想起原文中的描绘"光洁夺目，亮如星光，打磨羽翼上光亮的银片"。我想问你，为什么把这四只海鸥（吉昂、沙利文、乔纳森、福来奇）单独涂上光晕？

生3：我认为他们四个之间有一种传承关系。拥有飞翔至高境界的吉昂是沙利文的老师，沙利文是乔纳森的老师，乔纳森是福来奇的老师，他们教给学生追求飞翔的至高境界。

师：很好。我们在这里看到了薪火相传。有请下一位！

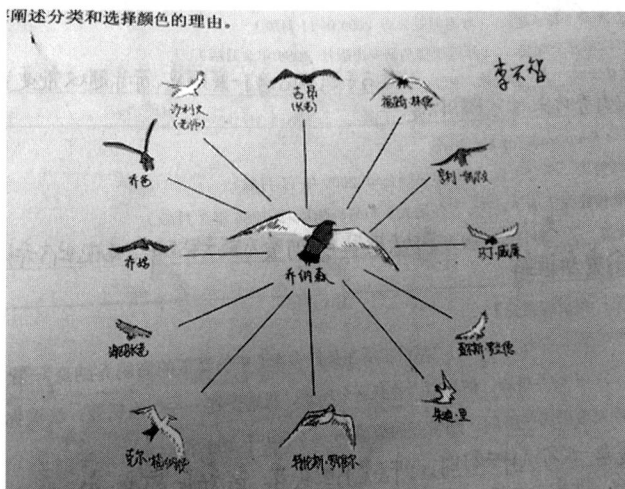

生4：我把乔纳森涂上了黑、蓝、红、黄这四种颜色，代表他的人生历程。黑色代表他刚开始飞翔时遇到的巨大困难和受族群排挤的心情。蓝色代表他认识吉昂长老时，吉昂长老教会他飞翔的技巧，教会他去了解爱的真谛。他的内心再一次燃烧起来，充满了希望。红色代表希望，乔纳森领悟了爱的真谛，他教给他的学生，希望他们都能领悟爱。黄色代表光明，当乔纳森回到地球上时，他展开光明的羽翼，将爱的真谛传播给更多的海鸥，让他们为自己的梦想而奋斗。

师：其他同学在涂色时，多数在用组合的方式展示人物的性格，看到这样的涂色我想到了刘再复先生的《性格组合论》，他说人的性格是复杂的、多元的，咱们同学用多种色彩的横向组合阐释了这种丰富性。而这位同学特别的地方在于，他走了纵向的路数，用几个色块表现了乔纳森一生的经历。我觉得这里很是巧妙。再看最后一份设计。

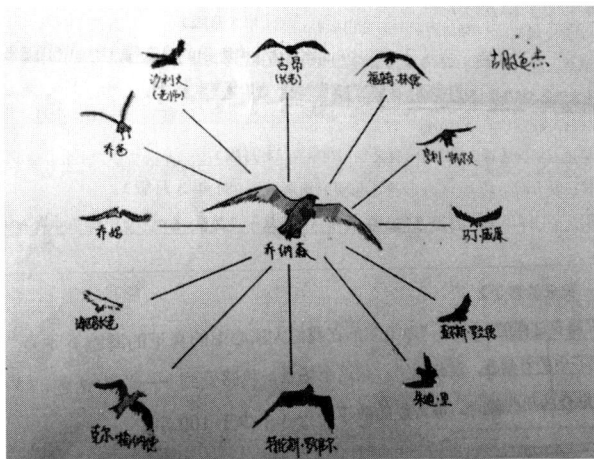

生5：我对海鸥的分类与他们如出一辙，虽然颜色有分歧，但理解一样。我重点介绍的是我对于乔纳森的理解。我在乔纳森胸前画了一颗红心，我认为这颗心像金子一般炽热，这颗心如同太阳温暖着他人，又如同一个强大的泵，使乔纳森迸射出无限的正能量，鼓励人勇往直前，永不放弃。他的心永远不会衰竭，那使他坚持不懈。那颗心充满梦想，他也会在追梦的道路上生出一路鲜花。灰色代表沉稳的性格，正因为如此，他遇事从不慌张。绿色代表友善，这种友善使得他从不骄傲，也使他更好地与人交流，宽阔的胸襟也使得他更加让人尊敬。肉色更为重要，就是乔纳森的一颗平常心，他不认为自己技高一筹，总是虚心地向别人学习飞翔的技巧，他就是这样一只自认为很平凡、实际却很伟大的海鸥。

师：同学们，你们觉得最后一幅图中最打动你的细节是什么？

生6：那颗红心。

师：在乔纳森的生命历程中，有阻碍他的人，有引领他的人，也有他的传承者。助力与阻力形成合力，构成了乔纳森独特的生命经历，这历程中最打动我的是乔纳森那颗强大的内心。这颗心让我想起《海鸥乔纳森》问世时候的故事，大约在20世纪70年代，全球经济受到石油危机的影响，社会一片萧条，人们灰心失望，找不到主心骨。在这个时候，"海鸥乔纳森"横空出世，给灰暗的世界注入一股新鲜的空气。它告诉人们，追求卓越也是一种生存方式。于是，公务员开始努力工作，企业也重振信心，人们找到了新的灯塔，新的希望。可以说，乔纳森成了结束一个时代精神危机的重要标志。人们争相购买《海鸥乔纳森》，这本书迅速登上了畅销书排行榜，并且位居第一长达 39周。《海鸥乔纳森》以他的精神力量重塑了美国的文化灵魂，乔纳森也以飞翔之态风靡全球。

探究：不得不琢磨的译文

师：《海鸥乔纳森》问世的几十年中，有多个中文译本，我仔细比对了两个版本后，发现多处翻译上的差异。我选取第二章 26 段、29 段、54 段的几处译文，请各小组合作辨析，它们都是吉昂对乔纳森说的话。这两种译法哪个更好，简述理由。若都不合意，你也可以试着给出你认为更好的译文。

（一）Heaven is being perfect.

1. 天堂是一种完美的状态。（南海出版公司 2009 年 11 月版）

2. 天堂就是尽善尽美。（外语教学与研究出版社 1984 年 3 月版）

生 1：在上文中，作者提到"天堂不是一个地点，也不是一段时间"。地点和时间都是我们能够感受到的，但这些都不是"天堂"的真正含义。"完美的状态"是我们不能具体感知的，它给"天堂"下了定义，对上文是一种补充。我们同意第一种译法。

师：她抓住了重要依据——"天堂不是一个地点，也不是一段时间。"很好！

生 2：我们喜欢第一种译法。"天堂不是一个地点，也不是一段时间。"这说明天堂是存在于心中的一个抽象概念，没有具体的形。天堂是一种境界，完美的境界，完美是无止境的，因此天堂是完美的状态。小说第二章第 28 段中说："乔纳森，当你在接近完美速度的时候，就会感受到天堂。完美速度并不是时速一千英里、一百万英里，甚或与光速一样。任何速度都是一种局限，而完美是无止境的。孩子，完美的速度就是达到那种境界。"

生 3：我有不同的看法。我觉得天堂是所有海鸥期盼的美好世界，但它并不等同于完美。从第 28 段可以看出，"接近完美速度"并非完美，完美是无止境的。天堂是引领海鸥前进的一种信念，任何事物都不存在绝对完美，但是突破则可以接近完美，接近海鸥们认为的尽善尽美的天堂，也就能更好地体现追求中的执着。我倾向于第二种。

生 4：我喜欢第二种，有两个原因。第一，在第 28 段提到过的，"完美是无止境的"，这说明没有任何一个数字、任何一个事物能够衡量完美。只有打破这种局限，可以接近完美，感受到天堂。"心有多大，世界就有多大。"第二，我是根据英文的翻译来看，being 说明它是现在进行时，也就是一个持续性的动作，如果说"天堂是一种完美的状态"，说明它已经是现在一般时或过去时了。

生 5：我也同意第二种。第 5 段中说，乔纳森到达天堂的时候，新的身体所能做的依然有限，尽管比以前的飞翔速度快了许多，但是冲破极限还要付出很多努力。他所做的是像吉昂长老所教的那样，冲破时间和空间的限制，成为一只接近于完美的海鸥。因为，他所要探究的未知是更多的，他要努力接近他心目中的完美，每个人心目中的完美都是不一样的。

师：后三位同学阐释了"完美"的含义，阐释了"天堂"的意义。他们的核心词都是"接近完美"，不断突破极限正是乔纳森追求的天堂的境界。现在我们有一个重要的判断依据，我们来看第二种译法"天堂就是尽善尽美"的核心词汇"尽"，"尽"是什么意思？

生 6：我觉得"尽"是"无止境、到达"的意思。

师："尽善尽美"的"尽"，是"极、到达极点"的意思，所谓"尽善尽美"就是已经到达了最佳状态。这跟我们同学理解的"接近完美"其实还是有距离的，"尽"意味到了极点，表示"有止境"。我个人倾向第一种译法。"being"、"完美是无止境的"，这些依据告诉我们：天堂，是追求完美的过程，是我们追求尽善尽美境界的过程。也许，我们未必能达到最终的完美，为完美的目标而全力以赴，过程本身已经就是完美的状态了。我想，这也是文中所说的"天堂"。

（二）It's a kind of fun.

1. 那是一种乐趣。(南海出版公司 2009 年 11 月版)

2. 这是开个玩笑。(外语教学与研究出版社 1984 年 3 月版)

生 7：我觉得追求完美的海鸥已经有了高速飞行的本领，他们的内心无比广阔，苍穹已经不再是他们的阻碍了，海鸥的飞翔已经没有了局限，完美对他们来说是永无止境的。他们不再以追求更高的速度为目的，他们更注重的是飞翔的感觉。有了这种感觉才是真正的海鸥，才有了真正的灵魂和真正的乐趣。我同意第一种译法。

师：你对"乐趣"的含义阐释得很清楚。

生 8：我们组比较喜欢第一种译法。不管吉昂还是乔纳森，对飞翔都十分热爱，"乐趣是一个人学习的最好的动力"，有了乐趣，他一生都有幸福感。用"玩笑"形容这些热爱飞行的海鸥似乎不太好。

师：思考问题的时候，我们可以进一步回归文本。这是谁说的话？

生 8：吉昂。

师：这是吉昂在什么场合说的话？

生 9：吉昂是在跟乔纳森谈话并且展示了"瞬间移动"，然后说："It's a kind of fun."从原文中判断，他并不是在与乔纳森开玩笑，而是在向乔纳森展示飞翔中一种极限境界的技巧与乐趣。我同意第一种。

生 10：我想做一个补充，在第 31 段，吉昂说过："说来奇怪，无视完美只爱旅行的海鸥往往最后哪也去不成，而追求完美无意于旅行的海鸥却能在瞬间去任何地方。"这说明吉昂在飞行中寻找到了一种快乐，这是一种乐趣。

师：大家比较倾向于"乐趣"这种选择。不选"玩笑"的原因，是因为这是一个郑重的场合，"玩笑"略显轻佻，所以我们选择了"乐趣"。我们看看，吉昂视什么为乐趣？请大家关注这样一段话："话音刚落，吉昂便消失不见。倏然出现在五十英尺外的水边。一切都发生在瞬间。然后，在千分之一秒内，他又与乔纳森并肩而立。"可以说，在乔纳森已经有了极高的飞行本领的时候，吉昂又向他展示了突破时空极限的新的本领，他在这种展示中找到了莫大的快乐。我感觉"乐趣"依然不足以抵达那种纯粹的、极致的快乐。瞬移对于吉昂来说轻而易举，对于乔纳森来说很不容易。在这个情境中，我常常会想到"庖丁解牛"、"游刃有余"，甚至有时候它就是一种"玩儿"，一种很郑重的"玩儿"。吉昂在给乔纳森以启迪、以喻示、以激发。如果大家也对这个译文不满意，我们可以继续探索最佳译文。

（三）Keep working on love.

1. 继续努力，学会去爱。（南海出版公司 2009 年 11 月版）

2. 要继续在爱上面下功夫。（外语教学与研究出版社 1984 年 3 月版）

生 11：我比较喜欢第二种。第一种，"继续努力，学会去爱"，意味乔纳森还没有学会去爱。第二种，"要继续在爱上面下功夫"这里表示乔纳森心中已经有了爱。第一章第 57 段："他知道，今天早晨，大家一定看到了这项突破，但是，我不要荣誉，不想当领袖，只想和大家分享我所发现的一切，把大家都能达到的新境界展现出来。"他对鸥群是有爱的，翻译为第一种不合适。

师：他已经帮助我们做了一个辨析，我们如果把两句话各浓缩为三个字，应该是什么？

生："继续学"和"继续爱"。

师：两种的不同在于什么？

生：乔纳森在吉昂说出此话之前懂不懂爱。

师：刚才那位同学认为乔纳森之前懂爱，他抓住了关键词"分享"。

生 12：我认为他前面不是特别懂爱，他的爱是逐步递进的，在生活中，慢慢学会去爱。第二章第 56 段说："乔纳森越是信守慈善的真谛，越发了解爱的本质，就越渴望回到地球。尽管他的过去充满孤寂，但乔纳森却是位天生的导师，他奉献爱的独特方式，就是把自己所领悟的真理，传授给另一位向往真理的海鸥。"我认为爱是不断增进的，翻译成"在爱上面下功夫"有些不妥。

师：你强调的是乔纳森后期表现出来的强烈的爱，那个时候是爱的传递。你认为此时此刻，吉昂长老告诉他"要去学"，对吗？

生 12：是的。

师：好的。还有谁想表达自己的想法？

生13：我选择第二句。"Keep"本身就有"保持、继续"的意思，整篇小说都围绕着"他想要回到地球"，"想要继续他当初所认定的想法"，"想要为大家传授爱才更努力地去学、去探索"而展开。他真正认定一个目标后就不断地去努力让它实现。在这不断实现的过程中，他也更深地领悟到了爱的真谛。所以，我觉得他是肯定了自我的想法，很早很早以前，他就想把这种爱传递给鸥群了，他被抛弃后其他海鸥劝他放弃，他依然还是想要回去，回到那个驱逐他的地方，为大家传授爱。这种爱是乔纳森内心早就认定的，是他崇尚的境界。

师：好！还有同学愿意说说想法吗？

生14：我更喜欢第二句。文中说，"乔纳森越是信守慈善的真谛，越发了解爱的本质，就越渴望回到地球。尽管他的过去充满孤寂，但乔纳森却是位天生的导师"。从这里可以看出乔纳森还要继续学会去爱。

师：你更倾向于第几种？

生15：第一种。

师：我先亮出自己的观点，我倾向于第二句。原因之一是同学提到的"keep working on"，之二是同学提到的"分享"，乐于分享也是爱的体现。我们看第一章第66段："他唯一感到悲哀的不是孤独，而是其他海鸥不愿相信即将展现在眼前的飞翔远景；他们拒绝睁开双眼去看。"他们的"拒绝"带给乔纳森怎样的感受？

生15：失望、绝望、悲哀。

师：是啊，如果鸥群学一些飞行技巧，即使他们去找食物，飞得快一些也是很好的呀！在乔纳森想把这个技能分享给鸥群的时候，这群海鸥抵死苦守心灵的大门，永远停留在了自己的局限里。这是让海鸥乔纳森最为痛心的事情，这种"分享而不得"的痛苦，是不是也是爱的体现呢？你们能认同吗？我自己在阅读的时候，不仅感受到了乔纳森对于别人的爱，还感受到了乔纳森对自己的爱。他瘦得皮包骨，他苦练飞行技巧，是对自己的爱吗？有同学说不是。

那是自虐吗？好，我继续同大家分享我的感受。我觉得一个人真正爱自己，会把自己的潜能发挥到极致，在这个意义上，乔纳森非常爱自己，我也希望大家能够如此这般爱自己。真正意义上的爱别人，是让别人拥有更美好的生命样态。所以，我坚持认为乔纳森以前有爱，以后的爱是他的爱的传递、爱的深化、爱的升华。

深化：不得不分享的感受

师：通过以上三句译文的辨析，我相信，大家已经学到了一种方法，就是把句子放到段落中去体会，再把段落放到篇章中去品味，正所谓"句不离段，段不离篇"。唯其如此，我们才能读出书的精华，读出乔纳森独特的生命力量。乔纳森确实是极为典型的形象，它的故事是许多人生命经历的再现。请你以"看到这个场景，我感受到——"为话题，谈谈你生命历程中与乔纳森精神贴合的那些瞬间。

生1：在第一章中，我们看到了在乔纳森坚持不懈的努力下，他创下了海鸥飞翔时速的世界纪录，当他开始平飞改变双翼角度的那一瞬间，却又再次失速，在强烈的挫败感中，他决定做一只平凡的海鸥。但是他是一只有梦想的海鸥，他不像别的海鸥一样，只为填饱自己的肚子而活。他与众不同，他想实现自己的梦想，当他想要放弃的时候，内心的声音使他充满了灵感，他再度获得成功。看到这个场景，我想到自己练书法的那段日子，一些简单的字往往不容易写好，再加上焦躁不安，就更加写不好。每当想要放弃的时候，总是会想到以前自己是怎么克服困难的，心中就会充满动力。日复一日，年复一年，我已磨炼出了沉稳的性格，也练好了书法。

师：任何值得做的事情都没有捷径可走。

生2：我曾经在一本书上看到这样的故事，主人公是一名高中生。他不是特别聪明，甚至有一点笨，消化知识的时间比别人更长。可就是这样一个人，他有一个理想，就是考上清华大学。尽管他说出这样的理想后，大家都不理解他，嘲笑他，劝他别做白日梦了，他也没有一丝放弃。他在逆境中成长，他也越发努力，功夫不负有心人，他终于实现了自己的理想。就算所有人说你做不到，你不去尝试，又怎么可能知道结果？海鸥乔纳森在不被鸥群理解时，依然坚持下去，我也希望同学们在遇到挫折的时候，能够勇敢坚持下去。

师：很好！这位同学对我们同学有衷心的寄语。确实如此，很多时候，要勇敢，即使做不到也应如此。勇敢去尝试！

生3：读到第二章第46、47、48段，我感受到，明明知道追梦的道路上会有许多危险，但不能轻言放弃，也许在追寻梦想的道路上想过回头，但却最终没能放弃，有多少人心怀梦想却因种种原因不得不放弃。命运是如此残酷而不公平，但是我们自己却有执着的权利。

师：说得真好！我们每个人都该善待这份权利！

生4：我看到的乔纳森并不十分聪明，但他能成为最伟大的海鸥，是因为他不断坚持自己的梦想，不断地付出努力。多少次失败他都不放弃，他坚守自己的誓言。我们也不应该轻言放弃，命运掌握在我们自己手中。我自己以前也是很爱放弃的，这本书唤醒了我内心的冲动，我在做事时不断鼓励自己：多坚持一下吧！没什么事情难得倒自己，就是多动动脑筋而已，再困难一点也是能坚持下去的。

师：我想起一句话，"如果你觉得这件事情特别艰难，有可能，这一次，你的收获特别大"。所以，在走到关键的节点时，请你走一步，再走一步，也许不远的前方就是一片广阔的天空。

生5：读第一章时，我看到了乔纳森有失败，中途也想过要放弃，但是最终又坚持了下来。我就想到了当初我六年级的时候，钢琴没有过级，妈妈说："现在学习这么忙，那就算了吧。"我也想过，五六级的水平其实也已经不错了。但是经过一夜的深思熟虑，我想，为什么别人都能轻轻松松过级，而我却不能做到？所以我就坚持了下来。现在我觉得当时我就变成了乔纳森，我和乔纳森合二为一。

师：真好！把书读到自己的生命里，就是这样一种感觉。你会感觉乔纳森就在你心中盘旋，他赐予你内心强大的力量。

生6：我关注了乔纳森的"爱"。读了文章，我觉得"爱"不仅仅是对一个人的好感、一种付出、一种给予，更多的是对世间万物的包涵与宽容。无论别人对你怎样，你都应该用宽容和包涵去感化别人。这样的话，世界会更美好！

师：说得真好！她不仅关注到了乔纳森的自我突破、自我超越，更关注到了那份慈悲与爱。乔纳森最后的命运是怎样的？他回到了原来的族群中，施爱于人。可能我们现在这个年龄段，大家更多关注的是自我奋争，随着年龄的增长，遇人遇事更多，我希望你保有乔纳森的这种宽容与爱，把爱洒给更多的人，也许很多人都需要你的这一份帮助。巴金老人曾经说过，我们人生的价值就在于对别人更有用。很感谢大家分享了我们 14 岁的珍贵体会。一本好书，值得一个人在不同的人生阶段去阅读，不同年龄阶段的人读它会有不同的感受。下面我与大家分享我的老师、朋友们的体会。

（PPT 投影）

北京师范大学研究生　张晓红（25 岁）

一颗心若有了自由，就会有更大的力量让心中的爱化为行动。

中学教师　刘晓舟（31 岁）

真正的梦想，是与生命融合在一起的对于卓越的追求。

著名作家　赵万里（50 岁）

我相信凭着思想飞翔和迎风展翅的飞翔一样真实。

大学教师　林跃（60 岁，与乔纳森相伴 40 年）

Share（分享）

"人是需要导师的，这是为了尽快使自己成为自己的导师。如果不是这样，那么，这个世界上将没有任何人能够引导你。"正是林跃老师把这本书送给我，我也把书送给你们。希望你同我的老师、我一样，不停止对它的阅读，这之中深邃的隐喻、丰富的内涵值得我们反复推想。我想用书中的话做结："未来的岁月在前面召唤，散发着希望的光芒。"希望我们在座的每一个人，带着乔纳森给予我们的强大的力量，带着他不断追求卓越的精神，带着他的智慧，他的慈悲与爱，去开展属于我们的人生赛程！今天我们的分享活动就到这里，谨以此课，献给每个人心中的乔纳森！

专家视角

寓言体小说的阅读与教学

北京教育学院教师教育人文学院　胡春梅

《海鸥乔纳森》是一篇寓言体小说，篇幅短小，语意清晰，富有教育意义，而且读者很容易在小说中读出生活的内容，非常适合初中生阅读。

一、不得不赞

紧扣文本的知识积累。寓言体小说兼有寓言和小说的特征，通篇采用象征、隐喻等手法，在人物塑造、情节安排以及细节描写中均有体现。"教学价值"板块，从知识与能力两个方面加以分析，紧扣文本特征。

适宜的策略指导。与寓言体小说相适应的阅读策略，自然要用到预测、图像化和联结。预测，主要用于情节推断，推动学生完成阅读；图像化，用于细节描写的阅读，调动各个感官帮助学生一边读书一边理解；联结，让阅读与经验融会贯通，文本与读者展开对话。"策略建构"针对文本特征，紧密结合初中生的阅读特点。

完整的学程设计。采用"先读后教"的思路，通过通读指导、读书交流、重点突破、内容统整四个步骤的学习过程，从篇章到全书、从内容到主题、从理解到感悟，逐步深入，符合一个自然读者的阅读规律。

优质的课堂呈现。"教学现场"板块将教学目标确定为人物形象的分析、语言的品读以及象征意义的探寻，抓住了外国寓言体小说的特点。"不得不说的故事"、"不得不秀的创意"、"不得不琢磨的译文"、"不得不分享的感受"四个教学活动，通过调动学生的多项智力动作达成教学目标，既是学生为主体的参与式体验式课堂，又促进学生激情与智慧的生成。尤其是"不得不琢磨的译文"环节，凸显了作为外国文学的本质特征。师生琢磨译文，是在品读语言，也是在深度解读文本，可谓一箭双雕。

二、不得不提

比照寓言，寓言体小说有两大特点。首先，寓言中的人物形象简单，是类型化的，一般分为正、反两类，作者褒贬情感鲜明。寓言体小说的人物形象则追求丰满、复杂，既有鲜明的个性特征，又有普遍的代表意义。这一点，在"教学现场——不得不秀的创意"已经表现出来。很多同学在给人物涂色时，用组合的方式展示人物性格：在人生的不同阶段，色彩不同；即使在同一时刻，人物的性格也是多元的。教学活动的开放性，令学生在活动中体悟到优秀小说中"圆形的人物形象"。

其次，寓言旨归单一且非常明确，作者往往把他的观点，对事物的态度直接明白地告诉读者，导向性和训诫性十分显豁。因此，它的说教意味浓厚，缺乏令人咀嚼的余韵，读者想象和再创造的空间较小。而寓言体小说作者的观点深藏在情节之中，有时又是多义的。因此，它更具开拓性和参与性，内涵也更加丰富。因为在"教学现场——不得不琢磨的译文"环节，旨在借助译文辨析，阐述"完美"、"爱"的丰富内涵，其实是帮助学生理解主题。接着，"不得不分享的感受"环节，以"看到这个场景，我感受到——"为话题，谈谈你生命历程中与乔纳森精神贴合的那些瞬间。学生说出了自己的往事，感受到了人生不能放弃，需要勇敢、梦想、坚持、爱等话题，充满励志，但是不免窄化了小说的主题。

为什么老师课件给出的体会要深刻、全面得多？其实这不是人生阅历的问题，我相信14岁的年龄也可以获得更贴近小说，更显出个性的感悟。关键在于，寓言体小说的象征意义并不止于一个人物形象。其实在乔纳森的生命历程中，身边人物的隐喻，四只海鸥（吉昂、沙利文、乔纳森和福来奇）之间传承关系的象征意义，吉昂的话"无视完美只爱旅行的海鸥往往最后哪也去不成，而追求完美无意于旅行的海鸥却能在瞬间去任何地方"所蕴含的人生哲理，八只海鸥打破鸥群的法律规定回到家乡并引起围观、误解与攻击的象征意义，等等。小说中的很多细节、话语和场景无不令人产生联想、意蕴深远。老师的引导还可以更为开放，这样学生的现实世界与文本的虚拟世界联系就更多，也就愈加容易理解什么是寓言体小说。

人生体验

呼唤与尊重每个人的尊严

——《孩子，你慢慢来》书册阅读教学现场

北京市朝阳外国语学校 张 媛

┌─────────────────────────┐
│ **书册名片** │
└─────────────────────────┘

◆ 推荐版本

	作者：龙应台
	出版社：生活·读书·新知三联书店
	出版时间：2009 年 12 月第 1 版

◆ 内容梗概

　　《孩子，你慢慢来》是一本由 23 个单篇结成的散文集，记录作者与儿子一同成长的故事，抒发作者在养育孩子的过程中重新发现自己、重新成长的欣喜与感悟。《初识》《那是什么?》《啊！洋娃娃》《葛格和底笛》等故事让人忍俊不禁，孩子的天真善良、聪明智慧跃然纸上；《终于嫁给了王子》《寻找幼稚园》《读〈水浒〉的小孩》等故事启人深思，蕴含了作者对于幼儿教养方式的思考；《龙》《他的名字叫做"人"》等篇章传递出作者对生命的敬意，洋溢着做母亲的幸福；《野心》等文章让人感慨，诉说女性兼顾个人事业和母亲角色时的冲突；《渐行渐远》等文章让人感受到"做母亲，是一场心胸与智慧的远行"，洋溢着作者的深情与智慧。所有的关注、记录、感悟皆源于作者对"慢慢来"的思考——给弱小生命以足够的尊重。

◆ 作者简介

龙应台（1952— ），祖籍湖南衡山，1952 年生于台湾高雄，著名作家。1974 年毕业于成功大学外文系，后赴美攻读英美文学，1982 年获堪萨斯州立大学英文系博士学位。1983 年回到台湾，先后在中央大学、淡江大学任教。1984 年出版《龙应台评小说》，一上市即告罄，多次再版。1985 年起在台湾《中国时报》开辟专栏，以锐利的笔触展开广泛的社会批评，大胆剖析社会生活的种种弊端和中国人性格中的某些弱点，后结集出版《野火集》，成为 20 世纪 80 年代对台湾社会产生巨大影响的一本书。1986 年至 1988 年旅居瑞士，专心育儿。1988 年迁居德国，在海德堡大学汉学系任教，开设台湾文学课程，并每年导演学生戏剧。1995 年起，龙应台在上海《文汇报》"笔会"副刊撰写"龙应台专栏"。1996 年以后，龙应台不断在欧洲报刊发表作品，向欧洲读者呈现一个中国知识分子的见解，颇受瞩目。

龙应台被誉为"华人最有力的一支笔"，观察社会，针砭时弊，鞭辟入里。除上述作品外，她还著有《女子与小人》《在海德堡坠入情网》《这个动荡的世界》《人在欧洲》《写给台湾的信》《看世纪末向你走来》《美丽的权利》《孩子，你慢慢来》《干杯吧，托玛斯曼》《我的不安》《百年思索》《中国人，你为什么不生气》《亲爱的安德烈》等作品。

◆ 文学地位

龙应台是从台湾走向海外的知名作家，其杂文以尖锐敏感的主题、泼辣直率的文风掀起"龙旋风"，极具震撼力。她的作品中，有三本将主题聚焦在家庭亲情，分别是：从初为人母到教养幼儿，满怀着新鲜与喜悦写作的系列散文《孩子，你慢慢来》；2004 年卸任台北市公职后，与青春期的儿子共同探讨成长问题的书信体散文集《亲爱的安德烈》；在香港大学任教后，经历父亲去世的变故，从而对时间、生命产生更多思考与感慨的散文集《目送》。《孩子，你慢慢来》是"人生三书"中的第一本，让我们从另一个角度走近这位有着丰富人生阅历和深刻文化思考的作家。20 世纪八九十年代以后台湾散文创作纷纷转向更为时髦的写作题材，龙应台拾起五六十年代台湾普遍关注的亲情领域，在旧主题中注入了新的时代内涵，风格鲜明，不落俗套。有人评论说《孩子，你慢慢来》像温柔的羽毛，触碰着人们心底的柔情。

教学价值

♦ **知识积累**

阅读本书，教师可引导学生完成以下知识积累。

（一）文学性散文

文学性散文强调散文的文学品质，突出表现为精神的独创性、情感的震撼性和表现的优美性。其创作主体多以真实、自由的"个性"笔墨，抒发感情，裸露心灵，表达生命体验。文学性散文不包括客观、向外的报告文学、传记文学等纪实文体，也不包括杂文、随笔等以议论为灵魂的说理文。《孩子，你慢慢来》一书收录的散文多为"文学性散文"，强调"个人"，强调"人性、社会性以及与大自然的调和"。读者要体味揣摩作者感受到的是什么，她为什么会有这样的感受，她用什么样的方式去感受，进而了解"文学性散文"如何呈现真实的个人体验，如何传递真实的感情。

（二）序跋

序也作"叙"或称"引"，又称序言、引言、导言、前言等，是说明书籍著作或出版意旨、编次体例和作者情况的文章，也可包括对作家作品的评论和对有关问题的研究阐发。"序"一般写在书籍或文章前面（也有列在后面的，如《史记·太史公自序》），列于书后的称为"跋"或"后序"。"序"与"跋"一前一后，分别位于作品的头和尾。本书的"序"《蝴蝶结》与一般介绍性序言不同，《蝴蝶结》最能体现作者期待读者关注的重点与难点。本书的"跋"是作者两个儿子所写的成长感言，从孩子的视角表达对生命成长过程的看法，呼应"妈妈"的文章。

（三）叙述人称

叙述人称是叙述者观察点、立足点在作品中的表现。根据内容表达和行文需要，有的用第一人称叙述，有的用第三人称叙述，有时也可能用第二人称叙述。描写亲身经历的人与事的散文创作，大部分采用第一人称，作品易于显出真实亲切的风貌，本书作者回避第一人称，用第三人称"妈妈"代替"我"。这样叙述更符合情感表达的实际。生活中，成人与儿童交流时多用第三人称指代自己，使自己的表达站在儿童的视角，具有娇嗔稚嫩的天真感，拉近与儿童的情感距离。此外，这也是创作技巧的需要，不同人称在表达上具有不同的自由度，第三人称叙述最不受时空限制，在表达上最为灵活自由。

（四）对比手法

对比，是把具有明显差异、矛盾和对立的双方安排在一起，进行对照比较的表现手法。写作中的对比手法，就是把事物、现象和过程中矛盾的双方，安置在一定条件下，使之集中在一个完整的艺术统一体中，形成比照与呼应。运用这种手法，有助于突出被表现事物的本质特征，加强文章的艺术效果和感染力。《孩子，你慢慢来》一书中的多篇文章运用对比手法，在文章中穿插进另一个时代的生活片段，用两代乃至三代生活体验的对比增加文章的时间厚度，造出沧海桑田的人生感慨，形成变化的结构。《蝴蝶结》中，淡水街头小男孩的故事以及王爱莲的故事形成了不同时空的对比；《欧嬷》中，在对待安安爸爸的问题上，欧嬷的过去与现在形成鲜明对比。

能力提升

作为学习写作的"例文"，《孩子，你慢慢来》具有三个方面的价值。

（一）唤醒独特的人生经验

散文的本质特征是抒发作者个性化的情思，表达个体生命本真的情感与思想。巴金说"我的任何散文里都有我自己"，写真实的"我"是散文的核心特征和生命所在。《孩子，你慢慢来》是龙应台初为人母、教养幼儿的生命记忆。她说："我爱极了做母亲，只要把孩子的头放在我胸口，就能使我觉得幸福。"这种做母亲的沉醉感是她真实、独特的人生体验，这份沉醉也使得她能够将心中洋溢的幸福融入旁人眼中的街头小景。

《孩子，你慢慢来》能够引领学生练习写作亲情散文时唤醒自己生命经历中的"独家记忆"，呈现个性化的人生体验。学生以此书为写作范本，学习从自己的生命历程中寻找最个性化、最独特的生活体验，提炼生命感悟。

（二）体味精准的言语表达

"优秀的散文作家，能够用语言精准地捕捉精微的感觉和知觉，能够用语言贴切地传达丰富而细腻的人生经验。"[①] 学生在阅读中仔细领会，有助于探寻语言背后的情感与哲思。如《蝴蝶结》一文中，作者写道："小小的人儿又偏偏想打个蝴蝶结，手指绕来绕去，这个结还是打不起来。""偏偏"一词，表明这个 5 岁男孩想尽最大努力把超乎自己能力的事情做完美。他珍爱那二十几枝桃红的玫瑰，爱那花瓣散发的香气，他感激那买花阿姨微笑着注视他的一次次失败，又一次次微笑着等待他从头再来的友善，他想把心底纯美的爱意用这根细细的草绳缠绕出来。像"偏偏"这样不可删改、意味深长的词语还有很多。追求以言逮意，努力提升以言逮意的功力，是语文学习的重要方面。

（三）用规范体式撰写阅读感悟

读者都在欣赏，有的只是欣赏，有的说一两句观感，有的则诉诸文字。在欣赏的基础上，对作品作出评价并形成文字，需要读者把欣赏观感集中起来，用规范体式撰写感悟。读后感、文评、书评都是学生撰写阅读感悟可以选用的文体。读后感是记录个人阅读后的所感、所想、所悟；是以读者的心理活动为中心，围绕阅读对象的某一个点抒发开去，谈感想、发议论、抒情怀。文评可从一篇文章的内容、主旨、写作手法、艺术特色等角度入手，谈个人的理解。书评主要是对书籍进行价值判断，常见的书评模式有介绍性书评、评介性书评、专业性书评、阐发性书评、书话。规范的体式能有效避免散乱的表述，让分享者的观点更加有条理和层次，让倾听者更易捕捉自己感兴趣的评点语言。

◆ 策略建构

阅读《孩子，你慢慢来》，可以使用自我提问、变式阅读、联结等策略深入理解主旨，感受散文魅力。

---

① 王荣生.散文阅读教什么［M］.上海：华东师范大学出版社，2014：32.

（一）自我提问

自我提问策略强调学习者在阅读时自由监控行为，积极主动地阅读。自我提问策略在回忆阅读材料的主要观点和细节描写及理解文章方面很有效。《孩子，你慢慢来》充满"高度的感性"，亦不乏"深刻的理性"，字里行间不仅有母亲的深情，还有知识分子的深思。学生如能使用自我提问策略对阅读材料提出问题并尝试回答，有助于探究文章的深意。例如，在阅读序言《蝴蝶结》时，学生可提出："序言中的故事之间有什么联系？""为什么要写'回教徒'那一段？""'爱河的水很脏'有什么特别的用意？"等问题，尝试对这些问题作出解答，可以帮助探究全书的主旨——对"人"的尊严的呼唤与尊重。

（二）变式阅读

变式阅读是指改变表述体裁、重组文章内容、改变学生角色的阅读方式。能够激发阅读积极性，挖掘思维潜力，丰富生命体验。如将散文中相对集中的故事情节改编为微电影脚本，改编过程中，学生会格外关注作品中"可视化的语言"。又如将《野心》中妈妈的生活内容改写为"时钟表盘"，可以更直观地呈现出"妈妈"与"职业女性"二者之间的矛盾与纠结。变式阅读策略的使用，可以换个视角引领学生深入文本。

（三）联结

阅读本书，可以使用联结策略，在"文本内"、"跨文本"和"联结生活体验"三个层次的联结阅读中获得真切深刻的阅读感受。本书没有一以贯之的完整故事，没有跌宕起伏的复杂情节，散落于各篇文章中的"生活即景"共同构成了温情无限的生活画卷。首先，运用"文本内联结"，发现多篇散文共同指向"慢慢来"的人生态度，在"慢"的过程中，我们尊重生命的成长规律，尊重生命的尊严。其次，运用"跨文本联结"，与"人生三书"的另外两部《亲爱的安德烈》《目送》共读，可以看到生命成长不同阶段带给人的不同思考。再次，运用"文本与个人体验联结"，唤醒童年记忆，融入作品情境，感受字里行间的细腻温情，理解作者对生命个体尊严的尊重。

◆ 精神成长

《孩子，你慢慢来》是一本适合初中学生与家长共读的书。本书是"育儿札记"，生命降生之初的种种记忆会唤醒每个人心底最柔软的情感。学生阅读，会从妈妈的视角重返幼年时光，在深刻理解母亲的同时探究自我生命的成长规律；家长阅读，会细细打量曾被忽略的情感细节，重新审视自己的教养方式。

（一）懂得尊重生命

作者将孩子的降生称为"石破天惊的创世纪"，她关注孩子成长的细节，关注孩子思想发展的点滴变化，关注弟弟降生后哥哥的内心感受……这种种关注都源于她对生命本身的尊重。序言中，这种尊重体现为她对小男孩打好蝴蝶结的悉心等待，体现为她对王爱莲的悲悯。品读作品，学生会重新思考、界定"尊重"，学会用柔软细腻的眼光看待自己与周围的世界，对生命本身萌发真诚的敬意。

（二）懂得"慢"的艺术

作者在全书中呈现的是一种"慢时光"记录，慢慢观察，慢慢思考。"教"与"养"都要根据每个孩子的个性特点与生长周期"慢慢来"，成长需要良好的家庭环境、校园氛围，更需要内心的力量。学生懂得了"慢"的意味，会有意识地寻找自己成长的规律，积蓄成长力量，拥有等待自我实现的勇气。

学程设计

◆ 整体框架

《孩子，你慢慢来》教学流程以"先读后教"、"家校联合"的思路展开。阅读伊始，教师制定"章节阅读学程"，引导学生通读全书；开展"初读交流会"，引导学生分享阅读初感，启发学生"提出问题"；开展"深读交流会"，帮助学生阅序读跋、深刻理解全书主旨。然后，教师借助作家例文、教师下水文、学生样文指导学生以规范体式撰写读后感，并编辑成册。最后，邀请家长与学生共同参加"时光·记忆·思索"亲子读书交流会，整合前期阅读成果，分享感动与思索。

教学阶段	主要内容	教学资源	设计意图
通读指导	初读全书，完成任务。	章节阅读学程	借助相关问题形成阅读初感
初读交流	阅读单篇散文，理解作者情感。	无	交流阅读体验，丰富初步感受
重点突破1	对散文集主题的理解。	无	结合生活体验，深度感悟主题
重点突破2	以规范体式撰写读后感悟。	书评写作指导 教师下水文	回顾全书，以规范体式表达感受
内容统整	《时光·记忆·思索》亲子共读读书交流会。	家长感悟（附录一） 学生作品选（附录二）	亲子共读，整合阅读成果

◆ 通读指导

学生在自主阅读过程中，通过完成创意编读、情节梳理、信息提取、绘时钟图、改编传记等阅读任务，加深对各篇散文的理解，深入思考全书主旨。

阅读范围	阅读任务	重点能力指向
《蝴蝶结》	1. 如果将本文改编成微电影，你会设计哪两个主要镜头？请给情节片段取名并简述画面。两位主人公的遭遇有什么相同点，他们对待遭遇的态度一样吗？ 镜头一： 镜头二：	整体感知，概括文章主要内容。
	2. 请选择五个富有表现力的副词或形容词摘抄下来，结合语境，说说你选择它们的理由。	语言鉴赏，关注描写细节。
	3. 寻找"对比"：本文哪些地方运用了对比手法，请罗列出来，说说你的发现。	在对比中探索文章主旨。

阅读范围	阅读任务	重点能力指向
《初识》	1. 一句话评述《啵》：请你阅读《啵》文后插图下方的文字，从中选择一个五字短语补全下面的话：旁人眼中的街头小景，是妈妈心中（　　　　）。 自然诗人刘克襄刚结婚的时候，坚决地说，绝对不能有小孩，在台湾这么恶劣的自然环境里，不，绝不要小孩。几年后再见到他，他正在和一伙人谈他身为奶爸的经验：他如何被一个从早到晚只会啼哭的小东西完全地控制，他的生活如何如何的狼狈…… 大伙正要到颓废的酒吧去，他站起来，说："对不起，我要回去喂奶了。" 那晚，他走得洋洋得意。 他用受虐的、抱怨的方式来表达心中洋溢的幸福。	以填空形式提炼文章主旨。
《初识》	2. 读完《初识》，你觉得"初识"的主语是谁？ 3. 借助文章内容，为第9页的照片配一段"母子对话"。	理解文章主旨。
	4. 阅读《黄昏》，采访你的家人，回忆一段你咿呀学语时的趣事。	联系个人生活，理解文章内容。
《龙》	妈妈的眼里，龙是（　　）；孩子的眼里，龙是（　　），龙又是（　　）。	信息提取。
《那是什么》	1.《谜》与《腊肠狗》可以颠倒顺序吗，为什么？	发现细节。
	2.《黑人》中写道："母亲凝望着他美丽的头型，心里翻腾着膜拜与感动的情绪：孩子，是天心的验证，美的极致。究竟是什么样的宇宙机缘造就出'人'这个生命来？"结合《那是什么》的三篇文章，说说孩子成长中的哪些奇迹让母亲"膜拜与感动"。	梳理主要内容。
《终于嫁给了王子》	文章谈及作者对《小红帽》《白雪公主》《阿里巴巴与四十大盗》等书的看法，请梳理作者的观点，并探究作者借此观点传递的理念。	探究主旨。
《野心》	1. 请你根据文章内容，填写"妈妈的时钟表盘"：（1）在表盘A1、A2的外围填写妈妈一天24小时的活动，呈现"现实生活中妈妈的一天"；（2）在表盘B1、B2的外围填写相应时段的活动内容，表现"妈妈渴望的一天"。请你在表盘中心用一个词概括妈妈相应的状态。 A1　　　　A2 B1　　　　B2	提取信息，理解主旨。

续表

阅读范围	阅读任务	重点能力指向
《野心》	2. 文章结尾"不可言传的经验"耐人寻味，请用上"野心"一词拟一短语填在下句空白处： 妈妈养育孩子的过程是（　　　　　）的过程。	理解主旨。
	3. 采访你的妈妈，在你初生之时，她是否也曾努力寻找"母亲"与"个人"的平衡点？请记录她的思考，记录你们的故事。请你拟定采访提纲，为采访录音或录像。采访后，你可以直接梳理你们的"对话录"，也可以写一份报告《妈妈的时间都去哪儿了》，或者写一首小诗，或为她绘制一张"时钟表盘"，示例如下： 	联系生活。
《欧嬷》	1. 请你以时间为序为欧嬷写一篇传记，题目自拟。	内容重构。
	2. 书中 36 页照片下有一段文字："生命的来处和去处，我突然明白了，不透过书本和思考，透过那正在爬的孩子。"请结合你的生命体验，谈谈你对这段文字的感悟。	体味作者的独特感受。
《写给怀孕的女人》	1. 每一个小生命的降临都是一个家庭"遭遇幸福"的过程，钟敏要迎接哪些苦与乐？	信息提取。
	2. 请谈谈这些话语的深意："能够见证宇宙的蕴吐，能够这样拥抱鲜活的生命，是多厚的恩泽啊！""我变成造化的一部分。"	理解语句深意。
	3. 采访爸爸妈妈，回忆你降生时的故事。	联系个人生活。
《他的名字叫做"人"》	1. 请仿照示例，分别用三句含有题目短语的话概述《久别》《快乐》《你的眼睛里有我》讲述的故事。 示例：在一场仅六个小时的"痛苦的久别"中，小男孩开始平静且庄重地思考，思想萌芽初现。	内容概括。
	2. 为什么作者将这三篇文章组合在一起，命名为"他的名字叫做'人'"？	把握文章线索。
《啊！洋娃娃》	1. 文章开头有这样一句话："爸爸看着母子俩手牵手地走过关卡，眼睛像条透明的绳索，紧紧系着两人纤弱的背影。"句中哪些词富有表现力？	语句鉴赏。
	2. 请用自己的语言复述本篇文章中最有趣的一个情节。	内容复述。

续表

阅读范围	阅读任务	重点能力指向
《寻找幼稚园》	台湾幼儿园与德国幼儿园有哪些不同？你更欣赏哪一种？作者"寻找"的"精英"幼稚园的教育理念可能是什么？	文化思考。
《神话·迷信·信仰》	1. 请给三个引发孩子提问的场景拟定小标题。	内容概括。
	2. 你如何看待"神话"、"迷信"、"信仰"之间的异同？	思考辨析。
《男子汉大丈夫》	1. 请用一个动宾短语形容石医生对待生命的态度。	信息提取。
	2. 养育孩子最重要的条件是什么？	信息提取。
《渐行渐远》	1. 如果请你为安安、飞飞做一本"童年影像志"，你会选择哪些场景？请用语言描述。 示例：长着一头鬈毛的小皮球蹦蹦过了街。	情节概括。
	2. 文章结尾处，作者写道："妈妈的眼睛，还兀自盯着那扇看不出有多么深邃、说不出有多么遥远的门，看着看着，看得眼睛都模糊了。"妈妈的眼睛为什么会模糊？	内容理解。
《读〈水浒〉的小孩》	孩子该不该读《水浒传》？请结合本文的故事以及你读《水浒传》的经验，谈谈你的观点与看法。	思考辨析。
《一只老鼠》	1. 引发安安"情绪爆发"的导火索是什么？他最后为什么会说"有时候"？	内容理解。
	2. 在你成长的过程中，你和家人之间是否发生过"一只老鼠"与"三只老鼠"的矛盾？	联系生活畅谈感受。
《葛格和底笛》	1. 第二节中，作者说"我们两个本来都是天上的小天使，是上帝特别送给妈妈做女人的礼物"。弟弟幼小之时，哥哥需要经历哪些心灵上的成长？请你思考，对于手足的接受，为什么老大会比老二更难一些？	内容理解。
	2. 你有兄弟姐妹吗？如果有，说说你们的成长故事。如果没有，说说安安、飞飞故事中最打动你的地方。	联系生活谈感悟。
《高玩》	关于身体的奥秘，你是否赞同作者教育引导的方式？	思考辨析。
《放学》	放学回家的路上，大人在意的是什么？孩子在意的又是什么？	理解内容。
《什么事也没有发生》	五则小故事中，你最喜欢哪一则？发生了这么多故事，为什么本篇的题目叫作"什么事也没有发生"？	内容理解。
《触电的小牛》	1. 简述弗瑞第和安安所犯的错误以及他们所接受的惩罚。	信息提取。
	2. 摘抄妈妈讲述"触电的小牛"那段文字，说说这段故事的深意。	主旨理解。
《我这样长大》	这一篇文章与前面的哪一篇文章有呼应？两篇文章有趣的联系有哪些？	与前面的文章建立联系。

阅读范围	阅读任务	重点能力指向
《放手》	1. 安安的思考中，妈妈有哪些可贵的教育智慧？	内容理解与思考交流。
	2. 你和妈妈之间，有无"成长的拔河"？	
	3. "慢慢来"与"快快放手"应如何平衡？	
初读结束	编写《龙应台经典语段辑录》。	积累精彩语句。

◆ **重点突破 2**

以规范的体式撰写读后感悟

教学目标

用规范的体式记录阅读成果——撰写读后感、文评或书评。

教学过程

(一) 体式大搜索

头脑风暴：我们可以用哪些方式记录阅读感受？

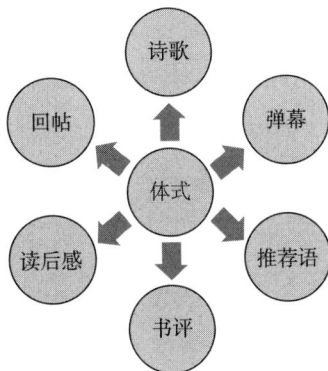

(二) 我听微讲座

体式一：读后感

读后感是记录个人阅读某种书籍后的所感、所想、所悟；是以读者的心理活动为中心，而不是以阅读的对象为中心；在写作上它通常只围绕阅读对象的某个点抒发开去，几乎可以不考虑书籍的整体情况，甚至可以仅仅把阅读对象作为引子，然后再谈感想、发议论、抒情怀。

体式二：文章评论

文章评论可从一篇文章的内容、主旨、写作手法、艺术特色等角度入手，谈个人的理解。大家可以先向自己提问题，之后把自己对问题的思考用文字表达出来。

体式三：书评

书评是对书籍的价值判断。任何不涉及对某本书进行评价的文字，都不能叫书评。

常见的书评模式，大致可以分为五种。

1. 介绍性书评。这种书评篇幅比较短小，内容主要是简单介绍某种图书的基本内容，常常带有广告色彩。

2. 评介性书评。这种书评在介绍某种图书主要内容的同时，还对其特点、风格、主要成就以及缺陷等给予简明扼要的评论，具有一定的导读性质。

3. 专业性书评。这种书评是从所评对象的专业角度来写的，篇幅相对长一些，对该书内容的评论、分析和挖掘也更深刻，它尤其注重该书在理论方面的得失，具有一定的学术性。

4. 阐发性书评。此种书评比专业性书评更具学术价值，有时它对所评对象中的某一问题继续做深入的探讨，有时它也对所评对象中的某个论点进行反驳，还有时它以所评对象为引子生发开去，发表个人见解。

5. 书话。这是一种散文化的书评，它评论书的内容，也评论书的编辑或装帧，更可以谈作者或相关的掌故，篇幅不长，但言之有物、生动活泼、较少拘束，除具备书评的一般功能之外，还具有较高的文学价值。

（三）体式连连看

下面几个语段选自三篇不同体式的文章，请辨析它们属于哪种体式。

语段 A：读上几页，你便会发现这是个多么醉心于为人母的妈妈。在全篇的叙述中，作者放弃了第一人称的"我"，而是以第三人称的"妈妈"来叙述，仿佛作者自己也是个局外人，正和读者一起打量着母子们的生活情态。这个角度立即让本书获得了鹤立鸡群的独特气质。读者看不到一个母亲面对你唠叨生活的琐碎，有的只是诗意盎然地记叙自己对孩子每一个举动的反应，温柔淡然。那些文字朴实细腻，没有冰心式彰显母性的抒情，也没有作者原本擅长的议论，只是干净简单地叙述下来。让读者看到、听到、触到、思考。思考的问题不是如何成才，不是如何让孩子早慧。它呈现的只是孩子在成长历程中需要记住却终被遗忘的细节。

可有心的作者却偏偏漂漂亮亮地将这些记了下来，虽无头绪，但重在其间情感，情节不完整又何妨？纵是戛然而止，也定会令读者莞尔：曾几何时，我也是这个样子的……

语段 B：妈妈可以割舍潇洒与浪漫，割舍休闲与睡眠，割舍随意与自在，妈妈却无论如何也割舍不了那小小的野心：妈妈多怀念从前泡在书店的日子，妈妈多想把手头该读的想读的书尽情读完，妈妈多想把英文重拾，妈妈多想多看几次话剧，妈妈多想早日完成硕士论文，妈妈多想把每周的学案设计得完美无瑕，多想把每周的教学设计都打磨精彩，妈妈多想储备更多以期课堂上收获更多，妈妈多想把生活中的美好感受诉诸文字，妈妈多想把15万字的《赞美你》阅读成果集早点出版。妈妈偏偏还自告奋勇承担公开课，尝试打好她所爱的"蝴蝶结"。每个人的梦想都值得尊重，妈妈也需要尽责，需要前行，需要感受提升带来的快乐，不是吗？妈妈学生的14岁只有一次，妈妈的33岁也只有一次，你的两岁也只有一次，矛盾中，我的时间总是捉襟见肘。

语段 C：混乱惨烈、喧嚣局促、痛苦紧张的现实中，我们多羡慕淡水街头那个斜阳浅照的安静角落，多想时间就停在这暖暖的光晕里，多想这个世界没有屠杀、没有饥饿、没有急功近利，所有庄严的生命都能安享慢慢走来的美好，因为他们的名字也叫"人"！

淡水的街头，零乱的花铺，老祖母的粗声大骂撕破了角落的寂静。粗声的喝骂让人揪心，粗鲁的一推让人心疼。这个5岁的男孩多想尽自己的努力把事情做得完美——"偏偏"——"想打个蝴蝶结"，他多珍爱那二十几枝桃红的玫瑰，多爱那花瓣散发的香气，多爱那买花的友善阿姨，他多想把心底纯美的爱意用这根细细的草绳缠绕出来——他本可以一捆了之的呀，多合祖母的意。他又多感激阿姨听到他内心的声音，微笑着注视他的一次次失败，又一次次微笑着等待他从头再来。

微笑的阿姨在台阶上坐下来，她等待，她欣赏，她呵护，用最谦卑的心，告诉我们什么才是生命的价值。像那个小人儿一样，我们又有多少次"偏偏"想打起一个属于自己的蝴蝶结；有多少次我们最终系出蝴蝶结的美丽，又有多少次在刚好可以拉却松下来的那一刻选择了放弃，一捆了之；我们又有多少次想要再次"慎重"地捏起那细细的草绳却被别人的心急扰乱了思绪；我们又有多少勇气等上一辈子的时间，等来那个眼睛清亮的，脸颊透红的，咧嘴笑着的，牙齿稀疏的，小小的人儿用他五岁的手指，无比慎重地，十足欢喜地，从从容容地打出那个天下最漂亮的蝴蝶结……心急的老祖母是等不到的，那么你又有勇气等待吗？等上一辈子的时间……我想，我愿意，哪怕一生只有一个，足矣……

王爱莲的故事发生在几十年前，一个没交补习费的穷孩子被老师刁难，打出血痂，绝望的她带着三个弟妹跳入具有反讽意味的"爱河"中，也许投入爱河中，他们才可以让自己的心感受到渴望的温暖，远离那个对苦人如此凉薄的世界。"有人说"，爱河的水很脏。是谁弄脏了爱河？

同是遭遇责骂，5岁的小人儿和王爱莲应对的态度截然不同：5岁孩子继续在零乱的花铺中捏着细细的草绳；王爱莲却没有熬过生命中的严冬，如果她也懂得慢慢来，也许不久的将来她也会迎来属于她的春暖花开。或许王爱莲的伤更重，或许一鞭一鞭抽下来的残忍让单薄病弱的她丧失了最后的一丝力气，那抖俏响亮的"欸""欸"声在她深夜空宅的心房投影下高亢而密集的声浪，催魂铃一般把她连同更年幼的三个生命卷入滔滔的波浪。王爱莲再也无从记起，其实，她的名字叫"人"。也许让悲苦的她"慢慢来"似乎是一种苛求，慢慢忍受着世间所有的悲苦似乎是更残酷的折磨，即便如此，我依然希望不要放弃生命，有了生命，一切才有可能。是啊，在别人没有允许自己慢慢来的时候，我们是不是可以允许自己慢慢来，因为我们的名字叫作"人"。"日日深杯酒满，朝朝小圃花开。自歌自舞自开怀，无拘无束无碍。青史几番春梦，红尘多少奇才。不须计较与安排，领取而今现在。"

医院里，医生正在响亮的哭声中剪断血淋淋的脐带；鞭炮的烟火中，年轻的男女正在做永远的承诺；后山的相思林里，坟堆上的杂草在雨润的土地里正一寸一寸往上抽长……

战场与街头，老祖母与购花人，小男孩与王爱莲，蝴蝶结与溺水者……《蝴蝶结》中几组对比让我们沉思……

生命的溪流缓缓向前，悠悠地讲述一个个关于诞生、成长、衰老、消逝的古老命题，长长的路，慢慢的走，让我们慢慢来，重新凝视人的尊严以及生命价值。在孩子成长的过程中，呵护、目送、放手都源于对生命的尊重；在四季轮回的岁月里，每个人都是自然的孩子，让我们出去走一趟回来，领取早春那棵苹果树下几片细细的花瓣，再寻几朵嫩弱的玫瑰，在安静的角落里，打出最美的蝴蝶结，哪怕用一辈子的时间……

学生讨论后教师点评：语段 A 选自北京市朝阳外国语学校初二年级胡昕宇同学撰写的书评《生命的底色》；语段 B 选自张媛老师撰写的《野心》读后感；语段 C 选自张媛老师撰写的文章评论《冷壁上的一缕暖风——谈〈蝴蝶结〉的对比艺术》。

（四）我手写我心：请选择一种体式整理阅读感悟

1. 读后感

（1）亲情散文仿写：结合关键词"慢慢来"讲述你与家人的故事，请注意"慢慢来"背后的生命底色。可以写"请让我慢慢来""谢谢您，让我慢慢来"等。

（2）选择一篇最打动你的文章，领会精华，书写感受。不同年龄、不同经历的人读同样的文章会有不同的体会，找出最让你心动的文章，大抒情怀吧！

2. 文章评论

3. 书评

◆ **内容统整**

《时光·记忆·思索》 亲子共读读书交流会

设计意图

在学生经历了初读、深度交流、撰写感受后再次回归整本书，通过亲子共读的方式，对全书内容进行深入思考和充分交流。

活动设计

1. 导入：播放许巍歌曲《生活不止眼前的苟且》。

2. 学生诵读"龙应台经典语段集录"中的精彩片段。

3. 交流《长长的路，慢慢地走——学生优秀作品汇编》中的佳作。（优秀文章见附录）

4. 家长展示自己为孩子选择的照片故事或就"慢慢来"谈感受。

5. 学生与家长共同展示共读《孩子，你慢慢来》对话录。

6. 收束：播放歌曲《时间都去哪儿了》，交流文集中的五篇佳作。

☐ **附录一：一位妈妈的微信感言**

是啊，我眼前这个少年，也许心里早就有了自己的远方。曾经，我和他并肩站在海边，我指给他看天上的各式各样变幻着形状的云朵、翩然飞翔的海鸥，让他看海面上点点跃动的光斑，看沙滩上形形色色的人们。可他的眼里只有呼啸而来拍岸翻滚的浪花；他充耳响彻的全是英雄们出征起航的汽笛和号角。他兴奋，他躁动，他跃跃欲试，他甚至没有耐心听完我对他的叮嘱，便纵身跃入海里，任一波又一波的海浪把他拍在全是圆石的岸边，任海水一次又一次把他淹没，他一直奋力前游。而我只能用目光急急地搜索他在海里的身影，一颗心随着他起起伏伏，直到他的身影远到看不见，我仍在眺望。

我一直知道他的心很大，他的心里一直有一个远方在召唤他。也许有一天，我会提醒他：生活不止远方，还势必会有眼前的苟且。我也知道当他不顾一切投向他追寻了很久的那片海时，我也一定仍然会在海边守望着他，哪怕他的身影已远到看不见，但愿我的目光不会成为羁绊他的绳索。

附录二：学生佳作

（一）对生命的实景写生

——评"影集"《孩子，你慢慢来》

北京市朝阳外国语学校　胡昕宇

你可曾注意过本书勒口处对龙应台的介绍？"最流连爱做之事，就是怀着相机走山走水走大街小巷，上一个人的摄影课"——这也就不难解释全书以母子生活照为插图的原因了。这些私密的留影令本书立即平添了一分真实生动，平易近人，照片旁的文字更是画龙点睛。它们时而是正文内容的节选，时而像泰戈尔的短诗般道几句琐碎，或只为抒写一份心情。我们亦不妨以照片为主线重读这本书，正文以外其实另有一番天地。

翻开书第一页，那片金黄与镶嵌在金黄中的孩子，便一下让你的心沉静下来。那个小生命在雨后潮湿的小径上低头挪着步子，百无聊赖地踢着落叶。他的生命尚如白纸一般，言行举止皆不加雕琢，可这是一条那么长那么长的路，这小小的人儿，该如何走下去呢？他不管。他只顾踢出"簌簌"的响声，他只顾吸引着妈妈的目光，让整个世界都随着他生疏的步伐静下来、慢下来。这不就是他以最天真的姿态给我们的回答吗？——"长长的路，慢慢地走"。慢慢来，慢慢来。连眼前的小人儿都这样胸有成竹地抱定了慢慢走下去的信心，你还有什么可着急的？

这些彩色的照片中最与众不同的，莫若第15页的那张黑白照片了。这几乎是母亲最本能的动作——将孩子托举至世界的高处，看着他照亮自己的生命。对待这个"上帝特别送给妈妈做女人的礼物"，妈妈小心地呵护着，虔诚地崇拜着，目不转睛地观察着，任由这个小家伙肆无忌惮地占据自己生命的全部比重——朋友，你可曾注意过你母亲注视着你时的目光？

《欧嬷》里作者安排的照片却是，草地上，匍匐的孩子正探索着新的世界，撑着头微笑凝思的妈妈却只是在远处观望——这何尝不是"放手"？而至于将其安排在《欧嬷》中，照片上的文字已给出理由——"我的母亲也曾经坐在草地上远远地看着我爬行吧？"——母亲的凝望与放手，就这样被薪火相传着。也正因作者了解了母亲那舍不得放手的小小私心，才能如此理解自己的婆婆，才能宽厚地说出"这个男人的过去属于做母亲的我；现在的他却完全地属于做妻子的你"，才能懂得放手。

安插最为巧妙的，莫若 137 页那张了。照片里，小小的人儿被妈妈牵着，才刚刚学会走路——可回看本篇的题目——却迫切地渴望着母亲的"放手"。这样的安排，又曾令多少读者会意一笑呢？

一路走来，看着照片上两个孩子的逐渐成长，兴奋地考证着哪个是安安，哪个是飞飞，温馨与暖意油然而生——只有懂得爱的人，才会倾注如此心血，坚持着那动人的实景写生。

（二）照进红枫林的第一缕阳光
——浅谈《孩子，你慢慢来》中的插图艺术

北京市朝阳外国语学校　郭聪婷

清晨，当第一缕阳光飘飘洒洒地射入红枫林时，那个小小的人儿，在堆满叶子的小路上，慢慢地走着……

——题记

《孩子，你慢慢来》这本书中，有很多在其他书中找不到的特有气质，我细细品味，发现最打动我的是书中的一幅幅插图。相较于其他书籍，作为读者的我似乎更喜爱这种类似于影集的书，每幅图都是不经意的刻意，流露出一种惬意和自然。

看封面，那应该是飞飞吧？他走着，小脚似乎还在踢着躺在地上的红枫叶，似乎还听到那沙沙的响声。是的，他一个人在慢慢地走着，人生的路自己走，酸甜苦辣也只有真正走过的人才会有所体会，前面的路还很长，别着急，

孩子，你慢慢来，慢慢来。

翻开书本，书中的文字如一股清泉，泻入心房。文字旁，录入了作者同两个小天使的生活图片，一下子将这令人神往的幸福生活变得真实可感，那一点一滴都被刻画得淋漓尽致，让读者仿佛也身临其境，与作者一同感受身为人母的喜悦。

一路上，两个人都很忙碌。是这样的，妈妈必须做导游，给安安介绍这个世界，安安是新来的。而妈妈漏掉的东西，安安得指出来，提醒她。旁边的插图（9页《初识》），那么自然，我看到了，妈妈蹲下来，手中拿着一朵路边的小野花，"花，安安，这是花——"

"我们两个本来就是天上的小天使，是上帝特别送给妈妈做女人的礼物。"旁边的插图中（74页《渐行渐远》），可爱的小卷毛飞飞扶着妈妈站立着，安安，似乎在发呆吧？在妈妈的脸上，我读到了幸福。这段话，这幅图，竟令我开始浮想联翩——小天使在快要去人间时都会害怕，上帝说，不要怕，我已经派了一个使者在人间保护你，为你遮风挡雨，她的名字很简单，叫妈妈。

每一幅图都让我有种种不同的感觉，我想，这一个个不经意的刻意，犹如山水画中的留白，唤起人们的种种遐想。

慢慢合上书本，心中有一种说不出来的满足感。一幅幅图在脑海里如电影般放映着，突然时间仿佛静止，目光定格在书末的最后一张图上，我不禁莞尔，看那小小的人儿在慢慢地走着，迎着那照进红枫林的，第一缕阳光……

（三）一篇"慢慢的"童话
——《孩子，你慢慢来》书评

北京市朝阳外国语学校　国佳祺

"我，坐在斜阳浅照的石阶上，望着这个眼睛清亮的小孩专心的做一件事情，是的，我愿意等上一辈子的时间，让他从从容容地把这个蝴蝶结扎好，用他五岁的手指。"

　　作者龙应台正是用这样一句令人回味无穷的话揭开了这个母亲与儿子间的感人故事，引出了"慢"这个字。

　　作者以第三人称将我们领进了一个细腻的母亲的世界，讲述了亲子之间无话不谈、不拘小节的情感生活。没有华丽浮夸的辞藻，代替的，是那朴实的，却又令人铭记的语言。

　　那些从不令人在意的琐碎小事，构成了一篇篇感人肺腑的文章，绘成了一幅幅让人深思的画卷，就如片片枯叶飘落，却铺成了无尽头的林间小路……

　　作者没有一篇文章中讲述了"慢"这个字，却没有一件事离开了"慢"，因为作者把它化作了自己浓浓的情意，融入了文章之中，令读者无法不细细品读，揣摩她心中所想所闻。她想给予读者的，当然不仅仅是表面的这些琐碎小事，而是那母子之间无尽的、伟大而朴实的爱，这种爱是不需要言语来表达的，而这些也融入了这"慢"中——孩子，你慢慢来。

　　不光是作者独特的写作风格，书中的插图也别具色彩。

　　不知是巧合还是特意安排，书的前后封面上都是一个在落满金叶的小路上行走的男孩，他不紧不慢地走着，时不时还踢起脚边卷起的落叶，在这个时候，他还在乎周围的一切吗？他还在乎母亲出门前对他的唠叨吗？而蹲在旁边的母亲还会因为孩子无意间打碎了玻璃杯而生气吗？他们大概早已把这些抛到九霄云外了吧！他们慢慢地走着，走着，走向自己的未来，走向成长的道路……

　　作者将孩子的一点一滴都完完整整地记录了下来，而在这时，她已然不是一个舞文弄字的作家，而是位款款深情的母亲了，她就这样看着自己的孩子一步一步慢慢地走，步入人生的殿堂，这是永生的回忆……

　　这不是一篇篇"日记"，而是令人向往的童话，一篇母亲心中的童话，一篇"慢慢的"童话。

（四）我与世界的初识

北京市朝阳外国语学校　刘海童

　　幼年的时候，当我还在蹒跚学步、牙牙学语之时，我就开始对玻璃窗外的世界产生了浓厚的兴趣。家里固然是温馨美好的，但在我幼小的心中，总是想着外面或许会有更多的精彩等待我去发现。我常常搬来小椅子，踏在上面看窗户外面新奇的事物。每当这个时候，爸爸就会带上我走出家门，去探索外面的世界。

那时的我，看外面的一切都是新奇的。我家的后面有一块不大不小的花园，与其叫花园，还不如说它是一片神奇的土地。为什么这么说呢？花园里几乎没有能开花的植物，只有一小片月季，这里却有许多低矮的柏树，浑身尖刺的松树，高大茂密的杨树，会结红色浆果的灌木，还有那一年四季都常绿的冬青树和张牙舞爪的龙爪槐。

爸爸时常领着我来到这里，虽然花园面积不大，但却是圆形的，有很多迷宫般的通道，当我走进它时，一上午的探险就开始了。花园里植物多种多样，为动物们提供了一个生存的乐园。灌木丛里的蜘蛛网数不胜数，爸爸看到这个，就会指着它告诉我，这是蜘蛛，我跟着念一遍，爸爸又告诉我，它吃小虫子，我便弯下腰去，用眼睛在地面上来回地搜索，然后捉一只蚂蚁或者甲虫丢到蜘蛛网上，观察蜘蛛的动作……再说我看到树上有一只毛毛虫垂下来，还挂着丝，爸爸又耐心地说，这是"吊死鬼"，我就会把注意力放在它上面，以后的几天里费尽心思地四处寻找这种奇异的小虫子。一旦找到了，就会兴奋无比，如同发现了新大陆一样。现在我回想幼年时发生的事，真是觉得那时的我是多么天真童稚。

这条贯通花园的路虽然十分短，我和爸爸却在慢慢地走。也许多数行人走完全程只需要几分钟，而我可能需要走几个小时。这是因为我在慢慢地走，用眼睛发现周围的美，用心感受大自然的一切，这使我收获了很多很多，受益匪浅。这既是我与世界的初识，也是我慢慢了解这个世界的开端。那条短短的路，我和爸爸总是在慢慢地走，走走停停，一起学习，一起进步。现在我走在一条长长的路上，我同样也要慢慢地走，仔细品味生活的点点滴滴，体会生命的意义，才能真正获得有价值的人生，更快地抵达成功的彼岸。

（五）慢中有情

北京市朝阳外国语学校　周世豪

长长的路，只能慢慢地走。

——题记

"淡水的街头，阳光斜照着这间凌乱的花铺，我，坐在斜阳浅照的石阶上，愿意等上一辈子的时间，让这个孩子从从容容把那个蝴蝶结扎好，用他5岁的手指。"

儿时，喜欢在秋叶满地的树林中来回奔跑，没有起点，没有终点，没有裁判，只有母亲作为唯一的观众，在一旁静静守候着。一片片树叶在空中划出一道道完美的抛物线，编织成儿时美丽的记忆。而母亲安静地看着，露出欣慰的笑容，尽管她早已知道，自己错过了最重要的一次会议。就这样，枯叶飞起，落下，飞起，落下。"沙沙"声响至黄昏……

儿时，最讨厌去幼儿园，老师、小朋友的模样已经模糊。只是依稀记得母亲说："别怕，没事的。"看着母亲的眼睛，便渐渐松开了在栏杆上攥得发紫的手……幼儿园大门慢慢被关上，在关的最后一秒，我仍然从缝隙中看到了母亲的眼睛。那一天，三九，一件单衣，一辆不能再旧的自行车。就这样，母亲在门外站了8个小时，只是因为怕我出事……

再以后，父母也会变老，他们也会像我们儿时一样，需要人领着，需要人喂饭，帮他们系好鞋带，穿好衣服，收拾好屋子……而这些，不正是他们之前为我做的点点滴滴吗？

北京的街头，阳光斜照着静谧的小院，我，站在夕阳映红的楼梯旁，愿意等上半辈子的时间，看着两个老人走下台阶，用他们年迈的双腿……

对散文集主题的理解

教学背景

这节课是本书阅读的重点突破1，在学生初读全书之后，教师引导学生在散文集各篇文章之间建立联系，指导学生读懂序言，读出情味，读懂主旨。

教学目标

1. 回顾全书内容——"这位有着丰富人生阅历、文化思考的母亲在对孩子呵护养育过程中重新发现自己，重新成长的欣喜与感悟。"

2. 明确"序言"的作用，概括本书的写作旨趣——"慢慢来"背后所体现的哲思：对于生命个体尊严的尊重。

教学重点

概括本书的写作旨趣。

教学过程

一、请你用一句话说说

《孩子，你慢慢来》讲述了一个（　　　）的故事。

生1：我觉得，《孩子，你慢慢来》讲述了两个孩子长大的故事。

生2：我认为，《孩子，你慢慢来》讲述了一个母亲帮助她的两个孩子慢慢成长的故事。

生3：我认为，《孩子，你慢慢来》讲述了一个孩子与母亲的故事。

生4：我认为，《孩子，你慢慢来》讲述了一个孩子长大的故事。

师：书中写了几个孩子的故事？

生（众）：两个。

师：对，书中不仅有安安的故事，还有飞飞的故事，有篇文章叫《葛格和底笛》。有两个答案里有"妈妈"的因素，大家认同吗？

生 5：我觉得这本书讲了龙应台看她两个孩子长大的故事。

生 6：讲述了一个母亲和儿子一同成长的故事。

师：哪种回答更好？

生（众）：一起成长。

师：对，成长的不仅有孩子，还有母亲。母亲在养育孩子的过程中重新发现自己，与孩子一同成长。

二、请你选一个词概括全书的内容，填在同心圆的正中心

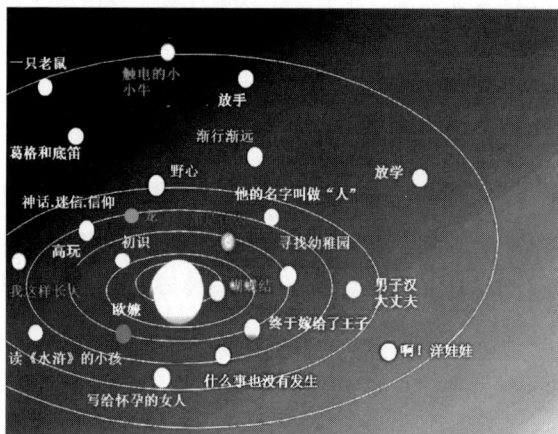

生 1：我认为，全书用一个词概括就是"成长"。

生 2：我觉得是"成长路"。

生 3：我觉得是"陪伴路"。

生 4：我觉得是"孩子"。

生 5：我觉得是"渐行渐远"。

生 6：我觉得是"成长"。

生 7：我觉得是"慢慢"。

师：你们觉得这 23 篇文章，共同指向以上词中的哪一个？

生 8：成长。

师：妈妈和孩子都在经历"成长"。在成长的过程中，作者急切呼唤的是什么？

生9：慢慢来。

师：我倾向于选择"慢慢的来"。我想，作者之所以把"慢慢来"作为书名，引发读者深思。到底什么是"慢慢来"？那么我们走入书中，一起来看一看。

三、描述照片

说到"慢慢来"，有三幅照片（封面、封底）在书中出现了两次，找找看。请大家围绕核心词描述作者最喜欢的那一幅。

生1：我最喜欢封面上的那一幅照片。小安安在金秋的落叶中，安静而认真地缓缓迈出每一步。厚厚的蓝黑色羽绒服将他小小的身躯裹得很紧，在他带着婴儿肥的脸蛋上流露出无比专注的神情，棕色的头发被风吹得翘起来一缕。安安踢着落叶，好像在研究着什么，却又显得有些漫不经心。

师：她在这段话里描写了很多孩子的特点，她抓住了孩子脸庞的特点，孩子的脸庞有点婴儿肥，特别可爱；还有，他走路时候的动作，她用哪个词来描绘？"踢"。我们从哪儿看出"踢"的？

生2：叶子飞起来……

师：对，叶子飞起来有一个弧线。我再请一个同学描述画面。

生3：喜欢小男孩独自走在铺满黄金色秋叶的路上的那幅照片。层层叠叠，踏上去时会发出"悉嗦"声音的落叶。虽已是无力的落叶，但孤寂中却带上了温暖的味道。华安慢慢地独自走在这路上，就好像路边那枯叶中的几点绿意一样，稚嫩却生机勃勃充满勇气。慢慢走着那看不到尽头的路，或许是因为温暖的金黄色的衬托，华安专注的样子给人安心稳重的感觉。他告诉我们，路很长，只需慢慢走，不需人担心。

师：她描述的文字里面除了刚才的描述，多了什么？"声音"。每个人都从树林里走过。你想想，要是你置身于当时的情境，会有什么样的声音？她说的是"悉嗦"的声音，你们觉得呢？可能是"沙沙"的声音，有的同学可能感受到"嘎吱嘎吱"的声音。各种声音都有。其实这就告诉我们，要欣赏一幅图画，不仅要通过视觉，也可以通过听觉，甚至是嗅觉。同时还要看出照片中有什么特点，这张照片带给人整体的感受是什么呢？看到了种种暖意，看到一种温暖的氛围。我们就是要带着这样的感受走入照片之中。好，这就是对于这幅照片的描述。我也有这样的描述想与你们分享，我希望和大家交流。请同学帮我读一下我写的这段。

生4：秋日凉风中，路边的梧桐叶悠悠落地，已是厚厚的一层。薄暮时分，穿着暖暖棉服的飞飞在缤纷的落叶中蹚着走，他一边走一边玩，不时地踢起脚边的黄叶，秋叶在空中短暂停留又再一次飘落。好玩的弧线，他看；沙沙的声响，他听。这个小小的人儿就这样把回家的路走出无限的趣味。妈妈陪着孩子感受满地黄叶堆积的美妙，没有禁止孩子淘气，没有催促孩子回家，她守候着，等待着，享受着，同孩子一起畅游深秋，让碧云天黄叶地都染上幸福的颜色。是啊，长长的路，慢慢地走——妈妈要和孩子一起，放慢脚步，享受过程的美丽！

师：你们能看到我比你们多写了什么？多了一个妈妈的角度。不同经历的人看相同的照片会有不同的感受。请注意，我没有用"踩"，我用了"蹚"。这个"蹚"和"踩"有什么不同？如果是"踩"，叶子会在鞋的下面；如果是"蹚"，有的叶子会在鞋的上面。我觉得走在落叶中，"蹚"可能会更准确一些。我们可以不断地寻找词汇，寻找最合宜的语言来描述我们心中的感受。我给这幅图染上幸福的颜色，我想，孩子慢慢走来会是一路美好。另外还有两位同学聚焦另外一幅照片。

生5：我喜欢妈妈推着自行车，安安坐在上面那幅，因为这张照片是一幅温馨的画面——在田野间的小路上，妈妈一边推着自行车，或许一边还在向安安介绍着这个世界，花、草、牛、羊……安安好像在出神地向田野望着，或许还在一边叨念新学的词。这是很温暖的一幅景象，把母子之间的深情展现了出来。

生6：一条乡间小路上，一位短发的母亲推着一辆比较陈旧的自行车。车的后座上，一个头顶带着红帽子的孩子稳稳地坐着。孩子和母亲一样，头向右边望去，母亲略倾斜着身子，支住自行车，身体与车形成了温暖而安全的夹角。后方，拱起的山坡，坡上的房屋，模糊而真实地记录着这朴实却珍贵的一幕。母子俩相依偎的身影，在这小路上，熠熠生辉。

师：第一个语段写到了这幅画的声音，甚至想象了当时母子对话的场景。第二个语段意境唯美。从这些画面中，我们可以看到，慢慢走来多么美好。

四、回味、思考、分享

(一) 重读《初识》

师：《初识》有三篇小文，我们关注中间的一篇。我请大家重温初读感受，发表一句话感言。我现在想做这样一个游戏：我找三个或者五个同学，说说一句话感言。其他同学听完后，把这三句话整理成一段话。可以出现不同组合。哪些同学愿意提供原始素材？

生 1：童年总是那么美好，我们带着欢乐与天真。

师：他的关键词是美好，带着欢乐与天真。还有谁愿意把自己的感受与大家分享？

生 2：孩子眼中的世界是如此天真美好阳光，没有半点污秽。

师：关键词是阳光、没有半点污秽。

生 3：平常再普通的东西，原来也可以是一个个风景。

师：关键词是平常、普通不过的东西，原来也可以是风景。可能孩子发生的事情，在别人看来是小事，可是在母亲的眼中却是最美的风景。

生 4：母亲通过孩子的视角，如同获得新生一般，再次观察世界发现美好。

师：关键词是，通过孩子的视角，再次观察世界，发现美好。谁愿意根据这四句尝试一下？你可以尝试不同的组合尽可能多地利用上面的元素。可以添加、删减和组合。有一些比较难的可以不用。

生 5：孩子的视角是美好、欢乐、天真的，没有半点污秽，而母亲伴随着孩子，通过孩子的视角再次观察事件，发现平时再普通不过的东西，原来也可以是一道道风景。

师：组合得很好，我们给她鼓鼓掌。

生 6：童年是那么的美好，孩子是那么的纯真，孩子心中的阳光没有半点污秽。母亲随着孩子的视角再次观察世界，发现那些再普通不过的东西，也可以是一道道风景。

师：我们小组的同学也可以做一做其他尝试，很有意思的组合。通过同学的描述，我们可以看出，在妈妈送孩子去幼儿园的路上，可能他们发现了万物美好。请大家看一下第 9 页有一幅图，这个图下面还有一句话，请同学朗读。

生 7：一路上，两个人都很忙碌。是这样的，妈妈必须做导游，给安安介绍这个世界，安安是新来的。而妈妈漏掉的东西，安安得指出来，提醒她。

师：我要问两个问题，第一个问题，当导游的只有妈妈吗？

生 8：不是。

师：不是，那么这段话中还有谁？

生 9：还有安安。

师：对，还有安安。我们文章的题目是《初识》，初识的主语是谁？

生 10：安安来到这个世界只不过短短几个月，看到一切景色都感到很新鲜，所以对这些美丽的事物，他都是初识的。而妈妈为了给安安解释那些美丽的风景，她也会注意到一些平时自己没有注意到的细小的风景和美丽的景物。所以对于美丽的景物，他们两个都是初识的。

师：有补充吗？妈妈意识到了自己以前没有意识到的，这是妈妈主动意识到的，孩子提醒她呢，于是她也在孩子的引导下尽量去关注。在陪伴孩子成长的过程中，妈妈也感受到了再一次成长的那种欣喜。慢慢来带给我们多少美妙啊！

（二）再品《一只老鼠》

师：安安逐渐长大，可能带给母亲的不仅有心细、辛劳，还有什么呢？还可能有一些困难，有一些为难。那我们再来看一下《一只老鼠》的故事。请复述一下这个故事。

生 1：这个故事讲了安安每天晚上写作业，一天晚上，妈妈问安安得到几只老鼠，一共三只老鼠，安安得了一只老鼠。妈妈看了安安当天的作业，最后一部分没写好，妈妈叫安安重新写，安安不乐意，跟妈妈吵起来，说他自己也可以得到三只老鼠。

师：吵架一开始，他说什么？他说：我也有得一只老鼠的权利。我们说，这个故事不仅仅发生在龙应台和安安的身上，其实在很多家庭中都发生过。你的家庭有"一只老鼠"和"三只老鼠"的争执吗？出现过的举手，我做一个统计。

生2：不是在家里。

师：不是在家里，在学校，对吗？一只老鼠和三只老鼠可以用这样两句话来代替：一只老鼠——你今天考了多少分？三只老鼠——你们班最高分是多少？这就是在家里的"一只老鼠"和"三只老鼠"。"三只老鼠"是父母的高期待，"一只老鼠"是现有水平。这两个问题同时出现时，你的家长是什么样的反应？有没有同学愿意分享一下你自己成长的故事？先回到文章本身，"一只老鼠"和"三只老鼠"的纷争出现时，安安是什么样的表情，找到细节描写了吗？妈妈提出要求"三只老鼠"，安安呢？

生3："白净的脸蛋开始涨红。"

师：妈妈还是在连哄带安慰的，安安呢？

生4："生气地注视着母亲。"

师：接下来又发生了什么？

生5："泪水涌上了他的眼睛，他咆哮着说。"

师：面对安安的情绪爆发，妈妈吓一跳，而且陷入了沉思。沉默了一段时间以后，安安其实是想出去玩或者就想得这一只老鼠，母亲对他持什么态度？

生6：默许。

师：在母亲默许之后，孩子说了什么？

生7："有时候我也可以得三只老鼠。"

师：在你家你遇到三只老鼠的要求，你爆发了吗？

生8：有的时候得到不太高的分，我爸就会过来看，比较生气，你瞧瞧人家都考那么高的分，为什么你就这么点分儿？可是我就必须低着头听着，不能有一点点反抗。要有反抗后果不堪设想。

师：可能还是父亲比较威严。我记得我们楼上有一个小孩，今年上高一，他在 QQ 签名上留着这样一句话：千万不能跟父母吵架，如果吵不赢，会挨骂；如果吵赢，会挨打。

生9：我考分考得不好的时候，我妈就会在我耳边不停地说，你们班其他同学，其他同学……然后我就听着，等她唠叨过去一阵儿就好了。

师：静静等待，她是一个慢慢来的人；慢慢等待，妈妈的气儿总会消了的。

生10：我的家长对我比较好，如果我考差一次，家人是不会说我的，但如果连续几次或者多次考差了，家长也得对我唠叨了。当然他们是"刀子嘴豆腐心"吧，过一段时间就好了。

师：也是会最终达成理解。

生11：我说的和考试没什么关系。我上小学的时候刚开始学写字，写字写得很不好看，发的本上写的字都非常难看，但是家长对我也没什么要求，只要能写，用心写就可以了。这是一个慢慢的过程，只要我写得久了，熟练了，就不会写出太难看的字了。

师：在遇到困难的时候，遇到一个好妈妈，让他慢慢来。

生12：也是在小学的时候，刚开学，还没开始上课，新书发了的时候。当时的英文课文虽然非常简单，但是我觉得特别难。她就让我一篇一篇地背，可能刚上五课的时候，我把所有的课文都背完了。虽然我特别特别烦，但是也没有办法，在她的逼迫下，经常恶狠狠地读课文。她虽然知道，还是希望我能养成良好的习惯。每次老师要求背的时候，我已经完成任务了，那个时候还是挺高兴的。然后我养成了良好的学习习惯，提前背课文。但是现在想起来，还是觉得当时很痛苦，觉得当时妈妈对我有些不满，但是她的出发点是好的，使我养成了良好的习惯，所以我觉得她是对的。

师：咱们思考一下，如果想达到最终目的，肯定首先需要慢慢来。如果孩子爆发，父母也爆发，可能会导致这个隔阂越来越大。那"慢慢来"需要什么?

生 13:耐心,理解。

师:对,这只是孩子成长过程中一件小小的事情,在孩子成长过程中,母亲会遇到很多"教育现场"。做母亲,是教育智慧的远行。

(三) 共赏《渐行渐远》,动情朗诵

师:请大家看一下《渐行渐远》这个阅读环节。我已经把最感动我的一段文字放在了咱们的工作纸上,我们通过朗读来体会母亲当时的所思所感。

生 1:妈妈的眼睛锁在安安身上,看着他移动,新书包上各形各色的恐龙也跟着移动。这孩子,还这么瘦,这么小,那脸上的表情,还留着那吃奶婴儿的稚气……安安和恐龙往前走,走着走着,就没进了暗色的门里。安安没有回头。妈妈的眼睛,还兀自盯着那扇看不出有多么深邃、说不出有多么遥远的门,看着看着,看得眼睛都模糊了。

师:我们可以看一下,这个版本第 77 页,还记得母亲带着孩子去那个学校吗?妈妈带着安安进了学校的门,妈妈流泪了。后面两段选自《欧嬷》,欧嬷是什么人?

(展示《欧嬷》片段)

客厅里传来追逐嬉笑的声音。妈妈把照片藏进口袋里。婆婆那个本子里,有华安爸爸从出生到十四岁的成长镜头,婆婆不愿意将本子送给媳妇,媳妇也明白她的念头:现在这个男人当然完全地属于你,做妻子的你;但是他的过去却属于我,做母亲的我。"不过,只偷一张没有关系吧?"妈妈自问,想到记录了两年多的"安安的书",里面有华安初出母胎、浑身血迹的照片,有父母子三个人两年多来共度的足印与啼声。有一天,妈妈大概白发苍苍了,也要对一个年轻的女人说:现在这个男人当然完全属于你,做妻子的你;但是他的过去却属于做母亲的我。或者,妈妈会倒过来说:这个男人的过去属于做母亲的我;现在的他却完全地属于你,做妻子的你,去吧!妈妈的眼睛突然充满了泪水;她被自己的悲壮感动了,一滴眼泪落在碟子上,晶莹地立在蛋糕旁边。蛋糕有好几层,一层巧克力、一层杏仁,层层相叠上去,像个美丽的艺术品。这

个做蛋糕的、七十五岁的女人，她又流了多少眼泪呢？

生2：安安的奶奶。

师：对，是安安的奶奶，是龙应台的婆婆。在《欧嬷》中，我们看到，作者记录了自己的眼泪，同时她还记录了"自己的婆婆流了多少眼泪呢"。同时她感觉到了悲壮，为什么她感觉到了悲壮呢？再看最后一段，我选择了《目送》，其中最打动我的三个字是"不必追"。"不必追"也是有深深的含义的。现在大家小组讨论一下，这三段既有不同，又有共同点，那你们看一看不同点在哪，共同点在哪？

（PPT显示《目送》）

所谓的父女母子一场，只不过意味着，你和他的缘分就是今生今世不断地在目送他的背影渐行渐远。你站立在小路的这一端，看着他逐渐消失在小路转弯的地方，而且，他用背影默默告诉你：不必追。

师：请你来说你的看法。

生3：这三段讲的都是母亲和孩子离别，但是人物不同，这让我联想到我们的母亲，等我们长大了，他们也会看着我们离他们远去，甚至生活在不同的城市。我觉得当母亲是一件非常不容易的事情，那么长时间的母子深情，然后突然不在一起了，那种感觉肯定特别苦涩。

师：有一句话说，世界上所有的爱都是为了在一起，只有父母的爱是为了分离。他体会到母亲内心的那种苦涩，跟我们文中的哪个词是有些相近的？悲壮。母亲是不容易的，还要承受里面的痛苦，你再来说说。

生4：这三段文字都是对人生的一个感悟，像《目送》里面说的，父女母子一场就意味着在目送他的背影渐行渐远，就是离别，充满痛苦，也觉得母亲特别伟大。

生5：我的感受就是，做父母的，总有与子女分别的一天。鸟儿总应有属于自己的一片蓝天，在年幼的时候，父母承担起将他养大的责任，而在鸟儿翅膀硬了，能在天空中飞翔的时候，留在父母身边就成了一种束缚，一种折磨。离别终归是有的，但是要清楚，这是爱替你做出的选择。

师：离别也是一种爱的选择。这里她诠释了"不必追"的含义。"不必追"可能心里有一丝不舍得，同时，能追吗？不能，应该留给孩子自己的成长空间。

生6：孩子们在不停地向前走、向前走，父亲母亲看着他们的背影从跌跌撞撞的稚嫩，一点一点变得稳重、坚实，能够依靠，能够担当。他们欣慰、满足，但又怅然若失，我们离他们越来越远，渐渐地将生命寄托在了别人身上，我们总不时回头看看还停在原地的他们。孩子们走得越来越快，越来越远，是否该转身，哪怕只是回眸，看看父母，停在原地无力向前的父母；走得远了，有人会想念；走得快了，是一种伤害；走得忘了，有人会绝望。殊不知，我们是他们全部的世界。

师：我们再分享一位网友对这段文字的感受。

与其说此话是龙应台女士对自己生活的回顾与反省，倒不如说是照出了我们每个人的成长历程，照出了我们生活中所忽略的最珍贵的事物。其实，很多时候不是我们去看父母的背影，更多的时候是我们承受爱我们的人追逐的目光，承受他们不舍的，他们不放心的，满眼的目送。我们的这一生，被父母目送着，然后我们会目送着我们的孩子蹦跳着离开。但是我们都很难去回头张望，只因我们知道那份可以依靠的爱一直坚实地存在着。做儿女的要明白，在父母的有生之年，让他们的眼睛多点落在我们的面孔上，而不是含泪看着我们渐行渐远。做父母的也要明白，孩子不是你的附属物，"有些路啊！只能一个人走"，你能给孩子的只是精神上的慰藉和支持，让他（她）自己体会孤独、挫折、失败等种种坎坷，这才是真正的爱，因为"有些事，只能一个人做，有些关，只能一个人过"。

这是一段对"不必追"比较好的诠释，说到"不必追"，我也想给大家推荐《目送》这本书。我们看到《孩子，你慢慢来》的封底折页上是《目送》这本书的封皮。在《目送》的封底折页是《孩子，你慢慢来》推荐。这个暗示了我们什么？两本书也许本就是融为一体的，它们共同构筑了恢宏奇伟的生命殿堂。我们走进《孩子，你慢慢来》可以看到孩子成长的种种风景。如果走进《目送》，你可以看到父母之爱、手足之情、朋友之谊。有很多很多耐人寻味的地方，我希望大家可以开始自己阅读。另外我还想说的是，同学的作业中，有一句话特别打动我："虽未尝试过为人父母的感受，但想到与我有血脉相连的人，这样深爱着我，我特别感动，我想，到妈妈行动不便时，我也想牵着她的手说，妈妈，您慢慢来。"

（四）阅读序言《蝴蝶结》——你问我答，允许存在没有答案的问题

学生提问汇集：

1. 前面描写的"回教徒"一段与"孩子，你慢慢来"有什么联系？

2. "死婴"这一段与作者十一岁的经历有什么关系？

3. 这和整部书的关联并不大，为什么写这个？

4. 为什么《蝴蝶结》写的和正文没多大关系？

5. 作者写这一章节的目的是什么？

6. 这篇文章是用来干什么的？

7. 文中插叙内容是真是假？

8. 文章为什么要加入关于王爱莲那些看起来与华安毫无关系的人？

9. 那时的学校为什么表里不一？老师和学生那时就是死对头吗？

10. 用我和王爱莲对比的手法突出林老师的冷酷，可是作者写这一部分的用意是什么？

11. "王爱莲带着三个弟妹，到了爱河边，跳了下去。大家都说爱河的水很脏。"这句话怎么理解？

12. 爱河水为什么脏？

13. 把这个故事作为"序"是为什么？

14. 为什么要写"蝴蝶结"？

学生讨论汇总：

（1）通过"回教徒"一段与"淡水的街头"对比——在混乱喧嚣的世界中我们多渴望斜阳浅照的安静角落，作者多想用这幕情景呼唤人们对生命的尊重——可不可以没有屠杀、没有饥饿、没有急功近利，让我们安享慢慢走来的美好！

（2）王爱莲的故事发生在几十年前，一个没交补习费的穷孩子被老师刁难，打出血痂，绝望的她带着三个弟妹跳入具有反讽意味的"爱河"中，也许投入爱河中，他们才可以让自己的心感受到渴望的温暖，远离那个对苦人如此凉薄的世界。"有人说"，爱河的水很脏。是谁弄脏了爱河？

（3）别人家的孩子：老祖母的粗声大骂让我们揪心，这个 5 岁的男孩多想尽自己的努力把事情做得完美——"偏偏想打个蝴蝶结"，孩子内心的爱意通过这根细细的草绳传递了出来。作者坐下来，等待着，欣赏着，呵护着，用最谦卑的心，告诉我们什么才是真正值得追求的价值。

在孩子成长的过程，对孩子的呵护源于对生命的尊重；在世界发展的过程中，每个人都是社会的孩子，我们应尊重生命，不能践踏生命的价值。

五、追寻整本书的精华

师："慢慢来，需要什么？"——尽管可能难以言尽，但请把你的感受说来听听。小组讨论，每组都要发言，后说的尽量不要与前面的重复。

生 1：孩子需要父母的理解、耐心还有尊重。

生 2：我们是从孩子的角度上想，他需要有勇气来慢慢成长，还需要像那个小男孩一样，对自己尊重。

师：说得真好，有勇气自己慢慢来。这里我想起了一句话，生命是一个大的花园，第一朵绽放的花，和最后一朵绽放的花其实是一样美丽的。我希望你也有勇气等待自己的成长。

生 3：首先，孩子自己得愿意慢慢地来，他周围的人，尤其是家长要给他一些耐心。耐心就是不能逼迫他让他快速地成长，也得多多地理解和宽容他。

生 4：不仅是家长对孩子有耐心，还需要对他尊重，因为孩子有自己的尊严。其次，无论做什么父母都应该给予他宽容。并且在日常生活中，要给予他温暖，一个美好的成长过程，才能让孩子慢慢地成长。

师：我又想起了我们楼上的邻居，那天孩子的爸爸出差，他爸爸常年在外出差，那天他一进门，就问了一句，"孩子你快乐吗？"这个孩子说，"爸爸你真好，以前你回来都会问我，最近一次考试你得了多少分，这次你问我，你快乐吗，我觉得特别温暖"。所以家长可以有这样的关怀。另外我还想起来一句话，对孩子应该更为宽容一点，我记得同学们在分享时说过，神童也不能样样领先，不能苛求我们每门都那么好。有的很可能是我们的长项，有的也需要我们慢慢来。

生5：我们组讨论的结果就是，需要大人的陪伴，并且在成长的过程中给我们尊重和包容，能够让我们自己慢慢来。

师：自己慢慢来等于懈怠和消沉吗？就像"有时候我也能得三只老鼠一样"，让我们找到自己的节奏，反而能把事情做得更好。

生6：我从孩子的方面说，孩子需要成长，不需要刻意地在意某些原因，要坚信自己是绝对可以成功的。有足够的勇气去面对那些挫折，重新爬起来，像丑小鸭一样，挺过困难，最后变成一只美天鹅。

师：联系到了丑小鸭，其实每个人都是一座金矿，每个人都会闪光。

生7：大人总是在旁边说，不要这样做，不要那样做，这个对你不好，那个对你不好，不要做这个，不要做那个。平常大人总是告诉你他们比较痛苦的方面，以为这样你就会少走弯路了。但是我觉得让孩子用自己的方式发现，用自己的方式来成长。如果家长不停地告诉你，不要做这个，不要做那个，我们反而会产生逆反心理。应该要我们自己走自己的路，自己来探索这个世界，然后自己慢慢来。

师：慢慢来需要给我们失败的经验，让我们自己有更多亲身实践的体验。我想起一句话，"鸟儿在试飞的过程中，抖落的每一片羽毛都是金色的"，只有你亲历了才会有更深刻的体验。

生8：父母总是担心孩子在成长中遇到挫折，怕孩子爬不起来。所以他总想从过来人的角度告诉你，他所遇到的困难。我觉得我们可以听从他们的意见，但是在很多事情上，需要自己去经历一下困难，《目送》讲到了，我们最后会远离父母。在远离他们之后，在人生中我们还会遇到很多挫折。因为之前的一帆风顺培养不出勇气和解决困难的方法，情商就在逆境中成长。所以在父母身边的时候，就应该培养出来，到时候我离开他们的时候，也能顺利地走下去。

师：世间很多爱都是指向相聚，只有父母之爱是指向分离，正因为如此，做父母，是心胸与智慧的远行。我们要理解父母，读懂生活，读懂心灵，读懂"慢慢来"背后的生命底色。在"慢慢来"的过程中，让我们学会尊重生命、学会善待生命、学会理解、学会珍惜、学会关注、学会欣赏、学会期待、学会等待、学会割舍、学会放手、学会拿捏"慢慢来"与"快快放手"的分寸感、学会"领取而今现在"，学会爱……

专家视角

在言语运用中建构"上位概念"

北京教育学院教师教育人文学院　　吴欣歆

散文集作为书册的一种形式，有其独特的教学价值。首先，"散文"是作者性灵的表达，深深打着作者人生经历、感悟的烙印；其次，散文集，不是一个一个的"点"，而是一组有关联的"点"，构成"群"，积成"簇"，形成"组"，阅读可以从一个个点开始，但不能只落在一个个点上，而是要在若干个点之间建立联系，找到集群的焦点。

张媛老师执教的《孩子，你慢慢来》正是将"焦点"作为教学内容，教学的终极目标是"理解作者对每个人尊严的呼唤与尊重"，教学内容和目标均符合散文集的体式特征。为达成这一教学目标，张老师设计了一整套言语实践活动，帮助学生在言语运用中不断寻找和建构"上位概念"，走进作者的情感世界，聚焦至散文集的精神内涵。

"通读指导"中的言语活动以信息梳理与整合为主，大多指向"情感"，如孩子成长中的哪些奇迹让母亲"膜拜与感动"；摘抄"触电的小牛"那段文字，说说这段故事的深意；安安的思考中，妈妈有哪些教育的智慧等等。完成这些梳理整合，学生对"每一篇"文章形成自己的认识，能够用感性的文字描述自己的阅读体验，尽管是只言片语、支离破碎的。这一阶段学生使用的高频词是"初为人母的喜悦"、"做母亲的幸福"、"善良"、"真实"、"温暖"、"智慧"。

"重点突破2"设计的任务是让学生"以规范的体式撰写读后感"，教师提供了读后感、文章评论和书评三种体式，不仅引导学生辨识三种体式的不同特点，而且严格要求学生用规范的体式写作。这个言语实践活动"强迫"学生从描述感性体验向阐述理性认识"转化"，要理性阐述，就要判断、界定、举例，从学生的作品来看，他们使用了"生命的实景写生"、"走过的人才能体会"、"慢慢步入人生的殿堂"、"我与世界的初识"等词句，这些词句处于感性和理性之间。作者"收束"这些文章成集成册要表达的到底是什么呢？学生的认识显然还不够清晰。

"教学现场"中张老师要求学生"用一个词"概括全书内容，学生在"成长"和"慢慢来"这两个词中确定了"慢慢来"。这是一次认识上的飞跃，说明学生已经跳过了对成长故事的关注，开始关注隐藏在成长故事背后作者要传递的人生感受了。然后，张老师让学生描述哪一张插图更符合"慢慢来"，让学生分析哪一篇文章更深刻地诠释"慢慢来"。在几次言语实践活动之后，学生使用的词语中逐渐出现了成长的规律，出现了理解、耐心与尊重，出现了实现自我的勇气，出现了陪伴和包容，出现了孩子有自己的尊严……课堂讨论形成的结论是"重新凝视关于人的尊严以及生命价值"。

我们再来回顾一下学生遣词用句的变化：喜悦、幸福、善良、真实、温暖、智慧—生命的实景写生、走过的人才能体会、慢慢步入人生的殿堂、我与世界的初识—慢慢来—成长规律、理解、耐心、尊重、实现自我的勇气、陪伴、包容、尊严—人的尊严以及生命价值。从感性体验到理性认识的变化轨迹极其清晰，学生在运用语言的过程中不断寻找"上位概念"，更为精准地表达自己的理解，这是寻找的过程，也是借助师生交流实现言语建构的过程。而这个目标的达成，是以言语实践活动为载体的。张老师设计的"一套"活动，能力要求逐渐提升，言语运用的难度逐渐加大。信息梳理与整合是"用文中的语言表达"，撰写读后感是"用指定的方式表达"，概括全书内容是"用凝练的词语表达"，分析插图和文章是"用支撑的细节表达"，提炼全书的主题是"用作者的思想表达"。在这个教学案例中，言语实践活动形式丰富，层级清楚，对学生的引领作用显著。

我们不难想象，未来的阅读，学生要经历一次又一次类似的过程，但每一次的起点都会有细微的变化，就在一次次细微的变化中，学生"语言运用与建构"的能力得以发展，语文素养得以提升。而老师面临的挑战则是——如何根据书册体式特征确定教学内容，如何设计"整套"言语实践活动达成教学目标。

科学魅力

科幻世界中的人文情怀

——《三体》三部曲书册阅读教学现场

北京市朝阳外国语学校 张 媛

┌─────────────────────────────────────┐
│ **书册名片** │
└─────────────────────────────────────┘

◆ 推荐版本

	作者：刘慈欣
	出版社：重庆出版社
	出版时间： 《三体》2008 年 1 月第 1 版 《三体 Ⅱ·黑暗森林》2008 年 5 月第 1 版 《三体 Ⅲ·死神永生》2010 年 11 月第 3 版

◆ 内容梗概

《三体》

大批科学家离奇自杀，警方和军方认为与"科学边界"组织有关。科学家汪淼也卷入事件，接触到神秘网络游戏《三体》——在拥有三个太阳的世界里，生存条件极其严酷，一轮又一轮文明尝试推算三个太阳不规则运行的轨迹，设法存活。

汪淼去拜访自杀科学家杨冬的母亲叶文洁，得知叶文洁早年曾在"红岸"基地做科研。与此同时，他在三体游戏中越来越得心应手，接到通知参加了玩家聚会。对三体表示欢迎的玩家被留下交流，不支持的则被驱赶。汪淼又参加了更高等级会议，发现三体组织的统帅竟然是叶文洁。

叶文洁在"文革"期间历经劫难，对人性绝望。她进入"红岸"基地后，向宇宙发出广播，信息被三体世界捕获。"文革"后叶文洁结识了美国人伊文斯，成立最早的地球三体组织（ETO），以三体游戏吸引志同道合者，为三体入侵地球做准备。地球三体组织内部出现分歧，伊文斯擅自截获三体世界的信息，存储在游轮"审判日"号上。警官史强提出"古筝行动"计划，用纳米材料切割了游轮，得到三体世界为获稳定生存环境决定入侵地球的真相。汪淼意识到三体世界的强大，意志消沉。在史强的鼓励下，他重拾信心。

《三体Ⅱ·黑暗森林》

面临三体入侵危机，人类世界组建太空舰队准备应战，同时启动"面壁计划"。利用人类思维不透明的特点，四位面壁者独立设计反击计划，躲避三体世界对地球的全面监控。三体世界从人类背叛者中挑选了"破壁人"，破解"面壁者"秘密计划。面壁者罗辑心无宏伟战略，寻找到梦中情人庄颜，过着世外桃源般的生活。

太空军会议上，军官章北海指出，应该集中全部人力物力研究无工质辐射推进飞船。章北海精心伪造了一场"陨石雨"，杀掉所有主张发展工质聚变的科学家。面壁者泰勒的破壁人率先到来，猜破其打算建立量子幽灵军队的计划。泰勒自知失败，拜访罗辑后自杀。面壁者雷迪亚兹和希恩斯决定冬眠。庄颜带着她和罗辑的孩子也进入冬眠。太空军增援未来的部队在章北海的带领下也开始了冬眠。罗辑曾去拜访叶文洁，得知宇宙文明生存的两条公理和"宇宙社会学"概念。罗辑以一个小行星做实验，向宇宙广播了其坐标，验证宇宙间的"黑暗丛林法则"，后被"基因炸弹"袭击，只能冬眠。

希恩斯苏醒后，与夫人成立"信念中心"，在人类大脑植入必胜信念。雷迪亚兹制造核弹，并在水星上进行试验。他的破壁人破解了他想用核弹作为威胁筹码的计划。希恩斯夫人惠子说出了她的破壁人身份。他们植入的信念不是成功，而是人类必败。

三体世界向人类发出探测器"水滴"。章北海进入"自然选择"号飞船成为舰长，他令全舰进入"深海状态"，让飞船全速前进，远离地球。"水滴"几乎摧毁地球所有舰队，仅存三艘飞船驶向宇宙深处。

"水滴"继续飞向地球。在叶文洁墓前，罗辑告诉三体世界，他已经以氢弹的形式布下了三体世界的坐标，随时可以引爆氢弹，公布其位置，使之毁灭。两个世界就这样建设了威慑平衡，迎来短暂和平。

《三体Ⅲ·死神永生》

身患绝症的云天明得到好友捐赠，买了一颗星星送给暗恋的程心，随后决定安乐死。程心突然出现，说服云天明参加"阶梯计划"，云天明的大脑被发射到宇宙。流浪在宇宙的"青铜时代"号返回地球，遭到审判。另一艘"蓝色空间"号得知消息后飞向宇宙更深处。地球派出"万有引力"号追击。

人类决定选出新的"执剑人"来代替罗辑，程心当选。程心刚刚从罗辑手中接过宇宙广播系统的开关，三体世界就向地球发动攻击。关键时刻程心放弃发布三体世界位置，于是威慑平衡被打破。在智子指挥下，全人类开始向澳大利亚移民。三个月后，人类大移民结束。智子宣布要对人类"去威胁化"——不给人类供给粮食，让其自相残杀。

"万有引力"号出现各种奇怪现象，出人意料地被"蓝色空间"号占领。在两艘飞船全体船员的表决下，"万有引力"号发出了宇宙广播，公布了三体世界的位置。原来，"蓝色空间"号发现了高维碎块，他们从翘曲点进入了"万有引力"号。

三体世界被彻底摧毁，同时太阳系也暴露了位置。云天明的大脑被三体世界捕获，他要求见程心，并向程心讲了三个童话。人们都认为其中藏着人类存活的办法，三个童话被疯狂解读。程心认为应该发展曲率驱动技术。后因曲率飞船会在太空中留下航迹，也被人类社会禁止。程心决定冬眠，她把自己的星环公司留给了维德。程心从冬眠中醒来，人类已经在木星背面建造了许多太空城来居住，这就是应对宇宙打击的"掩体计划"。维德建造了自己的"星环城"，将曲率驱动技术发展成熟。仁慈软弱的程心要维德放弃这项技术。

高维世界终于向地球发动了袭击，太阳系变成二维。从罗辑那里，程心终于明白人类唯一的救命稻草是曲率驱动飞船，可惜这个计划也因自己而流产。程心和 AA 作为幸存者乘坐"星环"号曲率飞船去了云天明送给她的星星，遇到"万有引力"号的关一帆。关一帆与程心来到云天明赠送的小宇宙。宇宙还在不停变化，大宇宙发出消息，要求小宇宙归还质量。程心与关一帆离开小宇宙，又踏上征程。

◆ 作者简介

刘慈欣（1963—　），山西阳泉人，本科学历，高级工程师。刘慈欣是中国科幻小说代表作家之一，是首个获得雨果奖的亚洲作家。主要作品包括 7 部长篇小说，9 部作品集，16 篇中篇小说，18 篇短篇小说，以及部分评论文章，作品多次获奖。代表作有长篇小说《超新星纪元》《球状闪电》《三体》三部曲等，中短篇小说《流浪地球》《乡村教师》《朝闻道》《全频带阻塞干扰》等。

《三体》三部曲被认为是中国科幻文学的里程碑之作，将中国科幻文学推上了世界文学的舞台。2015 年 10 月 18 日，刘慈欣因《三体》被授予特级华语科幻星云勋章，该等级勋章只有作品获得国际最高科幻奖项"雨果奖"和"星云奖"的作家有资格获取。

文学地位

《三体》三部曲由《三体》《三体Ⅱ·黑暗森林》和《三体Ⅲ·死神永生》组成，作品讲述地球人类文明和三体文明的信息交流、生死搏杀及两个文明在宇宙中的兴衰历程。《三体》经刘宇昆翻译后在美国出版，成为 1949 年以来第一部被引进美国的中国长篇科幻小说。2015 年《三体》获得第 73 届世界科幻大会"雨果奖"最佳长篇小说奖，"雨果奖"被誉为"科幻艺术界诺贝尔奖"。《三体》英文版获得了美国诸多科幻奖项提名："星云奖"、"坎贝尔奖"、"卢卡斯奖"、"普罗米修斯奖"。

《三体》三部曲内容丰富，视野宏阔，想象绚烂，逻辑性强。第一部富有历史感和现实性；第二部结构浑融，线索清晰；第三部把宇宙视野和本质性思考推向极致。《三体》作者"发扬理性主义和人文精神，为中国文学注入整体性的思维和超越性的视野。这种终极的关怀和追问，又建立在科学的逻辑和逼真的细节之上，这就让浩瀚的幻想插上了坚实的翅膀"[1]。复旦大学严锋教授评价："他（刘慈欣）单枪匹马，把中国科幻文学提升到了世界级的水平。"[2] "《三体》是一流的科幻小说，它与科幻'三巨头'的作品《星际迷航》（海因莱因）、《基地》（阿西莫夫）、太空奥德赛系列《2001：太空漫游》（阿瑟·克拉克）等级别的小说不分上下。"[3]

[1][2] 严锋.《三体Ⅲ·死神永生》序言［M］//刘慈欣.三体.重庆：重庆出版社，2010：Ⅳ.

[3] 屈菲. 从黑暗森林到生活世界［J］. 文艺争鸣，2015（9）：143.

┌──────────────────────────────────────┐
│ **教学价值** │
└──────────────────────────────────────┘

◆ 知识积累

阅读本书，可以重点积累以下知识。

（一）科幻小说

科幻小说（Science Fiction，简称 Sci-Fi），全称科学幻想小说，是一种起源于近代西方的文学体裁。科幻小说以真实或想象的科学理论发现为基础，用幻想的形式，表现人类在未来世界的物质精神文化生活和科学技术远景，其内容交织着科学事实和预见、想象。科幻小说分"硬科幻"和"软科幻"。"硬科幻"是以物理学、化学、生物学、天文学等自然科学为基础，描写新技术新发明给人类社会带来影响的科幻作品。"软科幻"小说是情节和题材集中于哲学、心理学、政治学或社会学等倾向的科幻小说，作品中科学技术的重要性降低。它被归类为软科学或人文学科，所以被称为"软"科幻小说。《三体》"设定了一个与地球文明十分类似的外星文明，并让地球文明、外星文明以及更多的外星文明之间进行着宏大而诡异的生存博弈，故事开端于已知的历史，结局却远在百亿年之后"。①《三体》具备优秀科幻小说"逻辑自洽"、"科学元素"、"人文思考"三要素，属于"硬科幻"。

（二）伏笔

"伏笔"指上文看似无关紧要的事或物，对下文将要出现的人物或事件预先作出某种提示或暗示，或者前文为后文情节埋下伏线。"伏笔"有助于全篇达到结构谨严、情节合理的效果。读者看到下文时，不致产生突兀、疑惑之感。"伏笔"要求巧妙自然，有伏必应，伏与应不宜前后紧贴。

《三体》中多处伏笔巧妙自然，暗示情节发展的走势。第一部开篇作者在大史与汪淼的对话中巧妙预设伏笔，"纳米材料做一根只有头发丝百分之一粗

---

① 李博. 科幻的本质是青春锐气 [N]. 中国艺术报，2014-12-15（6）.

细的线"，"就能把过往的汽车像切奶酪那样切成两半"，不露马脚又令人印象深刻。第一部结尾，有情报获知载有大量三体信息的"审判日号"将通过巴拿马运河。作战中心必须在不摧毁巨轮上硬盘前提下击沉该舰。大史提出在巴拿马运河中用纳米"飞刃"切割"审判日号"，成功获得大部分情报。情节走势让读者眼前一亮又不觉突兀，前文是成功的伏笔。

（三）叙述方式

叙述方式指按照一定次序讲述事件，即把相关事件在话语之中组织成前后连贯的事件系列的方式。叙述方式包括：

1. 顺叙：按照事件发生、发展的时间先后顺序叙述。

2. 倒叙：把事件结局或某一突出片段提到前面来写，然后再从事件开头进行叙述。

3. 插叙：在叙述主要事件的过程中，根据表达需要，暂时中断主线而插入另一些与中心事件有关的内容。

4. 平叙：就是平行叙述，即叙述同一时间内不同地点所发生的两件或两件以上的事。通常是先叙一件，再叙一件，常称为"花开两朵，各表一枝"，因此又叫作分叙。《三体》第一部以平行叙述"三体游戏"、"红岸"故事构成全书主体，既有汪淼这一角色以时间发展为顺序的线性叙述，又有叶文洁和其他人物视角在不同时空的叙述，"构成单线顺叙、多线（平行）顺叙与过去式插叙的复线叙述"①。

◆ 能力提升

（一）运用演绎推理，发展理性思维

演绎推理是由一般性前提推出特殊性结论的思维过程，是前提与结论之间具有充分条件或充分必要条件联系的必然性推理。演绎推理的特点是从真前提出发，按照相应逻辑规则，可以推理出真结论。演绎推理对于思维保持严密性、一贯性有着不可替代的校正作用。如《三体》中叶文洁提出"宇宙社会

---

① 陈颀．文明冲突与文化自觉［J］．文艺理论研究，2016（1）：96.

学"——"公理一，生存是文明的第一需要；公理二，文明不断增长和扩张，但宇宙中的物质总量保持不变。概念一，猜疑链；概念二，技术爆炸。"① 其公理和概念解释了太空中存在着的无数文明之间的关系。罗辑根据叶文洁"宇宙社会学"理论，推导出具体的"黑暗森林原则"：宇宙是座黑暗森林，每种文明都是身处其中的带枪猎人；如果发现别的生命，他唯有立即开枪，才能保证自己的生存。理解并阐释"宇宙社会学"与"黑暗森林原则"之间的逻辑关系，可以提升学生演绎推理能力，发展学生理性思维。

（二）阅读幻想世界，发展科学想象力

想象是创新思维的重要形式，具有自由、开放、浪漫、跳跃、多变、夸张等心理特征，可分为文艺想象与科学想象。科学想象是在思维主体原有概念、命题、结构的基础上使之运动、融化、综合，从而升华出新的概念、命题、结构的心理过程。《三体》三部曲的最大魅力是基于科学的超凡想象：未知的地外文明、超前的科学技术、绚丽的宇宙图景、奇幻的未来世界。目前人类所能探测到的空间仅限于三维。从理论上讲，多维空间也许存在，《三体》运用科学想象，创造出高维空间和其中的高维生物，以及不同维度空间交流的情节，甚至想象出"降维打击"——向地球发送"二向箔"。借助文字描述，学生读懂"幻想"之境的故事，可以发展科学想象力。

◆ 策略建构

《三体》阅读过程中可以使用跨界阅读、内容重组、故事语法、分析冲突等策略，以更好地厘清故事情节、畅想宇宙图景、理解科学理性、反思人文价值。

（一）跨界阅读

跨界阅读可以从两个或更多的学科中整合知识和思维方式，从而促进认知能力提升。科学知识与技术在《三体》三部曲中随处可见，如理论物理、电

---

① 徐斯年."异托邦"和"自洽性"：《三体》阅读札记二则［J］.苏州教育学院学报，2016（1）：42.

磁反射、核爆炸、纳米技术、光速、物质总量等。单一的审美化的文学阅读无法满足阅读科幻小说的需求。阅读《三体》，需要知识的多元整合，借助数学、天文、物理、逻辑等多个学科的知识理解故事情节，畅想宇宙图景。

（二）对照阅读

阅读《三体》时，可以使用对照阅读策略，将具有一定关联的事件和人物对比参照，在相似中区分其差别，发现其联系。读者对重要内容进行对照阅读，可以更好地判断作者写作的关键部分，进而理解、评价内容。如第三部云天明借助自己创编的三个童话故事向程心传递出重要信息，三个故事的解读构成了全书后半部分的主体内容。"无法展平的雪浪纸与肥皂船"影射"空间曲率发动机"，这个隐喻被程心和艾 AA 解读，人类根据这个原理成功造出光速飞船。"针眼画师"作画暗喻二维化打击，"降维打击"正是后文人类文明被摧毁的方式。童话故事中的角色与书中主人公也形成对应关系，如露珠公主与程心，长帆与关一帆等。运用对照阅读策略，学生可以在前后文之间建立联系，加深理解。

（三）故事图式

不同的故事有不同主角、背景、情节、冲突及结果。故事图式将故事分解成若干部分，试图描绘故事的层级结构，给读者提供一个框架结构。《三体》叙述方式多样，情节结构复杂，故事图式策略可以帮助梳理主要人物的相关故事。将故事划分为背景、主题、情节等几个成分。一些成分还包括不同层级的子成分，比如情节就可能会有多个事件。例如，学生通过梳理四位面壁人的表面计划、实际计划、计划破绽及"破壁"结果等信息，可以更好地理解故事内容。

（四）分析冲突

文学作品中的"冲突"是指由于人们的立场观点、思想感情、理想愿望及利益等不同而产生的矛盾斗争，既包括人物与周围环境的冲突，又包括特定环境下人物自身的冲突。文学作品由若干矛盾冲突组成，冲突是构成作品情节的基础，是展示人物性格的手段。阅读《三体》三部曲，学生可运用"分析冲突"的阅读策略梳理情节，读懂"冲突"背后的价值取向。《三体》故事中，人类有无数生死存亡的选择，在"冲突"面前的选择暗含着作者的写作意图。例如人类选择圣母一般的程心作为"执剑人"，最终被三体解除了威慑。如果选择刚硬的维德，或许地球就不会受到攻击。引导学生分析此"冲突"，理解冲突的实质是人类所追寻的母性与人类生存所需的野性的矛盾，这也是人文思考与科学理性的矛盾。

◆ 精神成长

阅读《三体》三部曲，学生首先感受到的是科幻思维的冲击，其次是对科学理性与人文情怀矛盾的思考，从而获得精神成长。

（一）发展科幻思维

"三体世界"具有完全真实可信的物理特性和演化发展规律，依赖于作者具有奇崛恢宏的科幻思维。努力读懂故事，有助于学生科学想象力以及逻辑性的培养；读懂故事以后，学生会获得更广阔的视野，对宇宙图景与未来科技充满好奇，进而萌生探究外部世界的愿望。科幻作家陈楸帆说："科幻是提升创造力、想象力的孵化器和助燃器。借助'如果这样，将会怎样'的思维模式，能推演出更大世界的可能性，对下一代的学习认知有非常大的帮助，也对民族复兴有非常大的帮助。"科幻思维可以引导学生以独特的方式感知未来、思考未来、改变未来。

（二）思考价值选择

在你死我活的文明生存竞争中，《三体》三部曲展示了人性的美与丑、善与恶、科学理性与人文价值、个体权利与集体利益、道德与生存等种种地球文明中的价值冲突与价值选择。这些冲突与选择在不同人物的身上得以呈现，并通过小说情节生动展示出不同选择的结果。阅读过程中，学生一定会对人类的各种价值选择产生思考，这种思考或许伴其一生。

（三）学习理解生活

无论宇宙图景如何辽阔，科学技术如何发达，生命拥有多长岁月，每个个体都生活在特定的时间与空间之中。《三体Ⅱ·黑暗森林》罗辑第一次醒来时所见的是出奇美好的地球世界，危机之中人们再次走向生活之路，他们悟出"给岁月以文明，而不是给文明以岁月"。人类意识到，不管未来如何，当下最重要。《三体Ⅲ·死神永生》中作者直接点出"宇宙很大，生活更大"，同一话语出现三次，"可见作者始终将生活世界置于宇宙世界的宽度与广度之上"[①]。"对人类在宇宙中所处的位置有更深刻的认识，并对人类生存的终极目的产生一种好奇和追求的愿望。"[②] 敬畏自然，珍惜当下，是学生阅读此书能够汲取到的精神营养。

学程设计

◆ 整体框架

《三体》三部曲阅读过程可以按照以下步骤推进：阅读起始课，以"发现引力波"等科技新闻激发阅读"三体"的兴趣。设计通读学程，初读原作，完成相关阅读任务。课堂指导进行"科学性"和"文学性"两方面的重点突破。最后以"自由论坛"形式，完成对全书的内容统整。

教学阶段	主要内容	教学资源	设计意图
阅读起始课	阅读引力波、人体冷冻等科技信息。	引力波相关新闻微信推送"人类简史之未来篇"	产生阅读兴趣。
通读指导	初读全书，完成相关阅读任务。	章节阅读任务	借助阅读任务，阅读相关章节。
重点突破1	话《三体》科学。谈"三体"文明。	无	了解《三体》涉及的天文、物理知识；交流阅读初步感受。
重点突破2	《三体》中的人物。	无	理解和评价"三体"人物。
内容统整	"我看三体"自由论坛。	无	深入探究，整体把握。

---

① 屈菲. 从黑暗森林到生活世界［J］. 文艺争鸣，2015（9）：147.
② 李博. 科幻的本质是青春锐气［N］. 中国艺术报，2014-12-15（6）.

◆ 通读指导

学生自主阅读原著，结合"通读指导"中的梳理、补写、想象、整合等阅读任务，加深对原著的理解，引发深入的思考。

阅读范围	阅读任务	重点能力指向
	1. 本书中出现了很多科学家，梳理人物信息，完成表格。 表格（见下）	梳理人物信息。
《三体》	2. 结合科幻小说《台球》的选文，用自己的语言概括丁仪和汪淼"台球"实验的过程、结论、现实意义与影响。 普利斯转向台球桌：先看了看它，又回头看了看布鲁姆。记者们全站了起来，尽可能朝前挤，以便抢个好位置。只有布鲁姆本人还孤零零地坐在原处，面露微笑。当然，他的目光既没有盯着球桌，也没有盯着台球或者失重场，即使隔着墨镜我也能十拿九稳地说，他正盯着普利斯。 普利斯又转向球桌，放下了球，他就要成就布鲁姆的成功了，并使他自己（曾宣称这件事不可能做到的人）成为永远受人嘲弄的替罪羊。 他用稳稳的一击，使球动了起来。它滚动得并不快，每只眼睛都追随着它。 现在它滚动得更慢了，就好像普利斯自己也在助长悬念气氛，使布鲁姆的成功更加富有戏剧性。 整个场景尽在我眼前，因为我正好站在普利斯对面，挨着桌边。我能看见球向失重场闪耀的光柱滚去。再往远处，我还能看见安坐不动的布鲁姆没有被光柱遮挡住的身体部位。 球接近了失重范围，好像在边上滞留了片刻，接着就滚过去了，伴之而起的是一道电光、一声霹雷和扑面而至的焦灼。 我们嚷了起来，我们全嚷了起来。 我后来在电视上看到过当时的情形——和世界上其他人们一起看的。在屏幕上我能看到在那历时十五秒钟的疯狂大混乱当中我自己的镜头，不过我简直快认不得我的面孔了。十五秒啊！后来我们找到了布鲁姆。他还坐在椅子里，两臂仍然交叉着，但是沿前臂、胸口和后背洞穿了一个台球大小的窟窿；事后，在尸检解剖时发现，他大半个心脏都被冲掉了。	借助拓展材料，梳理主要情节。

姓名	性别年龄	个人经历	社会地位	研究领域	性格特点
汪淼					
潘寒					
申玉菲					
丁仪					
叶文洁					
杨卫宁					
杨冬					
魏成					

续表

阅读范围	阅读任务	重点能力指向
《三体》	3. 三体游戏场面共出现六次，结合文本，完成下面的表格。 表格： 页码 / 汪淼身份 / 主要人物 / 预测恒乱纪元的方法 / 文明序号 / 该文明进化程度 / 毁灭方式 / 对汪淼的影响 37—48 101—110 131—137 152—166 173—183 182—183	解读横跨全书的虚拟场景，以汪淼的视角了解三体世界。

下面是第3题表格的完整形式：

页码	汪淼身份	主要人物	预测恒乱纪元的方法	文明序号	该文明进化程度	毁灭方式	对汪淼的影响
37—48							
101—110							
131—137							
152—166							
173—183							
182—183							

阅读范围	阅读任务	重点能力指向
《三体》	4. 地球三体组织 ETO 中的"降临派"和"拯救派"的基本纲领是什么？拥护人都有谁？	从 ETO 成员的价值取向反观地球文明危机。
《三体》	5. 请你品读以下描写叶文洁的选文，在思维导图的箭头上写出这些人物对叶文洁的影响。 (1) 那没有哭出和喊出的东西在她的血液中弥漫、溶解，将伴她一生。（第65页） (2) 那种孤独真是没法形容……我自己就是一个被丢弃在沙漠上的可怜孩子……反正日子就在这种奇怪的感觉中一天一天过去，不知不觉人就老了。（第130页） (3) 我找到了能够为之献身的事业，付出的代价，不管是自己的还是别人的，都不在乎。（第216页） 思维导图：叶哲泰、绍琳、叶文雪、杨卫宁、雷志成、白沐霖、程丽华、伊文斯 → 叶文洁	梳理特定社会历史背景下重要他人对叶文洁的影响，剖析叶文洁心性变化的原因。
《三体》	6. 书中写到了伊文斯擅自与"主"进行对话，并拦截信息，却没有写出对话内容，结合伊文斯的性格与经历，请你补写一段他们的对话。	根据情境要求，补写人物对话。
《三体》	7. 品读本书第256—260页中关于"古筝行动"的篇章，请摘抄三段最富"镜头感"的描写，并简单阐述"镜头感"是如何体现的。	语言鉴赏。

续表

阅读范围	阅读任务	重点能力指向
《三体》	8. 书中第296页最后一句话这样说道："虫子从来就没有被真正战胜过。"请预测：像"虫子"一样的人类，是否有可能战胜拥有发达科技的三体人呢？请用书中的具体事例或你的生活经验来支撑你的观点。	预测故事发展趋势。
《三体Ⅱ·黑暗森林》	1. 阅读这本书中伊文斯与"主"的对话描写，与上一本书阅读任务7进行对比，谈谈有何异同？	将个人猜想与文章对照，了解人物心理。
	2. 本书"镜头感"很强，镜头感主要体现在多个场景并行发生、交错插入的叙事方式中。请你结合书中几组人物，完成下列图表。 （1）中国·太空军（请你填写他们对于末日之战的看法） 章北海 ▢ 吴 岳 ▢ 常伟思 ▢ （2）美国·哈勃二号望远镜（请你在圆圈旁写出二人对发现三体航迹的贡献） 斐兹罗 ＋ 林格 → 发现三体航迹 （3）中国·三个老人 |	职业	家庭情况	对于三体入侵的看法	死后怎样安葬 | |---|---|---|---|---| | 张援朝 | | | | | | 杨晋文 | | | | | | 苗福全 | | | | | （4）互联网·三体游戏（请你在箭头下写出他们被指派的任务） 冯·诺伊曼 ▶ 墨子 ▶ 亚里士多德	梳理信息，了解叙述方式。

阅读范围	阅读任务	重点能力指向
《三体Ⅱ·黑暗森林》	（5）纽约·联合国总部及 PDC 总部（请你在方框中写出他们的职位与对罗辑的帮助） 萨伊 坎特 伽尔宁 3. 完成面壁计划资料卡。 面壁计划 产生原因： 具体内容： 负责机构： 四位面壁者：	
	4. 在泰勒的访问途中，有这样一句话反复出现，请你品读下列选文，分析这句话在不同情节中的不同意义。 （1）泰勒走在夹着雨的海风中，脑海中不时回响着一句话，那是他刚才从陈列室中的一位即将出击的神风队员写给母亲的遗书上看到的： "妈妈，我将变成一只萤火虫。"（第 130 页） （2）看着那个年轻的面孔，泰勒再次在心里默念那句话： "妈妈，我将变成萤火虫。"（第 140 页） （3）那年轻人仍抬头疑问地看着泰勒，他没有蓄须，一脸稚气，目光像西亚的蓝天一样清澈。 "妈妈，我将变成萤火虫。"（第 156 页）	语句理解。
	5. 请你梳理泰勒和雷迪亚兹被破壁的计划。 		表面计划	真实计划	计划的关键因素	破绽
泰勒				
雷迪亚兹						梳理信息。
	6. 第 274 页写到一位老太太用石头砸向雷迪亚兹，并用西班牙语说："恶人，你要杀所有的人，那里面可是有我的孙子，你竟想杀我的孙子！"看了这段描写，你有什么感触？	理解内容。
	7. 章北海的故事在书中叙述得较为分散，而且埋下了很多伏笔。阅读以下伏笔，请你写出后文相关的情节。 （1）应该直接集中资源研究聚变发动机，而且应该越过工质型的，直接开发无工质聚变发动机。（第 111 页）	建立联系，寻找照应。

续表

阅读范围	阅读任务	重点能力指向
	（2）丁仪说："我和核聚变系统的人都赞成辐射驱动，从我而言，感觉这是唯一能进行恒星际宇宙远航的方案……主张工质飞船的是那些从化学火箭时代过来的老航天们……打破平衡的就是那三四个处于关键位置的人，他们的意见决定最终的规划方案。"（第222页） （3）要比重大，在冲击下不易破碎，易加工……不，就这个价，就算表示我对要送的人的尊重吧。（第224—225页）	
	8. 请摘抄关于水滴的描写，分为水滴初到银河系和水滴摧毁地球舰队两部分来摘抄。"水滴"象征着什么？如果可以，请将你想象中的水滴画出来。	以图解文，探究水滴的象征意义。
	9. 你如何理解"毁灭你，与你有何相干"这句话？	语句理解。
	10. 这本书中不断探讨人类在整体毁灭的威胁面前，应采取什么样的方法继续生存。 日本军官井上宏一说："人的生命高于一切。" 威慑纪元的人们有"文明免疫力"之说："人文原则第一，文明延续第二。" 而太空舰队的新人类们，却选择了毁灭大多数，留下小部分人。 "一部分人死，或者所有人死。" 在这个问题面前，不同的人作出了不同的选择。你认为哪种选择是正确的呢？请你结合书中关于人性的描写，找出具体事例，支撑你的观点。	思考文明与道德的关系。
《三体Ⅱ·黑暗森林》	11. 罗辑最后的赌博，为地球赢得了生的希望。这场豪赌的筹码，在书中早已——布下。请你结合关键词，写出罗辑建立黑暗森林威慑的前期准备过程。 关键词：叶文洁、咒语、雪地工程、摇篮系统。	概括内容。
	12. 下图是一位同学绘制的《三体》阅读推介海报，请你仔细观察，并回答：图中的黑衣人是谁？他的微笑有何含义？图片的背景象征着什么？ 	借助图画，理解原文。

阅读范围	阅读任务	重点能力指向
《三体Ⅲ·死神永生》	1. 书中的老亨特是一名"反执剑人"。他的前身——苏联的"Perimeter"计划，有着真实的背景。结合下面关于"Perimeter"计划的报道，回答：为什么要设立反执剑人？反执剑人的使命是什么？ 根据雅尔尼奇和热列兹尼亚科夫的说法，Perimeter并非传统意义上的末日机器。苏联人把博弈理论发展到一个库布里克·西拉德和其他所有人没有想到的高度：他们建造了一套威慑自己的系统。 通过确保莫斯科有能力还击，Perimeter事实上是为了防止激进过头的苏联军队或国家领导人在危机时刻轻易启动核弹。热列兹尼亚科夫说它的作用是"让所有脑袋发热的人和极端分子冷静下来。无论发生什么，复仇是100%可以保障的，那些袭击我们的人必然会受到惩罚"。 Perimeter还为苏联争取了时间。1983年，美国在德国部署了致命准确的潘兴二式导弹后，克里姆林宫的战略家们估计，从雷达接收到来袭信号，到导弹命中目标，他们只有10~15分钟时间。考虑到那个剑拔弩张、杯弓蛇影的时代背景，一台故障雷达、一群被误认为来袭导弹的野鹅，或者一次被错误解读的美军演习都可能启动一场追悔莫及的大灾难。事实上，上述所有误会都曾经发生，如果正好赶上那个风声鹤唳的时代，浩劫将不可避免。 Perimeter解决了这个问题。如果苏联雷达检测到一个不详但模糊的信号，领导人可以启动Perimeter，然后坐下来等待。如果这个信号被证实是野鹅，他们可以放下心来，关闭Perimeter。在苏联领土上证实核爆炸发生远比证实遥远地方的导弹发射要容易，"因此，我们设计了这套系统"，雅尔尼奇说，"目的是为了避免悲剧性错误"。	借助拓展材料，理解书中情节。
	2. "蓝色空间"号的人员利用高维碎块进入"万有引力"号看似突然，其实在前文有伏笔，请你在以下页码中找出相关伏笔： （1）第116页朴义君；（2）第117页管道破裂；（3）第119-121页艾克上校；（4）第121页刘晓明中士。	建立联系，寻找照应。
	3. 读懂了高维碎块的来龙去脉，本书开头狄奥伦娜的故事也就有了解释，请你根据高维碎块的原理，说说前文难以理解的故事与碎块有着什么关联。 （1）狄奥伦娜可以向封闭的墓室中放一串葡萄；不打开头颅而取出人的大脑。 （2）尖塔好像被炸没了塔尖，却没有丝毫碎块。 （3）狄奥伦娜的能力消失。	建立联系，解释推理。
	4. 试解释"终极威慑"这一概念。	理解概念。

续表

阅读范围	阅读任务	重点能力指向
	5. 智子的人形机器人在书中是个柔和而美丽的女性形象。作为人的智子在书中每次出场都有着外貌描写，请你从以下页码中找出这样的描写并完成表格。 {内嵌表格见下}	整合信息，解读人物形象。

内嵌表格：

页码	智子穿的服装	故事情节	智子的形象
	日本和服		
	迷彩服		
218			
498			
	迷彩服		

阅读范围	阅读任务	重点能力指向
	6. 云天明的三个故事，初看可能很迷惑，但是随着故事推进，隐喻一一被解开。请你说说，童话中的这些细节，究竟意味着什么？ ·被针眼画师画进画里 ·转动的黑伞 ·赫尔辛根默斯肯 ·肥皂和泡沫 ·无故事王国	建立联系，解释推论。
	7. 人类最后的三条退路分别是什么？最终实施的结果如何？	逻辑推理。
《三体Ⅲ·死神永生》	8. 第390页描写的银河系高熵世界令人着迷而疑惑。请你试着解释，高熵世界中的这些概念，在太阳系中分别指什么？ ·慢雾 ·叫作"墓"的数据库 ·死者 ·中膜 ·短膜 ·隐藏基因和隐藏本能 ·清理能力 ·弹星者 ·死角 ·二向箔	解释推论。
	9. 在太阳系即将被二维化之际，曾经自诩发达的地球科技所能做的，却只是"把字刻在石头上"。你对此有什么看法？	内容理解。
	10. 在生死存亡面前，"道德"、"人权"、"人性"等词不断被提起： 被审判的人说，"当时有另外的道德底线"； 澳大利亚的移民社会中，"民主比专制更可怕"； 智子宣布人类互相斗争彼此为食时，程心想到"大部分人也不会吃人——所以大部分人将被淘汰"； 维德告诫程心："失去人性，失去很多；失去兽性，失去一切。" 读完整本书之后，你认为人性究竟是什么？在人类存亡与人性之间，哪个更重要？	探究主旨。
	11. 对于程心，人们褒贬不一，有人说她是母性与人类光辉的象征，有人说她的软弱和犹豫毁灭了全人类。你认为，程心究竟是个什么样的人？如果没有她，人类的命运又会怎样？	理解人物形象。

◈ **重点突破 1**

话《三体》科学，谈"三体"文明

教学目标

1. 通过交流批注，分享阅读初步感受。

2. 通过提出疑问，查阅资料，制作科学知识卡片。

3. 通过分享交流，发现书中的精彩"伏笔"。

4. 通过点评图表，梳理地球文明对三体文明及三体文明对地球文明认识的变化过程。

教学过程

活动一：批注接龙我完成

《三体》是一部颇有阅读挑战的书。请在阅读过程中随时记录你个性化的感受。对于有疑问的概念、暂时不理解的表述以及你认为的精彩之笔都可以随时批注出来。曾有两位读者用批注接龙的形式交流"最烧脑的书"《忒修斯之船》的读后感，一时传为佳话。请仿照这种做法，寻找一至两位阅读伙伴，就共同感兴趣的内容，完成"批注接龙"。

活动二：科学知识我来学

学生分别提出阅读过程中关于"科学"方面的疑问，全班交流研讨，查阅资料，制作知识卡片。如有必要，聘请理科教师或专业人员进行微讲座。

知识卡片（一）：三体问题，N 体问题①

二体问题有解析解，限制性三体问题有解析解，一般的三体问题，N 体问题（N>3）已经被数学严格证明没有解析解。所以这类情况需要计算机求数值解，称为 N 体数值模拟。

知识卡片（二）：宇宙黑暗森林法则

此理论是一种假设。涉及天文学基本的知识——光速、物质总量、宇宙中

---

① 天体物理学博士于浩然整理，后知识卡片同。

天体之间的距离、宇宙的年龄、高等文明发展所需要的时间等。

知识卡片（三）：人体冷冻

小说中的人体冷冻技术是诸多人物得以贯穿几百年剧情的必要条件。目前此技术正在开发中。

知识卡片（四）：量子军队、量子态、波函数（更多参见《球状闪电》）

《球状闪电》中的科学家丁仪成功解释了球状闪电的成因，也在《三体》中出现。人在被球状闪电或者量子武器攻击后，在现实世界中消失，但作为量子态存在。量子物理的诸多例子如"薛定谔的猫"，此领域甚为复杂，涉及量子物理学和量子力学。

知识卡片（五）：维度理论、维度攻击

根据数学的集合论，集合中的元素个数是无穷时，也可以比大小——若两个无穷集合的元素可以一一对应，我们称它们的元素数量相等。例如：正整数、整数、偶数、奇数、质数、有理数的数量一样多（尽管凭直觉，它们并不一样多），称作"可数无穷大"aleph0。实数的个数比前者大，称为不可数无穷大，aleph1。还有元素数量更多的集合。一条直线（相当于实数）、一个平面、一个三维空间中的点的数量也一样多，均为 aleph1。所以三维空间可以被一一映射到二维平面，这就构成了小说中维度攻击的基础。

知识卡片（六）：宇宙暴涨

该理论指出粒子微观存在 11 维空间，但宏观只有 3 维空间。小说中设想宇宙早期 11 维宏观空间由高等文明的战争所"降维"。

知识卡片（七）：技术爆炸和粒子物理

一个文明发展的程度可以由粒子物理的发展程度所衡量。比如：动物不会使用火，不会使用化学反应，最低等；古代的人类学会火的使用、化学反应和冶炼，也就是说已经学会拆分分子；20 世纪人类可以利用核聚变和核裂变，也就是说可以拆分原子核；当今人类利用粒子加速器可以拆分更小的粒子，代表更高的粒子物理水平。粒子物理的水平越高，我们越有能力拆分更小的粒子，相应地拆分单个粒子所需要的能量（以电子伏特为单位）越高，利用各种反应得到的能量也越大。粒子物理的研究需要研究物质由什么组成——所以我们才建立了越来越大的粒子加速器,用超高能量的粒子来拆分更小的粒子,来发现物质组成的规律,并在这样的规律上建立更新的粒子物理,并加以应用。每当粒子物理有突破性的发展,我们就有"技术爆炸"。

知识卡片(八):曲率、光速飞船

空间的曲率涉及数学的点集拓扑、抽象代数、微分几何。

活动三:伏笔呼应我来找

请寻找横跨三本书的"伏笔"与"呼应",感受作者"写故事"的精彩构思。

活动四:三体文明我来谈

请以纪元变化为时间轴,用巧妙的方式呈现地球文明对三体文明及三体文明对地球文明认识的变化过程。请你点评并完善下面这幅同学的作品。

活动五:三体海报我评选

几位同学为《三体》设计了阅读推介海报,请选出你最喜欢的一幅,简述理由。

♦ **内容统整**

"我看三体"自由论坛

任务：围绕阅读过程最感兴趣的问题深入研究，写成一篇小论文。

1. 根据阅读感受，确定研究课题。

阅读《三体》，你最感兴趣的是什么方面的内容？《三体》带给你怎样的思考与启示？请结合你的感触，写一篇小论文。

2. 参考话题（可选择，也可另拟定）。

A.《三体》中的"硬科学"

B.《三体》中的"破绽"

C.《三体》中的理性

D.《三体》中的经济学

E.《三体》中精彩的科学幻想

3. 写作论文。

要求：

（1）明确观点，列出论文提纲；

（2）从书中找出相关细节支持论点；

（3）用论据证明论点，润色文字；

4. 小组组织宣讲、交流，推选有思想深度的作品。

5. 班内展示评选。

教学现场

读《三体》 品人物
——《三体》人物形象分析

教学背景

《三体》三部曲是科幻小说，其人文精神与理性主义同样重要。学生初步了解《三体》涉及的科学知识，认识不同文明眼中其他文明的变化后，聚焦小说的人物形象加以分析，以此帮助学生回顾、重组、建构新的认识。

教学目标

1. 为主要人物撰写专题纪录片脚本及主题曲，概括人物形象特点。

2. 为次要人物撰写评价语，概括人物形象特点。

教学重点

通过为人物撰写专题纪录片脚本及主题曲，走进人物内心世界。

教学过程

任务回顾导入

师：同学们好！读了《三体》三部曲，很多同学都说自己的想象力始终被大刘挑战。瑰丽恣意的想象正是科幻小说吸引我们的地方。对科幻文学而言，科学是种子，幻想是营养，文学是最终的表达形式。上一周，我们就这部"硬科幻"中的"真科学"提出了很多问题，天体物理学博士于浩然学长也给我们带来了精彩的讲座。今天，我们聚焦"三体"中的人物形象展开讨论。

任务一：分享叶文洁专题纪录片脚本

师：大家都知道，《三体》第一部已被拍成电影，即将上映。如果"三体"剧组想以叶文洁为主要人物拍摄一部专题纪录片，请你为纪录片命名并撰写拍摄脚本。请写出五个以上的分镜头设计，梳理叶文洁的一生。

剧本样式推荐：

（1）用表格列出分镜头剧本各个要素。

术语说明：

镜号——每个镜头按顺序的编号；

景别——一般分为全景、中景、近景、特写和显微等；

技巧——包括镜头的运用——推、拉、摇、移、跟等，镜头的组合——淡出淡入、切换、叠化等；

画面——详细写出画面里场景的内容和变化，简单的构图等；

解说——按照分镜头画面的内容，用文字描述，把它写得更加具体、形象；

音乐——使用什么音乐，应标明起始位置；

音响——也称为效果，用来创造画面身临其境的真实感，如现场的环境声、雷声、雨声、动物叫声等；

长度——每个镜头的拍摄时间，以秒为单位。

示例：

镜头	技巧	景别	时间（s）	画面内容	声音	音乐音响
1	长镜头	全景	10	一颗色彩斑驳的类地行星在两颗恒星的照耀下缓缓自转。老式打字机逐字打出字幕：半人马座 α，距太阳系 4.22 光年	打印机的声音	无

（2）描述分镜头画面，配以相应的文字解说。

示例：

镜头 1：【画面】年迈的叶文洁老人坐在落地窗前，凝视着远处山上将要落下的红日。在她的身旁，银色的三体雕塑在落日余晖的笼罩下被染上了奇异的金色光芒。

【音乐响】【文本】旁白：她叫叶文洁，出生于 1947 年 6 月，是清华大学物理系天体物理专业的一名教授。如今，她在这里，等待生命的黄昏，而在落日下的红岸基地里，她发出了一条给全宇宙的信息：请到这里来，我们需要你。一个在 4.5 光年外的星球，听到了这个请求。

（6 个小组分别展示不同的纪录片脚本）

下面摘录第 2 组的汇报。

《人类的落日》分镜头剧本

镜头	技巧	景别	时间（s）	画面内容	声音	音效
1	拉，跟	中景转特写至全景	20	（中景）叶文洁呆坐在父亲的遗体旁，（镜头拉近）叶文洁双眼空洞，父亲身上布满伤痕。（特写）叶文洁握起父亲的一只手，把烟斗放在父亲手上。父亲身下的血迹蜿蜒远去（特写，镜头跟上），滴滴答答地从操场的边缘滴落。（镜头拉远至全景）夕阳下的操场一片血红。	滴滴答答的滴血声。	无
2	淡出	中景至近景	10	程代表动作熟练地提起水泼向叶文洁之后走开，（近景）叶文洁浑身发抖。（转叶文洁视角）世界虚化，渐渐变成黑色。	泼水声，脚步声。	无
3	跟	全景至中景	30	（全景）黑暗中浮现出叶文洁行走的背影，两旁的背景由黑色渐渐变换为茂密的白桦树林，白桦树一棵棵倒下，叶文洁走到了一座大门前，（镜头再拉远）落日的余晖中庞大而老旧的红岸基地呈现出全貌，叶文洁娇小的身影走进基地，（镜头跟进）叶文洁的背影越走越远，厚重古老的铁门关上，再次变成黑暗。	锯木声，电钻声，脚步声，关门的嘎吱嘎吱声。	无
4	拉、推	全景至显微	10	（全景）兴安岭的山脉间，太阳升起，红岸天线对准太阳。（显微）叶文洁按下红色的发射键。	按键声；旁白"到这里来吧……你们的力量来介入。"	无
5	推	中景至近景	10	（中景）人群让出一条路，（近景）年迈的叶文洁走出，站在人群的中心，举起拳头。人群跟着举起拳头。	"统帅来了!"叶文洁："消灭人类暴政!"众人齐："世界属于三体!"	无
6	推，拉	全景至显微	30	（全景）雷达峰山顶，野草疯长，（镜头推进，显微）红岸的纪念碑若隐若现。（镜头拉远，给远方的夕阳一个长镜头。镜头再拉远，是老人的眼睛倒映着夕阳镜头持续慢慢拉远）老人的双眼失去聚焦。	叶文洁："这是人类的落日。"	无

师：第2组以"夕阳"、"落日"、"晚霞"、"晨曦"、"骄阳"、"落日"六个镜头带我们回顾了叶文洁的一生，画面感强，电影语言专业。叶文洁目睹了父亲的惨死，亲历了友人的背叛，她的科学事业追求也遭遇挫折，种种绝望让她选择了对人类的背叛。最后一个镜头与前面的镜头形成呼应，她个人生命中的落日成为"人类的落日"。这个剧本塑造了孤单而又悲哀的叶文洁。

我们看到其他组的脚本还有《走上背叛路》《劫难回忆录》《冰冷一生》《降临还是拯救》《抉择》等，大家撰写的镜头共同托起叶文洁的形象。叶文洁的一生是不断遭遇劫难的一生，我们追忆她的经历也是走进她充满劫难的回忆。我们感叹劫难中的冰冷，这种冰冷让她从最初的善良走向对人类命运的终极背叛。在这个过程中，她充满了挣扎，人性的迷失让她感受到无尽的苍凉，她走向绝望，给整个故事带来"苦难的开始"。

任务二：分享各组为叶文洁创作的主题曲

（6个小组分别展示自己的创作）

下面摘录第4组的汇报：

落 日 冷 魂

燕鸣声 落入铁门 惊起了世人/身偏冷 冤冤相报 真情有几分/一轮落日 光线相鸣/看透了一圈又一圈的光晕/雷达峰 长了几层 长了那藤痕/再回头 一抹残阳 生锈的铁门/容我转身 时光荏苒/失掉一切 失掉残存的文明/风呼啸 石板旁那草木深/已忘记 冷却僵硬的心魂/大厅的警笛声 落入纳米制的古筝/烟消云散 一切还是人们/燕鸣鸣 燕鸣鸣 风沙寥落 那颗亡魂/斩断一切 死亡尽头 牵挂无垠/石板旁草木生 冷却僵硬心魂

师：几个小组的歌词都非常有意境，传递出对叶文洁命运的同情。在《三体》乃至整个三部曲中，叶文洁或许是最为复杂和最难评价的人物。她不幸的遭遇让她凝固并放大了自己的真实苦难，她不仅放弃了在人类社会中发展科学的追求，更将人类文明视为罪恶本身。叶文洁认为只有借助人类之外的力量才能拯救人类本身，对人类道德的失望，源于叶文洁个人遭遇以及她对现代文明的反思。她成为地球三体叛军的精神领袖，她和拯救派之所以相信三体文明能够拯救人类，是因为她坚信一个科学更为昌盛的文明必然拥有更高的道德水准，她对"三体"顶礼膜拜。她的举动也让我们思考，一个社会道德和文明程度与其科学发展水平有必然联系吗？叶文洁对三体文明又了解多少呢？道德的尽头是科幻，从叶文洁的命运出发去思考"科学、文明、道德"三者的关联，或许是作者塑造这个人物的重要目的。

任务三：分享罗辑专题纪录片脚本

（6个小组分别展示自己的创作）

下面摘录第1组的汇报：

镜头	技巧	景别	时间（s）	画面内容	声音	音乐音响
1 杨冬之墓	跟拍	近景	60	在杨冬的墓旁，一位白发苍苍的老人在与罗辑交谈着什么。（拉近）"我希望你能从这两条公理着手这门学科。"老人的眼中透出一种坚定，不经意的话语间却似乎将什么重任交给了青年。	风吹草动	无
2 诡异的车祸	跟拍	特写	120	罗辑与刚认识的女朋友分别的时候，她的包转过去后又飞了起来，直冲罗辑的脸飞去（慢动作），他下意识地躲开了（慢动作），但却摔在了地上，这时一辆车正冲向了他原来站的位置。	急刹车声	惊险音乐
3 面壁者	推镜头	全景	120	萨伊举起她的右手，指向了他，"第4位面壁者——罗辑"，罗辑懵了，眼睛睁得大大的。	打鼓的声音	无
4 庄颜	移动拍摄	近景	240	罗辑孤独地生活在豪华的北欧庄园里，直到她的到来。甜甜的笑，柔美的脸（拉近），如圣洁白花一般的庄颜站在了罗辑的面前，似乎整个世界都会为她沦陷。	无	Summer
5 末日的约定	跟拍	近景	360	几年来，其余3位面壁者，1位已经自杀，2位已经冬眠，唯有罗辑还在享受天伦之乐。好景不长——看着美丽的画卷上一行刺眼的小字"亲爱的，我们在末日等你"，罗辑的心像是被狠狠地扎了一下。	无	Kiss The Rain

镜头	技巧	景别	时间（s）	画面内容	声音	音乐音响
6 破壁者	仰拍	远景	500	"哗啦啦"，脚下的冰碎了，罗辑坠入了刺骨的水中。一切仿佛静止——只等他最后的醒悟。（拉近）"面壁者罗辑，我是你的破壁人。"	冰碎	无
7 咒语	跟拍	全景	240	所有人都看着大屏幕上三张不明所以的图片。罗辑缓缓说道："这是一句咒语，按我说的去做，有什么情况，立刻叫醒我。"于是，罗辑开始了他的冬眠。	无	无
8 苏醒	跟拍	全景	120	罗辑苏醒过来以后，得知面壁计划已经取消，感到了一种前所未有的释然。	风和鸟的声音	无
9 最后的对决	俯拍	远景	600	雨淅沥沥地下着，悲哀的气氛弥漫开来。山茶树在罗辑的脑海里挥之不去，然而回忆却永远地成了回忆。他一点点为自己挖着墓，直到再也挖不下去了为止……一抹红从东边升起，罗辑开始了与三体世界最后的对决。	雨的声音	山楂树
10 看不见的敌人	推镜头	近景	500	已是白发苍苍的罗辑显得格外精神，他就这样一动不动地与看不见的敌人对峙了54年。当罗辑把按钮交给程心时，随之熄灭的是眼中锐利的光线，代之以晚霞的平静。	无	无
11 告别	拉镜头	远景	400	站在冥王星上的白发老人，望着这幅壮观的太阳系巨画，意味深长地笑了一下（拉近）："哦，要进画里了，孩子们，走好!"	无	You Raise Me Up

师：几个组的展示都很精彩，大家在罗辑命运中共同聚焦的起点是罗辑与叶文洁在杨冬墓前的偶然会面。正是这次会面，使得罗辑在叶文洁去世后成为最后一个有可能通过"宇宙社会学"研究出威慑三体文明的宇宙法则的地球人。这也使得后来罗辑被选为面壁者，成为维持地球对三体的有限威慑的"执剑人"。大家抓住了罗辑命运的重要节点设计镜头，塑造出机智、沉着、充满智慧、刚毅、负责的人物形象。我想，罗辑的英雄功业在于他充分认识到自己的内心召唤与延续人类文明的历史使命。

任务四：分享各组为罗辑创作的主题曲

（6个小组分别展示自己的创作）

下面摘录第6组的汇报：

黑暗中的守护者

——根据歌曲《她说》曲调创编歌词

他在恍惚中来过/他慢慢建立威慑/只是最后的承诺/还是没能消除了灾祸/

你曾做的没有错/只是强者的独秀太莫测/他的错与对/

曾经淹没了一个文明在黑暗中的诉说/

无论你与谁/都在面壁中劳累/实力烧成灰/还需要藏头护尾

敌人心头的无畏/已被咒语默默地摧毁

无论你与谁/与世隔绝的岗位/望宇宙昏黑/欣赏万物的真伪/

今后不再有天明/等待平面中的苏醒

师：大家用歌曲概括了罗辑的一生，又用悠扬的曲调传递出心中的情感，词佳歌美。

任务五：分享各组为其余人物撰写的评价语

生1：我为云天明写了歌词。"清冷的月，漫长的夜，我独自徘徊生死之间/人性的终点，一切都湮灭/不知成功与否的实验/带走了眷恋，留下的诺言/白色房间，黄色药液，按下无顺序的数字键/倒数的时间，没人说再见/想起一张张熟悉的脸/放下全世界，前方是黑夜/把自己装在小小的容器里/独自飞向那未知的终点/站在最前面，撑起地球第一道防线/已经被埋藏，深深的绝望/跨过岁月沧桑，曾经渐渐地被人遗忘/回忆散落云海，故人身影依然明朗/那美丽的童话，还是为你娓娓地讲/如金黄的麦田，在心田翻涌起波浪/心如云海苍茫，那是山巅最美的风光/天明亟待破晓，光芒洒遍了天涯海角/时间已经起航，世事不过浮梦一场 /跨越百年的时光，前路依然渺茫/碑上石刻题记过往。"

生2：我为智子写了歌词。"来自4.5光年外的你/优雅又神秘/另一个世界的信息/模糊又清晰/一道道谜题/等谁去解密/那碧绿的茶水/激荡起白色雾气/世界的毁灭/如同一场游戏/星云无限美丽/其下却已然一片死寂/宇宙的终极/一切轮回生生不息/刀还在刀鞘里/漆黑掩去一片杀意。"

生 3：我为维德写了评价语。"他像一个黑色的鬼魅，目光深处隐约透出一丝锐利，他的微笑像冰封的河面上的一条冰缝渗出的冰水，在冰面上慢慢弥散开来；他习惯在别人痛苦时用自己独特的微笑来欣赏，他的心仿佛冷若冰面，他会清除一切挡他路的棋子，不择手段地前进；他在黑暗森林中的威慑力竟为百分之百，他也曾做过两个足以拯救地球文明的计划，但最后都被终止了；他那充满野心的眼中也出现过一丝罕见的犹豫。但他最终的命运却被万光而化。他就是托马斯·维德。"

生 4：我为程心写了歌词。"善良是你的名片/母性是你的弱点/一次次受伤/终于学会遮掩/冰水般的笑容冷冽/跨越百年的见面/执剑？威慑的信念/圣母般的笑脸/蒙蔽了人的双眼/三体的监视/从未停歇/血一般的红闪烁着危险/生与死只在一念之间/放不下全世界/银色的闪电划破天际/时光荏苒星月皎洁/善良本性从未改变/岁月铭刻无尽思念/传承文明在浩瀚的宇宙/无畏向前。"

生 5：我为章北海写了颁奖词。"一个具有高度责任感的人，在没有面壁者资格的情况下开始面壁，独自承担了所有的痛苦和负疚；一个极端清醒，自信的人，众人皆醉吾独醒，百年之前便预见了人类注定失败的结局；一个心怀大爱的人，程心的爱关注个体却送葬了全局，而他是真正操盘手一样的存在，宁可牺牲一小部分人包括自己也要挽救整个人类文明。"

师：同学们的展示很精彩，你们以人物故事中的典型细节串联起人物故事，表达自己的个性化思考。我们看到了云天明的孤寂与执着，看到他的智慧。我们看到了章北海的坚毅与果敢，他主动承担延续人类文明的历史使命。我们看到智子，想到她还是败给了罗辑的坚韧、勇气与智慧，她监视人类的言行举止，她也有自己的困惑与无奈。我们看到了程心的善良与柔弱，看到作者借这个人物形象传递出来的对"温情"、"爱意"的呵护。我们看到了维德，维德这个人物设置是富有象征意味的，他代表着人类在这场生存大战中的技术出路，他的两次重大决定都准确找到了人类文明幸存的出路，但人类最终没有选择维德，他的做法违背了人类几千万年的价值取向，并受到人类的唾弃，最终被处死。

有人说，"三体"系列的人物形象还不够丰满，我认为我们可以透过人物形象看到作者深刻的人文思考。比如，维德与程心的碰撞对立，实质是科学理性与人文价值之间的矛盾的缩影。维德代表着科学理性，程心代表"爱"，代表现实中的人文价值。冰冷残忍的维德两次找到了人类文明生存的技术出路，但程心两次都否决了他的做法。这种矛盾最终演化为以个人英雄主义的绝对理性冲出重围，这是科学理性和人文价值之间的矛盾不可调和的选择。科学理性与人文情怀的碰撞，是我们解读《三体》人物形象不可忽略的切入点。希望大家就《三体》三部曲的科学性与人文性继续展开深入的思考。

专家视角

科幻阅读：从小视野到大图景

北京教育学院教师教育人文学院　许　艳

《三体》作者刘慈欣在"地球往事"、"黑暗森林"、"死神永生"三部曲中构建了一个大格局，把人类的宇宙视野与对宇宙本质性的思考推向了极致，使读者突破原有人类中心的认识框架，在更大图景之中理解人类文明，对于人类的生死存亡、伦理道德有了更深刻的体验。刘慈欣说过，在忙碌和现实的现代社会中，人们的目光大都局限在现实社会这样一个盒子中，很少望一眼太空。科幻的使命就是拓宽人类的思想。

如此巧合，我国现阶段的语文教育也如同局限在一个盒子里，同样呼唤着一个更大的图景。长期以来，我国中小学阅读教学以单篇选文阅读为主，近年来，一方面专题阅读、书册阅读逐渐纳入语文课程的视野，阅读教学文本从单篇文到整本书，越来越呈现多样化形态。另一方面，不管阅读文本篇幅长短，学生阅读方式仍是以文学阅读为主体。当科幻小说作为文学样式之一进入阅读教学视野，单一的文学阅读已经无法保证文本阅读的完成。这意味着我们必须引领学生进入更加多元的阅读挑战，体验学科互涉的阅读方式，并在阅读过程中收获思维磨砺与灵魂悸动。同时，学科互涉的跨界阅读也给语文课程进一步拓展阅读教学格局带来机遇。

《三体》文本中交织着自然、社会、人文多个学科领域的知识概念与思想方法。首先，书中有详尽的技术细节描写，甚至是艰涩的科学理论概念。《三体Ⅰ：地球往事》中讲述了"智子"技术。三体文明将一个质子二维展开，将其改造为超级计算机，再变回高维，并能以接近光速的速度移动。"智子"作为超级计算机，虽然没有攻击能力，但能够锁死人类的科技发展。其次，书中包含着理论的演绎与推理。《三体Ⅱ：黑暗森林》开端，叶文洁设立了"宇宙社会学"体系。在"宇宙社会学"两条公理与两个概念的框架之下，小说另一主要人物罗辑演绎推理出"黑暗森林法则"，并进行了实验验证。小说故事情节发展走向、各种人物关系处理都符合"宇宙社会学"的演绎。再次，书中还涉及更为深刻、复杂的科学隐喻。《三体Ⅲ：死神永生》中唯一进入三体文明的地球人云天明告知地球的三个故事，隐喻了奇幻的科学技术与科学思想。刘慈欣在充满隐喻的科幻世界里，演绎了一个社会学的理论逻辑，并且从中展开了人类的社会生活故事，内容磅礴，结构奇特，构成一种科学思维与人文情怀融合的张力。

面对这样一个大格局小说，一个结构复杂的文本，张媛老师引导学生打开阅读视野，体验跨界阅读。在通读梳理的基础上，回读统整阶段主要指向科学理论、演绎推理与科学隐喻，邀请天体物理学博士于浩然指导学生阅读；研读提升阶段则回归文学阅读，由张老师指导学生聚焦小说人物形象，概括评价人物特点。整个教学过程既以现实科学为依据，从已知中推断未知，进行科学想象与演绎推理，又以多种多样的活动成果为载体，引导学生回顾、整理、提炼、表达对于人物形象的解读与思考。从通读指导、重点突破到内容统整，多个学科的知识概念与思维方式融合，科学想象与文学分析结合，理性思维与人文精神交织，以合力推动学生认知、策略、精神的发展。假如有社会学领域教师加入指导，相信这曲多声部合唱会更为精彩。学科互涉的本质就是知识的多元整合与思维的多重叠加，显然这样的教育价值是简短的单篇文章或者纯粹的文学文本无法承载的。阅读《三体》的教学实践，为阅读教学的现有图景又推开了一扇窗，让我们看到语文教育更为宏大的格局。

刘慈欣说，如果读者因一篇科幻小说在下班的夜路上停下来，抬头若有所思地望一会儿天空，这篇小说就十分成功了。同理，如果一个孩子因某次阅读经验而发生看似细小实则影响一生的改变，这次阅读教学就十分成功了。相信这样的成功，正是张媛老师致力追求的目标与方向。

美学启蒙

走近美，品味美，爱上美

——《写给大家的中国美术史》书册阅读教学现场

北京市朝阳外国语学校　刘晓舟

┌─────────────────────────────────────┐
│ 书 册 名 片   │
└─────────────────────────────────────┘

◆ 推荐版本

| 作者：蒋勋 |
| 出版社：生活·读书·新知三联书店 |
| 出版时间：2015 年 9 月第 1 版 |

◆ 内容梗概

　　蒋勋先生认为"所谓'传统'，就是活着的文化，不但活着，而且不能只活在学者专家身上，必须活在众人百姓之中"①，为了实现这个愿望，蒋先生写了这本"单纯教导学生们爱美之心的书"。全书共十五章，各章内容概括如下。

　　第一章，通过师生对话引发读者思考，指出象形文字是祖先对美的观察、思考与表达，这构成了中国绘画的开始。中国美术发展的起源体现在彩陶的图像及线条中，古代中国人已经能描画简单的鱼、人脸等图像，并按照一定规律用不同线条装饰彩陶。这说明距今 6000 多年前，我们的祖先已经有了对美的信仰和追求。

────────────────

① 蒋勋 . 写给大家的中国美术史［M］. 北京：生活·读书·新知三联书店，2015：1.

第二、三章，梳理商周时期的青铜器花纹，指出其中已经包含鱼纹、蚕纹、贝纹、蝉纹几种纹类；列举春秋战国时期绘画观点和技巧的大进步，特别强调了写实肖像画的出现。

第四章，主要介绍汉代美术最突出的特点：极有魄力地展现五彩缤纷的想象力；绘画出现多样化发展趋势，帛画、壁画、砖画、漆器、彩绘陶等美术形式得到不同程度的发展；毛笔的使用及发展、隶书的确定影响了美术史的发展进程，使中国绘画在汉代以后朝向线条化发展。

第五至八章，介绍魏晋南北朝时期美术受外来文化影响所产生的宗教绘画，重点说明敦煌壁画在这一历史时期的演变。

第九章，介绍唐代美术因国势鼎盛所体现的极大的包容性及创造力，这一时期多种绘画形式百花齐放。

第十章，五代的朝代更迭，推进了南北文化的融合，这使得中国绘画迎来了发展黄金期。此时的山水画前承唐代青绿山水之技法，后启宋代山水画的不同风格，重点介绍荆浩、关仝、董源、巨然这四位山水画代表人物及作品。

第十一章，展现宋代美术的全面繁荣，分析"格物"精神使宋代美术登峰造极的表现，着重介绍宋代文人画流派的兴起。

第十二章，介绍元代四大家的代表作，以四位大家为切入口，反映元代文人的尴尬地位及隐逸情怀。

第十三章，明代城市经济的繁荣逐渐影响到画家群体，画家从"不食人间烟火"到用入世精神描绘社会的各种现象，展现了明代绘画的创新与突破。

第十四、十五章，作者分明末清初、清朝中期、清末民初三个阶段介绍清代美术受到西方政治、经济、科技、文化影响的现象，展现清代画家们继承传统及寻求突破的种种努力。

以上十五章梳理了中国美术的发展历史，依照朝代顺序，连缀起各个流派和名家，勾勒出中国美术的诞生、演变与发展脉络，介绍了中国美术史上不可忽略的经典作品。

◆ 作者简介

蒋勋（1947—　），台湾知名画家、诗人、作家，祖籍福建长乐，生于古都西安，成长于台湾，毕业于中国文化大学。蒋勋先生从小修习书法，研读古典文学，国学功底深厚。1976 年，蒋勋在巴黎、西班牙、意大利、荷兰、德国、瑞士、英国及希腊各地旅行，做艺术札记，同年底返回台湾。1977 年主编《雄狮美术》，将它扩大成为综合美术、建筑、戏剧、文学等多种艺术门类的刊物，使该杂志一举成为代表台湾本土化特征的最具挑战性的刊物之一，掀起了广泛讨论本土化与民族性的热潮。1979 年开始任教于文化大学、辅仁大学、台湾大学、淡江大学等，讲授美学及艺术史等课程。

目前，蒋勋先生出版的《美的沉思》《孤独六讲》《吴哥之美》《写给大家的中国美术史》《写给大家的西方美术史》《汉字书法之美》等书深受各界好评。

◆ 文学地位

《写给大家的中国美术史》是一本带领读者走近美、品味美的入门书。蒋勋先生希望通过浅近的讲解，将中华民族对美的信仰，传承给下一代，启发他们，使他们活得更活泼、更圆满，努力做到"不断把年轻人带领到'美'的面前"，使读者"聆听'美'的言语"，在美的面前"惊讶、好奇、流连、低回"，希望他们"无论在如何的处境，不该放弃了对美的信仰"。

作为画家，蒋先生对"美"有异于常人的独特感受，他写作的美术史既有教育者的眼光，又有画家对"美"的信仰，文笔清丽流畅，说理明白无碍，兼具感性与理性之美。这些优点使本书一经出版就受到各界好评：

台湾学者蒋勋所著的《写给大家的中国美术史》是一本别具一格的学术著作。他试图用最简约的篇幅、最概括的手法和最通俗的语言，勾勒出中国美术的诞生、演变及其发展脉络。全书搜罗了大量的中国画家的经典之作，作为他的文字的补充。这部《中国美术史》虽然未必尽善尽美，但这种尝试和开拓精神是值得赞赏的。

——陈诏《域外读书生活杂记》

一提到美术，更多人最先想到的是达·芬奇、梵高，而对我们自己的美术史却知之甚少，这本书正是写给所有华人青少年和他们的家庭的。让他们在长者的带领下，来到"美"的面前，聆听"美"的言语，在"美"的面前惊讶、好奇、流连、低回。作者摒弃学者式的考据来写这本书，与年轻一代娓娓交谈，谈中国美术的历史和方方面面，旨在培养年轻一代对美的信仰。

——香港商报

蒋勋在台湾教授中外美术史，所著《写给大家的中国美术史》影响很大。他善于举重若轻地将艺术历史浅显讲出，并将艺术人物、事件和作品与政治人文社会的历史相勾连，立体地写出其内在血脉关系，同时轻轻地点缀一些鲜为人知的艺术家逸事。

——宋文京《诗意的缺失》

教学价值

◆ 知识积累

本书主要介绍了中国美术的发展历史，阅读本书，学生可以积累基本的美术知识，了解中国美术史上的重要流派、画家和作品。

（一）美术的概念

阅读本书后，学生会从象形文字、彩陶、青铜器、帛画、壁画、砖画、漆器、雕塑等多方面体会中国美术的源远流长和博大精深，进而认识到"美术"是一个囊括多种艺术门类的概念。

（二）重要画家和优秀作品

本书为读者集中介绍了中国美术史上重要的画家及其优秀作品。不论是人们熟知的赵孟頫、郑板桥、唐伯虎、徐悲鸿以及他们的代表作品，还是人们并不熟知却在专家学者中知名度极高的韩滉及《五牛图》、顾闳中及《韩熙载夜宴图》、范宽及《豁山行旅图》、倪瓒及《容膝斋图》，作者都像介绍朋友般亲切地介绍这些画家及作品在美术史上的地位，像与朋友谈心般带领读者鉴赏这些经典作品的独到之处。

◆ 能力提升

《写给大家的中国美术史》作为"用件"类作品，能够提升学生以下能力。

（一）提炼作者观点，整合相关信息

作者在本书中分享了他对中国美术发展的认识和思考，阅读这些文字，教师可指导学生在整合文本信息的基础上分析作者观点，在思考中理解作者的认

识及思考，建构自己的认知。例如，作者在五代美术史部分指出"五代因为是分裂的情况，居住在不同地区的画家以不同的山水风景作为他们写生画画的对象，结果画出来的画也产生了很不同的感觉"。为了证明这一判断，作者罗列了荆浩的《匡庐图》和关仝的《关山行旅图》、董源的《潇湘图》和巨然的《秋山问道图》，使学生直观感受北方山水画的侧立千仞和南方山水画的氤氲温润。为了解释观感产生强烈反差的原因，学生就需整合关于不同"皴法"的解说。如此一来，学生对北画岩石的粗糙和南画土坡之和缓就有了更为专业的认识。从感官体验到理性分析的过程，提升了学生整合文本资料，理解作者观点的能力。

（二）质疑作者观点，合理提出问题

学生阅读本书，不仅要了解书中介绍的知识，分析、理解作者的观点，也要对作者观点有自己的判断。例如介绍明代美术史时，作者指出"元朝灭亡，元代文人崇尚隐逸的态度也改变了。绘画不再只是描写安静的山水，画家开始注意在山水中生活的人了"。为了证明这一观点，作者列举了戴进《渔人图卷》和吴伟《渔乐图卷》，从这两幅画作来看，画家们确实展现了渔船上渔民的生活和欢乐。可是，阅读到文人画部分，学生可能会产生这样的疑问：文徵明《古木寒泉图》和沈周《策杖图》中所描绘的依旧是安静的山水和隐士的出尘，作者表达的观点是否偏颇？解决这一问题，需要纵观明代美术发展的全景，进而了解隐逸画作在明代美术中所占的比重，再与元代进行比对，学生就会发现明代绘画多样性的特点，除了文人画，明代的市民绘画和人物画所占比重逐渐增加，特别是明代许多画家向民间学习制作小说版画插图，现存陈洪绶的"水浒叶子"就是画家开始关心生活，甚至受城市生活影响的最好证明。对作者观点的合理质疑和深入探究，能够加深学生对于某一阶段美术史的理解。

（三）拓展鉴赏评价的视角与思路

本书的写作目的在于介绍"美"，使读者亲近"美"。在阅读本书的过程中，学生要去体味经典作品的伟大与美好，但囿于欣赏水平和理解能力，需要

教师补充材料和适时点拨，拓宽学生鉴赏评价的视角与思路。如作者介绍倪瓒的《容膝斋图》时给出了"简易中的静谧"这一评价。学生初次欣赏本幅作品时都感受到了简易——寥寥几笔画出的石块、枯树和亭子，与王蒙用牛毛皴法细细勾画的山石迥然不同。但这幅作品被众多书画评论家定位为"逸品"，不仅因画面的简易，更因其简易中渗透的静谧和淡泊。此时教师可引导学生体味大量留白及淡墨勾勒的山石流云所表现的"寒冷寂静"的感受。再结合作者补充的元代文人尴尬处境及倪瓒的逸闻趣事，进一步感受画面传达的"不食人间烟火"的清高和孤傲。如此，学生能够从单纯关注手法，走向关注手法与情感的契合，进而关注手法与画家经历的契合，认识到多视角鉴赏的价值。

◆ 策略建构

本书的阅读着力于帮助学生建构自我提问策略、文本结构策略及图文互解策略。

（一）自我提问

自我提问的最终目的在于掌握文章的意义，获得信息和乐趣。能够依据文本体式特点提出一组相关的问题，是学生阅读能力的重要体现。《写给大家的中国美术史》中，作者记录了不少关于中国美术发展的思考和评价。例如，唐代宗教画部分，作者指出"敦煌的壁画，因为是在一千年间经过历代画家完成的，所以，连续起来看，特别可以观察出中国绘画的演变过程"。阅读这一部分，学生提出相关联的两个问题："中国绘画的演变过程是怎样的？""敦煌壁画如何体现这种演变过程？"解决这两个问题需要提取关于唐代宗教画发展状态的信息，阅读魏晋南北朝宗教画的发展，进行比较，梳理这个演变线索，通过阅读和梳理，学生可以解决问题，梳理出中国宗教画的演变过程。

（二）文本结构

不同的文本都有相应的篇章结构和语言特征，梳理文本结构和作者思路可以更好地理解主旨、把握主题。以宋代美术为例，本部分的文本结构为：描述宋代理学的成就及其对宋代绘画的影响；按花鸟画、山水画、人物画分类列举相关作品，分析"理学"对绘画的具体影响；补充理学影响之外的写意画和文人画，比较北宋与南宋山水画的异同。梳理本部分的文本结构，学生可以学习运用归纳、列举、排序、分类和对比的方式组织材料来呈现宋代美术发展状态，进而掌握这种文本结构特点。

（三）图文互解

本书涉及大量鉴赏文字和经典画作，教师要引导学生建构图文互解策略，体味作者的评价，理解作者的观点。例如唐代美术部分，作者举了章怀太子墓出土的仪仗图，并指出"一般人都认为，吴道子画人的头发和胡须，似乎真的是从肉中长出来的，所以有'毛根出肉'的说法"。这段文字介绍了吴道子绘画的功力，但"毛根出肉"的说法比较抽象，教师引导学生关注仪仗图中人像的胡须、眉毛，图文互解才能切实体会该词的真实感和笔法功力。

◆ 精神成长

《写给大家的中国美术史》介绍了中国美术的发展历史，传达了历代中国人对美的独特感受及不懈追求。学生阅读本书，可以提高审美情趣，增加民族自豪感。

（一）提高审美情趣

蒋勋在书中搜罗了大量中国画家的经典之作，并将这些作品与人物、事件、政治人文历史相勾连，全方位鉴赏经典之作的伟大之处，深入浅出地讲解这些作品的内容、技法、地位及影响。在这样感知美、亲近美的过程中，学生可逐渐提升审美情趣。

以前参观博物馆，学生只知精品为精品，但对这些艺术品为何成为精品，如何感动了历代中国人，缺少具体的感受。通过阅读本书，学生积累了中国画家及作品的知识，了解了线条技法的发展过程及基本鉴赏思路，能够借助这些知识更好地鉴赏珍藏于博物馆的书画精品。

（二）增强民族自豪感

一提到美术，人们首先想到的是莫奈、梵高、达·芬奇、毕加索，却对本民族的美术史知之甚少。阅读《写给大家的中国美术史》前，大部分学生先入为主地认为我们的祖先没有艺术创造力，阅读本书，在丰富的图片及文字资料面前，学生感慨于秦代雕像的逼真、汉代壁画五彩缤纷的想象力，唐代艺术的包容力和创造力，宋代绘画的高雅端庄……本书使学生了解了中国美术不同时代的发展特点及伟大成就，自然而然地使学生认识到中华文化的源远流长及博大精深，有益于提升他们的文化归属感和民族自豪感。

学程设计

◆ 整体框架

本书的阅读采用"粗读—精读—局部研读"的思路，先指导学生初步阅读，梳理出中国美术史发展的基本脉络，再引领学生有选择地使用阅读策略精读，最后是为完成任务进行的研读。

教学阶段	主要内容	教学资源	设计意图
通读指导	1. 学生在阅读学程指导下初步完成本书阅读。 2. 小组讨论，梳理中国美术史的发展线索。	章节阅读学程	通过阅读指导，筛选、整合相关信息。
重点突破 1	1. 了解文本结构策略。 2. 以宋代美术部分为例，学习梳理文本结构。 3. 对比元代美术部分文本结构，总结信息类文本组织材料的方式。 4. 运用文本结构策略，梳理明代、清代章节内容。	文本结构策略	1. 了解信息类文本的文本结构。 2. 学习文本结构策略。 3. 运用文本结构策略，整合梳理文本内容。
重点突破 2	1. 学习韩熙载夜宴图 APP，了解传统中国绘画鉴赏的角度。 2. 阅读链接材料，了解倪瓒的生平经历及逸事趣闻。 3. 对话《容膝斋图》，撰写鉴赏文字。	1. 韩熙载夜宴图 APP。 2. 倪瓒生平经历。 3. 倪瓒逸闻趣事。 4.《容膝斋图》挂图。	1. 了解鉴赏传统中国绘画的角度。 2. 知人论世，了解倪瓒，走近他洁净的灵魂。 3. 鉴赏《容膝斋图》，探寻倪瓒的书画心灵。

续表

教学阶段	主要内容	教学资源	设计意图
重点突破3	1. 结合教师补充的文字、图片资料，自主探究中国诗画中的渔父意象。 2. 小组讨论，全班交流，形成自己的认识。	1. "渔父"相关诗文。 2. 网师园、沧浪亭的命名缘由。 3. 马远《寒江独钓图》等图片资料。	结合相关文字、图片资料，品味"渔父"意象的象征意义。
内容统整	帮助高居翰先生再版的《图说中国美术史》甄选历代绘画，配以文字说明。	1. 高居翰先生资料。 2. 名画备选名册。 3. 文字说明的样例。	通过情境活动，梳理各时代绘画风格、绘画名作，作出自己的评价。

◆ 通读指导

　　学生根据"通读指导"粗读全书，标记自己感兴趣的朝代。教师组织学生精读感兴趣的内容，并完成"通读指导"中"终极挑战"的任务。在学生对全书已有一定认识、思考之后，分小组研读重点章节，全班交流。

阅读范围	阅读任务	重点能力指向
绘画的开始	1. 这一章，作者用象形文字、彩陶、直线和曲线、黑陶等来证明，在远古时期中国的美术已经发生了，阅读这一章，你同意作者的判断吗？为什么？ 2. 结合本章象形文字部分，谈谈你对"书画同源"这一概念的理解。	结合文本信息，理解并评价作者观点。 结合文字信息，形成自己的解释。
商周	商周时期我国出现了青铜器，青铜器的纹饰成为精美的艺术品。阅读这一章，依据书中信息判断下面图片中青铜器的装饰纹属于哪一类？ 编号:20111010221437809J203 汇图网上野商业图库(www.huitu.com) by缘明等艺术编	提取信息，解决问题。
春秋战国	1. 作者认为春秋战国时期中国的绘画有了很大的进步，请仔细阅读这一章，说一说作者列举了哪些材料来证明这一观点。 2. 本章指出"春秋战国时代，思想家、哲学家特别多，被称为'百家争鸣'的时代，事实上，艺术方面也同样有辉煌的成绩"。请阅读这一章，搜集相关材料，举例证明作者的判断。	梳理作者思路。 筛选文本信息，支撑作者观点。

阅读范围	阅读任务	重点能力指向
汉	1. 下面两幅图片，哪一幅图片中的俑是汉代作品？请说出你判断的理由。 2. 汉代绘画出现了多样化趋势，细读这一章内容，谈一谈绘画多样化表现在哪些方面。 3. 汉代似乎是中国美术发展的第一个小高峰，结合你所学习的历史知识，分析汉代美术得到发展的原因。	利用文本信息，解决问题。 筛选、整合符合要求的信息。 激活原有知识，形成新的解释。
魏晋	1. 阅读魏晋部分，你能找到这幅砖画吗？这幅砖画中的主人公都有谁？你能说一说这几个人的故事吗？ 2. 这幅砖画在中国美术史上有什么重要的意义？为什么？ 3. 提到魏晋的美术，我们不能绕开中国第一位有名的画家——顾恺之，下面四幅画，哪一幅不是顾恺之的作品？请选出这幅图，并说一说你是如何判断的。 	筛选信息，做出评价。 利用文本信息，解决问题。

阅读范围	阅读任务	重点能力指向
唐	1. 魏晋以来，随着佛教传入，佛教题材进入中国美术史视野，引起了中国宗教绘画发展的高潮，宗教画以敦煌成就最高，阅读这一部分，列举唐代敦煌宗教画的成就。 2. 除了宗教画，唐代美术的大繁荣还反映在哪些方面？请按照不同题材分类梳理。 	题材	代表性名家	代表作	你的感受
---	---	---	---
宫廷画			
动物画			
墓室壁画			
山水画			
文人画					筛选、整合文本信息。 利用表格，梳理信息。
五代	文中指出"五代分裂时期，居住在不同地区的画家，以不同的山水风景作为他们写生画画的对象，结果画出来的画也产生了很不同的感觉。"阅读五代的相关章节，结合关仝的《关山行旅图》和巨然的《秋山问道图》，比较五代时期绘画南北风格的异同。	结合文本资料，分析作者结论。
宋	1. "理学"是宋代哲学的主要部分，理学有一派特别重视儒家的"格物"。所谓"格物"，就是对每件事物，都用非常认真的方法分析和研究，找出其中的"道理"。宋代的"格物"精神应用在绘画上，产生了许多非常写实的、严谨的花鸟画。阅读这部分，让你印象最深刻的花鸟写生画家是谁？请以他的作品为例，从"格物"精神的角度赏析作品。 2. 史学家陈寅恪认为："华夏民族之文化，历数千年之演进，造极于赵宋之世。"宋代文化高度繁荣，在美术领域有哪些体现？	结合文本信息，鉴赏评价。 筛选、整合符合要求的文本信息。
元	1. 元代有四位十分出色的山水画家，被称为"元四大家"。他们是_____、_____、_____、_____。 2. 阅读这一章，梳理这四位大家的作品特色。 	姓名	作品特色	代表作
			  3. 书中指出，"倪瓒的画给人一种寒冷寂静的感觉，比起吴镇和黄公望来还要寂静得多"。你是否同意上述观点，请结合倪瓒的作品谈一谈。	利用表格，梳理信息。 借助文本信息，点评作者观点。

阅读范围	阅读任务	重点能力指向
明	1. 下面三幅作品分别来自宋代、元代、明代，阅读这三章，结合三个时代的绘画风格，判断作品朝代，并给出自己的理由。 2. 作者评价明代绘画"用入世的精神来描绘社会的各种现象"，阅读这一章内容，谈谈你对作者这一说法的理解。	整合文本信息，作出判断。 结合文本内容，理解作者观点。
清	1. 清朝时期，许多欧洲传教士来到中国，带来西方文明的同时，也带来了西方绘画的观念和技法。请结合下面两幅作品说说西方绘画的观念和技法对中国绘画的影响。 2. 以下两幅墨竹作品分别来自文同和郑板桥，请判断哪幅作品来自郑板桥，并说明理由。 	结合文本信息，分析作者结论。 整合文本信息，作出判断。

续表

阅读范围	阅读任务	重点能力指向
清末民初	中国绘画一直保有独特的传统。进入 20 世纪，西方科技、政治、经济对中国的影响也波及绘画。阅读这一章，请以徐悲鸿的生平经历及画作为例，分析西方科技、政治、经济对中国绘画的影响。	结合文本信息，理解评估作者结论。

终极挑战	任务一：理出一条线索。
	通读本书后，试梳理中国美术发展主线，绘制思维导图。
	任务二：走进一个时代。
	分析一个时期美术发展的原因。
	    历史老师小提示：
	    分析某一时期美术发展的原因可以从以下角度：政治、经济、文化三方面的发展状况。另外，在中国，政治因素的作用会稍大于经济发展的作用，而且，士人阶层的作用也不可忽视。
	任务三：爱上一位画家。
	搜集你所喜爱画家的文字、图片资料，深入了解他的生平经历和绘画风格，为他写一篇小传。
	任务四：鉴赏一幅作品。
	精选一幅你最喜欢的绘画作品，试着用文字描绘这幅画作，写出你欣赏画作时的感受，并尝试搜集别人的鉴赏文字，写一篇属于你的画作鉴赏。
	以上四个任务，你可任选其中一个或两个完成。
		根据文本内容梳理线索。
		激发已有知识，形成自己的解释。
		互文解读，形成自己的认识。
		鉴赏评价。

◆ **重点突破 1**

借助文本结构特征阅读信息类文本

教学目标

1. 通过梳理宋代美术和元代美术的文本结构，明确信息类文本组织材料的基本方式。

2. 学会运用文本结构策略阅读信息类文本，梳理作者思路，把握文本内容。

教学过程

活动一：了解文本结构

一般来说，不同的文类有相应的篇章结构和语言特征，了解同类文章的结构特征，可以更好地理解主旨、把握主题、提取信息。《写给大家的中国美史》属于信息类文本，主要介绍中国美术的发展历史及主要成就。信息类文本一般有以下几种组织方式：

组织方式	描　述
归纳	在主要思想之后有支持性信息段落
列举	列出所有与同一主题相关的事实
排序	排列某一过程中的一系列步骤
分类	划分一套类别及亚类别
对比	从不同维度描述两个或更多事物间的相同点与不同点

活动二：活学活用

作者在介绍中国美术的发展历史时需要列举大量图片资料，以呈现当时美术的发展状况，表达作者观点。同时，为了达到语言浅近的目的，组织材料时，作者尽量避免生硬地使用标志性词语"例如"、"首先"等，这可能会给学生了解文本结构带来困难。本环节共设计了三个相同指向的学习任务，旨在帮助学生提炼文本结构特点，借助这一特点开展阅读实践。

1. 阅读宋代美术部分，请大家小组合作，理出文本结构，完成下表。

组织方式	描　述		标志性词语、句子
归纳	描述宋代美术总体发展状况，举例阐释宋代"格物"精神。		所谓
分类举例	按照宋代绘画的不同种类，分别介绍宋代理学对绘画的影响。		像（某人），另一位，也是，再看另一位画家…… 最后一个画山水有名的画家是…… 最有名的一张画就是……
	花鸟画	崔白《双喜图》、宋徽宗《腊梅山禽》等。	
	大山水（北宋）	范宽《谿山行旅图》、郭熙《早春图》等。	
	河流山水（南宋）	夏珪《溪山清远》、马远《水图卷》、马麟《静听松风》等。	
	人物画	张择端《清明上河图》、苏汉臣《秋亭戏婴图》等。	

续表

组织方式		描　述	标志性词语、句子
对比	写意画	梁楷《泼墨仙人图》等。	
	文人画	文同《墨竹图》、米芾、米友仁的米家山水等。	
	宋亡后文人画家	郑所南《墨兰图》、龚开《中山出游图》、赵孟頫《鹊华秋色》等。	

2. 请尝试独立阅读元代美术部分，填写下列表格：

组织方式	描　述	标志性语言
	总体介绍"元四大家"，分别介绍吴镇的《渔父图》、黄公望的《富春山居图》、倪瓒的《容膝斋图》、王蒙的《具区林屋图》和《青卞隐居图》，并介绍元四大家的绘画风格。	
		黄公望和吴镇一样，也在追求山水中的宁静。倪瓒的画，给人一种寒冷寂静的感觉，比起吴镇和黄公望来，还要寂寞得多。倪瓒之后，另外一位画家王蒙，就完全不同了。元四大家，吴镇、黄公望、倪瓒都在追求山水的安静；唯有王蒙，不断地在很高很长的画面上，画不安定的、运动的山。

3. 以小组为单位，阅读清代美术部分，试着理出本章文本结构，列表展示。

◆ **重点突破 2**

知人论世，　以画逆志

教学目标

1. 阅读链接材料，列举倪瓒的性格特点。

2. 学习韩熙载夜宴图 APP，概括名画鉴赏的角度及基本方法。

3. 鉴赏倪瓒《容膝斋图》，探寻倪瓒诗画心灵，撰写鉴赏文章。

教学过程

活动一：他山之石可以攻玉

学生提前下载故宫博物院开发的韩熙载夜宴图 APP，总结韩熙载夜宴图 APP 的鉴赏角度。

1. 韩熙载夜宴图 APP

韩熙载夜宴图 APP 是故宫博物院开发的一款互动式手机应用，这款应用一经推出就受到了大家的欢迎，被苹果商店评为 2015 年度最佳 APP。

打开 APP，伴随着悠扬的古乐，会听到旁白介绍韩熙载其人及夜宴图的时代背景。读者可以一边听旁白一边拨开层层竹林，走进 3D 版的图画世界。随之，整幅画卷就缓缓展现在眼前。

该 APP 的操作方法很简单，左右拖动即可赏画，长按画中人物、物品、装饰，便会出现具体介绍。点击特定人物，如横抱琵琶的李姬、穿蓝色服饰的舞伎时，这些人物就会"复活"，以真人的形式为你弹奏传统南音，跳起梨园舞蹈。

这款 APP 能够荣登 2015 最佳应用榜，除了高科技支持的互动式体验带给人们的惊喜之外，专业严谨的鉴赏语言功不可没。这个应用给我们作出了鉴赏名作的范本，角度多样、语言浅近、表达精准。

2. 韩熙载夜宴图 APP 鉴赏角度分析

韩熙载夜宴图 APP 的鉴赏角度主要有以下几个，如下图所示。

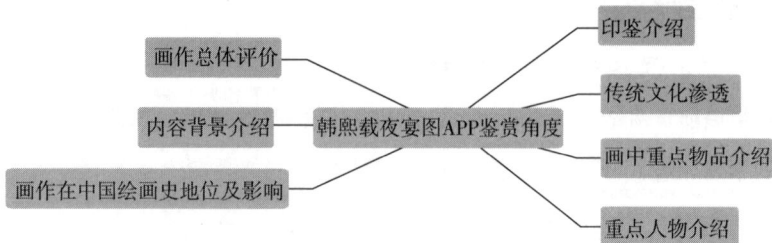

活动二：走近千古奇人——倪瓒

阅读链接材料，概括倪瓒人品性格。

链接材料：

1. 倪瓒生平介绍①

倪瓒（1301—1374），江苏无锡人，字泰宇，后字元镇，号云林居士、云林子、云林生或云林散人，别名荆蛮民、净名居士、朱阳馆主等，自称倪迂、懒瓒等。倪瓒是影响后世最大的元代画家，他简约、疏淡的山水画风是明清大师们追求的对象，如董其昌、石涛等巨匠皆引其为鼻祖。

青 年 倪 瓒

倪瓒青年生活极为优裕闲适，其祖父为本乡大地主，富甲一方。父亲早丧，弟兄三个人，他自小由长兄抚养，长兄请同乡"真人"王仁辅为塾师，以教倪瑛、倪瓒。倪瓒强学好修，刻意文史，他生活条件优越，逐渐养成了淡然略带傲气的性格。他整日读书于清闷阁，内藏经、史、子、集、佛经、道籍千余卷，倪瓒每日在这里精研典籍，从不顾及其他政事，颇有"一盏灯，一壶茶，一方砚，一张纸"的闲情逸趣，这种从骨子里长出来的"傲"，为其日后的绘画风格奠定了基础。

倪瓒二十八岁那年，其兄长突然病逝，不久之后倪母也去世，他受到了非常沉重的打击。因其雄厚的家产，倪瓒表面的生活并未有太大改变，依然过着"闭户读书史，出门求有生"的安逸生活，但其心理状态却产生了巨大变化。倪瓒将压抑情绪充分表现在画面中，不太与时人来往，由此，他一开始的孤傲

---

① 郑倩. 浅析倪瓒生平经历与作品 [J]. 艺术品鉴, 2016 (4)：215.

性格变得更加孤僻，超脱尘世、逃避现实的思想愈发明显。

壮 年 时 期

1330—1351 年，倪瓒广交名流高士、诗人、书画家、隐士及释道中人。但好景不长，长久地坐吃山空，加之连续几年的自然灾害，家庭经济变得拮据。倪瓒陷入窘困之中，为了供养家业，他与政府官吏开始来往。黑暗的社会现实，让他的性情由平和孤僻转向了忧郁。他选择了拒绝一切凡物俗事，坚持自己"白眼视俗物"的原本性情，最终患上了"洁癖症"，这也是人们称他"倪迂"的原因。

晚 年 时 期

1351 年起，全国各地爆发多次起义，再加上江南连年蝗灾、水患、苛捐杂税，倪瓒在 1352 年间经过三番五次的思想斗争，最终决定把妻子安置在亲戚陆玄素家，独自过起流浪的生活。他居无定所，乘舟在太湖周围游荡，有时借住在朋友家，有时居住在古庙里，生活环境虽然清贫孤独，但精神上却萧然自得。这样的生活让他有更多时间和精力沉浸在自己的书画世界中。他经常与一些道士、僧人朋友切磋画艺诗赋。明初，朱元璋曾召倪瓒进京供职，遭到拒绝。明洪武五年（1372 年）的时候，倪瓒作《题彦真屋》一诗，诗中写道"只傍清水不染尘"，表明了他不愿做官的坚决立场，也似乎只有这种方式，才能实现他的精神追求。正如明代文人钱溥在《云林诗集前序》中写道："全其身而不失其所守者，非笃于自信不能也，锡山倪云林先生是焉。"

1363 年，其妻蒋氏病故，长子先其而去，次子不孝，倪瓒生活越发孤寂。在近二十年的漫游时光中，他细心观察太湖的湖光水色，发现其静谧恬淡、境界旷远之处。五十多岁的倪瓒开始了参禅的生活，心无杂念，精神达到了更高境界的解放。他思想越来越显现出"空"和"寂"，这也是他形成空、疏、远的独特山水风格的根本原因。倪瓒于 1374 年结束漂泊回到故乡，暂住亲戚家，中秋之夜，他身染重疾，一病不起，不久辞世。

2. 倪瓒逸闻趣事——追求生命的洁净

以下几个逸闻趣事均来自网络，是关于倪瓒洁癖的传说。倪瓒从小一身清气，近浊气之人，便会感到全身不自在。高贵的灵魂，只能选择清澈的环境，从某种意义上说，倪瓒的洁癖是他对学术尊严、人品高洁、文化伦理的坚守。

倪瓒的文房四宝有两个佣人专门负责经营，随时擦洗。院里的梧桐树，也要命人每日早晚挑水揩洗干净。一日，他的一个好朋友来访，夜宿家中。因怕朋友不干净，一夜之间，竟亲起视察三四次。忽听朋友咳嗽一声，于是担心得一宿未眠。及至天亮，便命佣人寻找朋友吐的痰在哪里。佣人找遍各个角落也没见痰的痕迹，又怕挨骂，只好找了一片树叶，稍微有点脏的痕迹，送到他面前，说就在这里。他斜睨了一眼，便厌恶地闭上眼睛，捂住鼻子，叫佣人送到三里外丢掉。

"吴王"张士诚（元末起义领袖）之弟张士信，一次差人拿了画绢请他作画，并送了很多金钱。倪瓒大怒曰："倪瓒不能为王门画师！"并撕绢退钱。不料，一日泛舟太湖，正遇到张士信，被痛打了一顿，倪瓒当时十分疼痛却不出一声。事后有人问他，他答道："一出声便俗。"

倪瓒的书斋名为清閟阁，旁人不让进。他还有一匹白马，爱护备至，不轻易让别人骑。有一次母亲病了，他求葛仙翁看病，葛仙翁要求用白马来接。那天正下着雨，倪瓒是孝子，只好同意，结果雨中的白马被弄得一塌糊涂。到了倪家，葛仙翁要求上清閟阁看看，倪瓒只好同意。葛仙翁在清閟阁乱翻一气，到处吐痰。倪瓒终身不再进清閟阁。

倪瓒好饮茶，特制"清泉白石茶"，赵行恕慕名而来，倪瓒用此等好茶招待他。赵行恕却觉得此茶不怎样。倪生气道："吾以子为王孙，故出此品，乃略不知风味，真俗物也。"遂与之绝交。

倪瓒的画作中从未出现人物，一日，他的朋友问："先生画作中为何不画人物？"倪瓒给予白眼，问："世间可有一人否？"

活动三：对话倪瓒——赏析《容膝斋图》

1. 以小组为单位鉴赏挂图，小组讨论鉴赏角度。

《容膝斋图》资料补充：

《容膝斋图》是倪瓒晚年精品，作于明太祖洪武五年（1372年），当时倪瓒已经 72 岁。画采用他典型的"三段式"构图：下方土坡，画杂树五棵，其中二棵点叶，二棵垂叶，一棵枯槎无叶，树后是平坡茅亭；中间空白，茫茫湖水；上方画远山数叠。该画作笔墨炉火纯青，刚劲洒脱，"折带皴"老辣纯熟，风神飘逸。

纸本，纵 74.2 厘米，横 35.4 厘米，现藏于台北故宫博物院。

倪瓒题款原文

其一：

壬子岁七月五日云林生写。

其二：

屋角春风多杏花，小斋容膝度年华。

金梭跃水池鱼戏，彩凤栖林涧竹斜。

矗矗清谈霏玉屑，萧萧白发岸乌纱。

而今不二韩康价，市上悬壶未足夸。

甲寅三月四日。檗轩翁复携此图来索谬诗，赠寄仁仲医师。且锡山予之故乡也，容膝斋则仁仲燕居之所。他日将归故乡，登斯斋，持卮酒，展斯图，为仁仲寿，当遂吾志也。云林子识。

2. 确定鉴赏角度后，个人撰写鉴赏文章。

3. 小组交流讨论，精选一至两篇优秀作品，全班交流。

4. 教师点评，同学互相评改。

附录：学生鉴赏作品

笔下霜雪绘太湖　谁人能解其中味？

北京市朝阳外国语学校　白之爱

初见这幅画时，我想：这大概画的是雪景吧。

它是如此的干净、清澈，从站在它面前的那一瞬开始，我就仿佛与这嘈杂的世界隔绝开了；耳畔的喧闹忽地消失，虽是在初夏的晴天，几丝寒意却将我包裹了起来。

清清冷冷，朦朦胧胧，这就像是雪后西湖的感觉，那种万籁俱寂的氛围一下子把我带回了冬雪初下时西湖边赏梅的回忆。

先入眼的，便是画中的留白，它像薄雾，也像清云，悠悠然地飘进我的视野，却又毫无留恋地欲飘去远方。我继续顺着几棵枯树的梢头向下看，看到的是倪瓒用淡墨在微微泛黄的宣纸上轻轻擦出的岩石。在这苍石与枯树的掩映之下，一座容膝的亭子安静坐落。简单的结构，矮小的屋檐，这亭子就那样孤零零地立在那里，像是在赏景，也像是在等待。将我的视线拉向远方，我看到了倪瓒用他最擅长的皴法描绘出来的远山，还有像是在吞吐中的重云，和即将消散的浓雾。

直到将这幅画整个看过一遍后，我才注意到了他的题词，并惊奇地发现这幅图竟描绘的是初春的景象！有人曾这样评价倪瓒"一幅淡烟光，云林笔有霜"。难怪我从这春色里感受到了凉意。

原来，这薄雾，是太湖瘦水；而这重云，是连绵的青山。但这孤亭，我却悟不到其所指。

这幅画作静静地，仿佛在倾诉着画者的孤寂与清高，也仿佛在满心期待着一个知己与它对坐赏景。也许，倪瓒并不在乎世人的眼光，他也不屑于倾诉自己的孤寂与清高，但从这画作中，我分明感受到了他拒绝却又渴望倾诉的灵魂。

倪瓒的诸多画作大概都是这样的构图，简单的景物，静立的孤亭。在他的清高与孤傲之下，隐藏着无尽的孤独，可是，又有谁能成为倪迁的知己？

也许，只有这瘦水，这青山，才能领会他的孤独和洁净吧！

行者，停者

北京市朝阳外国语学校　李佳茵

几株枯树，一座茅亭，近处的岩岸，远处的山峰——这仿佛是倪瓒山水画最具代表性的特征，萧散的意境，含蓄的风格带给我"绚丽之极归于平淡"的感受。我想，只有像倪瓒这样在人生的风景中走走停停的修行者，才会完成这样伟大的作品。

一、虚实相生，色即是空

人们研究倪瓒的笔法，把画面的洁净萧散归为倪瓒的洁癖，应该说这是原因之一。但我认为，形成其画面风格的深层原因，应该是世界观和审美趣味所致。倪瓒画得很少，但画面并不给人"空"的感觉，反而觉得寒气逼人。而且空白之处有一种语言难以形容的意趣，不仅仅是道家的出世与淡泊，还有佛家的空疏与寂寞。

弃家之后的倪瓒，随着漂泊日长，他对故乡的思念和孤寂生活的体悟逐渐加强。尤其是他妻子的辞世使他受到很大的打击。在经历了人生的种种不幸和坎坷之后，倪瓒越发追求简率与超逸，他俨然成为一名修行者，参悟自然的平常，参悟一切皆空的蕴意。

二、行到水穷处，坐看云起时

人生最后的二十年里，倪瓒寄身扁舟，漫游太湖，行踪漂泊不定，足迹遍及江浙一带。他只傍清水不染尘，悠游于天地，忘我于自然。《容膝斋图》所描绘的属于典型的"万能山水"，这不同于北宋时期全景式气势雄伟的山水画。我觉得，倪瓒所描绘的并非世间的实景，而是他心中的山水。倪瓒有"题诗石壁上，把酒长松间"的潇洒，"远水白云度，晴天孤鹤还"的浩渺，若是我们也能像他一样停下来欣赏"虚亭映苔竹"的意趣，才能体会他怀着清净高洁独自"坐久日已夕"的逸味。

在倪瓒人生的水穷处，他寄情山水、放逸情怀，独自一人在大自然中走走停停，在生命中走走停停，他才完成《容膝斋图》这样伟大的画作，这算是倪瓒的云起时？或许，在倪瓒的眼中，无所谓行到水穷处，坐看云起时，一切皆风景，只需走走、停停。

◆ **内容统整**

图说中国绘画史

——帮高居翰先生甄选中国绘画史插图

美国学者高居翰先生是研究中国绘画史的专家，20世纪60年代，高居翰先生出版了《图说中国绘画史》，奠定了他的学术地位。可以说，他是以西方人的眼光观中国绘画的第一人。现在，他将再版这本书，拟修订为专门向新时代中学生（中国的和世界的）介绍中国绘画史的书，请你的小组按时代甄选1—5幅代表作品，并参照样例说明理由。

（一）工作流程

1. 请按照你的喜好分组，选择同一时代的同学自动组成一个小组。例如，喜好宋代绘画的同学为一组，喜欢明代绘画的同学为一组。

2. 确定这个时代的绘画风格，详见《写给大家的中国美术史》相关章节。

3. 甄选最能代表这个时代绘画风格的代表作1—5幅，配200字左右的文字介绍。

（二）备选绘画名录

朝　代	作　者	画　作
东晋	顾恺之	《女史箴图》
		《洛神赋图》
唐代	张萱	《捣练图》（徽宗仿）
		《虢国夫人游春图》（李公麟仿）
	周昉	《内人双陆图》
		《簪花仕女图》
	阎立本	《历代帝王图》
		《步辇图》
	韩幹	《牧马图》
		《照夜白图》
	韩滉	《五牛图》
	李昭道	《春山行旅图》

续表

朝 代	作 者	画 作
五代	荆浩	《匡庐图》
	董源	《潇湘图》
	巨然	《秋山问道图》
	关仝	《关山行旅图》
	顾闳中	《韩熙载夜宴图》
	赵幹	《江行初雪图》
宋代	范宽	《谿山行旅图》
	郭熙	《早春图》
	高克明	《溪山雪霁》
	李成	《寒林平野图》
	李唐	《万壑松风》
	马远	《山径春行》
	马麟	《静听松风》
	张择端	《清明上河图》
	苏汉臣	《秋庭戏婴图》
	李嵩	《市担婴戏图》
	文同	《墨竹图》
	牧溪	《渔村夕照图》
元代	赵孟頫	《鹊华秋色》
		《水村图》
	钱选	《浮玉山居图》
	吴镇	《渔父图》
	倪瓒	《容膝斋图》
	黄公望	《富春山居图》
	王蒙	《具区林屋图》
明代	戴进	《渔人图卷》
	沈周	《策杖图》
	文徵明	《古木寒泉》
	唐寅	《溪山渔隐》
	陈洪绶	《水浒叶子》
	董其昌	《秋山图》

续表

朝　代	作　者	画　作
清代	八大山人	《秋山图轴》
	石涛	《游华阳山图》
	渐江	《黄海松石图》
	髡残	《报恩寺》
	郎世宁	《八骏图》
	郑燮	《竹石图》
	齐白石	《虾》
	徐悲鸿	《田横五百士》

（三）样例

我们组负责唐代绘画甄选工作，唐代绘画主要有三个题材：人物画、动物画以及山水画。

唐代人物画的绘画对象主要是宫廷贵族或仕女，整体笔法细腻，线条流畅。我们甄选的是阎立本的名作《步辇图》，《步辇图》描绘的是唐太宗因政治原因，把文成公主嫁给吐蕃国王松赞干布的事，是我国比较重要的历史画，也是现藏故宫博物院中的中国十大传世名画之一。作品设色典雅绚丽，线条流畅圆劲，构图错落富有变化，为唐代人物画的代表性作品。据传这幅画作为宋代摹本，但该作品较好地保持了阎立本的绘画风格。

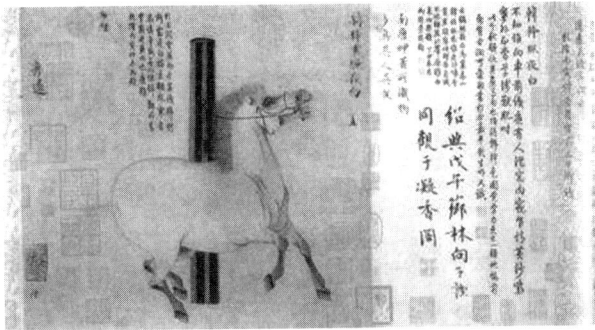

唐代动物画的主要对象是马，马象征着唐朝的国威和兵力，展现着唐朝人开疆拓土的精神，含有特殊的时代意义。我们选取的是韩幹的《照夜白图》，这幅图中画的照夜白动感十足，它被系在一木桩上，鬃毛飞起，鼻孔张大，眼睛转视，昂首嘶鸣，仿佛想要挣脱羁绊。这幅画作不仅表现出了马膘肥肌健的外形，更表现了其桀骜不驯的神采。画作用笔简练，线条纤细有力，渲染不多而体积感、质感俱出。

山水画题材在唐代比较少，现存台北故宫博物院的李昭道的《春山行旅图》可视为唐代山水画的代表，这幅画主要由石青、石绿两种颜色表现山的青翠，整幅画作线条工整流畅，整座山石的纹理均由线条展现，配以石青、石绿，给人一派生机的感觉。本幅画作的水也很有特点，作者细细勾勒了每一处水的波纹，如鱼鳞般井然有序，另外，山水中休息的人、玩耍的马匹也很生动。

┌───┐
│ **教学现场** │
└───┘

探寻中国诗画中的"渔父"意象

教学背景

本书的阅读过程大体分为"学生初读"、"小组展示终极挑战成果"、"教师针对学生疑问，指导学生再读"、"学生根据文本结构策略梳理文本思路"、"教师根据学生选出的最感兴趣的画家，指导学生撰写画作赏析"、"学生自主完成倪瓒《容膝斋图》的赏析"、"打通传统文化中的诗词、绘画和园林，探寻传统文化中的'渔父'意象"、"内容统整，回顾全书，梳理各时代绘画特色及名作"几个部分。本教学现场呈现的是重点突破3——探寻中国古代文人创作的"渔父"意象。

教学目标

1. 背诵"渔父"主题古诗词，解释古诗词中"渔父"意象的象征意义。

2. 赏析"渔父"主题的名画，梳理"渔父"主题在中国传统绘画领域的渗透和拓展。

3. 打通诗词、绘画和园林文化的界限，概述中国传统文人通过"渔父"意象传达的审美思考和精神追求。

教学难点

文化形象的挖掘与引申。

教学过程

活动一：背诵"渔父"主题古诗词，探寻"渔父"形象

（背诵活动在课下以竞赛形式进行，背诵完成之前，不归纳所背诗文的主题）

涉及古诗词摘录如下：

渔　父

〔唐〕岑参

扁舟沧浪叟，心与沧浪清。

不自道乡里，无人知姓名。

朝从滩上饭，暮向芦中宿。

歌竟还复歌，手持一竿竹。

竿头钓丝长丈余，鼓枻乘流无定居。

世人那得识深意，此翁取适非取鱼。

赠　渔　翁

〔唐〕罗隐

叶艇悠扬鹤发垂，生涯空托一纶丝。

是非不向眼前起，寒暑任从波上移。

风漾长歌笼月里，梦和春雨昼眠时。

逍遥此意谁人会，应有青山绿水知。

望洞庭湖赠张丞相

〔唐〕孟浩然

八月湖水平，涵虚混太清。

气蒸云梦泽，波撼岳阳城。

欲济无舟楫，端居耻圣明。

坐观垂钓者，徒有羡鱼情。

渔歌子·西塞山前白鹭飞

〔唐〕张志和

西塞山前白鹭飞，桃花流水鳜鱼肥。

青箬笠，绿蓑衣，斜风细雨不须归。

渔歌子·荻花秋

〔五代〕李　珣

荻花秋，潇湘夜，橘洲佳景如屏画。

碧烟中，明月下，小艇垂纶初罢。

水为乡，篷作舍，鱼羹稻饭常餐也。

酒盈杯，书满架，名利不将心挂。

渔　父

〔五代〕李　煜

一棹春风一叶舟，一纶茧缕一轻钩。

花满渚，酒盈瓯，万顷波中得自由。

临江仙·夜饮东坡醒复醉

〔北宋〕苏　轼

夜饮东坡醒复醉，归来仿佛三更。

家童鼻息已雷鸣。

敲门都不应，倚杖听江声。

长恨此身非我有，何时忘却营营。

夜阑风静縠纹平。

小舟从此逝，江海寄余生。

渔　父

〔北宋〕苏　轼

渔父醉，蓑衣舞。醉时却寻归路。

轻舟短棹任斜横，醒后不知何处。

鹊　桥　仙

〔南宋〕陆　游

一竿风月，一蓑烟雨，家在钓台西住。

卖鱼生怕近城门，况肯到红尘深处？

潮生理棹，潮平系缆，潮落浩歌归去。

时人错把比严光，我自是无名渔父。

西江月·渔父

〔元〕白 朴

世故重重厄网，生涯小小渔船。

白鸥波底五湖天。别是秋光一片。

竹叶醅浮绿酽，桃花浪溃红鲜。

醉乡日月武陵边。管甚陵迁谷变。

师：一周时间过去了，现在大部分同学都已完成了自己的背诵任务，请大家结合你背诵的古诗词，填写下面的"渔父"信息登记表。

（师下发信息登记表，生根据背诵内容填写）

师：现在，请同学展示自己填写的表格。

（生实物投影自己填写的信息登记表，并交流表格内容）

姓 名	渔父	国 籍	中国	民 族	汉
党 派	无党派人士	阶 层	知识分子		
学 历	饱读诗书，不一定有学历	工作单位	自由职业者		
主要经历	捕鱼为生				
代言人	岑参、罗隐、孟浩然、白朴……				

师：请解释你为什么这样填写。

生1：首先，我觉得这种渔民应该只有中国有，所以国籍一栏我填写的是中国。而且，这些渔父应该是汉族知识分子，因为苏轼等都是汉人，其他少数民族那时候应该属于蛮夷。至于党派，"卖鱼生怕近城门，况肯到红尘深处？"渔父连红尘之中都不愿意到，怎么愿意加入各种党派呢？所以我填写的是无党派。至于他们的学历，我觉得应该很高，因为我背了这样一句诗"酒盈杯，书满架，名利不将心挂"，既然书满架，就应该是饱学之士。但我又背了一句"不自道乡里，无人知姓名"，我觉得虽然他是饱学之士，但他不一定考科举，因为没有人知道他的姓名。主要经历，我想不太出来，就填写了捕鱼为生。

师：我听这位同学说"我觉得这种渔民应该只有中国有"，他给渔父的身份定位是渔民。大家都是这样认为的吗？

生1（有些疑惑）：对啊，"青箬笠，绿蓑衣，斜风细雨不须归"。一个自给自足、安闲自在的渔民。

生2：老师，我觉得不是渔民，因为我们背过"酒盈杯，书满架，名利不将心挂"，如果是渔民，以捕鱼为业，怎么会"书满架"？而且，如果是渔民怎么能不关心收入？我觉得这些诗词的主题是围绕一种捕鱼但又不同于一般渔民的人。而且，他自己填写工作单位的时候也会填写自由职业者。

师：老师给大家搜索了的关于渔父的介绍，请同学读一读。

（PPT显示相关作品名及"渔父"概念）

生3："渔父"，父，通"甫"，三声。渔翁，捕鱼的老人。这一形象最早出现于屈原《楚辞》中的《渔父》篇，在此篇中，渔父的形象被赋予了一种内涵——参破人生、超世旷达的人格象征。以后，世代文人们便沿着这一轨迹不断创造"渔父"形象。

师：刚才同学说，"渔父"是捕鱼但又不同于一般渔民的人，请结合你背诵的诗词，说一说"渔父"与"渔民"有何区别？"渔父"是一种什么样的人？

（生思考，有的小声讨论）

生4："竿头钓丝长丈余，鼓枻乘流无定居。世人那得识深意，此翁取适非取鱼。"岑参的这句诗写的是一种隐逸之人，居无定所，没有人知道他的名字，最主要他说"此翁取适非取鱼"，他钓鱼是为了求得"舒适"。

师：这种舒适是一种物质上的舒适还是精神上的舒适？

生5：精神，自由自在，从流飘荡，任意东西的感觉。

生6："是非不向眼前起，寒暑任从波上移。"这句诗给人一种特别洒脱的感觉，"任"字就像刚才说的"从流飘荡，任意东西"，感觉像是苏轼的"此间有甚么歇不得处"的随性自然。

师：说得非常好！联系咱们读过的《记游松风亭》，这句诗确实表达了随性自适的豁达和洒脱。

生7：老师，还有我刚才背过的那句诗："酒盈杯，书满架，名利不将心挂。"渔父与渔民不一样的是，渔民不一定读书，但渔父满腹经纶，而且淡泊名利。

师：很好！"一壶浊酒喜相逢。古今多少事，都付笑谈中。"因为满腹经纶，所以看透看开，豁达洒脱。关于信息登记表，大家还有什么需要跟这位同学讨论的？

生8：根据刚才同学们的回答，渔父是那种捕鱼，但不以卖鱼为生，追求精神上的自由自在，随性自然，满腹经纶，又淡泊名利的隐士。所以，阶层那一栏，我填写的是隐士。

生9（小声地）：智者。

师：总结得非常好！点出了渔父的本质——隐士，还有刚才那位同学小声说了句"智者"。他们不是普通的渔民，而是在捕鱼生活中隐逸起来的高士。阶层这一栏，我们可以填写知识分子，也可以填写隐士、智者。因为隐士一般都是饱读诗书的人。

生10：老师，说到这里，我想起了我们都会背的一首诗："千山鸟飞绝，万径人踪灭。孤舟蓑笠翁，独钓寒江雪。"我发现这首诗写的也是一位隐士，一个渔父。

师：你联想得不错！柳宗元的这首诗描写的确实是一位孤独高洁的隐士，他不钓鱼，"独钓寒江雪"，他钓的是一份孤独、一份高洁、一份内心的恬淡宁静。那么，这位同学填写的主要经历是捕鱼为业，大家都是这样填写的吗？我们可以结合背诵的古诗词或这些知识分子的经历，发挥自己的想象。

生11：我填的渔父的主要经历是饱读诗书，看透一切，归隐自然，捕鱼为乐。我们刚才已经说了，渔父不是以捕鱼为业，他捕鱼是"隐"的一种方式，就像陶渊明"晨兴理荒秽，带月荷锄归"一样。渔父不是天生的隐者，而是先有饱读诗书的经历，因为饱读诗书，所以看透了一切，看不惯世间的一切名利追求，所以选择归隐。

师：说得不错，这位同学基本梳理了渔父主要经历的共性。关于代言者这一栏，大家确定要把我们背诵的古诗词的作者都抄写在这里吗？

生12：我认为没有孟浩然，因为孟浩然的《望洞庭湖赠张丞相》与别人的诗词主题不一样。"坐观垂钓者，徒有羡鱼情"，虽然写自己向往垂钓者的生活，但这里的垂钓者不是我们所说的渔父，不是那种自由洒脱，淡泊名利的人。而且这首诗写作的目的就是为了做官，希望张丞相帮他。这显然与我们所说的渔父形象不一致。

活动二：图文互赏，探寻"渔父"意象

师：阅读《写给大家的中国美术史》，我们发现，古代绘画中也有许多"渔父"主题的作品，老师已经给大家打印出来，现在请小组合作，请你将意境相似的诗词与绘画搭配起来。写一段不少于100字理由，内容包括为什么选择此诗配此画，意境上有何相似相通之处。

（生小组合作，诗词搭配绘画）

师：现在哪个小组愿意分享自己的成果？

生13：我们组选取的是马远的《寒江独钓图》，搭配："扁舟沧浪叟，心与沧浪清。不自道乡里，无人知姓名。朝从滩上饭，暮向芦中宿。歌竟还复歌，手持一竿竹。竿头钓丝长丈余，鼓枻乘流无定居。世人那得识深意，此翁取适非取鱼。"（生有感情地朗诵）大家先跟我看这幅画作，这幅画特别简单干净。空荡荡的江面上，只有一叶孤舟横卧，一个渔父在钓鱼。我们组发现渔父的身体前倾，好像认真看着钓竿，心无旁骛的样子。再看船的周围，细细的水波纹，感觉小舟在随波漂荡。所以我们组认为，这幅画整体符合"扁舟沧浪叟，心与沧浪清"这种清静的意境。而且这个渔父的船上并没有已经钓上来的鱼，甚至连装鱼的篓都没有，只有蓑衣和船桨，他给我们的感觉是无所谓得失，只享受这种静谧和高洁。

生 14（同一小组同学补充）：他只钓这一江的清净。

师：搭配得好，说得更好！增加一下难度，请你们组思考，如果真的要将这首诗抄写在这幅画上，我们应该用隶书、楷书、草书还是行书？

生 15：行书，随性自适，无拘无束。

师：你们组的艺术感觉真好！用马远的《寒江独钓图》搭配岑参的《渔父》诗，配以行书抄写，确实和谐美好。特别是你们组总结的马远这幅画中传达的"只钓一江清净"确实体现了"此翁取适非取鱼"的意境。

生 16：我们组选取的画作是赵孟頫的《洞庭东山图》，搭配苏轼的《渔父》诗："渔父醉，蓑衣舞。醉时却寻归路。轻舟短棹任斜横，醒后不知何处。"请大家看这幅图，你们找到渔父了吗？

生（集体笑答）：没有。

生 17：（该生指引大家看实物投影中放大的渔父）大家跟我看这里，这幅图画的是洞庭东山的景色，但是我们发现这宏伟的山水之中有一叶扁舟，一个看不清的渔父在扁舟上垂钓。我们组认为这特别符合"渔父醉，蓑衣舞。醉时却寻归路。轻舟短棹任斜横，醒后不知何处"的意境，在自然面前，渔父醉了，不仅是"酒盈杯"而醉，也是陶醉在了大自然之中。而且，苏

轼这首诗写到"醉时却寻归路",这个"却"字很有趣,也许在清醒时这位渔父并不在意归路?

生18:我们组开始还认为,这幅图画也可以搭配苏轼的另一句词"小舟从此逝,江海寄余生",这两首都可以,但比较后,我们认为《渔父》更适合表达这种沉醉自然、忘却归路,或者说不在意归路的感觉。

师:你们组内还进行了辨析!我支持你们的观点,这首诗确实配这幅画更适合,而且你们说画中渔父"沉醉自然,忘却归路",其实,他又何尝不是沉醉自然,忘却自我?在这么宏大的自然面前,人这么渺小,赵孟頫这幅画也确实展现了这种意境。

师:刚才我们用背诵的诗词搭配了一些画作,在搭配的过程中,大家进一步感受了"渔父"的形象。老师想给大家介绍一个概念——意象,经过中国古代文人的努力,"渔父"已经不等同于捕鱼为生的渔民,而被赋予了文化意义。请一位同学读一下意象的概念。

(PPT展示意象概念)

生19:意象是指创作者根据主观情感,赋予文化意味乃至特殊文化意蕴后的艺术形象。这一形象本身是客观的,例如梅、兰、竹、菊,但经过创作者赋予的文化意味,意象就能够表达特殊的文化意蕴。意象有这样几个作用:能够将所表达的感情物化,加深审美愉悦;达到言有尽而意无穷的效果,增加了诗的张力。

师:请大家结合刚才我们探讨的内容,谈一谈你对"意象"的理解。

生20:"渔父"这个形象经过文人的创作成了意象。

生21:"渔父"的意象,表达对自由自在、随性自适、淡泊名利的追求。

生22:老师,我想到了"沧浪之水清兮,可以濯我缨;沧浪之水浊兮,可以濯我足",是不是"渔父"的意象还有对清高洁净的追求?

生23:这是随性自适吧!

师:"沧浪之水清兮,可以濯我缨;沧浪之水浊兮,可以濯我足"所表现的"渔父"形象是一种随性自适和一种大智慧。这个补充非常好,谁能给大家介绍一下这个故事？

生24：我去年看了《屈原》的话剧，我可以给大家讲讲这一段。屈原很痛苦，想要自杀，就在江边徘徊。遇到一个渔父，渔父看屈原很难过，就问他为什么。屈原说大家都很脏，但我很干净。后来渔父就说了这句"沧浪之水清兮，可以濯我缨；沧浪之水浊兮，可以濯我足"。

师：基本讲清楚了这个故事，屈原认为"举世混浊我独清"，渔父说出了这句话。这个渔父形象表达了对清高洁净的追求还是随性自适的智慧？

生25：随性自适的智慧。

师：提到"沧浪之水清兮，可以濯我缨；沧浪之水浊兮，可以濯我足"，大家有没有想到去年社会实践参观的沧浪亭？其实，不仅诗词绘画中有明显的"渔父"意象，园林中也有"渔父"的主题，例如沧浪亭、网师园。请两位同学读一读沧浪亭、网师园介绍。

生26：沧浪亭，是一处始建于北宋的中国汉族古典园林建筑，是苏州现存诸园中历史最为悠久的古代园林。它与狮子林、拙政园、留园一齐列为苏州宋、元、明、清四大园林。宋代诗人苏舜钦以四万贯钱买下废园，进行修筑，傍水造亭，因感于"沧浪之水清兮，可以濯我缨；沧浪之水浊兮，可以濯我足"，题名沧浪亭，自号沧浪翁，并作《沧浪亭记》。苏舜钦在《沧浪亭记》中写自己"时榜小舟，幅巾以往，至则洒然忘其归。觞而浩歌，踞而仰啸，野老不至，鱼鸟共乐"的乐趣。

生27：网师园始建宋淳熙初年，始称"渔隐"，几经沧桑变更，至清乾隆三十年前后，定名为"网师园"，并形成现状布局。网师园几易其主，园主多为文人雅士，各有诗文碑刻遗于园内，历经修葺整理。网师乃渔夫、渔翁之意，又与"渔隐"同意，含有隐居江湖的意思，网师园便意谓"渔父钓叟之园"，此名既借旧时"渔隐"之意，且与巷名"王四（一说王思，即今阔街头巷）"谐音。

师：为什么中国文人喜欢在诗、画、园林中表现"渔父"主题？"渔父"意象在中国诗、画、园林艺术中有什么象征意义？

（生思考后小组讨论）

生28："渔父"意象象征着归隐，苏轼的词中有"小舟从此逝，江海寄余生"，李煜词中有"万顷波中得自由"。

生29："渔父"意象也象征着刚才咱们所说的满腹经纶却淡泊名利、自由自在、不被世事牵绊、沉醉于自然之中等精神追求。

生30：也包含着随性自然，随遇而安之感，比如"一蓑烟雨任平生"。

师：大家说得非常好。我们发现"渔父"这一意象从屈原的《楚辞》中首次出现后就被历代文人不断发掘引申。综合来看，"渔父"这一意象表达了古代文人对生活充实闲雅，内心恬淡平和，人生阅历丰富，满腹经纶，又淡泊名利、心无挂碍的人生境界的追求。傅抱石先生说"中国绘画是中国民族精神的最大表白"，刚才咱们鉴赏的几幅画作是表达古代文人追求的冰山一角，如有兴趣，希望大家多多走近国画的世界，探寻国画背后的文人追求。

活动三：创意设计，焕发传统文化青春

师：随着社会的进步，越来越多传统艺术品选择走近大众，在大众的欣赏中焕发新的青春，无论是故宫博物院的韩熙载夜宴图 APP、皇帝的一天 APP，国家博物馆的文化周边产品，还是最近热卖的红楼梦诗词日历，都传递出大众对传统文化亲近的渴望。传统文化中的"渔父"意象在当代也有一定的现实意义，这一意象引导我们暂停追逐的脚步，慢慢走，欣赏自然与人生的风景，追求内心的宁静平和。请用以上诗词书画作品为素材，设计一套以"渔父"意象为主题的文化产品，帮助这一意象走进大众。

要求：

请思考诗词、绘画作品以及书法字体的配合。（可选字体：隶书、行书、草书、楷书、行楷）

活动四：课后拓展，中国传统文化中"渔父"意象探寻小论文的撰写

对本主题有兴趣的学生可撰写小论文《探寻中国传统文化中的"渔父"意象》。

参考资料：

1. 韩婷婷：《"即问渔翁何所有？一壶清酒一竿风"——唐代"渔父"诗词中的文学意象分析》，《名作欣赏》2014 年第 32 期。

2. 钟益兰：《古典文学中的渔父意象及其文化意蕴》，《芒种》，2012 年第 4 期。

3. 张繁文：《绘画史上的渔父情结》，《南京艺术学院学报》，2005 年第 1 期。

专家视角

建构阅读"用件"的合理策略

北京教育学院教师教育人文学院　吴欣歆

按照王荣生老师的分类，《写给大家的中国美术史》可视为"用件"类文本，即为学生提供足够的材料，其根本作用在于提供信息，介绍资料，使学生获得相关的知识。"在这种类型里，学生不是去学文，而主要是用这一篇里的东西，或者借选文所讲的东西或者由选文所讲的那东西出发，去从事一些与该选文或多或少有些相关的语文学习活动。"①

"用件"跟一般的文学性文本阅读目的不同，采用的阅读策略也应该有所不同。刘晓舟老师在教学中显然关注到了这一问题，教策略与教文本融为一体，取得了非常好的教学效果。在刘老师引领学生使用的策略中，"文本结构"的作用最为突出，是"重点突破1"的重要教学内容。

首先，刘老师和学生一起回顾曾经研读过的信息类文本，帮助学生发现这类文本的结构特点，并用表格梳理呈现。这一环节的重要作用是帮助学生在已有经验的基础上有新的探索和发现，借助以往经验建构新的概念。

---

① 王荣生. 语文教学内容重构 [M]. 上海：上海教育出版社，2007：5.

其次，学生小组合作，利用信息类文本的结构特点阅读整理"宋代美术史"部分的信息，让学生进一步认识文本结构有助于全面、准确获取信息。第一次实践，刘老师为学生提供了完整的信息列表，以便学生在实践过程中形成整体认识。学生第一次使用文本结构策略开展阅读活动，教师提供完备的"支撑材料"，能够帮助学生顺利完成任务，体验到策略的实践价值。

再次，学生独立完成"元代美术史"部分的信息整理，第二次体验文本结构策略在信息整合方面的作用。第二次实践，刘老师仍然提供了相关表格作为辅助工具，但表格内的信息远远少于第一次。

最后，再以小组为单位阅读"清代美术史"部分，发现与前面章节不同的文本结构，丰富原有经验，认识到文本结构的"常式"与"变式"。这是学生第三次运用文本结构策略，教师完全放手让学生独立操作。

刘老师设计教学的整体思路是：借助原有阅读经验建构"文本结构"的概念，师生共同研讨梳理"文本结构"的特点，学生三次使用这一策略开展阅读实践，对这一策略形成较为清晰的认识。在阅读策略教学上，刘老师的做法是合理的，符合从体验到建构的认知发展规律，学生借助原有经验建构策略，然后在实践中建构新的经验。学生在教师引领下运用策略开展阅读活动、完成阅读任务，策略学习自然融入文本阅读，而非在学习策略后进行"验证式"的应用。

除了文本结构策略，刘老师的教学中还涉及自我提问策略和图文互解策略，这都是阅读《写给大家的中国美术史》这类文本中需的策略。国内外的语文教育研究者已经认识到"教课文"和"教阅读"的最大差异在于是否将阅读策略作为教学内容，可以说，刘老师的教学案例在这方面具有示范引领的作用。

出 版 人 李 东
责任编辑 代周阳
版式设计 沈晓萌
责任校对 张 珍 金 霞
责任印制 叶小峰

图书在版编目（CIP）数据

书册阅读教学现场／吴欣歆，许艳主编 . —北京：
教育科学出版社，2016.10（2023.9 重印）
ISBN 978-7-5191-0794-9

Ⅰ.①书… Ⅱ.①吴… ②许… Ⅲ.①中学语文课—
教学研究 Ⅳ.①G633.302

中国版本图书馆 CIP 数据核字（2016）第 190403 号

书册阅读教学现场
SHUCE YUEDU JIAOXUE XIANCHANG

出版发行 **教育科学出版社**

社 址 北京·朝阳区安慧北里安园甲 9 号 　 市场部电话 010-64989009

邮 编 100101 　 编辑部电话 010-64989422

传 真 010-64891796 　 网 址 http://www.esph.com.cn

经 销 各地新华书店

制 作 北京金奥都图文制作中心

印 刷 保定市中画美凯印刷有限公司

开 本 720 毫米×1020 毫米 1/16 　 版 次 2016 年 10 月第 1 版

印 张 27 　 印 次 2023 年 9 月第 10 次印刷

字 数 373 千 　 定 价 59.80 元

如有印装质量问题，请到所购图书销售部门联系调换。